유몽천자 연구

국한문체 기획의 역사와 그 현장

# 유몽천자 연구

국한문체 기획의 역사와 그 현장

이상현
임상석
이준환

역락

이 책은 2007년 정부(교육과학기술부)의 재원으로 한국연구재단의 지원을 받아 수행된 연구임(NRF-2007-361-AM0059)

## 책 머리에

『유몽천자』권 1의 국문 속표지
(서울대학교 소장)

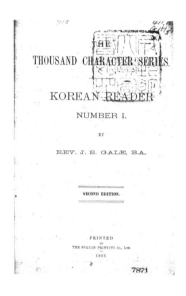

『유몽천자』권 1의 영문 속표지
(성균관대학교 소장)

학교 건물과 학생들(1903)

경신학교의 졸업장

# 국한문체 기획의 역사와
## 그 현장을 찾아서

　한국어의 문체를 연구하는 데에 개화기의 국한문체는 우리들의 관심의 대상이 되어 왔다. 그것은 이 시기의 국한문체가 이전 시기의 언해문과 형태상으로 유사해 보이면서도 한문체와 순 국문체 사이의 접점을 찾기 위한 시도였고, 한문의 번역을 떠나 서구어를 번역하거나 번역과는 무관한 문장을 쓰는 데에 사용되어 성격을 달리하기 때문이다. 이런 국한문체는 여러 가지 유형이 있으나 국문이 중심이 되는 통사 질서를 바탕으로 하여 국문과 한문이 만나게 되었다는 점에서 공통점을 지닌다.

　이처럼 한국어 문어가 형성되어 가는 과정에서 널리 나타난 국한문체의 성격을 잘 이해하기 위해서는 국한문체의 여러 유형이 지니고 있는 특징을 살펴보는 것은 중요하다. 게일(James Scarth Gale (한국명: 奇一), 1863-1937)과 이창직(李昌稙, 1866-1936)이 경신학교와 정신여학교의 교과서로 편찬한 『牖蒙千字(유몽천자)』는 모두 4권으로 구성된 교재이면서, 이 중 1권에서 3권까지는 유형이 다른 국한문체로 이루어진 것으로 국한문체의 여러 유형이 보이는 특징을 살펴보기에 더 없이 좋은 텍스트이다. 따라서 이를 텍스트로 삼아 국한문체의 각 유형에서 보이는 공통점과 차이점을 살펴본다면 국한문체에 관한 입체적인 접근을 할 수 있을 것이다. 이를 위해 이상현, 임상석, 이준환 세 사람은 힘을 모아 『유몽천자』가 지니고 있는 문체상의 특징을 파악하여 보기로 하고 공동 연구를 시작하여 그 결과를 세상에 내놓게 되었다. 또한 『유몽천자』「1권」에서 「3권」까지는 자료 전체를, 「4권」은 서문과 자전 부분을 입력하여 자료편으로 제시하여, 독자 여러분의 앞으로의 연구에 두루 활용될 수 있도록 하였다.

　『유몽천자』는 그 자체로는 많지 않은 분량의 교재라 할 수 있다. 그러나 사전 편찬, 학술 연구, 고전 번역을 체계적이고 지속적으로 실천한 한국학의 창시자 가운데 하나인 게일의 종합적 성과라는 점에서 학제적 논점 내지 다양한 연구 방법론을 적용하여 살펴야 하는 텍스트라 할 수 있다. 이런 점을 염두에 두고, 국한문체 독본으로서의 일반적 성격을 20세기 초 독본과 잡지를 연구해 온 임상석이 진단하여 "여는 글"을 작성했으며 고전 번역가이자 한국학자로서 게일의 전모를 탐색해 온 이상현이 서구 지식의 번역과 선교사의 문서 선교라는 차원에서 2장과 "닫는 글"을 작성하였다. 그리고 『유몽천자』는 한자 자전과 독본이 결합되어 이루어진 체계적인 교재라는 점에서 사전적 구성과 문체 유형에 대한 탐색이 중요하다. 이 부분을 한자음을 중심으로 하여 국어사를 연구하고 있는 이준환이 담당하여 1장과 3장을 작성하였다.

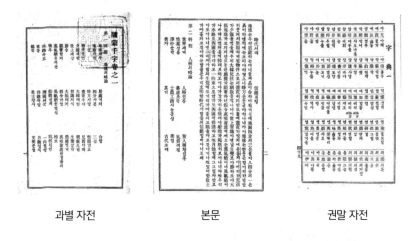

| 과별 자전 | 본문 | 권말 자전 |

    각 부분에서 다루어진 내용을 간략히 소개하자면 다음과 같다. "여는 글"에서는 거시적 시각에서『유몽천자』에 대한 접근을 시도하여 여기에서 보이는 문체적 특징을 개관하고 현대 한국어의 형성에서 이곳의 문체가 지니는 의의를 고찰하였다. 특히『유몽천자』가 서구어의 번역과 한문 고전과의 관계를 집약적으로 드러내 주는 점에 주목하고, 이러한 관계 속에서 한국어의 문어가 형성되어 가는 과정을 살폈다. 제1장에서는『유몽천자』의 국한문체를 이해하는 데에 필요한 한자에 관한 지식이 어떻게 구성되어 있고 실제 내용은 어떤 것인지를 살펴『유몽천자』의 텍스트에 관한 이해를 높이고자 하였다. 제2장에서는『유몽천자』에 번역되어 수록된 영미 문학 작품을 중심으로 하여 서구 근대 지식에 대한 번역을 매개로 한 게일이 지녔던 일련의 문체 기획에 대해서 살폈다. 이 과정에서 순 한글 문체로 된『그리스도신문』과의 비교를 통하여『유몽천자』가 보이는 문체상의 특징을 명확히 드러내고 게일의 문서 선교 사업의 전체적 과정 중에『유몽천자』가 차지하는 위상을 규명하였다. 제3장에서는 단계적으로 국한문체를 익히

고 한문을 읽도록 하는 교재 구성상의 특징에 걸맞게 문체적 특징에 주목하여 1권, 2권, 3권이 지니고 있는 국한문체의 문체적 특징을 국어의 통사적 질서와 한문 문법의 구사 정도를 고려해 가며 미시적인 고찰을 하였다. "닫는 글"에서는 영미 문학 작품을 번역할 때 작품 내용 모두를 번역하지 않고 조선과 한국어의 현실을 감안하고, 자신이 체험했던 한국 문학 양식의 특징을 활용하는 방식의 번역을 시도하였던 과정에 주목하여 게일의 번역상의 지향점을 고찰하였다. 이를 통하여 서구 지식이 선교라는 과정을 거치며 교재로서 번역되고 수용된 과정과 여기에 연루된 제국주의에 관해서 논의하였다.

이상과 같은 논의를 통하여 『유몽천자』의 텍스트가 보이는 특징과 더불어 국한문체와 관련한 고찰이 거시적인 접근과 미시적인 접근 모두에서, 어학적인 접근과 문학적인 접근 모두에서 이루어졌으리라 믿는다. 그 결과로 선교사 게일이 사용했던 국한문체의 윤곽을 파악할 수 있게 되었음은 물론이고 게일의 문체적 지향점에 관해서도 개관할 수 있게 되었다. 여러 면에서 부족한 점이 적지 않지만 이 연구를 발판 삼아 앞으로의 연구를 통하여 이어 가고 보완하여 나가도록 하겠다.

이와 같은 연구가 원활히 이루어질 수 있도록 지원을 아끼지 않은 부산대학교 인문학연구소의 김인택 선생님께 감사의 말씀을 올린다. 이곳의 지원이 없었더라면 『유몽천자』는 아직 흙 속에 묻혀 있는 채로 누군가의 손길을 기다리고 있지 않았을까 싶다. 공동 연구를 제안해 주고 쉽지 않은 연구임에도 불구하고 각자의 맡은 부분을 열과 성을 다해 연구하고 서로를 격려해 준 이상현 선생과 임상석 선생께 진심으로 감사의 말씀을 전한다. 이들이 없었다면 나는 『유몽천자』와 인연을 맺지 못했을 것이다. 연구를 수행하며 얻게 된 이들과의 소중한 추억을 잊지 못할 것이다. 그리고 1권, 2권, 3권을 나누어 입력을 해

준 창원대 국문과의 김윤경, 정민정, 조성연 학생에게 감사의 말씀을 전한다. 이들의 노고 덕택에 이젠 좀 편안히 『유몽천자』텍스트를 접하고 활용할 수 있게 되었다. 마지막으로 이 책의 기획 단계 때 함께 고민에 동참해 주셨던 점필재연구소의 정출헌, 김승룡 선생님, 또한 출판을 허락해 주신 인문학연구소의 김용규 선생님, 출판 과정을 도와주신 서민정 선생님, 이 책의 편집을 담당해 주신 역락 출판사의 홍성권 대리님께도 감사의 인사를 드린다.

2017년 8월 3일
저자를 대표하여 전단산 자락에서
이준환 삼가 씀

자료편
# 국한문체 기획의 현장을 찾아서

연구편

# 국한문체
# 기획의 역사를 찾아서

여는 글

# 『유몽천자』와 한국어의 근대

한문과 고전의 분리, 번역과 국한문체

## 들어가며: 한국어와 게일 그리고 『유몽천자』

제임스 게일(James Scarth Gale, 1863-1937)은 한국어의 근대적 형성 과정에 있어서 한 개인으로서 독보적인 성과를 제출하였다. 세 번에 걸친 한영 사전 편찬, 『춘향전』, 『구운몽』에서 『동국이상국집』 및 『雲養集』에 이르는 수십 종의 한국 고전 번역, 그리고 최초의 사찬 완역 성경인 『신역신구약전서』의 출간에 이르기까지, 국적을 막론하고 근대의 한국어 연구에서 그를 능가하는 지속성과 다양성을 보여 준 사람이 없을 정도이다. 사전 편찬, 고전 번역 그리고, 성경 완역이라는 작업을 단계적으로 제출한 사람은 그뿐일 것이다.[1]

게일의 호한한 한국어 관계 성과들 중에서 중요한 줄기는 한문이라 할 수 있다. 초판 『한영자전』의 편찬 과정에서도 한자와 한문은 중

---

1 　게일의 전반적인 한국학 관련 성과에 대해서는 이상현(『한국 고전번역가의 초상, 게일의 고전학 담론과 고소설 번역의 지평』, 소명, 2012)에서 참조하였음을 밝힌다.

요한 매체가 되었고, 편찬의 성과가 일부분 『유몽천자』(1901~1904)의
자전 부분으로 수용되었다. 그는 한국의 한문 고전에 대해 지속적인
관심을 가지고 다양한 작품을 번역했으며, 순 한글 번역이 성경 개역
의 방향으로 정해진 1920년대에도 국한문체 번역을 주장하다가 성서
번역위원회를 사임한다. 더욱 1900년대에서 1920년대에 이르는 한국
연구에서 게일의 한문에 대한 인식은 부정적인 것에서 부분 긍정 또는
한국을 이해하기 위해 필수적인 요소라는 것으로 전환하게 된다.[2] 지
속적인 한국 연구가 게일의 본래적 사명인 성경의 국한문체 완역으로
귀결되었음도 의미심장하다.

　게일이 활동한 1890년대에서 1920년대에 이르는 한국어의 30년
은 언어적으로 전무후무한 격변의 시대였다. 한국어와 한문에 대한
게일의 견해도 전변을 거치며, 이는 사전 편찬과 고전 번역 그리고 성
경 완역의 세 가지 단계별 작업에 수반된 것이었다. 그렇다면 그의 한
국어관 내지 한문관을 고찰하는 작업은 근대 한국어를 고찰하기 위한
간과할 수 없는 참조점이라 하겠다.

　이 글의 논제인 『유몽천자』는 게일의 한국어관 변천을 보여 주기
도 하지만,[3] 국한문체[4] 자체의 역사적 배경과 정체성을 이해하기 위해

---

2　1909년에서 1925년에 이르는 한국 한문 고전에 대한 연구와 번역을 시작하기 전의
　게일은 다른 근대 지식인이나 선교사들과 유사하게 한문에 대해 부정적 인식을
　피력했으나, 한국 고전 연구가 진행되어 갈수록, 한문으로 이루어진 전통 속에 한국의
　정체성을 이루는 혼, 도덕, 예의, 문학 등의 요소가 담겼다는 의견을 개진하게 된다.(이상현,
　앞의 책, 260-275면 참조.)

3　그 변천의 개황은 이상현(앞의 책, 145-148면)을 참조할 것.

4　이 당시의 국한문체는 "국문"이란 전제 아래 등장한 것이므로 "한국어"라는 지향을
　분명히 가지고 있다. 그러나 이 책에서 다각적으로 분석하였듯이 『유몽천자』의 문체는
　현재의 한국어와는 형태상으로 차이가 크다. 당시의 과도기적 언어 양상을 보여준다는
　차원에서 "국한문체"라는 용어를 사용하기로 한다.

서도 필요한 자료이다. 편찬자가 서구 선교사라는 점 등 때문에 당대의 다른 작문 독본들보다 연구 성과가 더 많은 편이다. 각 권의 편제와 당대 다른 한문 교과서와의 비교 연구 등에 대해서는 참조 가능한 연구 성과가 있다.[5] 1901년 단계별로 구성된 3권이 출간되고 1904년『牖蒙續編』이라는 제목으로 한국의 한문 고전을 편집한 책이 후속으로 나왔다.

이 책은 국한문체 독본의 성격을 가지지만, 국한문체 언론이 본격적으로 활성화되는 1906년 이전에 출간되었다는 점이 중요하다.[6] 또한, 한자 자전을 교과의 일부로 편성한 구성도 차별성이 있다. 각 권의 구분은 한자의 난이도 및 국한문체의 성격에 따라 이루어져, 1권: 한문 단어체와 유사; 2권: 한문 구절체와 유사; 3권: 한문 문장체 등으로 되어 있다.[7] 한문의 비중이나 통사적 구조를 통해 학습의 정도를 구분했다는 점에서, 실사가 대부분 한자로 구성된 계몽기 국한문체와 유사한 양상이다. 그러나 대부분의 계몽기 국한문체 문장이 서구의 번역을 참조하였으되, 전통적 한문 전고나 수사를 배합한 형태를 취한 것과 달리『유몽천자』는 전적으로 서구 문헌의 번역으로 이루어졌다.[8]

---

5 『유몽천자』에 대해 이 글이 참조한 주요 선행연구로 김동욱(「『牖蒙千字』연구: 한국어독본으로서의 성격을 중심으로」, 부산대 석사 학위 논문, 2012)이 있고, 다른 교과서와의 비교 연구로는 남궁원(「선교사 기일의 한문 교과서 집필 배경과 교과서의 특징」,『동양한문학연구』25, 동양한문학회, 2007; 「한국 개화기 한문과 교육의 발전 과정과 교과서 연구」, 성신여대 박사 학위 논문, 2006) 등이 있다.

6 1906년부터 국한문체 잡지들이 본격적으로 출간되었다. 그 이전에도『황성신문』, 『대한매일신보』등에 국한문체 논설이 적지 않게 게재되었지만, 신채호, 장지연, 이기 등이 작가적 정체성을 가지고 집필한 국한문체 논설들은 대부분 잡지가 활성화된 1906년 이후부터 간행되었다.

7 한문 단어체 등의 용어는 임상석(『20세기 국한문체의 형성과정』, 지식산업사, 2008)에서 가져왔다.

8 그 번역 과정에는 述者로 명기된 李昌稙의 역할이 컸으리라고 추정된다. 또한, 번역 저본의 원제를 영어로 책의 맨 앞에 배열했는데, 이는『천로역정』등의 번역에서도 동일하게 나타나는 구성이다.

그리고 이 번역의 저본은 영미권의 초급 학생을 위한 독본(Reader)을 기준으로 삼아 게일 자신의 편찬도 가미된 것으로 보인다.[9]

속편은 자전이 붙어 있는 점은 동일하나, 현토를 첨부한 「홍범」을 제외한 「화왕계」 등의 다른 문장들은 표점만을 붙인 형식으로 국한문체가 아니기에 앞의 세 권과는 그 성격이 다르다. 한자 자전을 교과의 일부로 구성한 점, 속편을 제외하고는 서구 문헌의 번역으로 편집된 점 등은 당대의 다른 국한문체 작문 독본들과 두드러진 차별성이다.

『유몽천자』는 일단 그 교수의 목적부터 논란의 여지가 있다. 한자 자전이 각 과마다 편제되었으며, 한문의 난이도에 따라 권의 편제가 설정되었다는 점에서 한문의 교육이 우선시된 교재라는 관점이 통용되었으나 최근 한국어 독본이라는 반론이 제기된 바 있다.[10] 한편, 서구지식의 도입이라는 점이 주요한 교수 목적이라는 점은 선행 연구에서 인지되었으나, 서구 지식의 번역과 국한문체 학습의 관계에 대한 구체적 분석은 부족하다. 필자는 이 책을 국한문체 독본이라는 관점에서 접근하여 계몽기 국한문체에서 번역이 가지는 의미를 제시하려 한다.

---

9   이상현(앞의 책)에 따르면 캐나다 온타리오주 공립 초급학교의 교과서에서 많은 부분을 번역했다고 한다. 또한, 『유몽천자』 2,3권의 편성은 통속적인 영어 독본들인 "50 Great Stories" 종류들과 매우 유사한 양상이다.

10   앞서 인용한 남궁원의 논문들이 『유몽천자』에서 한문을 우선적 교수 목적으로 설정하였고, 김동욱의 논문은 제목에 제시하였듯이 한국어 독본이라고 분석한 것이다.

# 1. 국한문체와 한국어 사이의 간극

국문과 국한문 혼용을 공식적 문어로 설정하고 한문을 공식어에서 배제한 1894년의 "칙령 제1호 14조"는 근대 한국어의 역사적 배경에서 결정적 지점이다. 그런데 법령은 국어의 필요조건이기는 해도 충분조건은 될 수 없다. 하나의 언어가 국어로 기능하기 위해서는 사전, 어문 규정, 어문 정책, 교육 기관 이외에 다양한 문화적 집난싸시가 수많은 조건으로 공유되어야만 한다. 당시의 한국에는 국어와 국문 내지 국한문에 대한 수요는 일정 정도 공유된 상태였지만, 이외의 수많은 조건에 대한 정책적이고 문화적인 공유는 매우 초보적인 단계였다. 『유몽천자』가 처음 간행된 1901년 당시에는 순 한글로 출간된 『독립신문』, 『제국신문』, 『그리스도월보』 및 국한문체로 간행된 『황성신문』 등이 간행되고 있었다. 그러나 국문이든 국한문이든 공적인 정론을 일관된 통사적, 표기적 기준으로 진술할 언어적 역량은 당시의 한국어에는 부재했다. 『독립신문』의 국문체와 『황성신문』의 국한문체는 동일한 서기 체계로 규정하기가 어려운 상태였다.

이러한 언어적 혼란상에 대한 대안이 모색되기 시작한 것은 대체로 1906년 이후라고 할 수 있다.[11] 본격적 국한문체 독본인 『실지응용작문법』도 1909년에 이르러서야 출간되었다. 『유몽천자』는 이보다 훨씬 앞서 1901년에 작문에 대한 교과를 편성했다는 점에서 선구적인 성과라 할 수 있다. 그런데 『유몽천자』가 제시한 문체를 하나의 언어로 묶을 수 있는지에 대해서는 의문이 든다. 일단 『유몽천자』 세 권의

---

11  대한제국 학부에서 설치한 國文硏究所는 1907년에 설치되었다. 이외에 국문에 대한 의견을 피력한 자료는 유길준의 『대한문전』(1909), 이능화의 「國文一定法意見書」(『대한자강회월보』, 1907.5), 신채호의 「文法을 宜統一」(『기호흥학회월보』, 1908.8) 등을 꼽을 수 있다.

학습 단계는 국문보다는 한문을 기준으로 구성된 것이다.

① ……國家의幸福이곳萬民의幸福이라무릇사람이事務中에잇
서서는憂愁思慮도니저버리고筋力도强健하여지나니貧富
間四肢를놀니지아니하고肉體의苦生을달게녁이는거시新
舊約大旨를依倣함이라하노라(1-25 事務[12])

② ……好鳥는其樂을樂하여枝間으로翩翩히往來하고千尺이나
되는瀑布는人의一大壯觀을供하거늘……此世에在하여暫時
受苦함으로所望을絶치말고쯧眞神이人을造함이虛事ㅣ라
云하지말지어다하거늘……(2-3 머사의 見夢)

③ 有一心弱者ㅎ니其爲人也ㅣ身長而腰纖ㅎ고腮紅而頭白ㅎ
야外貌는雖佳나中心은惟弱故로每逢齟齬之處則心血이沸
騰於面上이라嘗在大學校時에亦自知心疾而操心勉强做去
ㅎ고……(3-6 心弱者之羞不自勝)

위 인용문에 나타나듯이, 각 권의 학습 정도를 나타내는 문체는
한자의 통사적 구조와 어휘의 난이도에 따라 구성된 것을 알 수 있다.
1권은 한문 단어체와 유사하여 『독립신문』보다는 한자어를 더 많이
사용하지만 『서유견문』보다는 한글을 더 많이 표기하여 한문을 단어
의 차원에서 구사하는 문장을 제시한다. 2권은 한글 허사로 구분되는
경우도 있지만 "翩翩往來", "千尺瀑布", "一大壯觀" 등 한문 문어의 4자
구로 구성된 형태로, 한자를 구 단위로 구사하는 문장이다. 3권은 "而",
"也" 등의 어조사를 구사하여 한문 문장을 구사하는 것이다. 이 3종의

---

12 『유몽천자』에서 인용한 경우 卷과 科程 그리고 제목만 표시한다.

문체는 각기 다른 통사와 표기의 기준을 사용한 다른 서기 체계라고 하겠다.

그런데,『유몽천자』에서 제시한 이 3종의 문체는 계몽기 국한문체와 형태상으로 유사하다. 계몽기의 국한문체 잡지들에서는 일정한 기준 없이『유몽천자』1권에서 3권에 이르는 단계의 문체가 뒤섞여서 나타났다. 때로는 한 편의 글에서조차 통사와 표기의 기준이 없이, 한문 단어, 구절, 문장과 순 한글이 뒤섞여 동시에 발화되었다. 그렇다면,『유몽천자』는 계몽기 국한문체 작문의 실상을 요령 있게 범주화했다고 평가할 여지가 있다. 그만큼 이 책은 당대 언중의 국한문체 작문 관습을 수용한 셈이다.

그러나『유몽천자』는 다양한 발화를 수용해야만 하는 언론 매체가 아니라 규범성을 제시해야만 하는 독본-교과서의 성격을 가지고 있다. 전술했듯이, 게일은 한영사전의 개척자였으며,『유몽천자』는 이 사전 편찬의 성과가 반영되어 있다. 외국어 사전은 있지만 국어사전은 없고 문법서나 어문 규정이 전무했던 과도기적 상황이었지만, 사전 편찬의 경험을 가진 게일이 일관된 서기 체계를 제시해야 할 한국어 독본을 목표로 했다면『유몽천자』의 문체는 한문의 활용 양상을 기준으로 구성되지 않았을 것이다.

게일은 1910년대 이후, 한국 고전의 연구 · 번역 활동도 강화하지만 1900년대 초에 있어서의 최우선 목표는 선교이다. 위 인용문에서도 ①은 인간 사업의 대의가 "新舊約大旨"에 있음으로 마무리되고, ②역시 기독교 신앙에 근거한 소품을 번역한 것이다.[13] 게일에게 한국어란 선교의 매체이자 선교를 위해 공유되어야 하는 서구 문명의 적절한 전

---

13  저본은 영국 언론인이자 작가인 Joseph Addison(1672~1719)의 "Vision of Mirza"이다.

달 도구로서 기능하는 것이지 국어로서의 기능 여부는 중요한 것이 아니었다.

그는 어떤 문체가 선교의 도구로서 적합한지에 대해 끊임없이 고민했으며, 그 결과 다수 의견인 순 한글 성경 번역을 반대하고 사찬의 국한문 성경 번역을 완수하기까지 하였다. 당대의 국한문체는 국어로 기능하기에는 규범적 일관성과 안정성을 결여하고 있었으나 게일에게는 이것이 본질적 문제는 아니었고, 이 국한문체가 선교나 서구 문명 전달의 도구로서 적합한 현실이 우선시되었다 하겠다. 그러므로 『유몽천자』의 교수 목적은 유길준의 『대한문전』처럼 일관된 한국어의 규범이 아니라, 언중의 과도기적 관습을 수용하여 기독교 선교와 서구 문명 지식을 전달할 적당한 국한문체를 제시하는 것이었다고 하겠다.

『유몽천자』에 앞서서 통사와 표기의 차원에서 일관된 기준을 가진 국한문체를 보여 준 『서유견문』이 1895년에 출간된 바 있지만, 1900년대의 국한문체 문헌과 그 형태를 비교할 때 그 영향력은 그다지 컸다고 보기 어렵다.[14] 『유몽천자』의 영향력이 당대에 미친 영향은 실증하기 어려우나 여기 제시된 3종의 문체는 『서유견문』보다 훨씬 계몽기 언론에 실제로 구현된 문체의 양상과 가깝다. 국한문체 언론과 출판의 문체적 관습을 대부분의 한국인들보다 이른 시기에 범주화하여 제시한 것은 게일이 가진 당대 언중과 언어 상황에 대한 통찰력을 보여 준다. 여기에는 사전 편찬과 교육, 언론 활동 등 다양한 한국어 경험이 반영되었을 것이다.

---

14  임상석, 「유길준의 국한문체 기획과 문화의 전환」, 『우리어문』 43, 우리어문학회, 2012를 참조.

한문을 독본 편찬의 기준으로 삼았지만,『유몽천자』는 모든 문범이 서구 문헌의 번역으로 구성되어 한문 고전의 세계와 분리된다. 경사자집의 고전에 근거한 고전어인 한문을 그 기반에서 분리하여 사용하려 한 것은『서유견문』과 그 궤를 같이한다.

## 2. 고전에서 떠나온 국한문체

『유몽천자』와 뒤에 출간된 국한문체 독본을 비교해 볼 필요가 있다. 일단 그 제목을 먼저 생각해 보자.『유몽천자』의 "牖蒙"은 "訓蒙"의 전통과도 맥락이 닿아 있지만, 그 내용을 보면 전통보다는 근대적 "啓蒙"에 가까운 성격이다. 그런데 대체로 독본의 성격을 가진 본문의 편제와 달리 "千字"라는 제명을 붙인 것은 흥미로운 지점이다. 권마다 1,000자의 한자를 학습하는 체제이기에 붙은 제명이겠지만, 게일의 편집 의도를 읽을 수 있는 면도 있다.

계몽기의 대표적 작문 독본인『실지응용작문법』(1909), 일제 식민지 체제에 대한 부역의 의미를 지닌『실용작문법』(1911) 그리고 1910년대의 대표적 독본인『시문독본』(1916-1918)까지 모두 '字'가 아닌 '文'을 제목에 내세웠다. 또한 조선총독부가 조선어와 한문을 위해 편찬한 교과서도 "朝鮮語及漢文讀本"으로 '字'가 등장할 여지는 없다.『유몽천자』가 자전 성격의 단원을 편제하고 있기는 하지만 그 대부분은 앞서 언급한 다른 작문 독본과 다름없이 예시문이 차지하고 있다.

'문'이 아닌 '자'를 내세운 것에는 그 나름의 편집 의도가 반영된 것으로 보인다. 수사적 일관성과 예시문의 내용적 완성도 그리고 시대적 문제의식 등에서 계몽기를 대표하는 작문 독본인 『실지응용작문법』의 편저자인 최재학은 이 책의 서문에서 "국한문체는 한문의 體格을 지키되 어려운 글자와 궁벽한 숙어를 피해야 한다"는 취지를 피력한다. 전통적 한문의 구성과 수사법을 전용한다는 다소 수구적인 진술이지만, 자작의 예시문에 근거하여 수사법 체계와 문장 장르 체계를 제시했다는 점은 당시로서는 획기적이다.[15] 이처럼 전통적 한문 산문 수사법에 근거한 작문 교육은 당대의 많은 척독류 서적들에 그대로 적용되었으며, 1910년대 말 『시문독본』이 등장하기 전까지 그 영향력이 적지 않았다. 더욱 1920년대까지도 유사한 방식의 국한문체 독본이 출간되기까지 한다.[16]

『유몽천자』는 『실지응용작문법』이 출간되기 8년 전에 벌써 『고문사유찬』 등이 대표하는 한문 수사법에서 벗어난 교과 체제를 제시한다. 그것은 제목에 나타나듯이 '字'에 결집되고 있다. "千字"라는 명칭은 천자문이라는 이름이 그러하듯, 입문의 교과서라는 함의로 두루 쓰이기는 하였다. 그러나 『유몽천자』가 어휘의 체계적 습득을 작문의 기본으로 삼는 체제를 취한 것과 여타의 전통적 천자문의 성격은 다르다. 난이도를 맞추어 편찬된 『유몽천자』 세 권의 서문에는 각 권이 1천 글자의 한자 습득을 기본으로 한다는 전제가 제시된다. 어휘 습득의 커리큘럼을 작문의 우선순위로 배정한 사례는 당대의 독본에서 찾

---

15  수사법은 전통적 수사법 서적인 『文則』을 참조하고 장르도 전통적인 한문 산문 장르에서 비롯된 바가 많지만, 체계적으로 국한문체 작문의 수사적 기준을 제시했다는 점에서 대표성을 가진다.(임상석, 「국한문체 작문법과 계몽기의 문화 의식: 최재학의 『실지응용작문법』」, 『한국언어문화』 33, 한국언어문화학회, 2007을 참조.)

16  1920년대 초까지도 『문칙』, 『古文辭類纂』 등에 연원한 국한문체 독본이 출간되었으며, 1910년대 잡지의 독자 투고란도 계몽기 국한문체와 유사한 문장들로 채워진다(임상석, 「1920년대 작문교본, 『실지응용작문대방』의 국한문체 글쓰기와 한문전통」, 『우리어문』 39, 우리어문학회, 2011을 참조.)

을 수 없는 양상이다. 이와 같은 교과 구성으로 게일은 한문 전통의 수사 체계와 작문 교육에서 탈피한 셈이다. 게일은 계몽의 함의를 공유하기는 하지만 한문 전통의 커리큘럼과 다른 새로운 '천자'를 제시하겠다는 편집 의도가 제목에서도 드러나는 것이다.

『유몽천자』의 두 번째 특징은 거의 모든 교과를 번역으로 편성한 점이다. 서구를 본원으로 삼는 분과 학문의 교과서라면 번역이 주류를 이루는 것이 일반적이지만, 국적을 가진 국한문체 교과서가 서구의 번역으로 편성된 사례는 찾아보기 힘들 것이다. 교과의 수준이 높아질수록 학습자들은 디포(Daniel Defoe)나 키플링(Joseph Rudyard Kipling) 등의 번역문을 국한문체의 모범으로 습득하게 되는 구성이다.[17] 외국어 문헌의 번역을 모국어 학습의 전범으로 삼는 구성 역시 전근대적 한문 전통에서 벗어나 공유해야만 하는 서구 문명을 당대 언중의 관습에 맞춰 제시한다는 의도로 평가할 수 있다. 국한문체를 학습하기 위하여 초급용 영어 독본의 구성을 따라간 양상이다. 이 과정에서 자연스럽게 서구 문명에 대한 지식을 습득하게 된다.

『유몽천자』가 제시한 서구 문명은 1권에서는 인도, 청나라에 대한 지리적 상식이나 운동, 인종에 대한 당대의 통념으로 그 수준이 높지 않다. 2권의 주제는 콜럼버스, 대기, 석탄, 스파르타 300 용사, 베스비어스 화산 등으로 기술은 확장되지만 역시 내용적 심도가 있다고 하기는 어렵다. 3권은 이와는 성격이 좀 달라, 『로빈슨 크루소』의 부분이나 키플링의 단편 등 문학 작품과 미국혁명, 프랑스혁명, 토마스 베켓 등 서구 문명을 이해하기 위한 더 심도 깊은 성격의 교과들이 배치되어 있다. 이와 같은 편집 의도가 일정 부분, 계몽기 국한문체의 대

---

17 번역 목록과 양상에 관해서는 이 책의 2장과 닫는 글을 참조할 것.

표적인 문헌인 『서유견문』(1895)과 공유하는 바가 있다는 점은 간과할 수 없다. 『서유견문』은 『서양사정』을 번역한 부분도 적지 않지만, 민권, 정치, 혁명 등 근대 체제의 필수적 개념에 대한 유길준 자신의 논리를 국한문체로 논술하였다. 또한 유길준은 그 자신이 고전어로서의 한문을 체질화한 지식인이면서도 한문 고전의 세계에 속하는 전고나 수사를 배제한 방식으로 문장을 구성했던 것이다.[18] 번역을 통해 한문 전통에서 탈피하려 했다는 점에서 『서유견문』과 『유몽천자』는 공유하는 바가 있다. 근대 국가 체제에 적합하지 않은 고전의 세계에 근거한 한문 문어가 아닌, 서구의 지식의 번역을 연원으로 삼는 새로운 국한문체를 제시한 것이다.

『유몽천자』는 이처럼 획기적인 기획을 시도하기는 했지만, 국한문체를 교수하기 위한 교과서로서의 체제가 짜여 있다고 보기는 어렵다. 초급용 영어 독본의 구성을 가져왔기에 이는 당연한 일이라고도 할 수 있다. 『유몽천자』의 구성은 안정된 문어인 영어의 학습에 적합할지는 몰라도 영어보다 훨씬 불안정한 구조인 국한문체에 적합했는지는 의문스럽다. 수록된 예시문들 사이에는 교과 내용의 단계적 발전이나 일관된 주제를 찾을 수 없다.[19] 또한, 개별 예시문들 중 그 취지를 설정하기 어려운 경우가 적지 않다.

앞서 인용한 "3-6 心弱者之羞不自勝[심약자가 부끄러움을 이기지 못함]"

---

18 임상석, 「서유견문의 국한문체와 서양사정의 혼용문 비교연구」, 『한국 고전번역학의 구성과 모색 2』, 점필재, 2015.

19 가장 높은 단계의 교육을 설정한 3권의 편차별 주제는 다음과 같다.
1.미국혁명-2.나폴레옹 전쟁사-3.피라미드-4.영국 풍속에 대한 소화(笑話)-5.베토벤의 월광 소나타-6.알프레드 대왕-7.인도 식민지 배경 단편 소설-8.영국 여자 등대지기의 미담-9.아메리카 인디언-10.로빈슨 크루소-11.프랑스혁명에 대한 기사-12.케사르 암살-13.영국왕 리차드 1세-14.영국왕 헨리 2세-15.로마의 킨키나투스

이나 "2-25 버얼의 波濤歡(디킨스의 *Dombey and Son* 번역)" 같은 경우 지식으로서나 문학 작품으로서나 교과의 설정 취지가 불분명하다. 전자는 해학적인 콩트로 개인이 스스로 칼을 들고 고기를 썰어 소스를 뿌리는 서구식 식사 습관을 경험해야 이해할 수 있고 후자도 런던의 지리나 풍습에 대한 경험이 없다면 감상이 어렵다.

더욱 일용에 적합한 "記事"와 "通情"을 취지로 내세운 서문에 비춘다면,[20] 미국혁명, 프랑스혁명 등의 기사는 시속의 국한문체가 소화해야 할 당면한 근대적 지식일 수도 있다. 그러나 위에 언급한 소품들은 당대의 국한문체로 구사해야 할 사안인지 의심스럽다.[21]

문면에 구현된 형태는 당대의 관습을 반영한 면이 있지만 국한문체 교과서로서의 체제를 갖추지 못한 양상인데, 당대 도입된 서구 지식의 정도와 밀접한 연관이 있을 것이다. 경사자집이라는 어휘로 대변되는 치밀하고 방대한 고전 세계의 구조에 비하면 당대의 서구 지식 번역은 일정한 계통이 없었다. 서구 분과 학문의 번역이 축적된 상황이었다면 국한문체가 도달해야 할 당대적 과제나 분과 학문의 체제에 대한 과정이 이 책에서 더 일관성 있게 구성되었을 확률도 있을 것이다. 가령 근대계몽기의 이념인 교육, 식산에 대응되는 주제의 문장들을 일정하게 편성한다든지, 정치·경제·물리·화학 등 분과 학문의 편성에 맞춘 교과 구성을 하는 편이 더 효과적이 아니었을까?

이와 같은 『유몽천자』의 편제는 게일의 학적 역량에서 비롯한 것

---

20  뒤에 첨부한 「유몽속편」의 서문을 참조하기 바란다. 「유몽속편」은 『유몽천자』와 그 성격이 다르지만 서문에 있어서는 대의를 공유하고 있다.

21  이 책은 게일이 재직하던 경신학교에서 교과서로 사용되었다고 하는데, 실제 교육 과정에서는 영어 원서의 대역(對譯) 자료로 이용된 것은 아닐까 추정되기도 한다. 서문의 공식적 취지와는 다른 용도가 있었을지도 모르겠다.

이라 하기는 어렵다.[22] 당대 한국의 서구 분과 학문 번역과 수용이 독본이나 개론서 수준인 상황에서는 전근대의 한문 고전에서 벗어난 국한문체라는 목표는 그 누구에게도 지극히 어려운 일이었다.

　　마치 당대의 국문이 한문의 언어적 역량에 비해 과도기적 혼란을 보여 준 것과 유사한 대응이다. 장지연이나 이기 등이 국한문체 논설에서 인용하는 고전의 경사자집은 정해진 계통을 따라서 그 연원을 확인할 수 있는 경로가 당대에 갖춰져 있었다. 그러나『유몽천자』에 등장하는 수많은 서구의 전고 및 문물은 그 배경과 함의를 확인할 지식의 체계가 미흡했다. 그러므로『유몽천자』의 국한문체는 독립적으로 기능할 문어라기보다는 번역의 매체에 더 가까웠다. 번역을 통해 한문 고전으로부터 벗어난 국한문체를 지향한『유몽천자』는 당대의 한국어 글쓰기가 아직 전근대의 한문 고전으로부터 자유롭지 못했던 상황을 반증하는 양상인 것이다.

## 나오며: 국어에 대한 지향과 번역

　　계몽기 국한문체는 국어에 대한 강력한 지향을 내포하고 있다. 법령이라는 명분만이 존재하고 사전과 문전이라는 기능성이 결여된 계몽기의 과도기적 상황에서 국어라는 이념은 오히려 더 강력하게 작용했다. 그러나 국어가 근대 체제를 위해 내포해야 할 수많은 개념과

---

22　대의 다양한 학술지에 게재된 그의 논문이나 학력을 감안하면 게일의 당대 분과 학문에 대한 이해는 한국에서 활동한 다양한 지식인들 중에 가장 높은 수준에 해당한다.

정보는 국적을 넘어서는 번역 없이는 구축할 수 없었다. 아직도 강고한 한문의 자장을 벗어나 국문의 확산을 노리기 위해서는 국적에 대한 강조를 반복해야 하지만, 근대 체제를 위한 국문은 국경을 넘는 지속적 번역 행위 없이 불가능한 것이 계몽기 국한문체 작가들의 운명이었던 것이다. 이것은 어쩌면 현재의 한국에서도 문자 행위와 번역을 지속하게 하는 긴장과 압박이다. 일제의 시작과 더불어, 공식 교육속의 한국어는 독립된 언어가 아닌 번역의 도구로서 설정된다.[23]

이와 같은 길항 관계가 생산적으로 지속된 것은 1894~1910년에 이르는 짧은 기간이며, 그나마 본격적으로 진행된 것은 1906~1910년이다. 국가에 대한 지향 즉, 민족과 번역에 대한 길항 관계가 작문 독본의 형태로 구현된 것이 전술한 『실지응용작문법』이며, 민족이란 지향이 완전히 상실된 이후의 작문 독본이 『실용작문법』이다. 그러므로 후자에서는 국문이라는 용어를 원천적으로 사용하는 것조차 불가능했다. 『유몽천자』는 국문이라는 의식이 부분적으로 나타나지 않는 것은 아니지만, 당대의 국문이 가져야 할 일정한 지향성을 언어적 형태와 독본의 내용에서 파악하기 어렵다. 이 두 책과 『유몽천자』는 상호 간 흥미 있는 참조가 되며, 국문과 번역이라는 당대의 길항 관계를 보여 준다.

『실지응용작문법』은 절충적인 면모도 나타나지만, 대체로 일관된 기준을 가지고 전근대와 근대—한문 고전과 근대 지식의 번역 사이의 긴장을 유지한다. 한문이 단어 단위와 구 단위로 혼재되어 사용되고 있으나 한글의 통사 구조를 지킨 문장을 언어적 형태의 기준으로 제시한다. '記'·'說'·'論'·'序' 등 한문 산문의 체제를 준용하고 있지

---

23 임상석, 「조선총독부 중등교육용 조선어급한문독본의 조선어 인식」, 『한국어문학연구』 57, 한국어문학연구학회, 2011을 참조.

만, 한문 장르의 관습적 체제는 타파하여 한문 고전과 거리를 유지한다. 수사학의 원리는 전통적 문체론 서적인『文則』등에서 응용하였지만, 그 내용은 욕망, 권리, 성공, 생존 경쟁 등 서구 지식의 번역에서 비롯된 것이 많고 경사자집의 전고는 거의 취하지 않았다. 일관된 서기 체계로 당대의 현실이 요구하는 이념을 요구했다는 점에서『실지응용 작문법』은 국문을 지향한 국한문체를 구현한 것이다. 다만, 한문을 구분하여『文章指南』(1908)을 따로 출간한 편저자 최재학의 인식은 「유몽속편」을 출간한 게일의 그것과 닿아 있다.

　　일제 체제의 성립과 더불어 일제 부역의 성격을 잘 보여 준『실용작문법』에서 국문의 위상은 언문이라는 전근대적 범주로 이동하며, 한문은 조선어와 같은 교과 과정으로 교수된다. "조선어급한문"이라는 일제 식민지 교육의 과목과 동일한 양상이다. 이 책은 한문을 조선어의 학습에 끌어들이고 있지만, 전체적 구성의 원리는 한문 고전의 계통이 아닌 당대 일본의 수사학 서적에서 전용한다. 이 책은 한문, "新文體(국한문체에 해당)", 언문의 3종 문체를 교과로 편성하여『유몽천자』보다 더 상이한 서기 체계로 구성된다. 그 주요한 예시문은 한문에는『서상기』와 당송팔가문, 신문체는 三宅雪嶺, 德富蘇峰 등 국수주의적 성격의 당대 일본 지식인과 일본 관료 문장의 번역 그리고 언문에는 이인직을 전범으로 삼는다.[24] 국한문체에는 일본어에 대한 번역의 도구라는 위상이 부여된 셈이다. 피식민자들의 언어인 조선어는 일제

---

24　임상석, 「1910년대 초, 한일 실용작문의 경계」, 『어문논집』 61, 민족어문학회, 2010을 참조. 참고로, 이 책에는 최재학의『실지응용작문법』수록문도 6편 가량 편성되어 있다. 주로 정론을 배제한 소품인데, 최재학의 문장은 1920년대 국한문체 독본『실지응용작문대방』에도 다시 수록된다.

교육에서도 번역 도구로서의 역할이 부여된다.[25]

『유몽천자』가 번역의 과정을 통해 국한문체를 전근대적 한문 고전에서 분리하려 한 것은 게일 혼자만의 의도로는 볼 수 없다. 게일의 호한한 한국어 연구 성과는 많은 한국 국적 조력자들 없이는 불가능했으며, 『유몽천자』에는 "述者"로서 李昌稙의 이름이 명기되어 있다. 번역을 통해 자국어를 혁신하려는 지향은 한중일 동아시아 한자문화권의 근대가 공유한 지점이다. 번역 없이 한자문화권의 근대어는 불가능했음은 주지의 사실이 되었다 해도 과언은 아니다. 그러나 번역이라는 과정은 민족 내지 국가 또는, 종교나 문화적 정체성 같은 다른 지향점이 없이는 일방적인 부역의 형태로 구현될 수도 있다.

『유몽천자』가 식민지에 대한 부역을 전제한 성격의 서적은 아니다. 그러나 국한문체가 번역의 수단으로 설정되어 독립된 국어 문어로 기능할 가능성을 보여 주지 못하는 점에서는 『실용작문법』과도 궤를 같이하는 면이 있다. 종교를 최우선의 가치로 삼는 선교사가 영어 독본을 전범으로 구성한 국한문체가 국가나 민족에 대한 절박한 이념을 추구한 한국인의 그것과 같을 수 없음은 자연스런 일이기도 하다.

지금의 관점에서 『유몽천자』가 보여 준 독본으로서의 성패가 중요한 것은 아니다. 이 책이 현재적 의미를 가지는 것은, 근대 초기 국한문체 내지 한국어의 형성 과정에서 번역과 한문 고전과의 관계를 집약적으로 드러내 주기 때문이다. 그리고 기존의 전근대적 고전의 세계에서 벗어나기 위해 겪었던 지난한 한국어의 과정―번역과 국어의 관계를 제시한 현장이기 때문이다.

---

25  임상석, 「조선총독부 중등교육용 조선어급한문독본의 조선어 인식」, 『한국어문학연구』 57, 한국어문학연구학회, 2011를 참조.

제1장

# 『유몽천자』와 한자의 재편

판본 및 교과 편제, 한자(음)의 특징에 대하여

## 들어가며: 『유몽천자』의 판본 및 한자 정보

제1장에서는 경신학교와 정신여학교의 교재로 사용된 『유몽천자』에 수록된 한자와 이에 대한 뜻과 음의 관련 정보를 대상으로 하여, 이들이 어떻게 제시되고 있고 각각의 정보가 어떤 특징을 보이고 있는지를, 여러 판본 및 이전 시기의 초학서와 비교하여 살펴보도록 한다. 이를 통하여 『유몽천자』란 텍스트가 어떤 성격을 지니고 있는지를 파악하는 데에 필요한 기초적인 작업을 수행하고자 한다.

『유몽천자』는 교과 내용 이외에도 개화기에 우리의 어문 생활에 필요하다고 생각한 한자와 관련 정보, 한자어, 국한문, 한문에 관한 지식을 정식 학교 교육을 받는 학생들에게 알려 주기 위하여 편찬한 것이다. 여기에 실린 내용은 자연 과학, 사회 과학, 서양의 역사, 서양의 인물, 서양의 문학, 우리의 고전에 관한 것 등으로 이루어져 있다. 따라

1890년 부산 선교 시절 게일과 이창직

서 서양 및 근대적인 지식의 섭취와 관련되는 것뿐만 아니라[1] 우리 한문 고전에[2] 이르는 다양한 내용이 망라되어 있다고 하겠다. 이 책은 게일이 저술을 하고 李昌稙이 교열을 한 것으로 이야기되고 있는데,[3] 이 두 사람이 책을 만드는 데에 같이 작업을 한 것은 『유몽천자』「권 1」의 서문의 끝에 있는 "大美國敎人奇一著, 大韓士人李昌稙述"이라는 말을 통해서 확인할 수 있다.[4]

---

1　서양과 근대적인 지식과 관련된 내용들은 앞의 여는 글에서 다룬 바와 같이 게일이 새롭게 만든 것이라기보다는 캐나다에서 쓰이던 교과서를 번역하거나 재구성한 것일 가능성이 높다. 이와 관련해서는 이미 앞의 여는 글에서 「권 2」와 「권 3」의 편성이 통속적인 영어 독본인 50 Great Stories 종류와 유사한 방식을 보임을 지적한 바 있다. 그리고 제2장에서는 『유몽천자』「권 1」「권 3」이 캐나다 온타리오 공립학교의 교과서와 관련이 있다는 것을, '머사의 見夢(The Vision of Mirza)'〈권 2, 1～3과〉, '氷屐의避害(The Skater and the Wolves)'〈권 2, 4～6과〉, '버얼의 波濤歎(The Death of Little Paul)'〈권 2, 25～27과〉, '모듸거져名象之不服他主(The Pearl Elephant)'〈권 3, 12～13과〉, '그루소之求一黑人作伴(Crusoe's Man Friday)'〈권 3, 16～17과〉가 번역을 통해서 이루어진 것임을 저본과의 비교를 통하여 실제로 살피게 될 것이다. 이와 같이 『유몽천자』가 어떤 것을 저본으로 하였거나 참고를 한 것인지에 관하여 밝혀낸다면, 이 책의 국한문과 나아가 게일의 국한문에 영어의 번역이 어떤 영향을 미쳤는지에 관해서 살펴보는 데에 도움을 줄 수 있을 것이다. 게일의 번역 전반과 관련한 것은 이상현, 『한국 고전 번역가의 초상, 게일의 고전학 담론과 고소설 번역의 지평』, 연세근대한국학총서 84, 소명출판, 2013, 19-21면을 참고하기 바란다.

2　여기의 한문 고전은 『東國輿地勝覽』이나 『東文選』 등에서 발췌한 것이다.

3　남궁원, 「선교사 기일[James Scarth Gale]의 한문 교과서 집필 배경과 교과서의 특징」, 『동양한문학연구』 25, 동양한문학회, 2007, 88면.

4　이 李昌稙은 게일이 1889년에 황해도에서 조선말을 공부할 때에 만났던 한문에 능통한 사람으로 1895년의 『天路歷程(텬로력뎡)』의 번역과 1897년의 『韓英字典(A KOREAN-ENGLISH DICTIONARY)』의 편찬에 교열을 하거나 助士로 참여를 한 것으로 알려져 있다. 실제로 『韓英字典』의 序(preface)에서 鄭東鳴, 梁時英, 李得秀, 李謙來, 梁宜鍾, 趙鍾甲, 申冕休 등과 더불어 李昌稙의 이름을 볼 수 있다. 그리고 1900년 5월의 신약전서 번역이 완료되었는데,

　『유몽천자』가 이처럼 교육용으로 편찬된 讀本이고 책의 난도가 「권 1」에서 「권 2」, 「권 3」으로 갈수록 어려워지고 점차 한문에 가까워진다는 점을 고려할 때, 여기에 실린 한자는 학습의 난이도를 고려하여 선택된 것일 수 있다. 즉 독본을 편찬하면서 이전까지 통용되던 여러 한자 학습서들을 검토하고, 이로부터 한자 선별의 기준을 세우고 적합한 한자를 고른 후에 뜻과 음을 부여하고, 이를 가지고 학생들로 하여금 한자어를 이해하도록 한 연후에 여러 등급의 국한문을 이해함으로써 지식을 습득하도록 했던 것으로 보이는 것이다.

　실제로 싣고 있는 한자가 「권 1」의 것은 '행용하는 한문 글자' 또는 '항용하는 속담으로 천자를 류취'한 것이며, 「권 2」의 것은 '항용하는 문리로 초권에 업는 새 글자 천자를 더 류취'한 것이고, 「권 3」의 것은 '가까운 데에서부터 먼 곳으로 이르게 하고 낮은 곳에서 높은 곳으로 오르는 계단과 단계'에 따라서 이루어진 것임을 볼 때 현실 언어의 사용에 기반을 두고 선택된 것이다. 이와 같은 과정을 거쳤음은 각 권의 서문에 명시되어 있는 바다. 그러므로 각 권을 보면 어떤 한자를 어떤 음과 뜻으로 먼저 가르치는 것이 적합하다고 생각했는지를 엿볼 수 있으리라 기대가 된다.

　따라서 이전 시기의 한자 학습서와 비교하여 한자 선별 양상이 어떠한지, 선별된 한자에 음과 뜻이 어떻게 제시되어 있는지를 살펴서 『유몽천자』의 특징을 이해해 볼 필요가 있다. 또한 방대한 양의 한자를 교육용으로 제시하고 있음을 고려하여 이 텍스트가 이후의 교육용 한자의 확립과 관련하여 어떤 의미가 있다고 볼 수 있는지 생각하여

---

여기에 李昌稙이 宋淳容, 趙閑奎, 崔炳憲, 金明濬, 李源謨 등과 더불어 참여를 했다고 한다. 이와 관련한 바는 류대영·옥성득·이만열, 『대한성서공회사 Ⅱ: 번역·반포와 권서 사업』, 대한성서공회, 1994, 46면을 참고하였다.

볼 필요가 있겠다. 그래서 이 텍스트에 반영되어 있는 한자와 이들에
달린 음과 뜻에 관한 검토를 통하여 개화기에 학생들이 갖추어야 한
다고 생각한 한자 관련 지식이 어떤 것이었는지를 살펴보고자 한다.[5]
이를 위해서는 권말의 字典과 각 과의 첫 부분에 제시된 한자와 본문
에 쓰인 한자의 양상을 살필 필요가 있다.

　　그래서 여기에서는 성균관대학교 중앙학술정보관 소장본(이하 성
대본으로 부름)을 주 텍스트로 삼아 한자와 관련 정보에 관한 것들을 고
찰하도록 하겠다. 성대본은 후쿠인(福音)출판사에서 인쇄를 한 것으로,
「권 1」은 1903년에 인쇄된 재판이며, 「권 2」는 1904년에 인쇄된 것이
며, 「권 3」은 1901년에 인쇄된 것이며, 「續編(권 4)」은 1904년에 인쇄된
것이다.[6] 「권 1」을 제외하고는 초판인지 재판인지 삼판인지에 관한 정
보가 책에 드러나 있지 않다.

　　성대본 이외에도 여러 이본이 있다. 먼저 국립중앙도서관에 소
장된 청구 기호가 朝12-B79-1-3인 大韓聖敎書會에서 1907년에 발행
한 것으로 소개(국립중앙도서관)된 판본(이하 국중본 1로 부름)이 있는데, 이
판본은 「권 1」(?) · 「권 2」(1904) · 「속편」(1907, 재판)으로 이루어져 있으
며 이 중 「권 2」는 성대 소장본과 책의 구성이나 내용이 전적으로 같
아서 동일 판본일 가능성이 있다. 다음으로 국립중앙도서관에 소장된
청구 기호가 朝12-B98인 廣學書鋪에서 1909년에 발행한 것으로 소개
(국립중앙도서관)된 판본(이하 국중본 2로 부름)이 있는데, 이 판본은 「권 1」

---

5　다른 한편으로는 이 책의 독자로 외국인 선교사도 될 수 있다. 김동욱, 「『牖蒙千字』研究
　：한국어 독본으로서의 성격을 중심으로」, 부산대 석사 학위 논문, 2013, 50면. 이처럼
　한국어를 습득해야 하는 외국인 선교사들이 조선의 文語를 이해하기 위해서 갖추어야 할
　바를 이 책을 통해서 살펴볼 수 있다고 하겠다.

6　이 판본의 발행처는 大韓聖敎書會일 것으로 보이나 분명하지는 않다. 성균관대학교
　중앙학술정보관의 서지 정보에는 1903년에 大韓聖敎書會에서 발행한 것으로 되어 있다.

(1903, 재판), 「권 2」(1904), 「권 3」(1905), 「속편」(1909, 삼판)으로 이루어진 것인데, 「권 1」·「권2」는 성대본과 동일 판본으로 보이고 「권 3」은 극히 일부를 제외하고는 성대본과 동일한 모습을 보인다. 다음으로 홍윤표 교수가 소장하고 있는 廣學書鋪에서 1908년에 발행한 것으로 소개(디지털 한글박물관)된 판본(이하 홍윤표본으로 부름)이[7] 있는데, 이는 「권 2」만 있으며 삼판으로서 성대본과 비교하여 볼 때 쪽수도 차이가 있고 'ㆍ'의 표기, 구개음화 관련 표기, 'ㅅ, ㅈ, ㅊ' 아래에서의 'ㅛ, ㅑ, ㅠ, ㅕ'와 'ㅗ, ㅏ, ㅜ, ㅓ'의 표기 등에서 차이를 보인다. 마지막으로 서울대학교 중앙도서관에 소장된 廣學書鋪에서 1909년에 발행된 것으로 소개(서울대학교 중앙도서관)되어 있는 「권 1」, 「권 2」, 「권 3」이 있는데, 이 중 「권 1」·「권 2」는 1909년에 발행된 것이고, 「권 3」은 1901년에 발행된 것인데, 「권 1」·「권 2」는 성대본과 'ㆍ'의 표기, 구개음화 관련 표기, 'ㅅ, ㅈ, ㅊ' 아래에서의 'ㅛ, ㅑ, ㅠ, ㅕ'와 'ㅗ, ㅏ, ㅜ, ㅓ'의 표기 등에서 차이가 있다.

## 1. 교과서의 체계와 한자 표기 정보

『유몽천자』는 모두 4권으로 이루어져 있는데 권에 따라 문체의 차이가 있다. 「권 1」~「권 3」은 국한문으로 이루어져 있고, 「속편」은 순 한문으로 이루어져 있다. 그리고 같은 국한문이라도 국문과 한문의

---

7　이 자료는 국립한글박물관의 디지털 한글박물관에서 해제와 더불어 원전의 이미지를 볼 수 있다.

혼용 비율과 역할이 권별로 차이가 있다. 즉, 「권 1」은 국문이 주가 되는 국한문인 반면에, 「권 2」와 「권 3」은 한문이 주가 되는 국한문인데 「권 3」에서는 국문은 대개 구결의 역할만을 할 정도의 한문 중심의 국한문이다. 따라서 「권 1」은 한자어 중심의 국한문, 「권 2」는 한자어와 한문 중심의 국한문, 「권 3」은 한문 중심의 국한문이라고 할 수 있다. [8] 「속편」 가운데 제1과와 제2과의 洪範만은 국한문으로 되어 있다. 〈표 1〉의 목록을 보면 각 과의 제목만 보아도 「권 1」에서 「권 3」으로 갈수록 한자어, 한문의 비중이 높아짐을 볼 수 있다.

각 권의 구성을 보면 「권 1」-「권 3」은 '표지(牖蒙千字)-영문명 표지(THE THOUSAND CHARACTER SERIES. KOREAN READER NUMBER Ⅰ/Ⅱ/Ⅲ)-영문 목록(CONTENTS)-序文-目錄-각 과-字典'으로 이루어져 있다. 「속편」은 '표지(牖蒙續編)-영문 서문(YU MONG SOK P'YUN)-영문 목록(CONTENTS)-序-각 과-字典'의 순서로 이루어져 있다. 다른 권과 비교할 때 목록이 제시되어 있지 않은 반면 영문 서문이 제시되어 있다는 점에서 차이가 있다. 각 권은 「권 1」이 25과, 「권 2」가 33과, 「권 3」이 31과, 「속편」이 49과로 이루어져 있어서 전권을 통틀어 138과로 구성되어 있다.

각 권에 서술되어 있는 내용은 〈표 1〉의 목록에서 볼 수 있듯이 「권 1」은 자연 과학, 세계의 문화와 풍습 등에 관한 것이고, 「권 2」는 서양의 이야기, 서양의 역사, 자연 과학에 관한 것이며, 「권 3」은 서양의 역사·이야기·인물·문학에 관한 것이다. 따라서 서양에서 통용되는 지식, 자연과 학, 문화, 서양의 역사 등과 같이 서양과 관련된 내용들이

---

8  남궁원, 「선교사 기일[James Scarth Gale]의 한문 교과서 집필 배경과 교과서의 특징」, 『동양한문학연구』 25, 동양한문학회, 2007, 78면.

주를 이루고 있다. 이에 반해서 「속편」에는 箕子, 世宗, 薛聰, 李穡, 鄭
夢周, 河崙, 卞季良, 鄭道傳, 權近, 李奎報, 徐居正, 鄭麟趾, 李珥, 洪良浩
등의 글이 실려 있다. 따라서 개화기에 알아야 할 과학과 세계와 관련
한, 서양에서 유래한 근대적 지식을 「권 1」에서 먼저 익히도록 한 후
에, 「권 2」와 「권 3」에서는 서양에 관한 여러 가지 것들을 공부하도록
하고 「속편」에서는 우리의 고전에 관하여 공부하도록 하는 순서로 구
성되어 있다.

〈표 1〉 『유몽천자』 「권 1」~「권 3」의 목록

| | 목록 | 분야 |
|---|---|---|
| 권 1<br>25개<br>과 | ◦1과: 地球의略論, ◦2과: 人種의略論, ◦3과: 習慣의略論, ◦4 과: 世界사람의衣服의略論, ◦5과: 世上사람의머리와밋쓰는거시라, ◦6과: 즘생의略論, ◦7과: 새, ◦8과: 水族의略論, ◦9과: 天文의略論, ◦10과: 구룸, ◦11과: 비, ◦12과: 눈, ◦13과: 우레와밋번개, ◦14과: 地震, ◦15과: 火山, ◦16과: 果實, ◦17과: 筭, ◦18과: 商業, ◦19과: 돈, ◦20과: 時間과 밋 時計, ◦21과: 運動, ◦22과: 疾病, ◦23과: 鐵, ◦24과: 鉛, ◦25과: 事務 | 자연 과학<br><br>세계의 문화와<br>풍습 |
| 권 2<br>33개<br>과 | 머사의見夢1, ◦2과: 머사의見夢2, ◦3과: 머사의見夢3, ◦4과: 氷屐의避害1, ◦5과: 氷屐의避害2, ◦6과: 氷屐의避害3, ◦7과: 北極光, ◦8과: 空氣論, ◦9과: 고롬보스의亞美利加新占得1, ◦10과: 고롬보스의亞美利加新占得2, ◦11과: 고롬보스의亞美利加新占得3, ◦12과: 고롬보스의亞美利加新占得4, ◦13과: 고롬보스의亞美利加新占得5, ◦14과: 고롬보스의亞美利加新占得6, ◦15과: 고롬보스의亞美利加新占得7, ◦16과: 고롬보스의亞美利加新占得8, ◦17과: 五官論1, ◦18과: 五官論2, ◦19과: 五官論3, ◦20과: 遊星1, ◦21과: 遊星2, ◦22과: 스바다三百義士1, ◦23과: 스바다三百義士2, ◦24과: 스바다三百義士3, ◦25과: 버얼의波濤歎1, ◦26과: 버얼의波濤歎2, ◦27과: 버얼의波濤歎3, ◦28과: 베수비어스火山1, ◦29과: 베수비어스火山2, ◦30과: 베수비어스火山3, ◦31과: 베수비어스火山4, ◦32과: 煤炭의功用1, ◦33과: 煤炭의功用2 | 서양 이야기<br><br>서양 역사<br><br>자연 과학 |

| | 목록 | 분야 |
|---|---|---|
| 권 3<br>31개<br>과 | ◦1과: 쎄스튼茶稅致亂1, ◦2과: 쎄스튼茶稅致亂2, ◦3과: 나일<br>江口水戰1, ◦4과: 나일江口水戰2, ◦5과: 비리 밋 之奇觀 1, ◦<br>6과: 心弱者之羞不自勝1, ◦7과: 心弱者之羞不自勝2, ◦8과: 쩻<br>호벤之月色손아다(調也)1, ◦9과: 쩻호벤之月色손아다(調也)2, ◦<br>10과: 英君主大알부렛之中興1, ◦11과: 英君主大알부렛之中興<br>2, ◦12과: 모듸거셔(象名)之不服他主1, ◦13과: 모듸거셔(象名)之<br>不服他主2, ◦14과: 모듸거셔(象名)之不服他主3, ◦15과: 女子그<br>레쓰쌀닝之急人高義1, ◦16과: 紅人論1, ◦17과: 그루소之救黑<br>人作伴1, ◦18과: 그루소之救黑人作伴2, ◦19과: 巴里京之變이<br>由於빠스틸(獄名)1, ◦20과: 巴里京之變이由於빠스틸(獄名)2, ◦<br>21과: 巴里京之變이由於빠스틸(獄名)3, ◦22과: 羅馬之亡由於弑<br>其君시사1, ◦23과: 羅馬之亡由於弑其君시사2, ◦24과: 으리쳣<br>之假義行暴1, ◦25과: 으리쳣之假義行暴2, ◦26과: 으리쳣之假<br>義行暴3, ◦27과: 헤루리之深憂敎弊1, ◦28과: 헤루리之深憂敎<br>弊2, ◦29과: 헤루리之深憂敎弊3, ◦30과: 헤루리之深憂敎弊4,<br>◦31과: 신신아다쓰之盡職讓功1 | 서양 역사<br><br>서양 이야기<br><br>서양 인물<br><br>서양 문학 |

각 과의 첫 부분에는 제목이 제시된 후 바로 본문이 제시되지 않고 그 사이에 한자 또는 한자어에 관한 정보를 먼저 제공하고 있다. 성대본을 가지고서 예를 들자면, 「권 1」에서는 '地球지구, 居處거처, 合합, 地面지면, 四分사분······時代시대, 信聽신청'과 같이 '한자어-음'의 순서로 한자어에 관한 정보를 제시하고 있고, 「권 2」~「속편」에서는 각각 '余여 나, 在재 잇슬, 卷권 책, 冊책 책, 見견 볼, 現현 보일······兀올 옷독, 獨독 홀노'〈권 2〉 '茶다 차, 稅세 구실, 罷파 파홀, 租조 구실, 姦간 간악······蜂봉 벌, 貳이 두'〈권 3〉, '殷은 나라, 紂주 사오나올, 範범 법, 疇주 이랑, 彛이 법······敷부 펼, 陂피 언덕'〈속편〉과 같이 '한자-음-뜻'의 순서로 한자에 관한 정보를 제시하고 있다. 이처럼 각 과에서 본문에 앞서 한자와 한자어에 관한 정보를 제시하고 있는 부분의 역할이 권말에 제시되어 있는 자전의 역할과 같다는 점에서 앞으로 과별 자전으로 불러 가리키도록 하겠다.

이와 같이 「권 1」의 과별 자전은 '한자어-음'만 제시하고 있다는 점에서 다른 권의 과별 자전과는 차이가 있다. 따라서 「권 1」의 과별 자전은 한자어를 제시하는 것에 주목을 하고 있다는 점에서 마치 단어장과 같은 역할을 하는 것이라고 하겠다. 이렇게 각 과마다 과별 자전을 통해서 한자 또는 한자어와 관련한 정보가 제공되고 난 후에 여기에서 제시된 한자 또는 한자어가 쓰인 본문이 제시되어 있다. 즉 한자, 한자음, 한자어를 익힌 연후에 본문을 읽는 순서로 학습을 하게 했다는 점에서 한자에 관한 이해에 기반을 두고 본문을 이해해야 한다는 생각을 분명히 드러내고 있음을 알 수 있다.

본문의 분량은 권별로 차이가 있는데, 대체적으로 「권 1」보다는 「권 2」가 많고, 「권 2」보다는 「권 3」이 많고, 「권 3」보다는 「속편」이 많은 양상을 보인다. 특히 「속편」은 순 한문으로 되어 있는데도 텍스트의 길이가 길다. 이는 원전의 길이와도 관련되는 것이기도 하지만, 한문을 우리말로 번역하면 분량이 늘어나는 것을 감안하면, 학습자의 지식 수준과 이들이 소화할 수 있는 텍스트의 분량과의 관계를 염두에 두면서 난도가 높아짐에 따라 텍스트 분량도 늘려 갔던 것으로 보인다.

## 2. 권말 자전과 과별 자전

### 1) 권말 자전과 과별 자전의 정보 제시 방법과 형태

『유몽천자』에는 권말에 제시된 자전과 각 과의 처음에 제시된 자전을 통하여 학습 대상이 된 한자와 음, 뜻을 제시하고 있다. 『유몽천자』의 한자를 종합적으로 이해하기 위해서는 권말 자전과 과별 자전에 제시되어 있는 한자에 관한 것을 모두 살펴보는 것이 마땅하므로, 이 글에서는 이 둘을 모두 고찰의 대상으로 삼아 살펴보도록 하겠다.

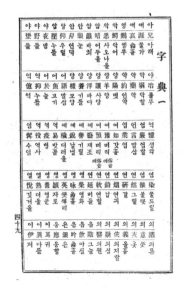

[그림 1] 「권 1」의 권말 자전

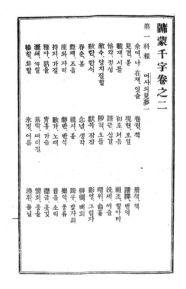

[그림 2] 「권 2」 제1과 자전

권말 자전은 [그림 1]에서 볼 수 있듯이 각 권의 끝에 「字典」이란 제목을 달고 각 권에서 나왔던 한자와 관련 정보를 제시하고 있다.[9] 따라서 한자음을 기준으로 하여 한자를 찾도록 되어 있다는 점에서 색인과 같은 역할을 하고 있는 것으로, 部首랄지 총 획수 등과 관련된 정보는 전혀 제시되어 있지 않다. 이런 점에서 우리가 흔히 접할 수 있는

---

9 성대본에는 '字典 一', '字典 二', '字典 三', '字典 四'와 같이 각 권의 자전에 번호가 표시되어 있는데, 이때 '一', '二', '三', '四'는 손으로 써넣은 것으로 보인다. 여러 판본을 비교하여 보면 이와 같은 특징은 성대 소장본에서만 나타난다. 따라서 이런 숫자는 아마도 누군가가 써넣어 놓은 것으로 판단된다.

자전의 형태를 갖추고 있지는 않다.[10]

각 과의 처음에 제시된 과별 자전은 [그림 2]와 같은데 권말 자전에서처럼 일정한 제시 순서가 정해진 것이 아니라 본문의 전개 순서에 맞게 한자가 제시되어 있다. 따라서 권말 자전을 보지 않아도 새로 나오는 한자에 관한 정보는 과별 자전을 통하여 알 수 있다. 한자어만 제시하고 있는 「권 1」을 제외하면 「권 2」~「속편」은 '한자-음-뜻'의 순서로 한자에 관한 정보를 제시하고 있다. 다만 「권 2」와 「권 3」에서도 '徘徊, 배회', '恩惠, 은혜'와 같이 「권 1」의 과별 자전과 같은 방식으로 제시된 것이 있는데, 이들은 권말 자전에서 '徘 배회', '徊 배회', '恩 은혜', '惠 은혜'와 같이 뜻풀이가 되어 있는 것들이라는 공통점이 있다.

이와 같이 과별 자전에서의 한자 관련 정보의 제시 방법이 「권 1」이 「권 2」~「속편」과는 다른 까닭은 「권 1」은 국문이 주가 되는 국한문인데 비하여 「권 2」와 「권 3」은 한자어와 한문이 주가 되는 국한문인 것과 관련되는 것으로 보인다. 즉 「권 2」~「권 3」에서 한문의 문법을 따르는 한자어나 한문 표현이 증가하는 것과 자전의 이런 제시 방법은 관련성이 있어 보이는데, 「권 1」보다는 「권 2」~「권 3」을 잘 이해하려면 한문에 관한 지식을 갖추어야 하고 이를 위해서는 한자의 음과 뜻을 잘 알아둘 필요가 있기 때문이다. 순 한문으로 되어 있는 「속편」은 말할 것도 없다. 따라서 이 책을 편찬한 게일과 이창직은, 독

---

10 이런 점에서는 『國漢文新玉篇』(1908)과 한자어 학습을 목적으로 편찬된 池錫永의 『言文』(1909)과 유사성이 있다. 『國漢文新玉篇』의 「國漢文音訓字彙」에는 "가 加더홀, 伽절, 架시렁, 迦부쳐……, 개 个낫, 介낫, 价클, 舺슈견……" 등과 같이 음을 기준으로 하여 한자를 묶고 '한자-뜻'의 순서로 정보를 제시하고 있다. 『言文』에서는 본문에서는 한자어를 '음-한자'의 순서로 제시하였으나, 자전에서는 "가 街거리, 歌노래, 嘉아름다올……稼곡식시물, 각 角뿔, 各각각, 脚다리……殼껍질, 간 看볼, 奸통간할, 肝간……"과 같이 음으로 한자를 묶고 '한자-뜻'의 순서로 정보를 제공하고 있다.

자로 하여금 「권 1」에서 익힌 한자어에 관한 지식을 기반으로 하여, 「권 2」~「속편」의 본문에 제시되어 있는 한자어와 한문을 이해할 수 있는 기본적인 지식을 갖추어 나아가도록 의도했던 것으로 생각된다.

이와 같은 과별 자전의 제시 양상은 『千字文』, 『訓蒙字會』, 『新增類合』, 『兒學編』과 같은 이전의 初學書에서 전통적으로 취해진 '한자-뜻-음'의 순서로 제시한 방법과는 차이가 있다. 이렇게 과별 자전에서 한자음을 뜻보다 먼저 제시하고 있는 것은 권말 자전이 마치 색인처럼 음을 기준으로 한자를 찾도록 되어 있는 것과 공통점이 있다. 권말 자전이 이런 체재로 되어 있는 것은 검색의 편의성을 높이기 위한 것도 고려되어 있다고 하겠으나, 과별 자전과 권말 자전에 공통적으로 한자에 한자음을 우선적으로 제시한 것은 한자음을 매개로 하여 한자와 뜻을 연결하고자 한 생각이 반영된 것은 아닌가 한다.

## 2) 권말 자전의 음의 제시 순서

권말 자전에서 한자를 제시할 때에는, 한자음의 초성을 첫 번째 기준으로 삼고, 중성을 두 번째 기준으로 삼고, 종성을 세 번째 기준으로 삼아 제시하고 있다. 첫 번째로 한자음의 초성을 기준으로 해서는 'ㅇ→ㅎ→ㄱ→ㅋ→ㅁ→ㄴ→ㅂ→ㅍ→ㄹ→ㅅ(ㅆ)→ㄷ→ㅌ→ㅈ→ㅊ'순으로 한자를 제시하였다.[11] 그런데 여기에서 'ㅇ'은 초성이 없는 한자음

---

11 성모가 경음으로 되어 있는 '雙'은 '……→삭 索 노→삭 鑠 녹일→삼 甚 무삼→산 酸 실→상 喪 죽을→상 牀 상→상 霜 서리→상 翔 날개→상 償 갑흘→상 象 코기리→쌍 雙 쌍→삽 挿 꽂질→삽 臿 잠간→삽 卅 설흔→삽 鍤 가래→……'에서 보듯이 「권 2」의 字典에서 '상'과 '삽' 사이에 넣어 'ㅅ'과 별도로 분리하여 제시하고 있지는 않다.

으로 국어 한자음에서는 零聲母에 해당하는 것이므로, 零聲母가 아닌 것들 중에서는 'ㅎ'으로 시작하는 한자음을 지닌 한자가 가장 먼저 놓이게 되는 셈이다.

이 순서로 초성을 제시한 것은 게일이 편찬한 『韓英字典(A KOREAN-ENGLISH DICTIONARY)』(1897)에서와 같은 것이다. 『韓英字典』의 序(PREFACE)를 보면 초성은 'ㅎ h→ㄱ k 또는 g→ㅋ k'→ㅁ m→ㄴ n→ㅇ ng→ㅂ p 또는 b→ㅍ p'→ㄹ l 또는 r→ㅅ s 또는 t→ㄷ t 또는 d→ㅌ t'→ㅈ ch 또는 j→ㅊ ch"의 순서에 따랐다고 기술되어 있다. 그리고 이 사전에서는 실제로 이 순서에 따라서 국어 어휘를 제시하고 있다.

이는 프랑스 사전의 알파벳 순서 'H→K→M→N→O→P→R→S→T→Z'의 제시 순서에 따라서 'H(ㅎ)→K(ㄱ/ㅋ)→M(ㅁ)→N(ㄴ)→O(ㅇ)→P(ㅂ/ㅍ)→R(ㄹ)→S(ㅅ/ㅆ)→T(ㄷ/ㅌ)→Z(ㅈ/ㅊ)'와 같이 제시했다고 할 수 있는 것이다.[12] 이런 제시 순서는 『韓佛字典』(1880)에서 'ㅎ→ㄱ→ㅺ→ㅋ→ㅁ→ㄴ→ㅇ→ㅂ→ㅽ→ㅍ→ㄹ→ㅅ→ㅆ→ㄷ→ㅼ→ㅌ→ㅈ→ㅾ→ㅊ'을 순서로 초성을 제시하고 있는 것과 일치한다. 『유몽천자』의 한자 가운데에는 성모가 'ㅺ', 'ㅽ', 'ㅼ', 'ㅾ'과 같이 경음으로 시작하는 한자음을 지니는 것이 없음을 고려하면 이런 초성의 제시 순서는 『韓佛字典』, 『韓英字典』의 제시 순서에 따른 것이라고 하겠다.[13]

그런데 舌頭音의 초성을 ㄷ으로 표기하고 있는 판본과 권의 경우에는 '뎨', '뎍', '뎡'과 같은 한자음을 지니는 한자를 'ㄷ'의 순서에서 제

---

12 朴尙均, 「朝鮮朝後期 辭典編纂에 關한 硏究 2」, 『국회도서관보』 257, 국회도서관, 1998, 57-76면. 朴美和, 「J. S. Gale의 『牖蒙千字』 연구」, 경북대 석사 학위 논문, 2007.

13 H. G. Underwood(元杜尤)의 『韓英字典』(1890)에서도 언문의 차례는 'ㅎ, ㄱ, ㅋ, ㅁ, ㄴ, ㅇ, ㅂ, ㅍ, ㄹ, ㅅ, ㄷ, ㅌ, ㅈ, ㅊ'의 순서로 제시되어 있어서 『韓佛字典』과 같은 순서로 초성을 제시하고 있다.

시하지 않고 'ㅈ'의 순서에서 舌上音·齒頭音·正齒音의 한자와 같이 묶어서 제시하여 실제로는 '뎨> 졔', '뎍> 젹', '뎡> 졍'이 되었음을 반영하고 있는 것들이 있다. 이런 양상을 국중본 1의 「권 1」, 국중본 2의 「속편」, 홍윤표본의 「권 2」, 서울대본의 「권 1」 등에서 볼 수 있다. 반면에 설두음과 설상음을 아예 분리하여 설두음은 'ㄷ'의 순서에서 제시하고, 설상음은 'ㅈ'의 순서에서 제시하고 있는 것들도 있는데, 이런 양상을 성대본 「권 3」과 서울대본 「권 3」 등에서 볼 수 있다. 구체적인 양상은 〈표 2〉와 같다.

〈표 2〉 구개음화 관련 한자음의 배열 순서

| | 초성 | 판본, 권 | 실례 |
|---|---|---|---|
| 설두음 설상음 통합 제시 | ㅈ | 국중본 1 「권 1」 | 儲져→著져→底뎌→抵뎌→低뎌→制졔→製졔→諸졔 →第뎨→題뎨→帝뎨→赤젹→績젹→賊젹→適뎍→的 뎍→狄뎍→占졈→…… |
| | | 국중본 2 「속편」 | 楮져→樗져→苧져→霽졔→褆뎨→悌뎨→梯뎨→躋졔 →勣젹→荻젹→幘젹→摘뎍→翟뎍→馰뎍→佔뎜→腆 면→敟뎐→篆뎐→…… |
| | | 홍윤표본 「권 2」 | 井졍→整졍→偵졍→情졍→靜졍→頂뎡→停졍→丁뎡 →碇뎡→艇뎡→庭뎡→絶졀→折졀→截졀→…… |
| | | 서울대본 「권 1」 | 儲져→著져→底뎌→抵뎌→低뎌→制졔→製졔→諸졔 →第뎨→題뎨→帝뎨→赤젹→績젹→賊젹→適뎍→的 뎍→狄뎍→占졈→…… |
| 설두음 설상음 분리 제시 | ㄷ 설두음 | 성대본 「권 3」 | 牴뎌→觝뎌→邸뎌→蹄뎨→堤뎨→滴뎍→笛뎍→玷뎜 →店뎜→壿뎐→顚뎐→奠뎐→亭뎡→梃뎡→酊뎡→廷 뎡→訂뎡→釘뎡→鼎뎡→…… |
| | | 서울대본 「권 3」 | 牴뎌→觝뎌→邸뎌→蹄뎨→堤뎨→滴뎍→笛뎍→玷뎜 →店뎜→壿뎐→顚뎐→奠뎐→亭뎡→梃뎡→酊뎡→廷 뎡→訂뎡→釘뎡→鼎뎡→…… |
| | ㅈ 설상음 | 성대본 「권 3」 | 諸져→渚져→趄져→姐져→猪져→貯져→咀져→濟졔 →祭졔→劑졔→籍젹→蹟젹→專젼→箭젼→悛젼→戩 젼→躔젼→旌졍→呈졍→征졍→…… |
| | | 서울대본 「권 3」 | 諸져→渚져→趄져→姐져→猪져→貯져→咀져→濟졔 →祭졔→劑졔→籍젹→蹟젹→專젼→箭젼→悛젼→戩 젼→躔젼→旌졍→呈졍→征졍→…… |

두 번째로 한자음의 중성을 기준으로 해서는 'ㅏ→ㅐ→ㅑ→·→
ㅣ→ㅓ→ㅔ→ㅕ→ㅖ→ㅡ→ㅢ→ㅣ→ㅗ→ㅘ→ㅚ→ㅛ→ㅜ→ㅝ→ㅟ→
ㅠ'의 순으로 제시하고 있다. 여기에서 '·'는 성대본의 「권 3」, 국중본
1의 「권 1」, 「속편」, 국중본 2의 「권 3」, 「속편」, 홍윤표본의 「권 2」, 서
울대본 「권 1」·「권 2」·「권 3」에서 사용되고 있다. 따라서 나머지 판
본과 권에서는 '·'는 모두 'ㅏ'로 표기되어 있다. 그러나 〈표 3〉에서
볼 수 있듯이 '·'가 쓰인 판본과 권의 제시 순서를 보면 권말 자전 일
부에서 'ㅏ'에 넣어서 배열을 하고 있는 경우가 있다. 이를 보면 '·'가
'ㅏ'로 바뀌었음을 반영하고 있다는 것을 알 수 있다.

〈표 3〉 국중본 1, 국중본 2, 성대본 「속편」의 배열 순서

| 초성 | 판본 | 실례 |
|---|---|---|
| ㅇ | 국중본 1 | 哦아→迓아→崖애→埃애→閡애→艾애→厓애→隘이→獃애→礙애→闇암→菴암→鞍안→鴈안→…… |
| | 국중본 2 | 哦아→迓아→崖애→埃애→閡애→艾애→厓애→隘이→獃애→礙애→闇암→菴암→鞍안→鴈안→…… |
| | 성대본 | 哦아→迓아→崖애→埃애→閡애→艾애→厓애→隘애→獃애→礙애→闇암→菴암→鞍안→鴈안→…… |
| ㅎ | 국중본 1 | 遐하→厦하→峐히→廨히→瀣히→骸히→涸학→咸함→啣함→緘함→偘한→閒한→恒ㅎ→沆항→鮞향→…… |
| | 국중본 2 | 遐하→厦하 →峐히→廨히→瀣히→骸히→涸학→咸함→啣함→緘함→偘한→閒한→恒ㅎ→沆항→鮞향→…… |
| | 성대본 | 遐하→厦하→峐해→廨해→瀣해→骸해→涸학→咸함→啣함→緘함→偘한→閒한→恒항→沆항→鮞향→…… |
| ㅂ | 국중본 1 | 裵비→湃비→舶박→礴박→粕박→搏박→叛반→…… |
| | 국중본 2 | 裵비→湃비→舶박→礴박→粕박→搏박→叛반→…… |
| | 성대본 | 裵배→湃배→舶박→礴박→粕박→搏박→叛반→…… |
| ㅅ | 국중본 1 | 徙亽→伺亽→榭샤→竢亽→砂사→莎사→謝샤→數삭→…… |
| | 국중본 2 | 徙亽→伺亽→榭샤→竢亽→砂사→莎사→謝사→數삭→…… |
| | 성대본 | 徙사→伺사→榭사→竢사→砂사→莎사→謝사→數삭→…… |

그런데 '래 來→랭 冷→라 懶→락 樂→람 覽→람 藍→란 爛→란

亂→랑 狼→랑 朗→략 略→량 量→……'〈권 1〉에서 보듯 '래 來→랭 冷→라 懶'의 순서가 뒤바뀌어 제시된 예도 보인다. 이런 양상은 국중본 1의 '리 來→링 冷→라 懶→락 樂→람 覽→람 藍→란 爛→란 亂→랑 狼→랑 朗→략 略→량 量→……'〈권 1〉에서도 보인다.

중성에서는 기원적으로 j계 하향 이중 모음이었던 것들을 j계 상향 이중 모음보다는 앞서 제시하고 있다. 이 시기에는 'ㅐ', 'ㅔ'는 이미 단순 모음이었고, 'ㅚ', 'ㅟ'는 단순 모음이 되어가는 과정에 있었음을 고려하면, 이런 제시 방식은 핵모음 'ㅏ', 'ㅓ', 'ㅗ', 'ㅜ'를 기준으로 하여 문자 결합 방식에 따라서 각각 제시한 것이라 하겠다. 이 질서에 따른다면 [wa], [wə/wʌ]로 봄이 마땅한 'ㅘ'와 'ㅝ'는 핵모음인 'ㅏ'와 'ㅓ'를 기준으로 하여 각각 'ㅑ'와 'ㅕ'의 전후 한 곳에 놓이는 것이 자연스럽다고 볼 수 있으나 실제로는 'ㅗ'와 'ㅜ'를 핵모음으로 하되 중성의 제시 순서인 'ㅏ→……→ㅓ→……→ㅣ'를 따라서 'ㅘ', 'ㅚ'와 'ㅝ', 'ㅟ'의 순서로 제시하는 방식을 취하였다. 따라서 음운론적 실현과 제시 순서 사이에는 차이가 있음을 알 수 있다.[14]

이런 제시 방법은 『韓英字典』(1897)의 序에서 프랑스 사전의 알파벳 순서를 따라서 "아 a→ 야 ya→ ᄋ a→ 어 ö 또는 ü→ 으 eu→ 이 l→ 오 o→ 요 yo→우 u→유 yu"와 같이 한 것과 비교하여 보면 'ㅏ→*ㅐ→ㅑ→·→*ㅣ→ㅓ→*ㅔ→*ㅕ →*ㅖ →ㅡ→*ㅚ→ㅣ →ㅗ→*ㅘ→*ㅚ →ㅛ→ㅜ→*ㅝ→*ㅟ→ㅠ'와 같이 사전의 순서를 그대로 따르면서 * 표시를 한 모음을 삽입하는 형태로 이루어진 것을 알 수 있다. 즉 게일

---

14  게일이 편찬한 『韓英字典(A KOREAN-ENGLISH DICTIONARY』(1897)의 서문(introduction)에 제시된 언문과 이에 상응하는 음가의 제시표(A TABLE OF THE NATIVE SCRIPT(Unmun) WITH EQUIVALENTS)를 보면 'ㅘ'는 'wa', 'ㅝ'는 'wö/wü'로 제시되어 있는데, 이를 보면 게일은 'ㅘ', 'ㅝ'를 분명히 상향 이중 모음으로 보았음을 알 수 있다.

이『유몽천자』를 쓰기 이전에 사전을 발행하면서 취했던 모음의 제시 순서의 틀을『유몽천자』에서도 사용하고 있음을 알 수 있다. 이런 점은 박상균과 박미화의 연구에서 지적된 바 있고,15 이들 연구에서는 'A→E→I→O→U'의 순서에 따라서 'A(ㅏ/ㅑ)→E(ㅓ/ㅕ)→I(ㅣ)→O(ㅗ/ㅛ)→U(ㅜ/ㅠ)'와 같이 제시됨을 밝힌 바 있다. 이에 따르면 단순 모음과 j계 상향 이중 모음의 제시 순서는 분명히 파악할 수 있었다. 하지만 j계 하향 이중 모음과 w계 상향 이중 모음의 제시 순서에 관해서는 알기가 어려웠는데, 이와 같은 질서를 지니고 있었던 것이다.

세 번째로 종성을 기준으로 해서는 'ㄱ→ㅁ→ㄴ→ㅇ→ㅂ→ㄹ'의 순서로 음을 제시하고 있다. 이는『韓英字典』(1897)의 'K→M→N→O→P→R→S'의 순서에 따라서 'K(ㄱ)→M(ㅁ)→N(ㄴ)→O(ㅇ)→P(ㅂ)→R(ㅂ)→S(ㅅ)'을 쓴 것이다.16 이처럼 종성이 기준이 되어 이 순서에 따라서 음을 제시하는 것은 초성과 중성의 결합이 같은 경우에 한한다. 이와는 달리 '자 者→자 自→자 仔→자 滋→자 資→자 子→재 災→재 財→쟁 爭→작 作→작 酌→작 鵲→작 雀→잠 暫→잠 蠶→……' 〈권 1〉, '즈 疵→즈 眦→지 齋→지 宰→지 栽→지 材→징 錚→즘 涔→져 諸→져 渚→……→졔 濟→졔 祭→졔 劑→……→적 籍→……' 〈권 3〉 등에서 보듯이 초성과 중성의 결합이 달라지게 되면, '단순 모음으로 된 중성+종성'의 결합과 '하향 이중 모음으로 된 중성+종성'의 결합 중에서 '단순 모음으로 된 중성+종성'의 결합보다 '하향 이중 모음으로 된 중성+종성'의 결합으로 된 음이 먼저 제시되는 양상을 보인다.

15  朴尙均, 「朝鮮朝後期 辭典編纂에 關한 硏究 2」, 『국회도서관보』 257, 국회도서관, 1998, 57-76면. 朴美和, 「J. S. Gale의『牖蒙千字』연구」, 경북대 석사 학위 논문, 2007.

16  朴尙均, 앞의 글, 57-76면. 朴美和, 「J. S. Gale의『牖蒙千字』연구」, 경북대 교육대학원 한문교육전공 석사 학위 논문, 2007.

## 3) 과별 자전과 권말 자전의 특색과 이들의 차이점

각 권의 각 과의 처음에 제시되어 있는 과별 자전은 한자 학습을 먼저 한 후에 본문을 읽도록 유도하고 있다. 이렇게 과별 자전을 통해서 제시된 한자는 기본적으로는 권말 자전에 모두 반영되어 있다. 그러나 권말 자전에 실려 있지 않은 것들도 더러 있는데, 「권 2」와 「속편」에서 이런 양상이 일부 보인다. 그리고 과별 자전에 실려 있는 뜻과 권말 자전에 실려 있는 뜻이 다른 경우도 상당하다. 「권 2」의 일부 예를 가지고서 이와 같은 양상이 어떻게 나타나는지를 보이면 〈표 4〉와 같다.

〈표 4〉 성대본 「권 2」의 과별 자전과 권말 자전의 차이[17]

| 자전<br>구분 | 과별 자전 | 권말 자전 |
|---|---|---|
| 뜻<br>또는<br>어휘의<br>형태 | 颺날칠(양), 奧오묘할(오), 迂너를(오), 浴메역감을(욕), 眩어즈러울(현), 渙풀닐(환), 暈빗(훈), 敢굿해(감), 檢검사할(검), 藿메역(곽), 跫발자최(공), 蹶밋그러질(궐), 麻병(마), 麿적을(마), 蔓덤불(만), 沐매역감을(목), 曚어둘(몽), 駁변박할(박), 磐반석(반), 反뒤칠(반), 崩문허질(붕) | 颺날닐(양), 奧깁흘(오), 迂오활할(오), 浴목욕할(욕), 眩현황할(현), 渙훗허질(환), 暈무리(훈), 敢엇지(감), 檢상고할(검), 藿아욱(곽), 跫발소리(공), 蹶너머질(궐), 麻삼(마), 麿작을(마), 蔓넌출(만), 沐목욕할(목), 曚어두울(몽), 駁론박할(박), 磐너러돌(반), 反도리킬(반), 崩죽을(붕) |
| 유의어 /<br>지시<br>대상 | 燃탈(연), 携쯰을(휴), 演넓을(연), 厄액수(액), 岳뫼(악), 巘뫼쑨리(헌), 恭공순(공), 圈둥우리(권), 玅묘할(묘), 踽발자최(무) | 燃불탈(연), 携잇쯰을(휴), 演널을(연), 厄액(액), 岳뫼쑤리(악), 巘뫼(헌), 恭공손(공), 圈우리(권), 玅현묘할(묘), 踽자최(무) |
| 문법적<br>성질 | 暎빗출(영), 翳가릴(예), 傾기울(경) | 暎빗최일(영), 翳가리울(예), 傾기우릴(경) |
| 품사 | 迫핍박(박), 莞우슴(완), 饒넉넉할(요), 喩비유(유), 確확실할(확), 圍둘닐(위) | 迫핍박할(박), 莞우슬(완), 饒넉넉(요), 喩비유할(유), 確확실(확), 圍두를(위) |
| 뜻+<br>품사 | 緣인연(연), 履밟을(리), 遽문득(거), 奇긔특(긔), 俱갓출(구), 窺구멍(규), 喟슯흘(위) | 緣말매암을(연), 履신(이), 遽쌔를(거), 奇긔이할(긔), 俱함끠(구), 窺엿볼(규), 喟탄식할(위) |

---

17 편의상 한자, 음, 뜻의 제시 방법은 원문의 순서를 따르지 않았다. 괄호 안에 넣은 것이 한자음이다.

| 구분 \ 자전 | 과별 자전 | 권말 자전 |
|---|---|---|
| 표기 | 鷗갈마기(구), 捲거들(권), 戶지게(호), 悔뉘웃칠(회), 瞼눈썹흘(겸) | 鷗갈막이(구), 捲것을(권), 戶지게(호), 悔뉘우칠(회), 瞼눈즙흘(겸) |
| 음운 | 晏느질(안), 醸비질(양), 沿좃칠 | 晏느즐(안), 醸비즐(양), 沿좃츨 |
| 현상 적용 여부 | (연), 迎마질(영), 緩느질(완), 僞거짓(위), 慌어즈러올(황), 吼부르지즐(후), 屈밋츨(계), 竟맛참(경), 及밋칠(급) | (연), 迎마즐(영), 緩느즐(완), 僞거즛(위), 慌어지러올(황), 吼부르지질(후), 屈밋찰(계), 竟맛츰(경), 及밋츨(급) |
| 한자음 | 況하믈며(황), 暖더울(란), 碾마돌(연), 鬪짓거릴(효), 幃장막(휘) | 況하믈며(향), 暖더울(난), 碾마돌(년), 鬪짓거릴(뇨), 幃장먹(휘) |
| 과별 자전에만 수록 | 胸가슴(흉), 肌살(긔), 叫불르지즐(규), 障막을(장), 度혜아릴(탁), 甘달(감), 殊다를(수), 諠짓거릴(헌) | |

과별 자전과 권말 자전이 차이를 보이는 경우는 몇 가지 유형으로 나누어서 살펴볼 수 있는데 눈에 띄는 점을 언급하면 다음과 같다. 첫째, 뜻 또는 형태의 차이를 보이는 것들이 가장 널리 보이는데 이는 한자가 지닌 다의성에서 비롯된 것이라고 하겠다. 그런데 이들 중에 상당수는 '奧 오묘할/깁흘', '迂 너를/오활할', '浴 메역감을/목욕할', '眩 어즈러울/현황할', '沐 매역감을/목욕할', '磐 반석/너럭돌'과[18] 같이 어종에서 고유어와 한자어의 차이를 보이는 것들이 보인다. 이런 면은 교재를 편찬하면서 고유어 훈과 한자어 훈 가운데 어떤 것을 제시하는 것이 좋을지를 고민하고 있었음을 보여 주는 것으로 생각된다.

둘째, 유의어라고 볼 수 있으나 지시 대상이나 범위에서 차이를 보이는 것들이 꽤 있다. '燃 탈/불탈', '携 쓰을/이쓰을', '厄 액수/액', '岳 뫼/뫼뿌리', '巇 뫼쑌리/뫼', '圈 둥우리/우리', '玅 묘할/현묘할', '蹄 발자최/자최' 등이 이에 해당하는 예인데, 이들은 지시 대상이나 범위에 차이가 있다. 따라서 한자의 뜻을 좀 더 넓게 제시할 것인지 좁게 제시할

---

18   사선 앞의 것이 과별 자전에 제시된 형태이고 사선 뒤의 것이 권말 자전에 제시된 형태이다. 이하에서도 마찬가지이다.

것인지를 결정하는 데에 고민을 하였음을 보여 준다.

셋째, 문법적 성질이나 품사의 차이를 보이는 것들이 있다. 문법적인 면에서 권말 자전이 사동사를 제시하는 경향이 두드러진다. 품사의 차이에서는 동작성 또는 상태성을 지니는 말들에서 동사와 명사의 차이를 보이는 것이 대부분이다. 이런 면은 뜻의 차이를 보이는 것 가운데에서도 보이기도 한다. 또한 명사와 동사의 차이를 보이는 것뿐만 아니라 '唒 슯흘/탄식할'과 같이 형용사와 동사의 차이를 보이는 것도 보인다. 이처럼 문법적 성질이나 품사의 차이를 보이는 것들은 한자어와 한문에서의 한자의 역할이 달라지는 것으로 인하여 대표 훈을 제시하는 데에 고민을 하였음을 보여 준다.

넷째, 표기의 차이를 보이는 것에는 연음 현상이 일어나는 것을 음절적 실현에 맞추어서 표기를 할 것인지 분리해서 적을 것인지와 관련된 것, 종래의 중철 표기와 경음 표기와 관련된 것들이 아직 통일되지 못하고 혼동되고 있음을 보여 주는 것들이 있다.

다섯째, 음운 현상의 적용 여부와 관련된 것은 구개성 자음 아래에서의 구개모음화와 관련된 것이 가장 많고, 모음의 음성적 실현과 관련된 것이 일부 보인다. 구개모음화 현상은 '慌 어즈러올/어지러올', '吼 부르지즐/부르지질'을 제외하고는 권말 자전보다는 과별 자전에 제시된 훈에 활발히 반영되어 있는 양상을 보인다.

여섯째, 과별 자전에 실린 한자는 대개는 그 권의 권말 자전에 그 글자가 제시되거나 일부는 이전의 권말 자전에 제시되어 있는 것들이다. 예를 들면 「권 2」의 '羣 군, 무리〈5과〉', '約 약, 언약〈9과〉', '椶 종, 종려〈16과〉' 등은 「권 1」의 권말 자전에 실린 글자이다. 그런데 「권 2」의 '歇 헐, 쉬일〈10과〉'은 「권 3」의 권말 자전에 실려 있는 한자이고, 「권 2」의 '妃 비, 계집〈11과〉', '裳 상, 치마〈30과〉'는 「속편」의 권말 자전에 실려 있는 글자이다. 이처럼 권 뒤의 권말 자전에 해당 글자의 정보가 실려 있는 것은 극히 일부의 한자에 한해서 나타나는 것이기는 하지만 학습의 단계성이나 교재의 완성도 면에서는 일부 결함을 드러낸 것이라고 하겠다.

## 3. 한자, 한자음의 특징

### 1) 한자의 난이도 및 교육용 한자로서의 성격

『유몽천자』에 수록된 한자의 개수는 자전에 실린 한자의 개수를 세어 봄으로써 파악할 수 있다. 각 자전에 실린 한자의 개수는 1909년 廣學書鋪 발행본을 기준으로 「권 1」에는 1,008자, 「권 2」에는 1,001자, 「권 3」에는 1,002자, 「권 4」에는 765자가 실려 모두 3,776자인 것으로 파악된 바 있다.[19] 그런데 필자가 성대본을 가지고서 세어 본 바는 이와는 약간의 차이가 있다. 그리고 『유몽천자』에 실린 정확한 한자의 개수를 파악하기 위해서는 권말 자전에 실린 한자뿐 아니라 과별 자전에만 실린 한자도 세어 보아야 할 필요가 있다. 이에 따라서 과별 자전에 실린 한자도 세어서 전체적으로 실린 한자의 개수를 파악해 본 결과는 〈표 5〉와 같았다.

---

19  朴美和, 앞의 글, 28면.

〈표 5〉『유몽천자』각 권에 수록된 한자의 개수

|  | 권말 자전에 수록된 자 | 과별 자전에만 수록된 자 | 계 |
|---|---|---|---|
| 권 1 | 1,005 | - | 1,005 |
| 권 2 | 1,000 | 8 | 1,008 |
| 권 3 | 1,002 | - | 1,002 |
| 속편 | 764 | 8 | 772 |
| 계 | 3,771 | 16 | 3,787 |

이를 보면 박미화의 연구에서 텍스트로 삼은 廣學書舖 발행본과 필자가 텍스트로 삼은 성대본은 자전에 수록된 한자의 개수에서 다소 차이가 있다. 국중본 1의「속편」에는 '觸 질일 촉'이 하나 더 들어가 있어 성대본과는 차이가 있다. 그리고 과별 자전에 실린 한자 중 권말 자전에 실리지 않은 한자가 있는 것이 눈에 띄는데 이에 해당하는 한자는「권 2」와「속편」에 각각 8자씩 모두 16자이다. 전체적으로 보면「속편」을 제외하고「권 1」~「권 3」은 1,000자 정도로 한자의 개수가 맞춰져 있다. 즉 각 권당 1,000자가량의 한자를 습득하는 것을 목표로 교재를 편찬하였던 것이다.

이처럼『유몽천자』는 교육 목적 달성을 위하여 각 권에 제시된 한자도 1,000자 정도로 제어를 하면서 교재를 편찬하였다. 이런 교육적인 관점에서 볼 때 우리의 관심은 이 책에 실린 한자가 교육의 난이도를 고려하여 적절히 선택된 것이냐에 있다. 그래서 이에 관한 고찰을 할 필요가 있다. 이를 위해서 이전 시기의 初學書에 실린 한자와 어느 정도 중복되는지를 살피고, 이를 통해 새로이 제시된 한자가 어느 정도인지를 파악해 봄으로써, 이들 한자가 교육용 한자로서의 성격을 어느 정도로 지니고 있는지를 살펴보도록 하자. 그래서『訓蒙字會』(1527),『新增類合』(1576),『石峰千字文』(1583),『兒學編』(1813)에 실린 한자와『유몽천자』에 실린 한자가 어느 정도 일치하는지를 알아보았다.[20] 그 결과는 〈표 6〉과 같다.

〈표 6〉『유몽천자』와 이전 초학서 수록 한자의 일치율

| | 공통 수록자 | 『유몽천자』 수록자 | 일치율 |
|---|---|---|---|
| 『訓蒙字會』 | 1,692 | 3,787 | 43.63% |
| 『新增類合』 | 2,329 | 3,787 | 61.49% |
| 『石峰千字文』 | 851 | 3,787 | 22.47% |
| 『兒學編』 | 1,448 | 3,787 | 38.23% |
| 어느 한 곳에라도 실린 자 | 2,668 | 3,787 | 70.45% |

〈표 6〉에서와 같이 『유몽천자』는 『신증유합』과의 일치율이 가장 높고, 다음으로 『훈몽자회』> 『아학편』> 『석봉 천자문』의 순서로 초학서와의 일치율이 나타남을 알 수 있다. 그리고 초학서 가운데 어느 하나에라도 실린 한자가 『유몽천자』에 실린 비율은 70.45%이다. 그러므로 29.55%에 해당하는 1,119자는 이들 초학서에서는 볼 수 없는 것이라 하겠다. 따라서 이 1,119자는 『유몽천자』를 만들면서 새롭게 집어넣은 것이라는 것을 알 수 있다.

그런데 〈표 6〉에 제시된 결과에는 『석봉 천자문』과 『아학편』에 수록된 한자의 개수가 『훈몽자회』나 『신증유합』에 수록된 한자의 개수보다 적기 때문에 일치율이 낮게 나올 수밖에 없다는 점이 고려되어 있지 않다. 그러므로 이 초학서들 각각에 실린 한자 가운데 『유몽천자』에도 실린 한자의 비율을 계산하여 보고, 이를 통하여 어떤 초학서의 한자가 『유몽천자』에 많이 실리게 되었는지를 판단해 보는 것이

---

20  이를 위해서 『유몽천자』에 수록된 한자를 모두 엑셀에 입력한 후, 엑셀을 이용하여 이를 초학서에 실린 한자의 목록과 중복을 제거하는 방법으로 중복된 데이터를 뽑고 이를 바탕으로 하여 일치율을 도출하였다.

필요하다. 이런 면에 초점을 두고 작업을 하여 〈표 7〉과 같은 결과를
얻을 수 있었다.

〈표 7〉 이전 초학서와 『유몽천자』 수록 한자의 일치율

|  | 공통 수록자 | 초학서 수록자 | 일치율 |
|---|---|---|---|
| 『訓蒙字會』 | 1,692 | 3,360 | 50.36% |
| 『新增類合』 | 2,329 | 3,000 | 77.63% |
| 『石峰千字文』 | 851 | 1,000 | 85.10% |
| 『兒學編』 | 1,448 | 2,003 | 72.29% |

〈표 7〉과 같이 이전 초학서를 기준으로 하여 살펴보면 『석봉 천
자문』에 실린 한자와의 일치율이 가장 높게 나타나고, 다음으로 『신
증유합』> 『아학편』> 『훈몽자회』에 실린 한자와의 일치율이 순서대
로 나타나는 양상을 보였다. 이를 통해서 이 초학서들에 실린 한자의
교육용으로서의 성격의 정도를 가늠하여 볼 수도 있으리라 생각된다.
특히 눈에 띄는 것은 초학서의 대표 주자인 『훈몽자회』에 실린 한자
와 『유몽천자』에 실린 한자와의 일치율이 상대적으로 낮다는 것이
다. 이는 『훈몽자회』에 실린 한자 중에 교육용으로는 부적합한 것이
다수 포함되어 있음을 보여 주는 것으로, 『훈몽자회』에 僻字가 많이
수록된 것과 관련을 맺고 있는 것으로 보인다.[21] 이처럼 일치율의 차
이가 있지만 전체적으로 볼 때 대체로 높은 일치율이 나타남을 보아
이전 초학서에 실린 한자 다수를 『유몽천자』에 실어 교육에 활용하

---

21  이와 같이 『훈몽자회』에 실린 한자가 교육용 한자로서의 성격이 낮게 나타남은
    『훈몽자회』를 『천자문』, 『신증유합』과 비교하여 얻은 이응백의 연구 결과에서 이미
    지적된 바 있다. 李應百, 『國語 敎育史 硏究』, 新丘文化社, 1975, 124-131면. 『훈몽자회』와
    『천자문』을 비교한 바에 따르면 『훈몽자회』에는 실렸으나 『천자문』에는 실리지 않는
    한자 중 四書에서 쓰이는 한자와의 일치율은 23.4%, 교육용 한자와의 일치율은 17.6%에

려 했음을 알 수 있다.

다음으로『유몽천자』각 권에 실린 한자의 난이도가 어떤지를 살펴보기 위하여 각 권에 이전 초학서에 실린 한자가 얼마나 분포하는지를 살펴볼 필요가 있다. 그러면 각 권에 사용된 한자의 난이도나 교육적 활용도를 가늠하는 데에 도움을 받을 수 있을 것이다. 그래서 그 정도를 산출하여 보니 〈표 8〉과 같았다.

〈표 8〉『유몽천자』각 권에 수록된 한자와 이전 초학서와의 일치율

|  | 『유몽천자』수록자 | 『유몽천자』수록자 중 초학서에 수록된 한자 | 일치율 |
|---|---|---|---|
| 권 1 | 1,005 | 888 | 88.35% |
| 권 2 | 1,008 | 764 | 75.79% |
| 권 3 | 1,002 | 595 | 59.38% |
| 속편 | 772 | 440 | 56.99% |
| 전체 | 3,787 | 2,687 | 70.95% |

〈표 8〉을 보면「권 1」>「권 2」>「권 3」>「속편」의 순서로 이전 초학서와의 일치율이 높게 나타난다. 즉 난도가 낮은 권에 실린 한자일수록 이전 초학서에 실린 한자와의 일치율이 높음을 알 수 있다. 이를 통해 권별로 한자의 수준에 차이가 나는 것임을 알 수 있다. 따라서 각 권에 넣어 학생들을 가르칠 한자를 어떤 것으로 할 것인지를 고르는 과정에서, 이전 초학서를 참고하면서 한자를 고르며 난이도를 조정한 것이 아닌가 추정해 볼 수 있다.

마지막으로『유몽천자』에 실린 한자 가운데 오늘날의 교육용 한자와 일치하는 한자의 개수가 어느 정도 되는지를 살펴보면『유몽천

---

지나지 않는 것에 비해,『천자문』에는 실렸으나『훈몽자회』에는 실리지 않은 한자 중 四書에서 쓰이는 한자와의 일치율은 77.4%, 교육용 한자와의 일치율은 74.1%에 해당하여 『훈몽자회』에 실린 한자의 현실성이 떨어짐을 볼 수 있다.

자』에 실린 한자가 교육용으로 어떤 의미를 지니고 있었던 것인지를 판단하는 데에 도움을 받을 수 있다. 이를 위하여 교육부에서 고시한 한문 교육용 한자 1,800자[22]와 비교를 해 보니 〈표 9〉와 같았다.

〈표 9〉『유몽천자』 수록 한자와 교육용 한자 1,800자와의 일치율

| | 『유몽천자』 수록자와 일치자 | 교육용 한자 | 일치율 |
|---|---|---|---|
| 권 1 | 788 | 1,800 | 43.77% |
| 권 2 | 555 | 1,800 | 30.83% |
| 권 3 | 266 | 1,800 | 14.77% |
| 속편 | 102 | 1,800 | 5.66% |
| 전체 | 1,667 | 1,800 | 92.61% |

〈표 9〉를 보면 교육용 한자 가운데 92.61%는 『유몽천자』에도 수록된 한자로, 교육용 한자 대다수가 『유몽천자』에 수록된 한자 범위에 있다. 그리고 교육용 한자들이 『유몽천자』 몇 권에 수록된 것인지를 보면 「권 1」>「권 2」>「권 3」>「속편」의 순서로 그 비율이 나타난다. 따라서 『유몽천자』에서 학습용으로 선정한 한자의 난이도가 오늘날의 교육용 한자와 비교하여 볼 때도 상당한 유사성을 지니고 있었음을 알 수 있다.

이처럼 교육용 한자와의 비교를 통해서 얻은 결과와 이전 초학서와의 비교를 통하여 얻은 결과를 한데 묶어서 생각하여 보면, 『유몽천자』에서 난이도 조절을 통하여 각 권에 배정한 한자의 난이도가 교육용 한자에서도 대체적으로 비슷하게 나타난다고 하겠다. 따라서 한자

---

22 이는 현행 중고등학교 한문 교육용 기초 한자 1800자(1972년 제정·공표, 2000년 조정, 2000년 12월 30일 조정 결과 확정 공표, 2001년부터 교육에 적용)를 대상으로 한 것이다. 이 교육용 한자와 관련한 자세한 정보는 교육부의 백서에 상세하게 나와 있다. 교육인적자원부, 『한문 교육용 기초 한자 1,800자 조정 백서』, 교육인적자원부, 2000.

의 난이도 조절이 상당히 적절하게 이루어진 것으로 판단할 수 있으리라 생각된다.


## 2) 한자음의 성격과 철자법

　한자, 국한문, 한문을 가르치기 위해 편찬된 『유몽천자』를 이해하기 위해서는 이 한자들에 제시되어 있는 한자음의 모습을 살펴보는 것 역시 중요한 연구 대상이다. 그래서 전체적으로 한자음을 살펴본 결과 다음과 같이 눈에 띄는 점을 알 수 있었는데, 그 양상은 판본과 권에 따라서 차이를 보였다. 가장 두드러진 차이는 이전 시기의 형태나 표기를 반영하여 보수적인 양상을 보이는 것과 음운 변화를 반영하고 당시의 음운론적 실현에 맞게 표기를 한 개신적인 양상을 보이는 것이었다.

　보수적인 양상을 보이는 판본과 권으로는 성대본「권 3」, 국중본 1의「권 1」·「속편」, 국중본 2의「권 3」·「속편」, 홍윤표본의「권 2」, 서울대본「권 1」·「권 2」·「권 3」을 들 수 있다. 개신적인 양상을 보이는 판본과 권으로는 성대본「권 1」·「권 2」·「속편」, 국중본 1의「권 2」, 국중본 2의「권 1」·「권 2」를 들 수 있다. 이처럼 보수적인 양상을 보이는 부류를 제1 부류로, 개신적인 양상을 보이는 부류를 제2 부류로 편의상 나누어 한자음의 양상을 살펴보도록 하겠다. 여기의 제1 부류와 제2 부류의 표기 양상은 한자음에만 해당하는 것은 아니고 고유어에도 마찬가지로 해당되는 것이다.

(1)『牖蒙千字』한자음의 양상

① 舌音은 판본과 권에 따라서 ㄱ)舌上音에는 구개음화된 형태가 제시된 반면에 舌頭音에는 구개음화되지 않은 형태가 제시되지 않은 것과 ㄴ)舌頭音과 舌上音 모두에 구개음화된 형태가 제시된 것으로 나뉜다.

ㄱ)에 해당하는 모습을 제1 부류에서 볼 수 있다. 성대본「권3」에서 예를 들어 보이면 '邸 쥬막(뎌)[端母], 蹄 굽(뎨)[定母], 笛 뎌(뎍)[定母], 亭 뎡즈(뎡)[定母], 釣 낙시(됴)[端母]', '呈 드릴(졍)[澄母], 池 못(지)[澄母], 蜘 머뭇거릴(지)[知母], 懲 징계(징)[澄母]'과 같이 설두음과 설상음이 구별되어 있다. 그러나 홍윤표본에는 '停 머므롤(졍)[定母]'과 같이 설두음 한자에 구개음화된 '졍'이 달려 있어서 실제 음이 '졍'임을 보여 주는 예도 있다.

ㄴ)에 해당하는 모습은 제2 부류에서 볼 수 있다. 성대본의 예를 들어 보이자면 '殿 대궐(전)[定母], 庭 뜰(졍)[定母], 體 몸(체)[透母]', '竹 대(쥭)[知母], 哲 밝을(철)[知母], 雉 꿩(치)[澄母]'와 같이 설두음과 설상음의 구별이 없다. 이를 보면『유몽천자』는 판본에 따라서『華東正音通釋韻考』등의 운서와『全韻玉篇』에 실린 한자음에 따라서 규범음을 보인 ㄱ)에 해당하는 제1 부류와 현실 한자음의 변화를 반영한 ㄴ)에 해당하는 제2 부류로 나뉜다고 하겠다.

② 기원적으로 'ㅅ, ㅈ, ㅊ' 아래에서 'ㅛ, ㅑ, ㅠ, ㅕ'를 지녔던 한자음도 ㄱ)'ㅛ, ㅑ, ㅠ, ㅕ'를 유지한 것과 ㄴ)'ㅗ, ㅏ, ㅜ, ㅓ'로 제시한 것으로 나뉜다.

ㄱ)에 해당하는 모습은 제1 부류에서 볼 수 있다. 이에 해당하는 예를 성대본에서 찾아보면 '誓 밍셔(셔), 宣 펼(션), 燒 불 살올(쇼), 專 오로지(젼), 朱 붉을(쥬)' 등이 있다. 이런 표기는 이 판본의 '몬져, 뭉쳐셔, 아니로셰, 안고져'〈권 1〉 등의 고유어의 표기 양상과 상관성을 보여 준다. 다만 국중본 2의「속

편」에서는 '謝 사'와 같이 '샤'로 표기될 것에 '사'로 표기된
예외도 있다.

ㄴ)에 해당하는 모습은 제2 부류에서 볼 수 있다. 이에 해당
하는 예를 성대본에서 찾아보면 '西 서녁(서), 鮮 밝을(선), 俗
풍속(속), 純 순전할(순), 將 장수(장), 情 뜻(정), 照 빗칄(조)' 등
을 들 수 있다. 이런 표기들은 이 판본의 '몬저, 뭉처서, 아니
로세, 안고저'〈권 1〉과 같이 고유어의 표기 양상과 상관성을
보여 준다. 다만 성대본에서도 '地中 지쥼'〈권 1〉의 '中 듕〉
쥼'과 같이 구개음화를 반영한 예에서 'ㅠ'를 보존한 예외적
인 표기도 보인다.

③ '·'는 ㄱ)'·'가 유지되어 있는 것과 ㄴ)'ㅏ'로 반영되어 있는
것으로 나누어 볼 수 있다.

ㄱ)에 해당하는 모습은 제1 부류에서는 볼 수 있다. 이에 해
당하는 예를 성대본에서 찾아보면 '額 니마(익), 盲 소경(밍),
盃 잔(비), 司 맛흘(ᄉ), 碓 확(디), 苔 잇기(티), 雌 암(ᄌ), 栽 심
을(지)' 등을 들 수 있다.

ㄴ)에 해당하는 모습은 제2 부류에서 볼 수 있다. 이에 해당
하는 예를 성대본에서 찾아보면 '更 다시(갱), 脈 맥(맥), 寺 절
(사), 待 기다릴(대), 撑 괴일(탱), 才 재조(재)' 등을 들 수 있다.

④ 원순모음화가 반영되어 있지 않은 양상이 두루 보인다. 이
런 양상은 '北 븍녁(븍), 稟 픔할(픔), 品 픔수(픔)'〈권 1〉, '崩 죽
을(붕), 朋 벗(붕)'〈권 2〉, '墨 먹(믁)'〈권 3〉, '潣 물소래(붕)'〈속
편〉과 같이 제1 부류와 제2 부류 모두에서 두루 관찰된다.
이들 한자음은 모두 『全韻玉篇』의 한자음과 일치한다. 고
유어에서도 '더브러', '붉은'과 같이 원순모음화가 반영되지
않은 표기가 관찰된다.

⑤ '긔〉기', '븨〉비'는 '幾 몃(긔), 期 긔약(긔), 箕 키(긔), 儱 곤할
(븨)'〈권 2〉와 같이 아직 반영되어 있지 않는데, 이런 양상은
제1 부류와 제2 부류 모두에서 공통적으로 나타난다.

⑥ 경음은 제1 부류와 제2 부류 모두 「권 2」의 '雙 쌍(쌍)'에서만 보이고, 오늘날에서는 경음으로 실현되는 '喫 먹을(끼)', '氏 각시(시)'는 평음으로 반영되어 있다.

⑦ 「권 1」에서는 正音 또는 俗音이 제시되어 있고, 「권 3」에서는 古音이 제시되어 있다. 正音이 제시된 예로는 '歐 칠(구) 正音오, 雹 우박(박) 正音포, 幅폭(폭) 正音복, 斟 잔질할(짐) 正音침, 坐 안즐(좌) 正音자'를 들 수 있고, 俗音이 제시된 예로는 '豫 미리(여) 俗音예, 預 미리(여) 俗音예, 撙 준절할(준) 俗音존'을 들 수 있고, 古音이 실린 예로는 '稠 백백할(주) 音 俗조/ 褥요(요) 古音욕'을 들 수 있다.

⑧ 특이한 한자음으로 성대본과 서울대본의 '鵓 비둙이(볽)'〈권 3〉을 들 수 있다. 이 한자음은 국중본 2의 「권 3」에서는 '비 둙이(볼)'로 되어 있다. 성대본과 서울대본의 「권 3」이 1901 년에 나온 것이고 국중본 2의 「권 3」이 1905년에 나온 것임 을 고려할 때 국중본 「권 3」은 새로 찍으면서 수정을 했음 을 알 수 있다.

이를 보면 구개음화의 반영, 'ㅅ, ㅈ, ㅊ' 아래에서 'ㅛ, ㅑ, ㅠ, ㅕ' 와 'ㅗ, ㅏ, ㅜ, ㅓ'의 표기, 'ㆍ'의 변화 반영 등에서는 제1 부류와 제2 부류 사이에 상당한 차이가 있는 반면에 그 외의 한자음에서는 제1 부류와 제2 부류 사이에 차이가 보이지 않음을 알 수 있다. 이와 같이 여러 판본과 권의 비교를 통해서 구개음화의 반영, 'ㅅ, ㅈ, ㅊ' 아래에서 'ㅛ, ㅑ, ㅠ, ㅕ'와 'ㅗ, ㅏ, ㅜ, ㅓ'의 표기, 'ㆍ'의 변화 반영을 어떻게 할 것인 가가 초점이 되었던 것임을 알 수 있다. 즉 규범음에 따라서 학생들에 게 한자음을 가르칠 것인지 현실음에 따라서 학생들에게 한자음을 가 르칠 것인지 사이에서 가장 고민이 되었던 것이 위 세 가지였던 것이 다. 이때 규범음에 따라서 가르친다고 할 때의 한자음의 기준이 된 것 은 한자음의 여러 가지 모습을 보고 판단할 때 『全韻玉篇』에서 제시한 규범음이었던 것으로 보인다.

따라서 게일과 이창직은 『유몽천자』의 한자음을 제시하면서, 한 자를 익히는 사람들 사이에서 규범이었던 『全韻玉篇』의 한자음에 따라서 한자음을 제시하는 것이 필요하다고 생각하면서도 현실 언어의 상황을 충분히 반영한 교재가 실용성이 높다는 점 사이에서 고민을 하였던 것으로 보인다. 이런 고민 사이에서 과감하게 현실 언어의 모습을 반영해야 한다고 생각하여 편찬한 것이 제2 부류에 해당하는 것이고, 규범과 관습에 따라서 편찬한 것이 제1 부류에 해당하는 것이다.

그런데 게일과 이창직은 제2 부류에서 보이는 표기를 선호하였던 것으로 보인다. 제2 부류에서 보이는 표기는 이른바 게일 시스템 (Gale system) 또는 개혁 철자(reformed spelling)이라고 불리는 새 철자법에 해당하는 것이다. 게일과 이창직은 1902년 장로회공의회에서 새 철자법을 제안하였는데, 이 안을 장로회공의회에서는 번역자회에 위임하였고, 번역자회에서는 상임실행위원회와의 상의를 거치지 않고 새 철자법을 채택하기로 결정을 하였다. 이때는 이미 장로회공의회, 남북감리회, 대한성교서회, 『그리스도신문』 등에서 이 새 철자법을 쓰고 있는 상황이었다. 이런 상황에서 1903년 7월 17일의 상임실행위원회에서 새 철자법 문제가 정식으로 거론되어 만장일치로 통과가 되었는데, 북부 지방 특히 평안도 지방에서 해당 방언과 새 철자법이 잘 맞지 않음을 들어 강하게 반발을 하여 그해 10월 회의에서 제1 부류에서 보이는 옛 철자법으로 회귀했던 것이다. 이렇게 게일과 이창직이 새 철자법을 주장했던 데에는 활자의 개수를 줄일 수 있다는 것과 언어의 통일을 기할 수 있다는 점이 작용했던 것으로 보인다.[23]

23 류대영·옥성득·이만열, 『대한성서공회사 Ⅱ-번역·반포와 권서 사업』, 대한성서공회,

이와 관련지어 이해해 보면 새 철자법을 제안하기 이전에 나온 1901년에 나온 것이 제1 부류에 속하는 것은 이 판본이 그야말로 국어 역사적 전통 위에서 이루어진 표기를 채택하고 있기 때문이라고 한다면, 1903년과 1904년에 나온 판본이 제2 부류에 속하는 것은 새 철자법에 따라서 표기를 하였기 때문이라고 할 수 있다. 그러다가 1905년 이후에 나온 판본이 제1 부류에 속하는 것은 다시 옛 철자법으로 돌아갔기 때문에 생긴 결과라고 할 수 있다.

그런데 한 가지 눈에 띄는 것은 똑같은 제1 부류라고 하더라도 〈표 2〉에서 제시한 바와 같이 성대본의 「권 3」, 국중본 2의 「권 3」, 서울대본의 「권 3」은 설두음과 설상음을 분리하여 설두음은 'ㄷ' 초성 아래에 제시하고 있고 설상음은 'ㅈ' 초성 아래에 따로 제시하고 있다. 반면에 국중본 1의 「권 1」·「속편」, 국중본 2의 「속편」, 홍윤표본의 「권 2」, 서울대본의 「권 1」·「권 2」는 설두음과 설상음을 분리하지 않고 모두 'ㅈ' 초성 아래에 한데 묶어서 제시하고 있는데, 이런 양상은 제2 부류에 해당하는 성대본 「권 1」·「권 2」·「속편」 등의 양상과 똑같은 것이다. 이런 점을 고려할 때 국중본 1의 「권 1」·「속편」, 국중본 2의 「속편」, 홍윤표본의 「권 2」, 서울대본의 「권 1」·「권 2」는 본래는 제2 부류에 속하는 것이나 표기만 바꾸어서 편찬한 것이라고 볼 수 있을 것이다. 그리고 아무 정보도 없는 국중본 「권 1」은 비록 제1 부류에 속하는 것이기는 하지만 설두음과 설상음이 분리되지 않고 한데 묶여서 제시되고 있음을 볼 때, 일단 새 철자법에 따라서 편찬된 것을 저본으로 하여 다시 편찬된 것이라고 볼 수 있을 것이다.

다음으로 한자 가운데에는 複數音을 지니며 음에 따라서 뜻이 달

_____

1994, 59~61면 참고.

라지는 複數音字가 있는데, 『유몽천자』에는 이들 복수음자가 지니고 있는 복수 한자음을 어떤 경우는 충실하게 반영하고 있기도 하고 어떤 경우에는 일부만을 반영하고 있기도 하다. 이를 성대본을 가지고서 살펴보면 다음과 같다.

> (2) 『유몽천자』 한자음의 복수 한자음 반영 양상
> ① 반영: 降 항복(항)〈권 2〉/ᄂᆞ릴(깅)〈긴 2〉, 更 곳칠(경)〈권 1〉/다시(갱)〈권 2〉, 車 수레(거)〈권 1〉/수레(차)〈권 1〉, 見 볼(견)〈권 1〉/보일(현)〈권 2〉, 度 지날(도)〈권 1〉/헤아릴(탁)〈권 2〉, 樂 줄거울(락)〈권 1〉/풍류(악)〈권 2〉, 狀 형상(상)〈권 1〉/글장(장)〈속편〉, 說 말삼(설)〈권 1〉/달냘(셰)〈권 3〉, 數 두어(수)〈권 1〉/자조(삭)〈속편〉, 食 밥(식)〈권 1〉/먹일(ᄉᆞ)〈권 3〉, 識 알(식)〈권 1〉/긔록(지)〈속편〉, 惡 사오나올(악)〈권 1〉/슬흘(오)〈속편〉, 易 밧골(역)〈권 1〉/쉬일(이)〈권 1〉, 暴 사오나올(포)〈권 1〉/드러낼(폭)〈권 2〉, 便 편할(편)〈권 1〉/문득(변)〈권 3〉, 洞 고을(동)〈권 2〉/널을(통)〈권 3〉
> ② 미반영: 讀 닑을(독)〈권 3〉, 率 거나릴(솔)〈권 2〉, 復 회복할(복)〈권 2〉, 北 븍녁(븍)〈권 1〉, 索 노(삭)〈권 2〉, 殺 죽일(살)〈권 1〉, 省 삷힐(성)〈권 2〉, 切 간절(절)〈속편〉, 不 아닐(불)〈권 1〉, 宿 잘(슉)〈권 2〉

대체적으로 볼 때 복수음자의 복수 한자음을 반영하는 경향이 좀 우세하게 나타난다고 하겠다. 이에 반해서 복수 한자음을 반영하고 있지 않은 경우를 (3)에서 제시한 바와 같이 이전 시기의 초학서에서 제시된 음과 뜻을 찾아서 비교하여 보니 대개 이전 시기의 초학서와 일치하는 양상이 드러남을 볼 수 있다. 이를 보면 복수음자의 복수 한자음을 제시하는 데에도 이전 시기의 초학서가 상당한 참고 자료가 되

었을 가능성이 있다.

(3) 이전 초학서의 복수 한자음의 반영 양상[24]

① 讀: 닐글 독〈광주 천자문, 신증유합, 석봉 천자문, 칠장사 유
합, 송광사 천자문〉, 리를 독〈영장사 유합〉, 읽을 독〈아학편〉

② 率: ᄃ릴 솔〈신증유합, 석봉 천자문, 칠장사 천자문, 영장사
유합〉, ᄃ 솔〈영장사 천자문〉/ 조츨 슐〈주해 천자문〉/ 구률
률〈주해 천자문〉

③ 復: 다시 부〈신증유합, 칠장사 유합〉/ 또 복〈영장사 유합〉,
도로 복〈신증유합〉

④ 北: 븍녁 븍〈신증유합, 칠장사 유합〉, 뒤 븍〈신증유합, 영장
사 유합〉, 북녁 북〈아학편〉

⑤ 索: 노 삭〈훈몽자회, 광주 천자문, 석봉 천자문, 칠장사 천자
문, 영장사 천자문, 송광사 천자문, 주해 천자문, 아학편〉, 다
홀 삭〈주해 천자문〉/ ᄎ줄 식〈주해 천자문〉

⑥ 殺: 주길 살〈훈몽자회, 신증유합〉, 쥭일 살〈아학편〉

⑦ 省: 솔필 셩〈신증유합, 석봉 천자문, 칠장사 천자문, 송광사
천자문, 주해 천자문〉, 살필 셩〈아학편〉, 찔 셩〈영장사 유
합〉/ 조릴 싱〈신증유합〉, 솔필 싱〈광주 천자문〉, 마을 싱〈주
해 천자문〉, 덜 싱〈주해 천자문〉

⑧ 切: 근졀 졀〈광주 천자문, 영장사 유합, 주해 천자문〉, 졀홀
졀〈신증유합〉, 그츨 졀〈석봉 천자문, 칠장사 천자문, 영장사
천자문, 송광사 천자문〉, 버힐 졀〈주해 천자문〉/ 급홀 쳬〈주
해 천자문〉

⑨ 不: 안득 블〈광주 천자문〉, 아닐 블〈신증유합, 칠장사 천자

----

24  초학서의 목록은 다음과 같다. 『훈몽자회』(1527), 『광주 천자문』(1575), 『신증유합』(1576),
『석봉 천자문』(1583), 『칠장사 천자문』(1661), 『칠장사 유합』(1664), 『영장사 천자문』(1700),
『영장사 유합』(1700), 『송광사 천자문』(1730), 『주해 천자문』(1752/1804), 『아학편』(1813)

문, 영장사 천자문, 송광사 천자문〉, 아닐 불〈주해 천자문〉/
아닌가 부〈주해 천자문〉, 가부 부〈주해 천자문〉
⑩ 宿: 잘 슉〈광주 천자문, 신증유합, 석봉 천자문, 칠장사 천자
문, 송광사 천자문, 주해 천자문〉, 본디 슉〈주해 천자문〉/ 별
슈〈신증유합〉

## 나오며 : 『유몽천자』 소재 한자(음) 표기 정보의 종합적 특징

이상으로 게일에 의해 편찬된 『유몽천자』에 수록된 한자와 이에
대한 뜻과 음의 관련 정보를 대상으로 하여, 이들이 어떻게 제시되고
있고 각각의 정보가 어떤 특징을 보이고 있는지를, 여러 판본 및 이전
시기의 초학서와의 비교를 통하여 살펴보았다. 구체적으로는 각 권의
권말에 제시되어 있는 권말 자전과 각 과의 처음에 제시된 과별 자전
을 비교하여 차이점을 살펴보고, 권말 자전의 제시 순서에 관해서 이
중어사전과 비교하여 살펴보고, 이 자전들에 수록된 한자를 모두 모
아서 이전 초학서와 비교하는 방법을 통하여 한자의 난이도와 교육용
한자로서의 성격을 살펴보고, 표기법의 특징에 관하여 살펴보았다. 그
결과 다음과 같은 점들을 알 수 있었다.

첫째, 권말 자전에서 한자를 제시하는 순서는 『韓佛字典』, 『韓英
字典』 등의 이중어사전에서 국어 어휘를 제시하는 순서를 따른 것임
을 알 수 있었다. 이 중 중성의 제시 순서는 복잡하고 특징적인데 단순
모음을 기준으로 하여 단순 모음→j계 하향 이중 모음→j계 상향 이중
모음의 순서로 제시를 하되, w계 상향 이중 모음은 'ㅗ, ㅜ'를 핵모음으
로 하여 단순 모음의 제시 순서에 따라서 제시하였음을 알 수 있었다.

둘째, 권말 자전과 과별 자전에 제시된 정보에는 차이를 보이는 것들이 적지 않은데, 이들은 뜻 또는 어휘의 형태, 유의어/지시 대상, 문법적 성질, 품사, 뜻+품사, 표기, 음운 현상 적용 여부, 한자음 등의 차이를 보이는 것으로 나누어 볼 수 있었고, 과별 자전에만 실린 것들도 있었다. 이것은 한자가 한자와 한문에서 여러 가지 역할을 수행하는 것과 관련을 지어 이해해 볼 수 있는 것이라 판단된다.

셋째, 권말 자전과 과별 자전에 실린 한자를 모두 모아서 이전 시기에 교육용으로 활용되었던 초학서의 한자와 비교하여 보니 70% 정도가 이전의 초학서에 실린 한자였음을 알 수 있었다. 문헌별로는 『석봉 천자문』, 『신증유합』과의 일치율이 높게 나타났고, 벽자가 많은 『훈몽자회』와의 일치율은 50% 정도로 상대적으로 낮게 나타났다. 그리고 각 권에 실린 한자 중에 이전 초학서에서 출현하는 한자의 비율을 보니 「권 1」> 「권 2」> 「권 3」> 「속편」의 순서로 일치율이 나타나서 각 권에 실린 한자의 난이도가 상당한 현실성을 지니고 있었음을 볼 수 있었다.

넷째, 한자음의 양상을 보니 판본과 각 권에 따라서 차이를 보이는데, 특히 구개음화의 반영, 'ㅅ, ㅈ, ㅊ' 아래에서의 'ㅛ, ㅑ, ㅠ, ㅕ'와 'ㅗ, ㅏ, ㅜ, ㅓ'의 표기, 'ㆍ'의 반영에서 보수적인 양상을 보이는 것과 개신적인 양상을 보이는 것으로 판본과 각 권의 양상이 다름을 볼 수 있었다. 이런 양상을 보면 위 세 가지 면에서 한자음을 규범음에 따라서 가르칠 것인가 현실음에 따라서 가르칠 것인지에 관하여 상당한 고민을 하였음을 알 수 있다. 이것은 게일과 이창직이 제안한 새 철자법과 관련을 맺는 것이었다. 그리고 이전 초학서에 반영되어 있는 복수음자의 복수 한자음의 반영 양상과 흡사한 양상을 보인다는 점에서 이전 초학서를 참고하면서 교재를 편찬하였던 것으로 보인다.

　이런 양상을 보이는『유몽천자』는 여러 판본 사이의 관계를 파악하기가 쉽지 않다. 그래서 〈표 10〉에서와 같이 성대본을 비롯한 국중본 1, 국중본 2, 홍윤표본의 발행 연도와 판 수, 출판사 및 인쇄소와 관련한 정보와 표기를 가지고서 제1 부류와 제2 부류로 분류하고, 설두음과 설상음의 제시 양상을 모아서 제시하고 이에 관해서 판단해 볼 필요가 있다.

〈표 10〉『유몽천자』여러 판본의 발행 정보 및 표기상의 특징

| 권수＼소장본 | 권 1 | 권 2 | 권 3 | 속편 |
|---|---|---|---|---|
| 성대본 | 1903, 재판, 후쿠인 인쇄 | 1904, 후쿠인 인쇄 | 1901, 후쿠인 인쇄 | 1904 |
| | 2부류 | 2부류 | 1부류 | 2부류 |
| | 설두음 설상음 통합 제시 | 설두음 설상음 통합 제시 | 설두음 설상음 분리 제시 | 설두음 설상음 통합 제시 |
| 국중본 1 | ? | 1904, 후쿠인 인쇄 | | 1907, 재판, 大韓聖敎書會 발행 |
| | 1부류 | 2부류 | | 1부류 |
| | 설두음 설상음 통합 제시 | 설두음 설상음 통합 제시 | | 설두음 설상음 통합 제시 |
| 국중본 2 | 1903, 재판, 후쿠인 인쇄 | 1904, 후쿠인 인쇄 | 1905, 大韓聖敎書會 발행 | 1909, 삼판, 휘문관 인쇄 廣學書鋪 발행 |
| | 2부류 | 2부류 | 1부류 | 1부류 |
| | 설두음 설상음 통합 제시 | 설두음 설상음 통합 제시 | 설두음 설상음 분리 제시 | 설두음 설상음 통합 제시 |
| 홍윤표본 | | 1908 삼판, 大韓聖敎書會 발행 | | |
| | | 1부류 | | |
| | | 설두음 설상음 통합 제시 | | |
| 서울대본 | 1909, 삼판, 新文館印出局 인쇄 | 1909, 搭印社 인쇄 | 1901, 후쿠인 인쇄 | |
| | 1부류 | 1부류 | 1부류 | |
| | 설두음 설상음 통합 제시 | 설두음 설상음 통합 제시 | 설두음 설상음 분리 제시 | |

이런 양상을 바탕으로 하여 판단하여 보면 같은 제1 부류에 속하는 것이라도 국중본 1의 「권 1」·「속편」, 서울대본의 「권 1」·「권 2」는 성대본의 「권 3」, 국중본 2의 「권 3」, 서울대본의 「권 3」과는 달리 설두음과 설상음이 통합되어 제시되어 있어서 차이를 보인다. 이것은 새 철자법에 따라서 편찬된 판본의 틀에다가 옛 철자법을 적용하여 편찬된 것으로 보아야 타당하다. 따라서 이와 같은 전체적인 양상을 고려해 가며 여러 판본들 사이의 차이가 파악하고 관계를 파악해야 함을 알 수 있다.

이상과 같이 한자와 관련 정보에 관한 고찰을 통하여 얻은 바를 바탕으로 이제는 『유몽천자』에 실린 한자어와 관련한 고찰 및 『유몽천자』에 실린 어휘에 관한 고찰을 수행할 필요가 있다. 그리고 좀 더 나아가 이를 국한문의 문제와 연결하여 한자, 한자어를 포함한 어휘의 역할이 문체에 따라서 어떻게 달라지는지, 각 권마다 차이를 보이는 한자의 난이도가 각 권의 국한문 문체의 난이도와 어떤 상관관계가 있는지를 살펴볼 필요가 있다. 이와 관련한 논의는 제3장에서 이어가도록 하겠다.

제2장

# 『유몽천자』와 근대 문체 기획

한국 개신교 선교사의 문서 선교 사업과 국한문체

## 들어가며: 한국 개신교 선교사와 근대 문체 기획

2장에서는 한국의 개신교 선교사 게일(J. S. Gale, 1863~1937, 한국 체류: 1888~1927)의 근대 문체 기획에 관해 살펴보고자 한다. 주지하다시피 『유몽천자』는 게일이 경신학교와 정신여학교의 교육 현장에서 활용하기 위해 편찬한 교과서이다. 『유몽천자』 1~3권 각권의 문체는 하나의 동일한 서기 체계(écriture)로 보기는 힘든 이질적인 한국어 문체로 구성되어 있다. 『유몽천자』의 국한문체는 수록 어휘·통사 구조의 차원에서 본다면 각 권의 문체를 하나의 규범과 원리로 일원화하기란 그리 녹록치 않기 때문이다. 이 책의 여는 글에서 잘 말해주었듯이 『유몽천자』는 20세기 초 국한문체의 복잡한 역사적 실상이 반영된 텍스트이다. 선행 연구 속에서 '권두 사전', '본문', '과별 자전'으로 구성된 『유몽천자』의 체계적인 교과서 구성 또한 서구 근대적 지식을 구현한 국한문체의 다층성, 개신교 선교사 게일의 교과서 집필 및 편찬 배경

등은 충분히 주목받은 바 있다.[1]

『유몽천자』 1~3권은 서양 문물에 관한 지식과 한자음 및 한자어, 한문 습득에 필요한 사항을 단계적으로 교수할 수 있게 설계된 세 가지 종류의 국한문체로 구성되어 있다. 이 교과서의 완결판이라고 할 수 있는 「유몽속편」(4권)은 단계별 교과의 마지막 심화 수준에 맞춰 문헌 속의 한문 문장 자체를 발췌하여 구성하였다. 이러한 단계별 심화 과정과 난이도 구성을 감안해볼 때, 『유몽천자』는 분명히 한국어 학습의 최종적 심화 단계로 '한문 교육'을 상정하고 있다. 또한 전통적인 한문교재와 다른 근대 교과서로의 면모들을 지니고 있다. 비록 게일은 전통적인 한문 교육을 부정적으로 인식했었지만, 당시 한국어에 있어서 한자(어), 한문이 점하고 있는 중요성과 필요성을 잘 알고 있었다. 이에 따라 이러한 한자와 한문- 교육을 의한 교과서를 편찬했던 셈이다.

이와 관련하여 본고가 주목하는 바는 『유몽천자』에 내재되어 있는 개신교 선교사들의 '서구 근대 지식에 대한 번역을 매개로 한 근대 문체

---

1 『유몽천자』만을 연구 대상으로 삼아 근대 초기 한문 교과서로 이를 고찰한 대표적인 논의로는 다음과 같은 2편의 논문이 있다. 남궁원, 「선교사 기일[James Scarth Gale]의 한문 교과서 집필 배경과 교과서의 특징」, 『동양한문학연구』 25, 동양한문학회, 2007 ; 박미화, 「J. S. Gale의 『牖蒙千字』 연구」, 경북대 석사 학위 논문, 2007. 이 두 편의 논의는 『유몽천자』를 일종의 '한문 교재' 즉, 근대 초기에 출판된 한자·한문 교과서로 검토한 것이다. 이에 비해 최근의 논의들은 『유몽천자』를 단계적인 교수-학습 과정을 통해 종국적으로 한문 학습을 지향한 교과서라는 측면을 주목하기보다는, 교과서를 구성하는 다양한 층위의 문체들을 총체화하고 포괄하여 고찰하려는 새로운 지향점을 보여 주고 있다. 특히 『유몽천자』를 둘러싼 당대의 언어 질서와 편찬자들의 언어적 직관을 재구하고자 하며, 근현대 한국어와 『유몽천자』의 국한문체를 접목시키고자 하는 문제의식을 엿볼 수 있다. 예컨대, 김동욱, 「『牖蒙千字』 硏究 - 한국어 독본으로서의 성격을 중심으로」, 부산대 석사 학위 논문, 2013과 이 책의 '여는 글'과 1장에 수록된 논문[初出: 임상석, 「한문과 고전의 분리, 번역과 국한문체 - 게일의 『유몽천자(牖蒙千字)』 연구」, 『고전과 해석』 16, 고전문학한문학연구학회, 2014 ; 이준환, 「『牖蒙千字』에 수록된 한자와 관련 정보에 대하여」, 『구결연구』 34, 구결학회, 2015]을 이러한 지향점을 보여 주는 대표적인 연구 성과라고 평가할 수 있을 것 같다.

기획'이라는 측면이다. 특히 이를 살펴보기 위해 『유몽천자』 수록 교과 전반이 아니라, 그 번역 저본을 추적할 수 있는 교과들 즉, 2~3권에 수록된 아래와 같은 영미 문학 작품 5종을 중심으로 고찰해 볼 것이다.[2]

| 유몽천자 | | 그리스도신문 | 번역 저본 |
|---|---|---|---|
| 권수<br>(과수) | 국문제명<br>(영문제명) | 기사명<br>(수록년월일) | |
| 2권<br>(1~3과) | 머사의見夢<br>(The Vision of Mirza) | 머사현몽<br>(1901.8.29.~9.5) | • Joseph Addison, "*The Vision of Mirza*", *The Spectator* 159 (1711).<br>수록 영미교과서 : *The Eclectic Fourth Reader*, (1838 [1844, 1855]); *Canadian Series of School Books* 4, Canada Publishing Company, 1867, pp. 41~46; *The Ontario Readers* 4, The Copp, Clark Co., 1884[1896], pp. 63~64; 68~71. |
| 2권<br>(4~6과) | 氷屐의避害<br>(The Skater and the Wolves) | 無 | • Charles Whitehead, "The Skater and the Wolves"<br>수록 영미교과서: *Canadian Series of School Books* 4, Canada Publishing Company, 1867, p. 115. |
| 2권<br>(25~27과) | 버얼의波濤歎<br>(The Death of Little Paul) | 無 | • Charles John Huffam Dickens, *Dombey and Son*, 1846~1848. |
| 3권<br>(12~13과) | 모듸거져(名象)<br>之不服他主<br>(The Pearl Elephant) | 모듸거가<br>그 쥬인의게<br>복종 홈(1902.5.5.) | • Joseph Rudyard Kipling, "Moti Guj — Mutineer," *Life's Handicap*, 1891. |
| 3권<br>(16~17과) | 그루소<br>之求一黑人作伴<br>(Crusoe's Man Friday) | 그루소의<br>흑인을 엇어<br>동모 홈(1902.5.8.) | • Daniel Defoe, Robinson Crusoe, 1719. |

---

2 「머사의見夢」과 「氷屐의避害」의 경우, 영문 목차에 제시한 동일한 영문제명을 온타리오주 공립학교 교과서에서도 찾을 수 있다. 나머지 세 작품의 경우, 교과서의 편찬자들은 저본에 대한 단초를 분명히 남겨 놓았다. 「모듸거셔(象名)之不服他主」의 경우, 영문목차에 작가 키플링의 이름이 병기되어 있다. 「그루소之救黑人作伴」는 비록 작가명이 제시되지 않았지만, "Crusoe's Man Friday"란 영문제명을 보면, 이 번역물이 원천이 『로빈슨 크루소』란 사실을 충분히 짐작할 수 있다. 「버얼의波濤歎」의 경우는 이와 달리 『유몽천자』의 영어제명("The Death of Little Paul")만으로 그 저본을 찾을 수가 없지만, 해당 본문의 마지막에 "딕인스"라고 저자명이 명시되어 있다.

요컨대, 2장에서는 『유몽천자』 전반에서 보이는 당시 지식층의 고급 언어이자 고전어, 한문 학습의 지향점을 찾기보다는 『유몽천자』 개별 수록 교과에서 국한문체로 구현된 영미 문학 작품을 주목해 보고자 한다. 그리고 그 속에 내재된 국민어, 국어를 향한 그들의 근대 문체 기획을 고찰해 볼 것이다. 특히, 『유몽천자』의 집필 배경과 관련하여, 『유몽천자』를 비롯한 개신교 선교사의 국한문체 등장에 있어 전후 맥락을 주목해 보도록 한다. 이는 우리에게 익히 잘 알려진 게일의 민족지학적 저술(*Korean Sketches*(1898), *Korea in Transition*(1909))로는 재구하기 어려운 연구 대상이다. 따라서 본고에서는 그들의 언어 정리 사업(사전 및 문법서 편찬), 성경 번역 등을 포괄한 개신교 문서 선교 관련 기록을 주목해 보고자 한다. 이를 통해 『유몽천자』의 국한문체가 한자 학습을 위한 교재임과 동시에, 과거 개신교 선교사의 한글 전용과 순 한글 문체 번역문과는 변별된 것이며 특정한 역사적 시기에 출현한 문체 기획이었음을 드러내보고자 한다.


## 1. 한글 전용의 이상과 국한문체의 발견


『유몽천자』의 연원과 그 출현의 맥락을 살펴보기 위해서는, 문호 개방 이후 한국의 한글/한문이라는 서기 체계·한국의 문학작품 및 서적의 출판 유통 문화를 증언한 외국인들을 주목할 필요가 있다. 그들은 한국을 접촉하며 한국 문헌을 서구의 '언어·문헌학'(philology)이란 학술의 관점에서 접근했던 애스턴(William George Aston, 1841~1911, 한국체류: 1884~1885), 모리스 쿠랑(Maurice Courant, 1865~1935, 한국체류: 1890~1892)

등과 같은 이들이다. 그들은 구한말부터 등장하기 시작한 새로운 한국어 문체와 서적에 관한 증언자들이기도 했다.[3] 게일 역시 '유럽의 동양학자'이자 '한국 주재 외교관'이었던 두 사람과 마찬가지로, 한국의 서기 체계와 한국인의 어문생활에 주목했다. 그렇지만 그에게는 두 사람과는 다른 입장과 차이점이 있었다. 그것은 한국인에게 한국어로 성서를 번역해야 했으며 복음을 전파해야 했던 한국 개신교 선교사의 특수한 입장과 처지이다. 게일[을 비롯한 한국 개신교 선교사들]은 한국의 어문 질서에 한국인과 함께 거하며 한국인을 위한 새로운 한글 문체 창출에 '개입'한 독특한 족적을 남겼기 때문이다.[4]

그럼에도 불구하고 1888년 한국을 입국한 게일이 대면했고 이야기한 한국어의 실상은 애스턴, 쿠랑과 큰 차이점이 없었다. 그 이유는 그들의 출발점이 사실상 동일했기 때문이다. 물론 문호 개방 이전에도 우리는 세 사람보다 앞선 파리외방전교회의 한국어학적 성과와 번역

---

3  W. G. Aston, "On Corean popular literature," *Transactions of the Asiatic Society of Japan 18*, Yokohama: Asiatic Society of Japan, 1890 ; 모리스 쿠랑, 이희재 옮김, 『한국서지』, 일조각, 1997[1994](*Bibliographie Coréenne*, Paris, 1894~1896, 1901)); 두 사람 모두 한국학 분야에서 있어 낯선 외국인은 아니다. 지면 관계상 이들에 대한 한국학 논저를 모두 담을 수 없지만, 거칠게나마 정리해 보면 다음과 같다. 두 사람 모두 필사본 고소설의 출판 유통 문화와 관련하여 주목받은 인물이란 점을 먼저 이야기할 수 있다. 더불어 애스턴의 경우 일찍부터 국어학사에 있어 한일 양국어의 동계설을 최초로 이야기 한 인물로 알려져 있었다. 또한 최근 해외 한적 조사와 관련된 연구에서 그가 수집했던 서적과 그의 문고에 대한 연구가 지속적으로 이루어지고 있는 형국이다. 쿠랑은 서지학 분야에서 있어서 일찍부터 조명되었으며, 현재는 한국학자로 그의 한국학 논저 전반이 연구되어지고 있는 추세이다.

4  게일을 비롯한 한국 개신교 선교사와 한국주재 외교관(유럽 동양학자)의 이러한 입장적 차이점과 그 양상에 대한 전반적인 검토는 이상현 · 윤설희, 「19세기 말 在外 외국인의 한국시가론과 그 의미」, 『동아시아문화연구』 56, 한양대 동아시아문화연구소, 2014, 337- 340면 ; 이상현, 「게일의 한국고소설 번역과 그 통국가적 맥락 - 『게일 유고』(*Gale, James Scarth Papers*) 소재 고소설관련 자료의 존재양상과 그 의미에 관하여」, 『비교한국학』 22(1), 국제비교한국학회, 2014, 30-43면 ; 이상현 · 이진숙, 「『朝鮮筆景』(*Pen - picture of Old Korea*(1912)) 소재 게일 영역시조의 창작연원과 '내지인의 관점'」, 『우리문학연구』 44, 우리문학회, 2014, 231-250면을 참조.

실천의 족적을 찾아볼 수 있다.[5] 그렇지만 『유몽천자』와 관련해서 간과해서는 안 될 사항은, 누구일지라도 한국어 문체를 정립하고 그 번역의 가능성을 구현하기 위해 한국 서적을 찾아 연구하는 이가 있었다면, 그가 접촉할 수 있는 과거의 한국 서적은 한문 서적과 국문 서적 둘 중 하나였지 한자와 한글이 병기되어 있는 서적의 형태는 아니었다는 점이다. 이 점이야말로 애스턴, 게일, 쿠랑 세 사람이 공통적으로 대면했던 한국어의 역사적 실상이다.[6]

그도 그럴 것이 실제 사서삼경(四書三經)의 언해(諺解)를 제외한다면 국한혼용문 표기를 보여 주는 서적은 그리 쉽게 찾아볼 수 없었기 때문이다. 나아가 개신교 선교사에게 이러한 언해문이 새로운 한글 문체를 정립할 모델로 보일 수는 없었다. 일례로, 게일은 언해문의 존재를 분명히 알고 있었다. 하지만 이를 통해 한국인의 구어에 근접한 새로운 한글

---

5  비공식적인 차원에서 한국을 접촉했으며 오랜 기간 체험했던 파리외방전교회, 그들이 펴낸 『韓佛字典』(1880), 『韓語文典』(1881)은 게일만이 아니라, 애스턴·쿠랑 모두 참조해야 될 가장 중요한 한국학 저술이었기 때문이다. 이 저술들을 보면, 분명히 개신교 선교사의 입국 이전에도 성서 번역을 비롯한 서구어를 번역할 만한 한국어 문체를 정초할 가능성은 충분히 내재되어 있었다. 『韓佛字典』에 내재된 한글 문체 및 번역의 가능성은 부산대 인문학연구소 편, 『한불자전 연구』, 소명출판, 2013의 1부와 3부를 참조했다. 특히, 『韓語文典』의 부록으로 실린 필기·야담 및 프랑스 우화에 대한 한국어 번역문은 이 점을 잘 보여 준다. (이에 대해서는 신상필, 「파리외방전교회가 남긴 동서양 문명교류의 흔적 - Grammaire Coréénne(1881) 소재 단형고전서사의 존재양상과 그 의미」, 『고소설연구』 37, 한국고소설학회, 2014를 참조) 물론 그 가능성은 한국인의 말과 글이 존재하는 한 또한 한국인과 외국인들의 접촉이 발생하는 한, 언제나 열려 있었던 것이기도 했다.

6  이 점은 한영균의 근대초기 국한문체 연구에 관한 문제제기(「近代啓蒙期 國漢混用文의 類型·文體 特性·使用 樣相」, 『口訣研究』 30, 구결학회, 2013), 250~252면)를 통해, 크게 시사받은 바이다. 또한 일례로, 당시 외국인으로서는 가장 다수의 한적을 검토한 인물, 동양어학교에 송부될 400여 종의 도서를 조사한 바 있는 쿠랑에게도 국문(언문·한글)과 한문 표기가 병기된 서적은 아주 희귀한 사례였다. 한자와 한글의 혼용 표기는 물론 분명히 존재했다. 다만, 그럴 경우에도 "한글은 필사를 위해서건 번역을 위해서건 한자 본문 옆에 놓여 문장을 설명하고 글자의 발음을 표시하는 데 사용되"었다. 일본어의 경우와 같이 한자, 한글이 동시에 사용되어 한글이 문법적 역할을 담당하는 경우를, 그는 『가곡원류』밖에 보지 못했음을 술회한 바 있다.(모리스 쿠랑, 이희재 역, 앞의 책, 21면.)

문체를 상상하지는 못했다. 그는 『韓英字典』 「서설」에서 언해문에 대하여, 통사구조는 비록 한국의 구어와 유사하지만 구어보다 "훨씬 많은 한자(어) 형태가 섞여 있고 어조사 혹은 수식어에 의해 방해를 받음"을 지적했다. 이런 "어조사나 수식어는 별다른 의미 없이 사소한 울림을 주기 위해 첨가되며, 사고의 내용을 표현하기보다는 그 표현 양식을 강조하기 위해 쓰인다"고 말했다. 또한 이러한 한국어 문체의 활용은 지극히 제한적인 것이며 유가 경전의 번역에만 활용됨을 지적했다.[7]

즉, 게일에게 있어서 언해문은 유가 경전이 아니라 향후 서구 문물을 번역할 새로운 한국의 근대 문체 기획과 관련하여 중요한 참조 모델로는 보이지 않았던 셈이다. 언해문은 결코 순수한 한국인의 고유어로 보이지 않았기 때문이며, 무엇보다도 한자와 한글을 혼용하여 근대 문체를 정초한다는 기획 그 자체가 개신교 선교사의 한글 전용의 원칙과는 상반되는 실천이었기 때문이다. 즉, 국한문 혼용 표기의 기획은 그들의 고유어(native language) 및 순 한글 문체를 향한 지향과는 어긋나는 실천이었고, 따라서 그 발상 자체가 불가능했던 셈이다.

이러한 개신교 선교사의 태도는 국한문 혼용 표기의 최초 사례인 1880년경 이수정의 『신약 마가젼 복음셔 언히』(1885)나, 이후에 편찬된 『한성주보』(1886)를 비롯한 초기 국한문 혼용 표기 자료에 있어서도 마찬가지였다. 무엇보다 이러한 성과물을 공유하기에, 이 시기 개신교 선교사의 한국어에 대한 이해와 역량은 미달되어 있었던 것이다. 즉, 이 자료들의 존재에도 불구하고, 게일을 비롯한 개신교 선교사들의 눈에 선교 사업을 위한 근대 문체의 창출이라는 과제는 과거의 사례를 결코 찾아볼 수 없는 전무한 시도였으며 지독한 난제로 기술된

---

7  J. S. Gale, "Introduction", 『韓英字典』, Yokohama: Kelly & Walsh, 1897, p. iv.

다. 예컨대 1891년 초에 이르러 게일은 한국어 회화와 한문으로 된 성경, 기초적인 한문 고전에 관한 독해가 어느 정도 가능해졌다. 그 무렵 게일이 미국 북장로교 선교부 엘린우드(Frank Field Ellinwood, 1826~1908) 총무에게 보낸 서한(1891.11.25.)을 보면, 당시 사도행전을 번역하던 그의 고민이 여실히 드러난다.

그는 개신교 선교사들이 당시 진행하고 있는 성서 번역이 "실패작이며 시험작"일 수밖에 없는 현황을 말했다. 그 이유는 일차적으로 당시 번역위원회 중에서 "최고로 어려운 한국의 말에 능통한 사람들이 없기" 때문이었다. 즉, 당시 서구인들은 한국 문인 지식층의 한문에 대한 정밀한 이해가 부족했던 것이다. 더욱이 이러한 외국인 성서번역위원회의 결핍을 해소해줄 그들의 조력자, 한국 현지 지식인 역시 큰 결핍을 지니고 있었다. 왜냐하면 선교사들을 돕는 한국인들은 분명히 유능한 한학적 지식인들이었지만, 그들의 손을 통해 나온 번역은 한문을 공유하지 않았던 한국의 잠재적 독자들까지 전파될 수 있는 지평을 지니지 않았기 때문이다. 즉, 한국의 상하를 아우를 수 있는 '국민어'란 차원에서 공유·소통되는 '성서를 번역할 순 한글 문체'를 정립하는 문제는 개신교 선교사와 한국의 문인 지식층 모두에게 요원한 난제였던 것이다. 게일은 이에 그들이 당면한 과제의 해결 방향과 전망을 다음과 같이 보고했다.

> 나는 일본 사람이 한국말로 쓴 어떤 책을 참고한 적이 있는데, 일본사람들은 언문을 표현하는 비밀을 발견해 낸 것 같습니다. 그래서 한국 사람들은 그것을 이해할 수 있었습니다. 바로 이런 비밀을 찾아야 하는 것이 우리에게 직면한 과제입니다.[8]

---

8　J. S. Gale, 유영식 편역, 『챡훈 목쟈 : 게일의 삶과 선교』 2, 서울: 도서출판진흥, 2013, 90면.

물론 이러한 게일의 언급은 후일 1910년대 이후 일본어란 접점을 통해 등장할 한국의 새로운 근대 문체를 예견한 것이 아니었다. 또한 그는 일본어를 참조하여 새로운 한글 문체를 정초하는 작업을 기획하지도 않았다. 오히려 그의 고민과 초점은 그를 조력했던 한국의 전통적인 지식인조차 해결하지 못했던, 일본인이 감지한 이 "언문을 표현하는 비밀"에 있었을 따름이다. 이러한 '비밀'이라는 표현에 걸맞게, 이를 알아가는 작업은 적어도 1890년대 초에는 서구인[또한 그들의 한국인 조력자]만의 노력으로는 지극히 요원한 길로 보였다. 이후 살펴볼『유몽천자』와 관련하여 가장 큰 이유를 짚어 본다면, 당시 개신교 선교사 집단이 일본인에 필적할 만큼 한문과 한글 즉, 한문 전통과 민족어를 절합하는 방식에 대한 이해와 경험을 충분히 지니지 못했기 때문이다. 따라서 한국의 언해 전통, 한국 한문 고전을 매개로 한 근대 문체를 창조할 가능성은 그만큼 희박했던 것이다.

또한 순 한글 문체를 정초하고자 하는 개신교 선교사의 이념적 지향은 사실 이 작업을 더더욱 어렵게 만들었다. 그들의 한글 전용의 이념을 구현할 만큼 한국 문인지식층은 한글에 대한 활용도와 이해도가 깊지 못했으며, 나아가 한글 그 자체가 매체를 통해 공유·활용되고 사회화·관습화된 정도가 그만큼 결핍되어 있었기 때문이다. 이러한 형편 속에서 개신교 선교사의 순 한글 문체란 이상은 실상 도달할 수 없는 미몽(迷夢)이었을 따름이다.[9]

---

9  애스턴의 지적(W. G. Aston, *op.cit.*, pp.106-107)은 이를 잘 말해준다. 그는 1890년에 쓴 한국문학에 관한 논저에서 한자(어)·한문의 비중이 큰 당시 한국어에서 한자를 배제한 채, 순전히 언문(한글·국문)을 활용한 당시의 동향과 서적의 모습들에 대해 거론했다. 그는 이러한 모습을 "일본어에서 로마 문자 혹은 일본 가나를 채택하고자 진행 중인" 움직임과 관계가 있는 것으로 진단했다. 그렇지만 그가 보기에, 언문만으로는 어떤 과학적, 종교적, 기타 학문적 작업은 불가능한 것이었으며, 언문으로 표기된 한국의 한자어는 "단지

『유몽천자』의 국한문체는 이와 같은 성서 번역에서 발생하는 고민들, 국민어란 차원에서의 한국어문체 기획 혹은 한문 전통과 민족어의 결합 방식에 대한 초창기 개신교 선교사의 고민이 반영된 결과물이다. 물론 『유몽천자』는 이러한 초창기 게일의 한국어 문체 실험과 그가 거했던 당시 한국어의 실상을 보여 주는 자료라고는 말할 수 없다. 게일의 업적만을 나열해 보더라도, 성서, 찬송가,『천로역정』·『남훈태평가』 소재 시조 작품·『동국통감』 소재 한국 고대사 서술 등의 번역 과정,『그리스도신문』의 편찬과 같은 성과와『辭課指南』(1893),『韓英字典』(1897) 등과 같은 한국어학서 편찬 등의 성과물이 축적되어 있기 때문이다.

요컨대,『유몽천자』의 국한문체는 게일이 언급한 그 "실패의 실험들"이 어느 정도 정리되고 엄선의 과정을 거쳐, 한국인에게 가르칠 수 있는 교과서이자 문장 전범의 형태로 정착된 문체였다. 그럼에도『유몽천자』의 연원을 이처럼 1890년경으로 상정할 수밖에 없는 까닭이 있다. 『유몽천자』1~3권을 펼쳐보게 될 때 우리가 대면하는 한국어 문체는 단일한 하나의 규범화된 형태가 아니라 세 가지 종류의 이질적인 문체이며, 이 속에는 한문 전통과 한글을 결합한 다양한 실험형식이 담겨져 있기 때문이다. 나아가 이러한『유몽천자』의 문체는『천로역정』이 열어 놓은 순 한글 표기 번역문과는 다른 모습이었고, 이와는 구분된 새로운 번역 실천과 문체기획을 증언해 주고 있다. 즉,『유몽천자』의 국한문체에는 한글 전용의 순 한글 문체로 해결할 수 없는 지점을 보완하기 위한 어떠한 기획이 내재되어 있었음을 암시해 준다.

---

공허한 소리"에 불과한 것이었다. 그 이유는 그의 한국사회에서의 체험으로 말미암은 것이었다. 그는 심지어 일반 대중 설화[인용자: 고소설]에 수록된 일상적인 한자어조차도 언문만으로 표기된 경우 제대로 이해할 수 없는 지식인의 모습을 경험했었고, 학식 있는 사대부층 중 언문을 전혀 알지 못하는 사람들을 만났기 때문이다.

## 2.『유몽천자』(『그리스도신문』)의 이질적인 한국어 문체

『유몽천자』1~3권의 국한문체는 통상적인 차원에서 거칠게 분류하자면 소위 국주한종체(國主漢從體), 한주국종체(漢主國從體), 한문현토체(漢文懸吐體)에 각 권이 대응된다. 번역 저본을 찾을 수 있는 영미 문학 작품은『유몽천자』2~3권에 수록되어 있기에, 1권에 대응하는 문체(國主漢從體)를 살펴볼 수는 없다. 그렇지만 오늘날 현전하는 『그리스도신문』에는『유몽천자』소재 영미 문학 작품 3종(「머사현몽」 (1901.8.29.~9.5.), 「모뒤거져가 그 쥬인의게 복종홈」(1902.5.5.), 「그루소의 흑인을 엇어 동모홈」(1902.5.8.))이 '순한글 문체'로 수록되어 있다. 이를 통해 간접적으로나마 1권의 문체에 근접한 영미 문학 번역물을 접할 수 있는 셈이다.

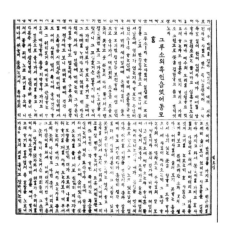

『유몽천자』와《그리스도신문》소재『로빈슨 크루소』번역물

　　그 예시로 『그리스도신문』에 수록된 「머사현몽」과 「모뒤거져가
그 쥬인의게 복죵홈」의 첫 문장을 대상으로, 그에 대응되는 『유몽천
자』 2〜3권의 수록 교과와 영미 문학 원문의 문장을 함께 발췌해 보면
다음과 같다.

①-1　내가 <u>가이로</u>에 잇슬 째에 동양 녜젼 셔칙을 만히 엇어 열
　　　　람ᄒ더니 그 즁에 ᄒ칙을 본즉 머사라하는 사롭의 현몽
　　　　이라 짓미가 잇기로 번역ᄒ여 긔지ᄒ노라……
　　　　- 「머사현몽」, 《그리스도신문》, 1901.8.29.

①-2　余가<u>가이로</u>에 在할時에 東洋古書를 多得하여 閱覽하더니
　　　　其中에 一卷冊子를 見한則 <u>머사</u> ㅣ 라하는 者의 現夢이라 滋
　　　　味가 有하기로 飜譯하여 記載하노라……
　　　　- 「<u>머사</u>의 見夢」, 『유몽천자』 2

①-3　WHEN I was at Grand Cairo, I picked up several
　　　　Oriental manuscripts, which I have still by me.
　　　　Among others, I met with one entitled "The
　　　　Visions of Mirza," which I have read over with
　　　　great pleasure. I intend to give it to the public,
　　　　when I have no other entertainment for them ;
　　　　and shall begin with the first division, which I
　　　　have translated word for word as follows.[10]

②-1　인도국에 커피롤 심어 싱이ᄒᄂ 농부가 잇ᄉ니 그 농ᄉ
　　　　홀 긔약이 밋ᄎ매 커피롤 심으고쳐ᄒ야 산으로 가셔 부
　　　　듸롤 일울시 불을 노하 큰나모와 적은 나모롤 틱워 그릇

_____

10　Joseph Addison, op. cit., pp. 63-64.

터기롤 업시ᄒ야 평평ᄒ게ᄒ나 그러나 그 ᄲᅮ리ᄂᆞ 쌍속
에 깁히 박여셔 ᄲᅢ히기 극난ᄒᆞᆫ지라
　　－「모ᄃᆔ거져가그쥬인의게복죵ᄒᆞᆷ」,《그리스도신문》1902.5.5.

②-2　印度에有一커피名茶農夫ᄒᆞ야于秬擧趾之時에欲種커피
　　　ᄒᆞ야伐木于山ᄒᆞ며燎火于原ᄒᆞ야脩之平之ᄒᆞ니其灌其栵
　　　ㅣ며啟之辟之ᄒᆞ니其檉其椐ㅣ로다燎餘根株ㅣ盤據薲薈
　　　ᄒᆞ야伐之不能이라
　　　　－「모듸거셔(象名)之不服他主」,『유몽천자』3

②-3 Once upon a time there was a coffee-planter in India who
　　　wished to clear some forest land for coffee-planting. When he
　　　had cut down all the trees and burned the under-wood the
　　　stumps still remained.11

　　①-2와 ②-2 즉,『유몽천자』2~3권의 문체적 차이는 그 통사 구
조가 국어인가 한문인가란 기준점에 의거해 쉽게 구분할 수 있다. 이
는 본래 편찬자의 의도에 부응된 것이기도 했다.『유몽천자』3권의 서
문을 보면, 게일은 "순전히 한자를 써서 서양의 역사를 번역하여 한 질
을 완성했"다고 말했다. 이러한 서문의 진술에 부응하여 3권은 "한문
이 문장의 형태로 나타나는 한주국종체"로 이 속에는 한문 문법의 영
향력이 깊이 개입되어 있다. 한문 접속어와 종결 어미를 그대로 사용
하여 한문 문장이 완결된 '한문문장체'라고 볼 수 있다.12 동일한 영미
문학 작품의 번역물임에도 불구하고『그리스도신문』의 기사(②-1)와

――――――――――

11　Rudyard Kipling, *Life's Handicap: Being Stories of Mine Own People*, London: Macmillian and
　　Co., 1892, p. 343.

12　『유몽천자』1-3권 각권의 국한문체를 설명하기에는 임상석이 제시한 '한문단어체',

『유몽천자』 3권(②-2)의 교과는 때로는 의미상으로 불일치하는 부분
도 보이며, 일치할 경우에도 국어와 한문 사이의 번역 관계로 보일 정
도의 큰 차이점을 보여 준다. 이 점은 영어원문과 대비해 볼 때도 마찬
가지이다.

물론 ①의 경우에도 한국어 번역문(①-1, ①-2)과 영어 원문(①-3)
은 완전히 일치하지 않는다. 그 이유는 소위 '경개역'이란 『유몽천자』
나아가 후일 게일이 보여 준 일관된 번역 방식 때문이다. 게일은 원전
의 개별어휘를 모두 번역하기보다는 그 요지를 채택한 후 이를 압축
적으로 번역하는 방식을 선택했다. 즉, 만약 해당 원문의 영어식 구문
을 모두 반영했다면, 한국어 번역문은 영어 원문의 동사 시제, 접속사,
관계대명사가 투영되어 한결 더 복잡한 형태의 문장이 되었을 것이다.
그렇지만 여기서 번역이 생략된 어휘들은 영어와 한국어 사이 구문상
차이점으로 인한 난점을 제외한다면, 1890년경 초기 영한사전과 문법
서로도 쉽게 번역될 수 있는 어휘들이다. 그렇지만 이를 번역하지 않
은 것은 게일은 그러한 영어식 구문과 표현을 결코 한국인이 읽을 수
있는 한국어다운 언어 표현으로 여기지 않았기 때문이다.[13]

반면 ②의 경우는 저본 대비를 수행해보면 ①과는 다른 부분이

---

'한문구절체', '한문문장체' 유형개념이 유용하다(임상석, 『20세기 국한문체의 형성과정』,
지식산업사, 2008, 115-145면).

13  『유몽천자』의 번역문은 한국어 구문에 충실한 편이라고 볼 수 있다. 즉, 첫 번째 나오는
주어, "I" 이외의 "I"가 번역되지 않은 점은 국어의 특성상 앞에 나온 말을 생략해도
이해할 수 있다. 또한 정보를 제공해 주는 관계대명사절, '~as follows'와 같은 부분을
글의 전개와 문맥을 볼 때, 생략해도 무방한 부분이다. 즉, 『유몽천자』는 원전의 내용
가운데 핵심이 되는 것 중심으로 번역의 범위를 결정하고 난 후 번역을 수행한 것이며, 그
결과물이라고 할 수 있는 게일의 국한문체는 일종의 만연체로서 반복되는 주어는 다시
제시할 필요가 없는 문체적 특성이 있다. 또한 사용 맥락에 의해서 정보가 적절히 생략될
수 있는 상황 의존적인 성격을 지니는 국어의 특성과 관련되는 면이 존재한다.

있다. 그것은 『그리스도신문』, 해당 영미 문학 작품에 없는 표현이 『유몽천자』에서 드러나는 부분이다. 또한 『유몽천자』와 『그리스도신문』 사이에도 그 의미 내용이 불일치하는 경우이기도 한데, 그 해당 부분을 발췌해 보면 다음과 같다.

> ②-1 ··· 산으로 가셔 부듸롤 일울시 불을 노하 큰나모와 적은
> 나모롤 틔워 그릇터기롤 업시ᄒ야 평평ᄒ게ᄒ나
> ②-2 ··· 伐木于山ᄒ며 燎火于原ᄒ야 <u>脩之平之</u>ᄒ니 其灌其栵
> ]며 啟之辟之ᄒ니 其檉其椐]로다(ⓐ) [밑줄 및 강조표시는
> 인용자]
> ②-3 ··· When he had cut down all the trees and burned the
> under-wood···

②-2의 ⓐ를 풀어보면 "닦고 평평하게 하니 관목(灌木)과 늘어진 가지이며 개간하고 제거하니 능수버들과 가물태나무며"이다. 이는 해당 영미 작품(②-3)에는 없는 표현이면 동시에 『그리스도신문』에서 순한글 문체(②-1)에도 생략된 표현이다. 그 이유는 이 표현이 유가 경전이라고 할 수 있는 『詩經』에 근거하고 있기 때문이다. 커피 재배 농장주가 땅을 개간하는 장면을 풀이하는데, 태왕(太王)의 기주천도(岐周遷都)와 관련하여 "산림(山林)이 험조(險阻)하여 무인지경(無人之境)이었고 곤이(昆夷)에 가깝거늘 태왕이 거(居)하심에 인물(人物)이 점점 성(盛)해지니 그런 뒤에 점차로 개벽(開闢)된" 것을 말한 한문 고전의 전고를 활용한 것이다.[14] 『유몽천자』 3권에 수록된 영미 문학 작품의 번역 문체

---

14  ⓐ는 『시경』 권16, 「大雅編」, '大雅文王之什'의 皇矣章이다. 그 번역문은 성백효 역주,

에는 이렇듯 전통적인 한문 문장 구조이며 전통적인 한문 문장 작법에 있어 전고를 활용한 표현이 보인다. 요컨대, 게일은 이처럼 개별 영어 어휘에 대한 등가적 번역보다는, 영어가 아니라 어디까지나 한국 내 한문 고전 작법에 충실한 언어 표현을 채택한 셈이다.

이와 달리 『유몽천자』 2권의 국한문체는 "한문 종결사와 접속사의 사용이 적어 한문 문장이 구절의 형태로 해체"되며, 한문의 4자구로 구성된 형태로 한자를 구 단위로 구사하는 문장 즉, '한문구절체'에 근접한 형태를 종종 보이기도 한다. 하지만 ①-2의 예시문과 같이 어디까지나 한국어의 통사 구조를 근간으로 하고 있으며, 한문의 활용이 단어의 차원에서 이루어지고 있는 '한문단어체'에 부응하는 경우도 상당수 존재한다. 따라서 국어와 한문 통사 구조, 사자성어, 수사법과 같은 언어 표현의 문제만으로는 1~2권의 경계가 그리 쉽게 구분되지는 않는 경우가 더러 존재하는 셈이다.

하지만 『그리스도신문』과 『유몽천자』 1~2권은 이처럼 '한문단어체'라는 공통점을 지니지만, 각각을 구분하는 차이점이 분명히 존재한다. 이와 관련하여 우리는 오늘날과 다른 당시의 언어적 직관, 과거 교과서를 편찬했던 주체들의 '한문어', '한자어'를 구분하는 한국어에 관한 직관을 쉽게 상정할 수 없다는 점을 염두에 둘 필요가 있다. 이러한 편찬자들의 언어적 직관을 반영하듯이 『그리스도신문』에 재수록된 『유몽천자』의 교과는 『유몽천자』 1~2권의 경계를 어휘란 단위의 차원에서 선명하게 구별해 주기 때문이다. 『그리스도신문』 수록기사 (①-1, ②-1)가 보여 주는 『유몽천자』와의 가장 큰 차이점은 '순 한글 표기'이며 '띄어쓰기'란 점이다. 또한 『유몽천자』에서 외래어(인명과 지명

---

『현토완역 시경집주』(하), 전통문화연구회, 2014[1993], 222-223면을 참조.

등)에 밑줄을 그어 고유어, 한자어, 외래어(음역어)를 구분하는 표식이
『그리스도신문』에는 없다.

　여기서 당대 편찬 주체의 한자어/한문어에 관한 언어적 직관과
관련하여 『그리스도신문』의 '순 한글 표기'란 특징을 주목해볼 필요가
있다. 서구의 신지식과 소식을 전하고 있던 『그리스도신문』은 초기 성
서 번역이 지녔던 '순 한글' 전용의 이상과 원칙 또한 『천로역정』의 번
역(1895)이 열어 놓은 순 한글 문체 실험을 계속해서 이어가고 있었다.
이러한 『그리스도신문』의 순 한글 문체 실험과 가장 근접한 것은 『유
몽천자』 1권의 '한문단어체'이지만, 교과서보다 『그리스도신문』은 독
자의 범위가 넓고 불특정한 한국인들을 대상으로 한 잡지였다. 따라서
양자는 분명한 차이점을 지니고 있는데, 이를 비교할 예시문을 제시해
보면 다음과 같다.

　　1 地震(㉠)을말하건대그原因(㉠)이火山에서브터始作하니그伏
　　　藏한火氣가힘이限量할수업는지라(㉢)間或火氣가地中으로
　　　서東馳西走할時(㉡)에는地面(㉠)이地動(㉠)하야門窓이흔들
　　　니매房室에坐定한者가(㉢)맛치船遊하는것갓하그危懼(㉠)한
　　　光景이사람의마음을驚動하더라큰地震(㉠)에는建築한거시
　　　문허지며地面(㉠)이갈나저生命(㉠)이만히損傷(㉠)하고坯空
　　　氣가不調(㉡)하야온갖造物(㉠)이精力을收拾지못하나니라녯
　　　史記에地震의災禍(㉢)를應(㉡)하야饑饉(㉠)과瘟疫(㉠)과밋國
　　　家의內亂과兵革(㉠)이잇다하나그러나卽今(㉠)開化한나라에
　　　서는그러한줄노알지아니하나니라.[밑줄 및 강조표시는 인용자]

　　2 디동(㉠)을 말홀진디 그 근본(㉠)은 화산에셔브터 시작ㅎᄂ니
　　　그 속에는 화긔의 힘이 한량홀 수 업ᄂ지라(㉢) 간혹 화긔가
　　　디즁으로셔 동치셔주 홀 ᄤ(㉡)에ᄂ 디구외면(㉠)이 진동(㉠)

ᄒ여 문챵이 흔들이매 <u>방에 안진 사룸이</u>(ⓒ) 맛치 션유ᄒᄂᆫ
것갓ᄒ여 그 <u>위틱</u>(ⓖ)ᄒᆫ 광경이 사람의 ᄆᆞᆷ을 경동ᄒ며 혹
큰 디동(ⓖ)에ᄂᆫ 집들이 문허지며 <u>싸</u>(ⓖ)히 갈나져 <u>사룸</u>(ⓖ)이
만히 <u>죽고</u>(ⓖ) ᄯᅩ 공긔가 <u>고로지 못ᄒ야</u>(ⓛ) 온갖물건(ⓖ)이 졍
력을 슈습지 못ᄒ니라 녜젼스긔에 <u>디동ᄒᄂᆫ 지앙</u>(ⓛ)을 <u>보고</u>
(ⓖ) <u>흉년</u>(ⓖ)과 병과지 국가에 니란과 <u>란리</u>(ⓖ)가 난다ᄒ나 그
러나 <u>지금</u>(ⓖ) 긔화ᄒ 나라헤셔ᄂᆫ 그러ᄒ줄노 알지 아니 ᄒ
ᄂᆫ니라[밑줄 및 강조표시는 인용자]

『그리스도신문』의 기사(②)는 그 출처를 『유몽천자』로 밝히고 있
지만, 오늘날의 시각에서 본다면 국어 정서법에 있어서 오히려 옛 표
기로 역행한 모습을 보여 준다. 물론 신문의 독자를 감안해 볼 때, 기
존의 표기 관습에 익숙한 독자의 특성에 맞게 표기를 하는 것이 독자
의 확보에 유리한 특성으로 인해 이러한 모습을 보인 것으로 추론할
수도 있다. 그렇지만 이렇듯 표기가 다른 이유는 1902~1903년 사이
"아래아(ㆍ)의 폐기, 목적격 'ᄋᆞ'를 '으'로 전환, 'ㅅ, ㅈ, ㅊ'의 뒤에 오는
복모음을 단모음으로 통일하는 것"을 골자로 하는 게일, 이창직의 '신
철자법'이 개입되어 있기 때문이다.[15] 이로 인하여 발생하는 표기상의
불일치는 『유몽천자』의 판본상에도 각기 다르게 나타난다. 1903년에
인쇄된 『유몽천자』 1권(재판)은 『그리스도신문』보다 게일의 신철자법
에 한결 더 부응된 형태이다. 1901년 인쇄된 『유몽천자』 3권인 ②-2
의 경우가 잘 보여 주듯, 초기 판본의 경우 게일의 '신철자법'이 적용되
지 않고 있다.

물론 이러한 모습은 아직 규범화되지 못한 정서법의 혼란으로도
해석될 여지가 충분히 있다. 그렇지만 게일의 신철자법은 비록 채택된

---

15 류대영 · 옥성득 · 이만열, 『대한성서공회사』 2, 대한성서공회, 1994, 59-60면.

것은 아니었지만, 정서법에 있어 사람마다 자의적으로 표기하는 문제
점을 해결하며 더불어 전국의 언어를 '표준어'화하려는 시도였다. 즉,
근대의 규범화를 향한 지향점이 존재했으며 이는 상대적으로 현대식
한글표기에 상당히 근접한 형태였다. 요컨대 '신철자법'을 근간으로
하고 있는 게일과 그를 보조했던 한국인 교인들의 인식은 과거 난제
였던 국어 정서법의 문제를 어느 정도 그들 나름대로 해결 했음을 보
여 주는 징표인 셈이다.

　　또한 『유몽천자』 교수 학습의 체계를 보면, 이 교과서는 철자법
학습을 위해 만들어진 교재가 아니었다. 『그리스도신문』과 겹쳐볼 때,
신문과 교과서 사이의 차이점은 이 점을 잘 보여 준다. 양자의 차이점
은 『유몽천자』에 담긴 '정서법'이 아닌 다른 교과 목적을 잘 예시해 주
기 때문이다. 후일 게일은 한국 문학을 공부하기 위해서는 한자(Chinese
Character)의 매개를 거칠 수밖에 없음을 강조한 바 있다. 그 이유는 첫
째 국문(Eun-mun, 언문)으로 쓰인 문학이 거의 없다는 사실, 둘째, 설령
간혹 있는 경우에도 이곳에 배치된 한자와 한자들의 조합은 어떻게
본다면 순수한 한문 그 자체보다 읽기가 어렵기 때문이다.[16] 『유몽천
자』라는 제명 자체가 암시해 주듯, 이 교과의 핵심에는 피교육자의 한
자 학습이 놓여 있다.

　　즉, 한문단어체, 국어의 통사 구조를 한 『그리스도신문』, 『유몽천
자』 1~2권 사이 편찬자의 고민은 '어떠한 수준의 한자(어)를 문장 속
에 배치하는가'에 있었음을 알 수 있다. 이와 관련하여 『유몽천자』 1
권의 서문을 보면, "행용하는 한문 글자 일천을 가지고 국문과 혼합하

---

16　J. S. Gale, "Korean Literature(1) : How to approach it", *The Korea Magazine* 1917. 7, pp. 297-
　　298.

야 한권 책을 저술"한 것이라고 씌어져 있다. 제1장에서 기술한 바와 같이 1권에 수록된 한자는 총 1,005자로 현행 교육용 한자 그리고 과거 초학서류와 대비해본다면, 그 일치율은 각각 43.77%와 88.35%로 2~3권에 비해서 상대적으로는 높은 수치이다. 옥편이라고 말할 수 있는 게일의 『한영자전』 2부에 수록된 10,850자가 당시 개신교 선교사들이 집성한 한자의 전체상이라고 한다면, 『유몽천자』 1~3권, 「유몽속편」의 3,787자 자체는 일종의 그에 대한 선별 작업이란 성격을 지닌 셈이다. 이러한 한자 선정은 비록 오늘날과 동일하지는 않지만 당시 『유몽천자』의 편찬자들의 언어적 직관에서 의거해볼 때, 특히 1권의 한자는 '상용한자'에 근접했던 것으로 보인다.

이를 반영하듯 상기 인용문 **1**과 **2** 양자는 기본적으로 '한문단어체'라는 공통점에서 문장 구조의 차이(ⓒ)는 극히 일부이다. 이렇듯 문장 구조 상의 차이가 나타나는 이유 역시 가장 큰 변별점라고 할 수 있는 문장에 배치된 어휘 선택상의 차이로 기인한 것이지만, 한문 문법 및 통사 구조의 영향력은 그리 큰 편은 아니라고 볼 수 있다. ⊙~ⓒ과 같은 차이점이 발견되지 않는 경우 즉, **1**과 **2**의 어휘 선택이 동일한 경우는 해당 한자를 한글로 표기하여 소리만 제시해도 문제가 되지 않는 상황이다. 즉, 이 어휘들은 '한문어'라기보다는 당시 한국인의 구어 속에도 자리 잡은 '한자어'였던 셈이다.

『유몽천자』에서 ⊙의 경우와 같이 『그리스도신문』과 다른 어휘는 상대적으로 일상화되지 못한 한자어로 추론할 수 있지만, 이 역시 개별 한자를 풀이하여 할 어휘는 아니었다. 『유몽천자』의 모든 수록과에는 본문에 앞서 어휘 목록[과별 자전]이 있는데, 개별 한자와 훈이 주로 제시되는 2~3권과의 모습과는 달리, 1권에서는 한국어 단어와 해당 한자음의 형태로 제시되는 변별성을 지니고 있기 때문이다.

즉, 이러한 추론이 가능한 까닭은 무엇보다도 1권의 본문에 배치된 과별 사전의 형식이 『유몽천자』 2～3권이 달리, "地震지진 原因원인……"과 같은 형태로 단어 차원이며 한자음을 제시한 형태이기 때문이다. 비록 동일한 형태로 과별 사전에 수록되었지만 예외적인 경우는 이라고 볼 수 있는데, 이는 해당 한자(時 째(시), 應 응할(응))를 한국어로 그 훈을 풀이한 형태이기 때문이다.

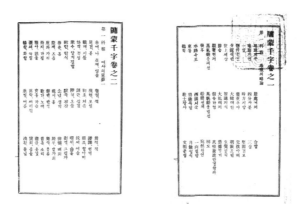

『유몽천자』 1～2권의 과별 자전 예시

이는 ①-1과 ②-2가 보여 주는 차이 즉, 『그리스도신문』(또한 『유몽천자』 1권)과 『유몽천자』 2권의 차이점이라고 볼 수 있다. 『유몽천자』 2권의 서문을 보면 1권의 한자는 "항용하는 속담"에서 취한 것이라며, 2권의 한자는 '항용하는 문리'에서 1권에 없는 한자를 취한 것이었다. '속담(俗談)'과 '문리(文理)'는 『韓英字典』(1911)에서 각각 "일상 회화, 고유어 구어, 문학적 문체와 대조되는 구어체"와 "작문에 있어 고전적 문체, 문자에 관한 지식"으로 풀이된다. 즉, 1권의 한자가 일상화된 구어 속에서 취한 것이라면, 2권의 한자는 한문 고전 속에서 취한 것이라는 사실을 편찬자 스스로 밝혀 놓은 것이다. 따라서 2권의 한자에 관한 길잡이를 교과서 속에서 제시한다면, 개별 한자의 해당 한자음과 한자훈을 풀이한 과별 자전의 형태가 텍스트를 해석함에는 더욱 생산적인 형태이다. 『유몽천자』 2~3권은 이 점을 잘 활용하고 있다.[17]

즉, 정리해 본다면 2권의 문체는 1권에 비해 문장을 구성하는 신출 한자의 난이도가 높은 편이며, 『그리스도신문』의 순 한글 문체로 전환할 경우 해당 한자를 한국어로 풀이해야 하는 경우가 더욱 많은 문체라고 할 수 있다. 즉, 한자를 병기하지 않을 경우, 『유몽천자』 2권은 그만큼 전달력을 지니지 못한 문체인 셈이다. 이와 관련하여 우리는 다음과 같은 질문을 던져볼 수 있을 것이다. 당시 개신교 선교사 집단은 '왜 국어의 통사 구조 속에서 서론 다른 한자(어)를 배치한 『그리스도신문』, 『유몽천자』 1~2권의 문체를 실험했던 것일까?' 그것은 비단 『유몽천자』란 교과서의 목적에 부합한 한자, 한문 학습에 초점이 맞춰져 있던 것일까? 『그리스도신문』, 『유몽천자』 1~3권, 이 4종의 문체가 지닌 관계는 무엇일까? 이 이질적인 문체 속에서 새겨져 있는 개신교 선교사들의 문체 기획을 발견하기 위해서는 이러한 질문들에 대한 답변을 찾아보아야 한다.

---

17  1장에서 기술한 바와 같이, 『유몽천자』 2권 수록 한자는 1,008자로 현행 교육용 1,800 한자와는 그 일치율이 30.83%로 낮은 편이나, 초학서 한자와는 일치율은 75.79%에 이를 정도로 높은 편이다.

## 3. 국한문체 기획과 문서 선교 사업

『유몽천자』, 『그리스도신문』은 개신교 선교사의 문서 선교 사업에 포괄되는 기획이었다. 백낙준의 저술에 따르면, 1890년경 사전 및 문법서의 발행 이후 그들이 전도용으로 발행한 초기 한글 문서는 서구어가 아닌 중국 측 한문본을 저본으로 한 중역의 과정을 통해 나온 것들이다. 이러한 경향은 19세기 말까지도 지속되었는데, 물론 그 이유는 이 번역의 조력자였던 한국의 한학적 지식인으로 말미암은 것이었다.[18] 따라서 한문에 대한 번역을 바탕으로 새로운 한국어 문체를 정초하려고 했던 당시의 정황은 분명한 사실이다. 하지만 『유몽천자』와 같은 국한문체 교과서이자 독본의 출현과 관련하여 두 가지 사항을 항시 염두에 둘 필요가 있다.

첫째, 여기서 한문과 국문은 온전한 번역 관계가 성립할 만큼 대등한 관계가 아니었던 사정이다. 둘째, 한문에서 국문으로 번역되는 일방향적이며 도식적인 번역 관계로 제한되지 않는 실천들의 존재이다. 물론 『유몽천자』의 수록 교과는 『그리스도신문』에 재수록된 것이었다. 즉, 후자의 '순 한글 문체'는 '국한문체'를 바탕으로 등장한 것이지만 실상 그 선후 관계를 명확히 말할 수 없다. 오히려 두 문체의 출현은 동시적이었다고 봄이 더욱 더 타당하다. 즉, 『유몽천자』, 『그리스도신문』 사이 이질적인 4종의 한국어 문체와 관련하여 '한문현토체(한문문장체) → 한주국종체(한문구절체) → 국주한종체(한문단어체) → 순한글 문체'란 일방향적인 번역 관계와 진화론적인 도식은 실제 개신교 선교사들에게 있어 국한문체 출현의 역사적 실상과는 다르다.

---

18 백낙준, 『한국개신교사』, 연세대 출판부, 2010[1973], 154-155면, 256-258면.

이와 관련하여 『유몽천자』의 편찬 시기와 근접하여 게일의 한국
어에 관한 총체적 인식을 잘 보여 주는 글, 1900년 왕립아시아학회 한
국지부 학술지에 수록된 「한국에 미친 중국의 영향(The Influence of China
upon Korea)」을 주목할 필요가 있다.[19] 이 글이 지닌 목적은 중국 문화
가 한국 문화에 미친 영향력을 기술하는 것이었고, 그는 이 글에서 한
국 문화의 연원이 중국에 있음을 논증하고자 했다. 이러한 그의 논지
는 그가 참여했던 개신교 선교사의 문서 선교 사업, 또한 그가 체험했
던 한국인의 언어생활 속에서 한자 · 한문이 차지하는 위상이 상당한
영향을 준 것임에는 틀림이 없다. 게일은 비록 한국어가 한문과는 매
우 다른 형태임에도 한국인은 한문을 한국어에 접목시켰다고 말했다.
그는 한국어의 통사 구조와 관련하여 "언문(諺文 : En-mun)은 한문(漢文 :
Han-mun)의 노예가 되어 문장의 모든 허드렛일" 즉, "한문이 왕처럼 명
사와 동사에 사용되는 반면에 언문은 어미, 연결사, 어형 변화 부분을
담당"한다고 말했다.

　『그리스도신문』과 달리, 『유몽천자』에 "띄어쓰기"가 없는 이유
는 이렇듯, 언문과 한자표기에 의해 그 문법적 표지가 구분되기 때문
이란 점을 게일의 진술을 통해 알 수 있다. 그렇지만 여기서 더욱 주목
해야 할 점이 있다. 그것은 그가 지적한 한문에는 '한자어'와 '한문어'
의 구별이 전제되어 있지 않았다는 점이다. 『한영자전』(1897)을 편찬한
후 게일은 한국어 어휘의 전체상을 다음과 같이 상정한 바 있다.

---

19　J. S. Gale, "The Influence of China upon Korea", *The Transactions of the Korea Branch of Royal Asiatic Society* 1, 1900.

32,789 단어 목록에서 21,417개가 중국 단어[인용자: 한자어]이
고, 11,372가 한국 단어이다. 중국 단어가 한국 단어의 2배이다.
현재에도 한국어는 서구 사상의 유입을 표현하는 신조어로 넘
쳐나는데 이들 신조어는 모두 중국어[인용자: 한자어]이다. 한
문 사전 즉 옥편(玉篇: Ok-p'yŭn)에는 10,850 한자가 있다. 이를 읽
을 때 토착민들은 가능한 한 각 한자를 유사한 의미를 가진 고
유어로 표기하고자 노력한다 …… 한자와 유사한 의미를 가진
고유어를 찾아 검색을 하면, 상응하는 고유어가 없는 한자가
3,000개 이상으로 밝혀질 것이다. 7,700개의 한자에는 해당하는
고유어가 발견되지만 그 나머지에는 그 의미와 조금이라도 유
사한 단어조차 고유어에서 찾을 수 없다.[20]

상기 인용문에서 '단어 목록'과 '한문 사전(옥편)'은 각각 『한영자
전』의 1부와 2부를 지칭한다. 즉, 그가 말한 21,417개의 단어 목록은
『한영자전』 1부에 수록된 '* 표기가 붙여졌고 한자가 병기된 한국어
표제항'을 지칭하는 것이다. 한문 사전에 관한 언급에서 한자와 유사
한 의미를 지닌 '고유어'는 『한영자전』 2부에 수록된 개별 한자에 대
한 국어의 훈을 지칭하는 것이었다. 게일의 이러한 진술에 따르자면,
한문과 '고유어' 사이에는 대등한 번역 관계 자체가 성립될 수 없었다.
또한 '고유어'만으로는 의당 번역에 있어서 한계 상황을 대면할 수밖
에 없다. '고유어'로 문장을 구성한다는 것은 21,417개의 '한자어/한문
어'를 포기하고 11,372개의 고유어로만 표현하는 것이며, '고유어'로서
번역할 수 없는 1음절 한자 3,000개를 포기하는 셈이기 때문이다. 애
초에 한문을 배제한 채 고유어로만 된 문체는 성립하기 어려운 것이

---

20  *Ibid.*, p. 14.

었다. 게일은 그 예증으로 순수한 한국어 표현과 한자가 병기된 예문
을 다음과 같이 제시한다.

ⓐ 올 여름에 여기 와서 지내니까 아무리 더운 날이라도 더운
줄도 모르겠고 또 이 글 저 글 널리 보고 그 가운데 뜻을 풀
어보니 어리석고 우스운 말도 많아 나라 일과 사람의 마음
을 두루 알겠도다 이제 오는 사람 등 위에도 옛 사람 쓴 말이
있는데 그것 없으면 더 찾아보리라 그러한대 이 놈이 왜 아
니 오는고? (Olyŭ·ram·e yŭ·geui wa·sŭ chi·nă·nit·ka a·mo·ri tŭ·un
nal·i·ra·do tŭ·un·jul·do mo·ro·get·ko do i keul chŭ keul nŭl·li pogo
keu ka·on·dă deus·sal p'u·rŭpo·ni ŭ·ri·sŭk·ko u·sŭ·un maldo man·
ha na·ra il kwa sa·ram·eui ma·am·eul tŭ·rŭ al·get·to·ta i·je o·nan
sa·ram teung u·e do yet sa·ram sseun mal·i it·nandă keu gŭt o·sŭo·
myŭn do cha·ja po·ri·ra keu·rŭ·han·dă i nomi wei a·ni o·nan·go?)[21]

ⓑ 今年에는 蒼蒼夏日을 北漢山城에서 宿營하니 精神이 衰落
하여 身體가 康健하다 避暑하기는 北漢이 第一이라 書冊
을 閱覽하고 已往歷代事를 詳考하니 可笑롭고 愚昧한 史
蹟이 不少하여 國史와 人心을 可知로다 時方 下人 便에 古
人의 記錄한 書冊을 付送하였겠는데 苦待하기가 深히 支
離하도다((Keum·nyŭn)·e·nan (chang·chang·ha·it)·eul (Puk·hau·
san·sŭng)·e·sŭ (sŭ·gyŭn)·ha·ni(chŭng·sin)·i(soai·rak)·ha·yŭ (sin·
t'ye)·ka (kang·gŭn)·ha·ta (pi·sŭ)·ha·gi·nan (Puk·han)·i (tye·il)·i·
ra (sŭ·ch'āk)·eul (yŭr·ram)·ha·go (i·wang·yŭk·tă·sa)·ral(sang·go)·
ha·ni(ka·so)·rop·ko(u·mă)·han (sa·juk)·i (pul·so)·ha·yŭ (kuk·sa)·wa

---

21  *Ibid.*, p. 15. ; 게일의 예시문은 본래 원문에는 로마자 표기만으로 기록되어 있다. 사실
당시의 한글 표기로 재구한다면 한층 더 복잡할 형태일 것이다. 그렇지만 이용민이
그의 논문에서 현대표기로 제시한 재구문(「게일과 헐버트의 한국사 이해 - 서로의 상반된 사관을
중심으로」, 『교회사학』6(1), 한국기독교교사학회, 2007, 174-175면)으로도 충분히 이후 논의를 전개할
수 있기에, 이를 활용하도록 한다.

(in-sim)-eul (ka-ji)-ro-ta (si-bang) (ha-in) (pyŭn)-e(ko-in)-eui(keui-
rok)-han(sŭ-chăk)-eul(pu-song)-ha-yot-ket-nam-dă (ko-dă)-ha-gi-ga
(sim)-hi (chi-ri) ha-to-ta.)[22]

　　게일은 ⓐ와 ⓑ가 동일한 요지를 담고 있는 표현이라고 말했다.
물론 ⓐ와 ⓑ는 개별 어휘의 차원에서 불일치하는 부분이 적지 않기
에, 동일한 영미 문학번역물의 요지문을 담은 『그리스도신문』과 『유
몽천자』의 관계와는 달라 보인다. 하지만 ⓐ와 달리 『그리스도신문』
은 한자 표기를 활용하지는 않았지만 음성화된 한자어를 적극적으로
활용했다. 반면 ⓐ는 한자어를 일체 활용하지 않은 글이다. 즉, 엄밀
히 말해 ⓐ는 매체상에 구현될 수 없는 '고유어' 자체만으로 구성된 언
어 표현을 보여 주기 위해 게일이 만들어 본 가상적인 예시문이다. 그
는 '고유어'로는 이야기를 적는 것 자체가 힘들고 이 예문을 어렵게 만
든 사실을 이야기했다. 이러한 점을 전제한다면 ⓐ에 한국의 한자어
를 추가할 경우, 사실 ⓐ와 ⓑ는 각각 『그리스도신문』의 순 한글 문체
와 『유몽천자』 2권에 상응하는 문체이다.

　　더욱 흥미로운 진술은 ⓑ에 대한 게일의 규정으로, 당시 그들이
인식했던 번역과 관련하여 두 문체의 관계와 그 의미를 발견할 수 있
다. 『유몽천자』 2권에 부응하는 ⓑ에 관해 게일은 ⓐ의 일부를 '순수
한 중국어로 번역한 한국의 순수한 구어체', 즉 한문을 덧붙인 한국인
의 구어체라고 규정했으며, ⓐ보다 훨씬 더 완전해지고 풍성한 의미
를 지니게 된 언어라고 평가했다. 실제로 ⓐ와 ⓑ를 게일이 영어로 번
역한 내용을 보면 이러한 그의 평가에 부응한다. 영어로 번역된 ⓑ는
ⓐ보다 훨씬 더 풍성한 언어표현을 보여 주기 때문이다. 즉, 게일은 이

---

22　*Ibid.*, pp. 15-16.

러한 풍성한 영어 원문을 재현할 한국어 번역문이 결국 ⓑ라는 사실
을 말해 준 셈이다.[23]

　이러한 게일의 진술을 통해 두 가지 사실을 발견할 수 있다. 첫째,
ⓑ 즉, 『유몽천자』 2권의 국한문체는 게일이 향후 자신들의 번역 작업
과 관련해 볼 때, 이상적인 문체이자 한국의 지식인이 사용하는 당시
의 문장 전범이었던 점이다. 이를 통해, 국어 통사 구조 즉, 한문단어체
의 문장에 다른 한자어의 배치는 단지 한자 학습을 위한 목적으로 한
정되지 않음을 알 수 있다. 둘째, 게일은 ⓐ를 "번역"하여 ⓑ를 구성한
것이라고 말하고 있다. 순 한글 문체와 국한문체 혹은 국문과 한문은
한문에 대한 국역이라는 일방향적인 번역 관계만을 지닌 것이 아니었
다. 즉, 『그리스도신문』, 『유몽천자』 1~2권의 문체는 상호 간 양방향
적인 번역 관계를 지닌 것이었다. 이는 고유어와 한문 사이 교환가능
한 번역적 관계가 비록 대등한 차원은 아니었지만, 언제든지 활용할
수 있도록 일정량 성립되었음을 의미한다.

　또한 이처럼 한국어의 전체상 그 속에 차지하는 한자(어)의 비중
을 양적으로 가늠할 수 있게 된 『한영자전』(1897)의 출판 이후, 게일이

---

23　*Ibid.*, pp. 15-16. ; ⓐ "This summer, we have come here to pass the time, and howsoever hot
the day may be we do not notice it. We have been looking extensively through this writing and
that, and have unravelled the thought therein and there are many stupid and ridiculous things,
that let us know somewhat of national affairs and of the minds of men. And now on the back
of the man that is coming are other writings written by the ancients. If they come at once we
shall resume our search. Why does not the rascal come?"
ⓑ "In the present year we passed the long summer days at the mountain fortress of Puk-
han, where our minds were freshened and our bodies strengthened. The north fortress is first
of all places at which to escape the heat. We have searched widely through books and have
examined into the affairs of past generations and there are ridiculous and stupid things not a
few by which one can indeed know of the affairs of nations and the minds of men. And now by
courier they will have sent other books written by the ancients. We wait with impatience, for
their coming seems long indeed."

이러한 국한문체를 성서 번역에도 적용하여 국한문 혼용 성경 발행을 주장했던 사실을 주목할 필요가 있다. 물론 이러한 국한문 혼용 성경 발행 기획과 관련하여 단지 게일의 『한영자전』 출판이라는 사건이 그 촉발의 계기였다고 단언할 수는 없다. 양반 지식층을 선교 대상으로 포괄하려는 선교의 기획, 갑오경장 그리고 대한제국의 수립 이후 공론장의 변모를 배제할 수 없기 때문이다. 하지만 당시 공론장의 한국어 문체를 수용하는 개신교 선교사의 입장과 그들의 한국어에 대한 이해 수준이 뒷받침될 때, 국한문체를 활용할 수 있었고 국한문혼용 성경의 발행이 가능했다는 점만큼은 분명한 사실이다. 게일의 요청과 동시 곧바로 국한문체 성경 발행이 시행된 것이 아니라, 1906년 『신약젼서』와 함께 비로소 국한문체 성경이 발간된 점은 이러한 사실을 반증해 준다.[24]

이는 『新約全書 국한문』(1906)을 지칭하는 데, 이 성경의 문체는 『유몽천자』 2권에 부응하는 형식으로 "고유어로 표기된 실사를 모두 의미적으로 대응하는 한자어로 바꾸어 표기한 것"이다. 사실 이는 그리 어려운 과정은 아니었을 것으로 추론된다. 『그리스도신문』, 『유몽천자』 1~2권이 잘 보여 주듯, 당시 개신교 선교사 집단에게 『신약젼서』 속 한글 표기 어휘를 이미 그 번역적 관계가 정립된 한자(어)로 전환하면 되었기 때문이다. 나아가 이는 어쩌면 한글 성경에 있어서 번역의 저본이었던 한자 어휘를 원래대로 되돌리는 행위이었을지도 모른다.[25]

『新約全書 국한문』(1906)의 발간 경위는 언더우드가 영국성서공

---

24  그 경위에 대해서는 이만열·옥성득·류대영, 앞의 책, 82-89면 참조.

25  유경민, 「국한문혼용문 성경과 현대 한국 어문체의 상관성」, 『반교어문연구』 38, 반교어문학회, 2014, 178-188면.

회 측에 보낸 서한(1903.12.30)에 잘 드러나 있다. 이 서한을 보면, 게일이 생각한 이러한 이상적인 국한문체를 성서 번역에 적용하는 일에 합의를 얻는 과정은 순탄하지 않았음을 알 수 있다. 언더우드의 서한에 따르면, 이 기획은 『한영자전』(1897)의 출판 바로 이듬해인 1898년부터 한국의 교인들로부터 제안되었다. 우연의 일치로 원산에 있던 게일은 국한문체 성서의 필요성을 느끼며 『사도행전』 9장을 시험작으로 만들어 언더우드에게 보낸 바 있었다. 이에 언더우드는 연례회의를 개최하여 이를 안건으로 제시했지만, 선교사들은 "한국인이 토착적인 한글을 보편적으로 수용하는 것을 방해할" 것을 우려하여 이를 반대했고 이 기획은 4년 이상 연기되었다. 그렇지만 4년이 경과된 후, 다수의 선교사들은 이 기획에 동의하게 된다. 그것은 무엇보다도 한국의 양반 및 지식층을 선교대상으로 포섭하기 위함이었다. 이들에게 한글 역본을 제공하는 것은 그들의 자존심을 상하게 하는 좋지 않은 선택이었다. 그렇지만 한문 성경 역시 대안은 될 수 없었다. 한문 성경만으로는 한국의 최고 학자일지라도 성서를 충분히 이해할 수는 없었기 때문이었다.[26]

　나아가 1903년 이처럼 언더우드가 이 기획을 다시 주장할 수 있는 근거는 당시 선교사와 교인들의 문제로만 한정되는 것이 아니었다. 이 속에는 한국의 매체와 공론장이 깊이 관계되는데, 언더우드는 "국한문체"가 한국의 관리층과 중산층이 거의 전적으로 사용하는 문체이며, 당시 미디어, 공식문서, 교육부가 출판하는 모든 책의 가장 기본적인 문체란 사실을 이야기했다. 그렇지만 한국의 성서번역회는 여전히

---

26　H. G. Underwood, 이만열 · 옥성득 옮김, 『언더우드 자료집』 III, 연세대 국학연구원, 2007, 146-147면.

과거 선교사들의 반대와 동일한 근거로 이를 반대했다. 특히 국한문체의 몸체를 구성하는 한자 부분을 그들은 한국 본토의 언어로 인정하지 않았다.[27] 언더우드는 번역 위원이었던 게일·레널즈와 함께 이에 대한 반론을 펼쳤다. 그 반론의 요지는 의당 국한문체가 한국어 발전을 위해 순 한글 표기보다 효과적인 한국어의 새로운 문체라는 사실을 주장하는 것이었다.

언더우드는 "언문이나 한글"이 "기독교 교회의 필요조건으로 증명"이 되지는 않았음을 진단했다. 한문은 성경 공부반에서 공부하는 이들이 이용하는 '시각화'된 문자였다. 따라서 한글 글자만으로는 찾을 수 없는 개별 글자와 함께 연결된 다양한 한자를 확정해 주는 중요한 길잡이였다. 더불어 국어 어미와 접사가 없는 한문 역시 마찬가지로 한국어 문체로서는 그 뜻을 분명하게 전달할 수 없는 불완전한 문체였다. 이에 언더우드는 한자의 상형성을 통한 의미 확립 그리고 "전치사와 시제 등을 나타내는 국어 어미와 접사"라는 측면의 결합 즉, 이러한 한자와 한글의 상호 보완을 통해 구성된 국한문 혼용 성경의 발행을 요청했다. 레널즈는 국한문체 성경 역본이 별도로 추진하는 새로운 성경 번역본이 아니라, 번역 위원들이 바라는 새로운 표기법과 인쇄법에 지나지 않다고 언더우드의 주장을 도왔다.[28]

이러한 국한문체 성서 발간의 경위와 경과는 개신교 선교사들의 국한문체가 한국의 지식층과 양반들을 위해 준비한 문체 실험이자 기획이었음을 반증해 준다. 또한『그리스도신문』,『유몽천자』의 문체는 '한문'이라는 상위 언어에 대하여 한글/한문을 조합한 다양한 번역적

---

27  위의 책, 148-149면.

28  같은 책, 149-150면.

실천이자 가능성이었다. 게일의 『한영자전』 「서문」에서 '구어, 한글 문어, 한문 문어'라는 세 가지 구분으로 제시되는 한국어의 전체상 속에서 새로운 한글 문어를 구성하는 언어였던 것이다. 요컨대 『그리스도신문』, 『유몽천자』의 문체는 모두 당시 한국어 안에 포괄되는 것이며, 번역에 있어 이를 전파할 한국인 독자에 맞춰 어느 쪽이든 채택할 수 있었던 여러 가능성 중 하나였던 것이다.

## 나오며: 좌절된 근대 문체 기획으로서의 국한문체

물론 『유몽천자』의 국한문체 그 속에 내재된 근대 문체 기획은 현대어와 연속되지 못한 미완의 기획이었다. 적어도 게일의 인식 속에서는 그러했다. 그가 1910년대 후반부터 언급하기 시작하는 한국의 근대어와 그의 기획은 어긋나는 것이기 때문이다. 『유몽천자』 1~2권이 보여 주는 그의 국한문체 기획 역시 종국적으로 본다면 한문을 해체하여 한국인을 위해 새로운 한국어 문체를 만드는 작업이었지만, 그의 기획은 한문 전통에 바탕을 둔 실천이었지 결코 한문을 배제하고자 한 기획은 아니었기 때문이다. 이 점은 『그리스도신문』, 『유몽천자』 1~3권의 문체가 향후 출현하게 될 근대 문체와는 변별되는 가장 중요한 차이점이었다.[29]

게일은 한국의 근대어를 보며, 한문 고전과 한글이 결별하게 되었음을 지적했다. 이러한 그의 진단에 있어 결정적 계기는 물론 한문

---

29    이후 국한문체 성서의 모습을 보더라도 1906년 게일을 비롯한 개신교 선교사들이 내놓은 국한문체는 아니었다.(유경민, 앞의 글, 184-188면).

고전의 소멸과 구어의 영향력 강화 그리고 일본어를 매개로 유입되는 한국인이 과거에는 상상도 할 수 없었던 신문명과 새로운 사상이 더욱 큰 것이었다. 하지만 그가 한문과 한글의 결합을 통해 구현했던 과거 문체 실험과 그 결과물이었던 문장 전범으로서의 '국한문체'가 지녔던 의미 역시 남겨져 있었다. 그것은 국한문체를 구성하는 한글 표기와도 관련되기 때문이다. 그는 옛 한글 문체에서 한문을 읽을 때 쓰이는 '~세, ~하여금, 이에, 가로되'와 같은 연결 어미와 종결 어미를 근대어 속에서 볼 수 없게 된 사실을 지적하며 한문과 한글의 결별에 대하여 이야기했다.[30]

그렇지만 게일은 1910년대 이후 새롭게 등장하는 한국의 근대 문체에 동참하지 않았다. 1920년대 게일의 영미 문학에 대한 번역 문체, 또한 그의 한글 문체들, 개인역으로 출판했던 그의 국한문체 성경을 보면, 그는 일관적으로 과거 그가 이상적으로 생각했던 옛 한글 문체를 보존하고자 했다. 일례로, 게일은 이 시기 영미 문학 번역물에도 '그', '그들'이라는 삼인칭 대명사 대신에 '저', '저들'을, '-다'란 종결 어미 대신에 "-이라", "-이더라"를 썼다. 또한 "~훈 고로, ~홀제, ~ᄒᆞ매, ~ᄒᆞ므로, ~거늘" 등과 같이 소멸되어 가는 연결 어미를 활용했다.[31] 이는 그가 동참했던 문체 기획에서 얻게 된 이상적인 한국어 문체, '문장 전범으로서의 국한문체'를 보존하고자 한 그의 지향점이었다.

---

30  J. S. Gale, *"The Korean Language"*, *The Korea Magazine* 1918. 2, p. 54.

31  R. King, "James Scarth Gale and the Christian Literature Society(1922-1927): Salvific Translation and Korean Literary Modernity（Ⅰ）", In: Won-jung Min (ed.), *Una aproximacion humanista a los estudios coreanos*. Ebook distributed by Patagonia, Santiago, Chile, 2014, p. 30.

제3장

# 『유몽천자』와 국한문체
국문과 한문의 혼용 방식과 국한문의 유형

## 들어가기: 『유몽천자』 소재 국한문의 다양성

제3장에서는 게일과 이창직에 의해 이루어진[1] 『유몽천자』(1901~)의 國漢文이 보이는 문체상의 특징을 「권 1」, 「권 2」, 「권 3」을 비교하는 방법으로 고찰하여 보도록 하겠다.[2] 『유몽천자』는 앞의 여는 글과

---

1 「권 1」의 서문을 보면 奇一著, 李昌稙述이라 되어 있다. 이를 보면 이창직이 이 책의 편찬에 중요한 역할을 했음을 알 수 있다. 그러나 게일과 이창직, 이 두 사람의 역할이 어떤 것이었는지는 분명하지 않다. 이들의 역할을 살피는 것은 앞으로 『유몽천자』를 이해하는 데에 중요한 과제의 하나가 될 것이다.

2 이 글에서 사용하는 國漢文은 國漢混用文을 가리키는 의미로 사용한다. 한영균의 연구에서는 黃玹의 『梅泉野錄』에 "우리나라 방언에 예부터 중국 글자를 眞書라 하였고 (訓民正音을 諺文이라 불렀으므로 함께 부를 때에는 眞諺이라 불렀다.) 갑오년(1894) 뒤에 時勢를 따르는 자들이 諺文을 부추겨 國文이라 부르고 眞書는 외국 글자라고 구별하여 漢文이라 불렀다. 그래서 國漢文이라는 세 글자가 드디어 방언이 되었고, 眞諺이라는 말이 사라졌다."에서 보듯, 국한문이 진언을 대신한 표기 수단을 가리키는 것이라는 점에 주목하였다. 이에 따라서 국한문을 문자로 보고 한글과 한자를 섞어서 쓴 글을 국한 혼용문으로 부르고, 문체를 가리키는 용어로는 國漢混用文體라 불렀다. 그러나 김주필의 연구에서 『西遊見聞』 서문에서 국한문 혼용을 "我文과 漢字의 混用"과 같이 말하고 있음을 근거로 하여 국한문을 국문에 한자를 섞어서 쓴 글 정도로 이해하고 있기도 하고, 국한문이란

제2장에서 기술하였고 뒤의 닫는 글에서 다룰 바와 같이 번역을 통하
여 만든 것이다. 『유몽천자』를 이루고 있는 네 권 가운데 번역을 통해
서 이루어진 것은 「권 1」부터 「권 3」까지이다. 이들은 모두 국한문으
로 되어 있다. 반면에 순 한문을 실어 놓은 「속편」은 번역으로 이루어
진 것이 아니다. 이와 같은 문체적 특성을 볼 때 『유몽천자』는 당시에
유통되던 국한문에서 한문에 이르는 다양한 유형의 문체를 아우르려
고 한 모습을 보여 준다고 하겠다.[3]

그런데 앞에서 지적한 바와 같이 같은 국한문이라고 하더라도
「권 1」, 「권 2」, 「권 3」은 국문과 한문의 혼용 정도에 차이가 있고 한
문의 역할과 한문의 문법이 반영된 정도에도 차이점이 있다. 즉 「권
1」은 국문의 비중이 높은 국한문이지만 「권 2」와 「권 3」으로 갈수록
한문의 비중이 더욱 높아지는 국한문이 된다. 「권 4」에 이르러서는 한
문만으로 이루어지게 된다. 다만 제1과와 제2과에 제시되어 있는 「洪
範」만은 국한문으로 되어 있어서 예외적이다. 그리고 이곳의 한문에
는 句讀點을 표시해 놓아서, 독자들이 의미 단위에 따라서 한문에 접
근하고 내용을 이해할 수 있도록 하였다. 따라서 口訣만 달아 주지 않

---

말이 처음으로 보이는 군국기무처에서 1894년 11월 21일에 반포한 「공문식」 제14조의
"第十四條 法律勅令 總以國文爲本 漢文附譯 或混用國漢文"을 꼭 표기 수단으로만 인식할
수 있는 것은 아니다. 이런 점을 고려하여 보면 국문이나 한문이 문자의 의미뿐만 아니라
글의 의미로도 쓰일 수 있다는 것을 黃玹이 부인했다고 하기는 어렵다는 점에서, 국한문도
글의 의미를 나타내는 표현으로 충분히 쓰일 수 있다고 판단된다. 따라서 국한문을 문자의
개념과 글의 개념 모두를 담을 수 있는 다의어로 판단하도록 하며 이런 글이 보이는
문체적 특성을 가리킬 때에는 경우에 따라 國漢文體라는 말을 쓰도록 한다. 한영균, 「현대
국한 혼용 문체의 정착과 어휘의 변화-'단음절 한자+하(ᄒ)-'형 용언의 경우」, 『국어학』
51, 국어학회, 2008, 232~233면. 김주필, 「19세기 말 국한문의 성격과 의미」, 『진단학보』
103, 진단학회, 2007, 202면.

3  이 책의 2장[初出: 이상현, 「『유몽천자』 소재 영미문학작품과 게일(J. S. Gale)의 국한문체
번역실천-개신교 선교사의 근대문체를 향한 기획과 그 노정(1)」, 『서강인문논총』 42,
서강대 인문과학연구소, 2015, 101~102면]을 참조.

았을 뿐이지, 실제로 구결이 들어갈 부분을 표시해 주었다는 점에서 편찬자가 한문을 어떻게 이해하였는지가 담겨 있다고 할 수 있으며, 이러한 바를 독자에게 드러내 보이고 있다고 하겠다. 이런 교재의 구성과 「권 1」에서 「권 4」에 이르는 학습의 순서를 고려할 때 『유몽천자』는 여러 등급의 국한문의 학습을 통하여 한문의 학습으로 나아가는 단계를 설정하고 있다고 하겠다.

따라서 이런 면을 염두에 두고 국한문으로 되어 있는 「권 1」, 「권 2」, 「권 3」에서 보이는 국한문의 문체적 특성을 한문의 역할과 한문 문법의 반영 정도를 살펴가며 구문상의 특징을 고찰하며 살피는 것이 필요하다. 이를 통하여 독자들이 국문의 비중이 높은 국한문의 학습에서 시작하여 한문의 비중이 높아지는 국한문을 단계적으로 어떻게 학습해 갔고, 최종적으로 한문 학습으로 나아가게 된 과정을 살펴보는 것이 필요하다. 그래야 『유몽천자』의 교재 성격에 걸맞게 이 책의 국한문의 성격을 이해할 수 있다.[4] 그리고 이런 이해는 이 시기 국한문을 이해하는 데에도 마땅히 필요한 일이다.

그간 『유몽천자』의 국한문의 문체적 성격에 관해서 여러 고찰이 이루어진 바 있다. 먼저 남궁원의 연구[5]에서는 한자어와 한문의 비중과 역할을 중심으로 하여 「권 1」을 한자어 중심의 국한문, 「권 2」를 한자어와 한문 중심의 국한문, 「권 3」을 한문 중심의 국한문으로 파악한 바 있다. 유경민의 연구[6]에서는 1900년대의 일반적인 국한문과 유

---

4 제2장에서 기술한 바와 같이 『유몽천자』라는 책 제목이 아이들로 하여금 천자(千字)를 깨우치게 하는 데에 있음을 지향하고 있다는 것을 상징적으로 드러내고 있다는 점도 이 책이 한자와 한문 학습을 핵심으로 설정하고 있음을 보여 준다고 하겠다.

5 남궁원, 「선교사 기일[James Scarth Gale]의 한문 교과서 집필 배경과 교과서의 특징」, 『동양한문학연구』 25, 동양한문학회, 2007, 78면.

6 유경민, 「개화기 및 현대국어 형성기 국어의 고찰-국한혼용문과 현대 한국어 문체의

사한 방식으로 되어 있는 『簡易鮮漢文 舊譯』 계열(1906~)과 일반적인
국한문과는 방식이 다른 국한문으로 되어 있는 『新約全書 국한문』 계
열(1913~)과의 비교를 통하여 「권 1」은 『간이선한문 구역』 계열의 국
한문과 같은 방식으로 된 것이고, 「권 2」는 『신약전서 국한문』 계열의
국한문과 같은 방식으로 된 것이며, 「권 3」은 한문을 분할하여 조사와
어미만을 첨가한 문장으로 본 바 있다.

　　이와 관련하여 앞의 여는 글에서는 「권 1」을 한문을 단어의 차원
으로 구사한 한문 단어체로, 「권 2」를 한문을 한문 문어의 4자구로 구
성된 구 형태로 구사한 문체로, 「권 3」을 한문을 '而', '也' 등의 어조사
를 써서 문장으로 구사한 문체로 파악한 바 있으며, 『서유견문』과 비
교하여 보면 「권 1」은 국문을 더 많이 써서 한문을 단어의 차원에서 사
용하는 모습이 드러남을 지적한 바 있다. 이와 같은 고찰로 「권 1」, 「권
2」, 「권 3」의 국한문이 지닌 성격의 차이에 관해서는 충분한 개관이 되
었다고 할 수 있다. 그러나 실제 「권 1」, 「권 2」, 「권 3」의 문체의 성격
은 텍스트에서 한문의 역할이 어떤 것인지, 구문상의 특징은 어떤 것
인지를 실질적이고 객관적인 기준을 바탕으로 하여 판단하고 각 과의
첫 부분에 제시되어 있는 자전과의 상관관계도 고려해 가면서 종합적
으로 파악하여 살펴볼 필요가 있다. 그래야 같은 권에서도 조금씩 이
질적인 양상이 혼재해 있는 『유몽천자』의 문체상의 특성을 실질적으
로 파악할 수 있다. 그러나 아직까지는 이런 실질적이고 객관적인 기
준이 제시되었다고 하기에는 어려운 면이 있다.

　　그래서 이 글에서는 국한문의 등급을 구분하여 볼 수 있는 실질
적이고 객관적인 기준을 바탕으로 하여 각 권의 한문의 역할, 구문상

---

상관성」, 『반교어문연구』 38, 반교어문학회, 2014, 184-186면.

의 특징을 파악하고, 이를 각 科程[7]의 첫 부분에 제시되어 있는 자전과 본문과의 상관관계도 고려해 가며 각 권이 보이는 국한문의 특징이 어떠한지 살펴보겠다. 이를 통해 「권 1」에서 「권 2」로, 「권 2」에서 「권 3」으로 가면서 보이는 국문 중심의 국한문에서 한문 중심의 국한문으로 성격이 바뀌고 이런 성격의 심화가 점점 나타나는 양상을 추적하여 보겠다.

## 1. 국한문의 유형별 판별 기준

본격적인 논의를 위해서는 먼저 국한문의 유형을 어떻게 판별할 것인지를 생각해 보아야 한다. 그간 국한문의 유형을 판별하는 기준으로 여러 가지가 제시된 바 있는데, 대표적인 견해로는 다음과 같은 것을 들 수 있다.

민현식[8]에서는 한글을 현토하는 단위가 '구절'이냐 '어절'이냐를 중시하였고, 홍종선[9]에서는 현토되는 단위가 '한문구', '한문어', '한자

---

7  각 과의 이름이 「권 1」~「권 3」은 목록에서는 第一課, 第二課와 같이 '課'로 제시되어 있으나 실제로 각 과의 첫 부분에는 第一科程, 第二科程과 같이 '科程'으로 되어 있다. 이에 반해 「권 4」는 목록이 영어로만 제시되어 있으며, 실제 각 과의 첫 부분에는 第一課, 第二課와 같이 '課'로 되어 있다. 영어 목록은 「권 3」을 제외하고는 모두 제시되어 있는데 각 과를 'Lesson'으로 가리키고 있다.

8  민현식, 「개화기 국어 문체에 대한 종합적 연구(1)」, 『국어교육』 83, 국어교육학회, 1994, 113-152면 ; 민현식, 「개화기 국어 문체 연구」, 『국어국문학』 111, 국어국문학회, 1994, 37-61면.

9  홍종선, 「개화기 시대의 문장의 문체 연구」, 『국어국문학』 117, 국어국문학회, 1996, 33-58면.

어' 중 어떤 지위를 갖는지를 기준으로 삼았다. 김흥수[10]에서는 한문투가 제시되는 정도를 기준으로 하여 '한문체가 유지되거나 잔존하는 경우', '관용화될 수 있는 한문 구성 또는 표현이 나타나는 경우', '간단한 관용적 어구가 나타나는 경우'로 제시한 바 있고, 임상석[11]에서는 문장 단위의 통사적 구조와 수사법 양상을 바탕으로 하여 '한문 문장', '한문 구절', '한문 단어'를 제시한 바 있다.

이 기준들은 국한문에서의 한문의 단위, 역할 또는 지위, 한문의 문법적 특성에 주목을 한 것으로 실제로 국한문의 특성을 살피고 유형을 구별해 줄 수 있는 중요한 요소들이다. 하지만 언어학적인 분석을 행하는 처지에서 볼 때에는 한영균의 연구[12]에서 지적한 바와 같이, 연구자의 직관에 따라서는 각 단위에 대한 인식이 다를 수도 있고 이로 인해 지시 대상이 불명확할 수 있어 객관적인 기준으로 활용하기에는 어려운 면이 있다. 이런 점에서 초점을 맞추어 고찰 단위를 무엇으로 하고, 객관적인 분석 기준과 판별 기준을 무엇으로 삼을지가 결정되고 마련되어야 할 필요성이 있다고 하겠다.

이와 관련하여 한영균의 연구[13]에서는 한문 문법의 간섭 결과가 언어 특성으로 반영되는 [1]과 같은 양상을 제시한 후 이를 바탕으로 하여 실제 자료를 검토하고 국한문 텍스트의 유형을 분류할 수 있는 변별적 준거를 [2]와 같이 제시한 바 있다.

---

10  김흥수, 「이른바 개화기의 표기체 유형과 양상」, 『국어문학』 39, 국어문학회, 2004, 58~77면.

11  임상석, 『20세기 국한문체의 형성과정』, 지식산업사, 2008.

12  한영균, 「근대계몽기 국한혼용문의 유형·문체 특성·사용 양상」, 『구결연구』 30, 구결학회, 2013, 225~226면.

13  위의 글, 219~255면.

[1] 한문 문법의 간섭이 언어 특성으로 반영되는 양상[14]

  (1) 한문의 요소를 그대로 사용한 경우

    ① 한문 문장을 그대로 사용한 경우

    ② '有XX' 구문(존재문, 存在文)의 사용

    ③ 한문 부사, 감탄사, 접속사, 종결사의 사용

  (2) 한문 문법의 간섭 결과가 체언구 형태로 나타나는 경우

    ① 한문의 관형 구성이 국어의 관형 구성(용언의 관형사형, 속격 조사) 대신 쓰인 경우

    ② 한문 용언(구)에 국어 조사가 결합한 경우

    ③ '-이-'계 술어구

  (3) 한문 문법의 간섭 결과가 용언구 형태로 나타나는 경우

    ① 동일(유사)한 의미를 가지는 한자의 중첩으로 만들어진 2음절 용언

    ② '2음절 한자+2음절 한자+ㅎ-'형 용언

    ③ '부사+한자+ㅎ-'형 용언

    ④ '술목(述目) 구성의 한문구+ㅎ-'형 용언

    ⑤ 양태 표현의 한문구 용언

    ⑥ '단음절 한자+ㅎ-'형 용언

[2] 국한문 텍스트의 유형 분류의 변별적 준거[15]

  (1) 한문 부사의 출현 여부: 부사화 접사가 결합한 형태가 나타나는 것이 『西遊見聞』류·『國民小學讀本』류를 『是日也放聲大哭』류와 구분하는 준거가 될 수 있음.[16]

---

14  위의 글, 226-227면.

15  위의 글, 248-249면.

16  한영균의 연구(위의 글, 223-224면)에서는 개화기 국한문의 유형을 다음과 같이 여섯 가지로 분류한 바 있는데, 이 중 개화기의 여러 텍스트에서 보이는 국한문은 ①~④의 유형에 속하는 것이다.
  ① 한문 構文法을 기반으로 하나 국어 문법의 간섭 결과가 섞인 유형: 『神斷公案』류
  ② 국어 構文法이 기본이 되나 한문 문법의 간섭이 구문상·어휘상으로 일어난 유형: 『시일야방성대곡』류

(2) 한문 감탄사, 접속사, 종결사의 사용: 『시일야방성대곡』류와 『서유견문』류 국한문을 구분해 주는 준거가 될 수 있음.

(3) 한문 관형 구성: 『시일야방성대곡』류와 『서유견문』류 국한문을 구분해 주는 준거가 될 수 있음. 다만 '단음절+단음절' 구성의 경우는 계량적 분석이 필요함.

(4) 한문 용언(구)에 국어 조사의 결합: 『시일야방성대곡』류 국한문에서 주로 나타나고, 『서유견문』류 국한문에서는 'ᄒᆞ/하-'와 결합한 형태가 주로 나타남.

(5) '-이-'계 서술어: 『시일야방성대곡』류의 국한문에서 주로 나타나고 드물게 『서유견문』류 국한문에도 나타남.

국한문의 유형을 살피는 데에 고려해야 할 요소는 더욱 많이 있지만, 일단은 [1]과 같은 양상에 주목하고 [2]와 같은 준거를 활용하면 어느 정도는 객관성을 갖추고 국한문의 문체적 유형을 판별하는 데에 도움을 받을 수 있으리라 기대된다.[17] 이에 이 글에서는 이 방법을 일부 활용하여 『유몽천자』의 국한문을 기본적으로 분석하여 보고, 다른 요인들을 추가적으로 고려하여 『유몽천자』 각 권에 쓰인 국한문의 유

③ 한문 문법의 간섭이 구문상으로는 해소되지만 어휘상으로 여전히 남아 있는 유형: 『서유견문』류

④ ③과 유사하지만 漢文句 용언에 해당하는 것들이 보이지 않고 고유어 또는 한글로 표기된 한자어가 쓰인 유형: 『국민소학독본』류

17 이러한 분석을 하는 데에 중요한 것은 한문에서 국문으로 전환하는 과정에 여러 단계가 있을 수 있다는 것을 고려하여 문체를 살피는 것이다. 이와 관련해서 김주필의 연구에서는 한문에서 국한문으로 전환하는 세 단계를 다음과 같이 제시한 바 있다. 김주필, 「대한제국 시기 국한문의 형성과 기원-언해와 관련하여」, 『반교어문연구』 38, 반교어문학회, 2014, 139-140면.
① 제1 단계: 한문 구절에서 문장 성분이 될 수 있는 적절한 단위의 실사로 분단.
② 제2 단계: 분단된 실사들을 우리말 문장 성분의 배열 순서에 따라서 재배치.
③ 제3 단계: 문장에서 분리된 실사의 기능을 고려하여 접미사, 조사, 어미 등을 결합해서 문장 만들기.

형을 살펴보도록 하겠다.

다만 『유몽천자』가 여러 등급의 국한문의 학습을 통하여 최종적으로는 한문으로만 된 텍스트를 공부하도록 한 것이라는 점을 고려할 때 「권 1」→「권 2」→「권 3」을 통하여 국한문의 학습을 통하여 한문의 문법을 습득하고 이를 바탕으로 「권 4」를 읽도록 했음을 주목할 필요가 있다. 이런 점에서 국문의 질서에 따른 한문의 재배치(한문 해체) 관점보다는 한문의 구성 또는 조직을 어떻게 완성해 가느냐에 초점을 맞추어서 살펴보는 것이 이 교재의 특성에 걸맞은 이해가 될 것이다. 따라서 이 글에서는 이와 같은 관점에서 『유몽천자』의 문체적 특성을 살피도록 하겠다.


## 2. 표기, 사용 어휘의 종류와 국한문 유형과의 관련성

『유몽천자』는 국한문의 유형이 「권 1」, 「권 2」, 「권 3」에서 차이를 보이는데, 이들 각 권은 표기와 사용 어휘의 종류에서도 차이를 보인다. 이를 살펴보기 위하여 먼저 각 권의 일부를 제시하여 보면 다음과 같다.

[3] 「권 1」 제2과정 人種의略論

世界에人種다섯시잇스니「몽골」과「고게쉰」과「말내」와「아머리간」과「늬그로」라「몽골」은우리黃人種이니性稟이暴虐지아니하고氣質이淳朴하야士農工商의業을배홀만한者ㅣ니라其古代를議論컨대事業한거시만흐니可히文明에나아갓섯다할만한故로驕慢하야異邦사람을보면夷狄이라하난이도잇스며排外思想을품은者도업지아니한지라近來에各國과通涉한後로브터白

人이우리黃人을評論한데닐넛스대心志가懶弱하야進步하는데
無力하며忘佚되고虛誕한거슬일삼아龍과鬼神과陰陽과卜術과
밋夢事를밋는다하나니其道는儒佛仙三道더라

「고궤원」는白人種이니性質이强暴하고驍勇하야남을壓制하기
로爲主하고忍耐와感覺두가지마음으로써날마다더옥새로워가
기를願하고一般人民이學文과農工商에힘을써서各各會社를닐
리키나니一個人의利益과一國의利益을取하고權利를다토는人
種이니라……〈5〉

「아머리간」은赤銅色人種이니合衆國의土人이라얼골이맛치붉
은구리와彷彿하고쌤쎄가놉고눈에精神이나타나고코가크고頭
髮이곱슬곱슬하지아니하니라새털갓슬쓰고단니는者ㅣ니性稟
이사오나와兇讎를죽여其頭骨샙더기를쯰에차더라집을짓코居
處하지아니하며到處마다帳幕을치고지내며山으로가서사냥을
잘하고文學과商業과工業과農業과技藝의쯧시업나니『유롭』사
람이自己土地를占領한後로브터鬱憤함을견대지못하야一生慷
慨한마음을품고지내며아모職業도일삼지아니함으로其人種이
年年히減하야가나니라

「늭그로」는黑人種이니그검은거시漆色갓고上下입설이두텁고
頭髮이羊의털갓치곱슬곱슬하야길지아니하더라上古史記를보
면本是『아푸리가』人種으로서學術과技藝가업서文明에나아가
지못한者ㅣ니稟質이魯鈍하야蠢蠢愚眠인故로사람이稱하기를
天痴라하나니라中古브터남의奴隷가되엿다가只今은贖良하야
남의節制를밧지아니하고自由를엇은者ㅣ니라〈6〉

[4]「권2」제28과정 베수비어스 火山一

歐洲輿誌上에第一名山이有하니其名은『베수비어스』ㅣ라
千八百年前에『羅馬』皇帝「侍肄」가邦省을統轄하는時代에屆
하여此山의淑氣가千古에長하여沿海한一大都會를成하엿스니
揷天한雉堞은碧巘을連하여參差하고撲地한閭閻은翠岑하여櫛

枇하니 蕭蕭한 馬鳴과 戞戞한 車轍이 遊人의 耳目을 驚駭케하고 居
民의 産業을 贍饒케하여 他山으로 無異한지라 俊秀한 才子와 暴狠
한 者流가 其中에 雜處하니 此所謂 人傑은 地靈이오 綢繆한 葡萄
架와 欝蒼한 橄欖圃가 這間에 接隣하엿스니 方可謂 沃野는 天府
ㅣ로다 其時를 適當하여 人皆謂 極樂世界라 誰가 一朝에 火燄이 出
하여 地가 崩하고 産이 摧할줄을 意하엿스리요 然하나〈47〉

自昔으로 其上에 一大疑訝處가 有하니 淵然한 坎坷가 四面으로
隔碍함이 無하여 其廣이 二三十里오 其深이 數百尺이로대 蔓蔓한
荊棘은 中間에 叢生하고 濯濯한 走獸는 左右에 穴處하엿슨즉 如此
한 火燄의 念慮는 毫髮도 無하나 山下를 俯瞰하면 海邊으로 從하여
烟痕이 迷浮하고 磺臭가 不絶하여 甚似한 惡氣가 尙有하나 个意할
바ㅣ 全無한지라 是以로 居民들이 安堵樂業하더니 主降生 七十九
年에 至하여 「베수비어스」山下「네블스」港에『羅馬』水師提督이
有하니 名은 「블니늬」라 本來 賢哲함으로 多聞博識하여 博物學을
撰戢하는 者ㅣ라 其妹弟의 媤家가 此港에 住한 故로 提督이 其妹
家에 留하더라〈48〉

[5] 「권 3」 제3과정 『나일』江口水戰一

蓋此『나일』江은 古昔 一大戰塲이라 江之永矣不可方思나 灘之
淺矣不可泳思ㅣ로다 綠波ㅣ鳴咽에 似有遺恨ㅎ고 腥塵이 杳漠
에 難尋往跡이라 「아부기어」礮臺ㅣ 獨留遺墟ㅎ야 惑發人之懷
想이로다 粤在 一千七百七十八年八月一日之事는 敵國이 云何
오 天下莫强國之『佛蘭西』오 上將이 爲誰오 萬夫不當勇之「拿巴
倫」이라 水陸之間에 輻湊並進ㅎ야 陸軍이 連營ㅎ니 左右如翼이
오 水師行船ㅎ니 首尾聯環이라 北淺瀨西砲臺ㅎ니 一日得地形
이오 左衝突右翼擊ㅎ니 二日卒服習이니 所前無敵ㅎ야 莫敢誰
何ㅣ라 玆以大將이 自恃其强ㅎ고 報牒于『巴』京曰 敵將 「넬손」
이 自知寡不敵衆ㅎ고 望風奔潰ㅎ야 無敢牴牾者ㅣ라ㅎ더니 而
己夕陽荏苒之時에 泛彼鬪艦이 遙自海上而來라가 望見『佛』艦

이交錯於水面ᄒ고喜不自勝曰我自『地中海』中으로欲絆『佛』
艦ᄒ야追之未及者四旬餘矣러니豈意今者에送死自來리오
『英』將「넬손」이指揮舳艫ᄒ야近入『佛』艦所泊處ᄒ야遂下軍
令曰今宵에建旗交鋒ᄒ야挑戰決雌雄ᄒ리〈7〉
라ᄒ고不避險夷ᄒ니無非魚貫而進이오不顧身命ᄒ니盡是蟻
屯而行이라時自敵陣으로彈丸이如雨하고霜鋩이耀星ᄒ야折
我帆檣ᄒ며斷我纜索호ᄃᆡ雍容擧帆ᄒ고如入無人之境ᄒ야分
作二哨ᄒ야一入於『佛』艦所着之渚ᄒ며一泊於『佛』艦所對之
岸ᄒ고「넬손」이欲以自己所乘之船으로冒受來彈ᄒ고使麾下
諸船으로各從事於前ᄒ야直與『佛』艦最大者로交戰于中ᄒ야
有進無退ᄒ니雖被傷害나少無難色이러라〈8〉

위 인용문을 보면 알 수 있듯이 「권 1」, 「권 2」, 「권 3」 모두 국한
문으로 되어 있고 띄어쓰기가 되어 있지 않다. 얼핏 보더라도 「권 1」
보다는 「권 2」가, 「권 2」보다는 「권 3」이 국한문에서 한문의 비중이
높음을 알 수 있다. 각 권에서 한문으로 된 부분을 보면 「권 1」보다는
「권 2」가 길고, 「권 2」보다는 「권 3」이 길다. 이에 따라서 「권 2」, 「권
3」으로 갈수록 한문의 문법이 담당하는 역할이 커져서, 이곳에 실린
국한문을 잘 이해하기 위해서는 한자의 의미나 역할을 한문의 문법에
따라서 이해하는 것이 점점 중요해진다.

「권 1」에서 實辭로 쓰인 것들은 고유어와 한자어와 외래어이다.
이 중 한자어는 한자로 표기되어 있으며, 고유어와 외래어는 한글로
표기되어 있다. 그리고 한글로 표기된 외래어를 고유어와 구별하기 위
하여 '몽골」', '고게쉰」', '말내」', '아머리간」', '늬그로」'와 같이 오
른쪽에 옆줄을 하나를 그어 놓거나, '『유롭』', '『아푸리가』'와 같이 오른

쪽에 옆줄을 둘을 그어 놓았다.[18] 한자로 표기된 한자어는 '業', '者', '其', '減', '稱'과 같이 1음절어부터, '世界', '人種', '性稟', '暴虐', '氣質', '淳朴', '古代', '議論', '事業', '會社', '利益', '權利', '彷彿', '贖良', '自由'와 같이 2음절어, '黃人種', '赤銅色', '合衆國'과 같이 3음절어, '士農工商', '排外思想', '蠢蠢愚氓'과 같이 4음절어에 이르기까지 다양하다. 수적으로는 2음절어에 해당하는 것이 가장 많다. 이들은 이 과의 첫 부분에 제시된 과별 자전에서는 모두 단어로 제시를 해 놓고 있다. 이 중 용언에 해당하는 것들은 과별 자전과는 달리 본문에서는 '減하', '稱하', '暴虐지', '議論컨대', '事業하', '彷彿하', '贖良하'와 같이 쓰인다. 따라서 실제 문맥의 내용에 맞게 변형되어 쓰였다. 그리고 이 중에는 '排外思想', '蠢蠢愚氓'과 같이 한문의 문법을 알아야 할 필요성이 있는 것들도 포함되어 있다.

　　다른 과를 보면 '自兒時〈7〉', '言必稱堯舜〈7〉', '無邊大洋〈20〉', '無論何物〈26〉', '大驚失色〈26〉', '東馳西走〈27〉', '於千萬事〈30〉', '千古不易之典〈34〉'와 같이 훨씬 더 한문의 문법을 알아야 하는 것들을 과별 자전에서 한자어로서 제시를 하고 있다. 그리고 '砲放鍊習〈39〉'에서와 같이 한문의 어순에 따른 '放砲' 대신에 국어의 어순에 따른 '砲放'을 쓴 예가 섞여 있기도 하다. 이런 조치는 한문의 문법을 알아야 할 표현을 1음절 내지 2음절 한자어와 같은 자격을 갖게 하여, 「권 1」의 국한문 속에서 하나의 단어로서의 역할을 하게 하는 것이라고 이해할 수 있다. 따라서 한문의 문법에 따라서 이해를 한다면 句와 같은 지위를 갖는 것이 되지만, 「권 1」의 국한문 속에서는 다른 실사와 동일한 단어

---

18　필자가 조사해 본 바에 따르면 대체로 한 줄을 그어 놓은 것들은 人名, 人種名, 民族名, 事物名 등에 해당하는 것들이고, 두 줄을 그어 놓은 것들은 地名, 國名, 山名, 海名 등에 해당하는 것들이다. 이곳에서는 한 줄을 그은 것에는 「」 표시를 하고, 두 줄을 그은 것에는 『』 표시를 하여 나타내도록 한다.

의 역할을 하게 된다.[19]

이와 같이 한문의 문법을 따른 구가 섞여 있는 과별 자전 속의 한문을 익히고 사용함으로써 독자는 부분적으로 한문의 문법을 습득할 수 있게 된다. 이것은 「권 2」와 「권 3」과 같이 한문의 문법이 점점 강하게 지배하는 한문을 이해하고 구사할 수 있는 첫걸음을 떼는 것의 의미를 지닌다. 따라서 이와 같은 점진적인 한문의 습득 과정을 거치면서 여러 등급의 국한문을 이해하고 사용할 수 있는 지식을 『유몽천자』의 독자와 학습자들은 습득하고 길렀던 것으로 보인다.

「권 2」에서 실사로 쓰인 것들은 한자어와 외래어이다. 한자어는 모두 한자로 표기되어 있고 외래어는 한자로 표기된 것과 고유어로 표기된 것이 혼재한다. 반면 고유어는 조사, 어미, 접사와 '줄', '바'와 같은 의존 명사에 그친다. 외래어는 '『베수비어스』', '「네블스」', '「블니늬」'와 같이 한글로 음역한 것들과 '『羅馬』', '「侍肆」'와 같이 한자로 음역한 것들이 섞여 있다. 그리고 '「번이스」海戰⟨15⟩', '「집으럴러」海峽 ⟨15⟩', '「보주갈」海上⟨16⟩', '「이스반니야」港⟨22⟩', '「게네리」島⟨23⟩', '「규바」島⟨28⟩', '「베로스」浦⟨29⟩', '「베수비어스」山下「네블스」港

---

19  이와 관련하여 참고되는 것이 池錫永의 『言文』(1909)이다. 이곳의 序文에서는 "어시호(於是乎) 한˚문(漢文)에 젼력(專力)하든 ᄉ샹(思想)을 국문(國文)과 샹반(相半)하야 국˚한문교작법(國漢文交作法)이 시˚힝(施行)되야 각죵(各種) 학문(學文)을 순젼(純全)이 국한˚문(國漢文)으로 번역(繙譯)하야 한˚ᄌ(漢字)를 약간(若干)만 통(通)하면 능(能)히 젼편(全篇) 문의(文義)를 히˚득(解得)하니 실(實)노 교휵샹(敎育上) 뎨˚일(第一) 편이(便易)한 방법(方法)이로다"와 같이 국한문으로의 번역과 국한문의 교육적인 효용성에 관해서 언급되어 있다. 이런 국한문의 효과적 사용을 위해서 이 책의 上篇에서는 19,000여 개의 어휘를 제시하고 있는데, 제시된 어휘는 2음절어~8음절어에 해당하는 것들이다. 이들 가운데에는 한문의 문법을 알아야 하는 것들이 다수 포함되어 있는데, 그 정도는 음절의 개수가 늘수록 더욱 강해진다. 이처럼 어휘 목록을 『언문』에서 제시한 것은 국한문의 효과적인 이해와 사용을 위해서는 이 같은 어휘 목록을 알고 있는 것이 좋다고 판단했기 때문이다. 이와 관련해서는 이준환, 「池錫永《言文》의 표기, 음운, 어휘의 양상」, 『국어학』 65, 국어학회, 2012, 281-317면을 참고하기 바란다.

〈48〉' 등과 같이 한글 음역어와 한자어가 혼합되어 쓰이는 것들이 보인다. 따라서 「권 2」는 「권 1」과 비교하여 볼 때 고유어의 역할이 눈에 띄게 감소한 국한문의 모습을 보여 준다.

　　이곳을 보면 '邦省', '碧巘', '撲地하', '馬鳴'과 같이 하나의 어휘가 되었다고는 보기 어려운 한자어와 '自昔으로', '如此한', '多聞博識하여'와 같이 한문의 문법에 따라서 이해를 해야 하는 한자어가 포함되어 있다. 이들에 대해 과별 자전에서는 '省 성, 삷힐', '碧 벽, 푸를', '巘 헌, 뫼쑌리', '昔 석, 녯'을 제시하고 있고, 이 책의 다른 부분에서는 '邦 방, 나라〈권 2:24〉', '박 撲 칠〈권 1:54〉', '지 地 짜〈권 1:60〉', '자 自 스스리 〈권 1:59〉' 등의 정보를 제시하고 있을 뿐이다. 즉 「권 1」과 같은 한자들의 결합으로 이루어진 한자어의 정보를 과별 자전에서 제시하고 있지는 않다. 따라서 독자는 한자와 한문에 대한 지식을 활용하여 이런 한자어들의 의미를 파악해야 하는 상황에 처하게 된다.

　　이와 관련하여 「권 1」과 「권 2」의 서문을 보면 다음과 같이 이 두 권의 차이에 관하여 참고할 만한 정보가 제시되어 있다(밑줄은 필자가 그음).

　　[6] 「권 1」의 서문
　　이 책은 태서 사람의 아해 교육 식히는 규례를 의방하야 지은 책이니 초학입덕지 문이라 대저 아해를 가르치는 법은 쉬운데서 브터 시작하야 슬긔로온 말노써 그 마음을 여러 밝히고 그 지식을 널녀 주는 거시 가장 요긴한 고로 몬저 행용하는 한문 글자 일천을 가지고 국문과 혼합 하야 한권 책을 저술하엿는데 무릇 이십오 과정이라 이밧긔 또 이삼사 권을 개간하야 대한 가온대 남녀 아해를 가르치는데 지극히 조흔 법을 삼으랴 하노라

　　[7] 「권 2」의 서문
　　제 이 권을 저술하여 성편이 되엿스니 이 권은 초권의 항용하는

속담으로 천자를 류취한것보다 조곰 어려움이 잇으나 이 도 쏘
한 항용하는 문리로 초권에 업는 새 글자 천자를 더 류취하엿스
니 심히 어려온 바는 아니오 다만 어린 아해를 가르치는 법의 계
제를 좃차 점점 놉흔 등급에 오르는 차서를 일치 안케 함이로라

「권 1」의 서문을 보면 행용하는 한문 글자 일천을 가지고서 국한
문으로 「권 1」을 저술하였음이 드러나는데, 「권 2」의 서문을 보면 「권
1」에서 고른 한자어는 항용하는 속담에서 종류별로 뽑았음을 알 수
있다. 항용하는 속담은 실제 언어생활에서 쓰이는 고정된 어휘 또는
표현을 이르는 말로 이해할 수 있다. 이에 반해서 「권 2」에서 「권 1」보
다는 난도가 높은 것이나 항용하는 문리에 기대어 이해할 수 있는 성
격을 지닌다. 이곳에서의 항용하는 문리란 '輿 여, 수레', '侍 시, 모실',
'肆 사, 펼', '省 성, 삷힐', '屆 계, 밋츨', '淑 숙, 맑을', '沿 연, 좃칠', '揷 삽,
쏘질', '雉 치, 꿩', '堞 첩, 성첩' 등과 같은 한자의 음과 뜻에 관한 정보
를 활용하여 한문의 뜻과 기능을 미루어 짐작할 수 있는 능력으로 이
해된다. 따라서 「권 1」과 비교할 때 「권 2」는 한문의 결합을 분석적으
로 이해할 수 있는 능력이 필요하고 이를 갖추기 위해서는 한자에 관
한 지식과 한문의 질서를 알아야 한다는 점에서 학습의 난도가 높아
졌다고 하겠다. 이에 대해서는 앞의 제1장에서 한자의 난도를 다루면
서 언급한 바 있기도 하다.

「권 3」에서 실사로 쓰인 것들은 한자어와 외래어이다. 이곳에서
고유어는 「권 2」와 마찬가지로 조사, 어미, 접사와 '바', '줄'과 같은 의존
명사에 한한다. 외래어는 『나일』, 「아부기어」, 「넬손」과 같이 한글로
음역한 것들과, 『佛蘭西』, 「拿巴倫」, 『巴』, 『英』과 같이 한자로 음역
한 것과 『地中海』와 같이 'Mediterranean Sea'를 한자로 의역한 것이 섞
여 있다. 한자로 음역한 것 가운데에는 '巴'와 같이 '巴里', '英'과 같이 '英

吉利'의 첫 글자만을 절단하여 제시한 예들이 포함되어 있다. 고유어와 한글로 음역한 외래어를 제외하고는 모두 한자로 표기되어 있다.

한문의 비중이 높아진 것에 따라서 「권 3」에서는 "蓋此『나일』江은", "報牒于『巴』京曰敵將「넬손」이", "「아부기어」礮臺丨獨留遺墟ᄒ야", "『英』將「넬손」이指揮舳艫ᄒ야近入『佛』艦所泊處ᄒ야" 등과 같이 국한문이 혼합된 이른바 혼종 한문이라고 부를 만한 것이 등장하기도 한다. 즉 '나일', '넬손', '아부기어'와 같은 한글 음역어는 한문 속에서 한자어 실사와 같은 역할을 하는 것이다.

이런 「권 3」의 편찬과 관련해서는 「권 3」의 서문에는 다음과 같은 기술이 되어 있다.

[8] 「권 3」의 서문

夫牖蒙之文 欲使童蒙易牖其意而作也 故上卷以耳目之所見所聞 撮其人物之緊要記其名以漢字 解其用以國文 中卷以心性之良知良能踐其才智之淺近並用國漢二文而相爲體用 下卷以自近及遠 自卑登高之階級 純用漢字譯謄西史編成一帙 每卷漢字統計三千 若以三千牖明童蒙日用事物 庶可通情則其於敎育上應不無萬一助云爾 [필자 번역: 무릇 유몽의 글은 아동으로 하여금 쉽게 그 뜻을 깨우치고 행동하도록 하는 것이다. 고로 상권에서는 귀와 눈으로 보고 들은 바에 따라서 그 사람과 사물의 긴요함을 취하고 그 이름을 한자로써 적고 그 쓰임을 국문으로써 풀었다. 중권에서는 심성이 선험적으로 사물을 알고 행할 수 있는 마음의 작용(良知良能)으로써 그 재주와 지혜의 얕음(淺近)을 실천하고 國漢 두 개의 글(文)을 병용하여 서로 체용(사물의 본체와 작용)이 되도록 하였다. 하권에서는 가까운 곳에서 먼 곳에 이르고 낮은 곳에서 높은 곳으로 올라가는 계급으로, 오로지 한자만을 사용하여 서양의 역사를 한 권으로 편성하였다. 매권 한자의

통계는 삼천 자이다. 만약 삼천으로 아동을 일용사물을 깨우치고 밝힐 수 있다면 바라건대 가히 뜻이 통하여 교육상에서 만의 하나라도 도움이 없지는 않을 것이라고 말할 따름이다.]

이 서문의 내용을 통해서 알 수 있듯이 「권 3」은 한문을 중심으로 하여 교재를 편성한 것임이 분명히 드러난다. 이를 참고한다면 한글로 음역한 외래어라고 하더라도 그 지위는 한자와 같은 것으로 인식했던 것으로 보인다. 따라서 겉으로는 비록 한글로 적혀 있다고 하더라도 편찬자의 의식 속에서는 국문이기보다는 한문처럼 인식된 것이라는 점에서 주의를 기울일 필요가 있지 않나 싶다.

## 3. 한문 문법의 반영 정도를 통해 살펴본 국한문의 유형

### 1) 한문 전치사, 접속사, 감탄사, 부사의 사용 실태

그러면 『유몽천자』「권 1」, 「권 2」, 「권 3」의 한문이 어떤 성격을 지니고 있는지를 살펴보도록 하겠다. 먼저 한문의 전치사, 접속사, 감탄사, 부사가 각 권에서 어떻게 쓰이고 있는지를 살펴보아 각 권의 국한문에 투영된 한문 문법의 반영 정도를 가늠하여 보겠다. 이를 위하여 '以', '於', '然', '于', '況', '又', '但', '雖'를 포함하거나 이에 해당하는 구문이 각 권에서 어떻게 쓰이고 있는지를 가지고서 한문 문법의 반영 정도와 국문의 질서에 따른 한문의 재배치 정도를 살펴보도록 하겠다. 이때 비교 기준으로는 『서유견문』(1895)를 삼도록 한다.

[9] 以

 (1) 「권 1」: 없음.

 (2) 「권 2」: 以來로브터〈4〉, 以後로〈15〉, 以賽亞曰〈20〉, 一
　　言以蔽之하고〈21〉, 으로〈4, 6, 8 등〉, 으로써〈4, 5, 14, 18,
　　21, 25, 41, 44〉

 (3) 「권 3」: 以牛毛苛政으로〈3〉, 以衛生之藥으로〈4〉, 各自
　　以肥己之心으로〈5〉, 復來言曰以予不佞으로〈5〉, 以待政
　　府命令이〈5〉, 難以口舌노〈5〉, 偕伴以歸ᄒ리라〈5〉, 以
　　不復解服之議로〈6〉, 拂袂而起曰但以我等之會議로〈6〉,
　　玆以大將이〈7〉, 欲以自己所乘之船으로〈8〉, 因以待朝ᄒ
　　야〈9〉, 難以復振이라〈9〉, 亦以鳩舌要我若千錢曰將爲從
　　傍助力이라ᄒ더〈11〉 등

 ※ 『서유견문』: 是以로〈서3, 36회〉, 一身을自由ᄒ야以自守
　　홈은〈110, 6회〉, 人智로以ᄒ야〈47회〉, 其以然ᄒ緣由ᄂ
　　〈197〉, 萬若政府의處實로不以ᄒ면〈140, 5회〉, 政府가威
　　令으로不以ᄒ고〈202〉, 公心으로不以ᄒ고〈279〉, 力으로
　　不以ᄒ면〈306〉, 此道로不以ᄒ면〈359〉, 其所以然ᄒ理致
　　며〈235〉, 各其所以然ᄒ緣由룰〈289〉


[10] 於

 (1) 「권 1」: 於千萬事에〈31〉 ※甚至於〈33〉

 (2) 「권 2」: 없음.

 (3) 「권 3」: 不使擅便於務遷隣邦ᄒ니〈3〉, 然而至於國會ᄒ
　　야ᄂ〈4〉, 到泊於『亞美利加』則收稅倍蓰ᄒ야〈4〉, 緊於衛
　　生이어눌〈4〉, 皆入於『쎄스튼』『紐浴』『빌나델비아』港ᄒ
　　야〈4〉, 紹价於茶主反船長ᄒ야〈5〉, 來泊於先着之船邊ᄒ
　　고〈5〉, 實基於此也러라〈6〉, 交錯於水面ᄒ고〈7〉, 一入
　　於『佛』艦所着之渚ᄒ며〈8〉, 各從事於前ᄒ야〈8〉, 火延於
　　彈藥裝載之船ᄒ야〈9〉 등

※『서유견문』: 없음.

[11] 然

(1) 「권 1」: 그러나〈5, 11, 17, 19, 22, 28, 39, 41, 43〉

(2) 「권 2」: 然하나〈4, 10, 12, 16, 19, 33, 34, 35, 37, 40, 42, 45, 47〉, 然하오나〈39〉

(3) 「권 3」: 然而至於國會ᄒ야ᄂ〈4〉, 然而彼此無懼ᄒ야〈9〉, 然而頗有天文學士注意之處ᄒ니〈12〉, 然이나〈23〉, 然而亦病於博施ᄒ야〈23〉, 然而受制於庸夫手下ᄒ고〈24〉, 然而你若去後에〈27〉, 然而水高半尺ᄒ야〈31〉 등

※『서유견문』: 然則紅毛碧眼의才藝見識이〈서1〉, 亦易ᄒ나然ᄒ나〈5〉, 然ᄒ故로〈85〉, 罪를責홀디니然則奈何오〈97〉, 然則受貢國君主가贈貢國君主에게同等이禮를不許홈이〈98〉, 其知ᄒᄂ者ᄂ敎홈을由ᄒ야以然홈이라〈100〉, 不學無術ᄒ者ᄂ不然ᄒ야〈103〉, 然則貧窮無知ᄒ者의子弟를敎育ᄒᄂ事務ᄂ〈103〉, 然ᄒ故로〈104〉, 然則地位도其當然ᄒ〈114〉, 生世人의自由를潤色홈이니然ᄒ則〈118〉, 其人이伸辨ᄒ기亦不能ᄒ니然ᄒ故로〈127〉, 然則人民이各其自己權利의貴重홈을〈129〉 등


[12] 于

(1) 「권 1」: 없음.

(2) 「권 2」: 없음.

(3) 「권 3」: 齊會于本港議院ᄒ야〈6〉, 報牒于『巴』京曰敵將「넬손」이〈7〉, 交戰于中ᄒ야〈8〉, 徹于碧穹이어늘〈9〉, 至于『나일』江上ᄒ니〈11〉, 轉到于大『비라밋』所在ᄒ니〈11〉 등

※『서유견문』: 없음.

[13] 況

  (1) 「권 1」: 없음.

  (2) 「권 2」: 又況不幸함으로〈17〉, 況且提督이困憊ᄒᆞ여〈50〉

  (3) 「권 3」: 不能忍之而況復不嗜飮者乎아〈15〉, 況復專制之
    國이〈48〉

  ※『서유견문』: 況其臣民의無禮홈을誰人이曰可ᄒᆞ다ᄒᆞ리오
    〈98〉, 況教育은人의心을導ᄒᆞ며〈105〉, 況人이라稱ᄒᆞᄂᆞᆫ
    者가知覺이不足ᄒᆞ다謂ᄒᆞᆫ둘〈136〉, 況一國의大홈이리오
    〈198〉, 況幼穉의柔軟ᄒᆞᆫ臟腑가能히過ᄒᆞᆫ飮食을抵當ᄒᆞ며
    〈316〉, 況幼穉의軟弱ᄒᆞᆫ肌膚리오〈317〉, 況幼少時로實地
    의訓誨를不被ᄒᆞᆫ者야其長成ᄒᆞᆫ後에善男善女되기를冀待
    ᄒᆞᆫ둘可得홀가〈322〉, 況妻子의累리오〈387〉


[14] 又

  (1) 「권 1」: 없음.

  (2) 「권 2」: 又況不幸함으로〈17〉, 又問曰〈19, 44〉, 又曰〈24,
    45〉, 又言曰〈45〉, ᄯᅩ〈2, 6, 10, 11, 25, 30, 31, 34, 35〉, ᄯᅩ
    한〈12, 13, 18, 26, 30, 32, 35, 37, 41, 42, 43, 46, 49〉

  (3) 「권 3」: 夜又魍魎이羣居于中ᄒᆞ니〈12〉, 又學長揖之禮ᄒᆞ
    야〈13〉, 又於國內에設爲學校ᄒᆞ야〈23〉, 又於數月前에
    向某告計ㅣ러니〈26〉, 又問曰〈27〉, 視苔痕又聽葉ᄒᆞ야
    〈35〉, 又履虎尾則此何人斯오〈36〉, 又書于「ᄲᅮ루더쓰」之
    先祖石像曰望爾復生于今世라〈46〉, 又勝於聖彼得이라
    ᄒᆞ니〈62〉, 又呪大臣三人이〈64〉

  ※『서유견문』: 又古今의書에披考ᄒᆞᄂᆞᆫ者를〈서4〉, 又此洲의
    東南에占流ᄒᆞᄂᆞᆫ江河인則〈56〉, 又謁那斯哥地의裕昆江과
    〈57〉, 又其一은曰〈58〉, 又此洲의枯原이라ᄒᆞᄂᆞᆫ處니〈58〉,
    君主ᄂᆞᆫ又受貢國의君主와同等의禮를行ᄒᆞᆫ則〈98〉, 又或帝

王도暴政을行ᄒ야〈131〉, 又或不幸ᄒ運命으로天生或中年의病身되야〈157〉 등

[15] 但

(1) 「권 1」: 없음.

(2) 「권 2」: 없음. ※非但〈18〉, 다만〈16〉

(3) 「권 3」: 但准許其輸入『英』國ᄒ니〈3〉, 拂袂而起曰但以我等之會議로〈6〉, 但專力於漁獵ᄒ야〈34〉, 但以銃頭로〈37〉, 但抱貪財之心ᄒ고〈42〉, 終乃妥決以但弒「시사」ᄒ고〈47〉, 但誦「길벗째못」이러이다ᄒ고〈57〉

※ 『서유견문』: 但字彙의繹字를從ᄒ故로〈비고 4〉, 但其內外關係의眞的ᄒ形像을依據ᄒ야〈85〉, 但其自有ᄒ權利를保守ᄒ기에〈91〉, 但自己의便利를是營ᄒ며〈106〉, 但法律의本旨ᄂ人의行爲動止를糾正ᄒᄂ者인則〈110〉, 但其一을知ᄒ고〈114〉, 但法官의私意로〈120〉, 但貴賤의別은公務의施行을爲ᄒ야〈153〉 등

[16] 雖

(1) 「권 1」: 없음.

(2) 「권 2」: 避禍한者도雖多하나〈51〉, 비록〈8〉

(3) 「권 3」: 雖被傷害나〈8〉, 外貌ᄂ雖佳나〈13〉, 是人本心도雖欲與人膠漆其情이나〈13〉, 暫徘徊于通衢之上而習得則雖曰效嚬이나〈19〉, 雖以指環으로〈21〉, 王이雖崩於九百一年而至今尙稱大알부렛이러라〈23〉, 其庸人之爲人也ㅣ雖曰善飮이나〈24〉, 「진헌」이雖而溫柔手段으로〈27〉, 雖溺이나不能援之以手ᄒ니〈32〉, 雖或搖櫓運動ᄒ야〈32〉, 此女ㅣ雖得如此名譽之大나〈32〉, 驍勇은雖曰行二三百里나〈34〉, 哀樂은雖曰當大小間事ㅣ나〈34〉, 雖以少小食料及南草로도〈34〉 등

※『서유견문』: 雖其實據눈 未罄ᄒ나〈서 2〉, 今夫是書가雖
拙ᄒ나〈서 5〉, 峰은雖少ᄒ나〈33〉, 東西는雖異ᄒ나〈47〉,
天生物이雖少ᄒ여도〈84〉, 物産이雖多ᄒ여도〈84〉, 弱小
國이雖其獨立을保守ᄒ기와〈91〉, 雖本心에不合ᄒ야도
〈92〉, 一國의體制롤立ᄒ者가雖弱小ᄒ야도〈93〉,政府의
二三官吏가雖其心力을費ᄒ야〈99〉 등

이를 보면 「권 1」에서는 '以', '然', '于', '況', '又', '但', '雖'가 한문에
서와 같은 문법적인 역할을 하는 요소로 쓰인 예가 보이지 않는다. '然'
의 경우는 접속사로 쓰인 예는 보이지 않고, 이에 해당하는 역할은 고
유어 접속 부사 '그러나'가 하고 있다. '於'의 경우 '於千萬事에'와 같이
전치사의 용법을 보이는 예가 있기는 하지만 이 경우도 '모든 일'을 뜻
하는 말로 어휘화된 것으로 볼 수 있는 것이다.[20] 따라서 '甚至於'와 같
은 성격을 지닌 것으로 보아도 문제가 없다. 이런 점으로 판단하건대
「권 1」에서 한문의 전치사, 접속사, 감탄사, 부사가 본래적 기능을 수
행하는 예는 없는 것으로 보인다. 그러므로 「권 1」은 국문의 질서가
지배하고 있는 국한문의 유형에 해당하는 것이라 할 수 있다.

「권 2」에서는 '以', '況', '又', '雖'에서 한문의 문법에 따라서 쓰인
예가 보인다. '況'과 '又'와 '雖'는 한문의 문법적 특징을 잘 반영하고 있
지만 그 수가 한 예 또는 두서넛 예에 그치지 않아 전체 텍스트를 고려
할 때 미약한 사용을 보인다고 하겠다. '以'의 경우는 '以賽亞曰'과 '一
言以蔽之하고'의 경우에는 한문의 문법이 살아 있으나 이 중 '一言以蔽
之'는 어휘화된 것으로 볼 수 있다는 점에서 성격을 달리할 수도 있다.
그리고 '以來로브터', '以後로'의 경우는 이미 '以來'와 '以後'가 이전 시

---

20  『표준국어대사전』에는 이 말이 표제어로 올라 있어 어휘적 특성을 보여 준다.

기의 국어사 문헌에서 어휘로 쓰인 예가 보이기도 하고, '로브터', '로' 등과 같이 사용된 국어의 조사를 통하여 국한문 속에서의 문법적인 기능을 드러내고 있다고 볼 수 있다는 점에서 한문의 문법이 살아 있는 예라고 하기가 어렵다. '然'은 '然하나', '然하오나'와 같이 '-하-'와의 결합을 통해서 나타날 뿐, 직접 뒤에 다른 한문 구를 거느리는 예들을 보이지 않는다. '但'의 경우는 '非但'과 같이 다른 한자와 결합하여 어휘화된 예만을 보여 준다. 반면에 '以'는 '으로', '으로써'로, '又'는 '또', '또한'으로, '但'은 '다만'으로, '雖'는 '비록'으로 나타나는 예들이 관찰된다. 이는 「권 2」가 한문의 질서를 그대로 반영한 것도 있지만 국문의 질서에 따른 한문의 재배치를 반영한 것도 있음을 보여 주는 것으로, 이런 점에서 혼종적인 성격을 지니고 있었음을 보여 준다고 하겠다.

　　이런 『유몽천자』 「권 2」와는 달리 『서유견문』을 보면 참고 표시(※)를 한 부분에서 제시한 바와 같이 '以', '況', '又', '雖'는 한문 본래적 용법으로 쓰인 것이 널리 관찰된다. 그리고 '然하나'나 '然하오나'로 나오는 '然'과 '非但'에서만 보이는 '但'과 대조적으로 『서유견문』에서는 여전히 한문에서의 용법대로 쓰인 것들이 두루 관찰된다. 그렇지만 『서유견문』에서도 '於', '于'에 해당하는 한자의 용법이 보이지 않는데, 이는 『유몽천자』 「권 2」에서 용례를 찾아볼 수 없는 것과 공통된 면이다. 이와 같은 양상이 나타난 것은 이들 한자가 다른 한자와 비교할 때 허사적 용법이 강했던 탓에 상대적으로 일찍부터 '-에', '-에서/에셔', '-브터', '-짜지'로 대치되어 쓰인 결과가 아닌가 생각된다. 실제로 『유몽천자』 「권 2」를 보면 [17]과 같은 '-에', '-에서', '-브터', '-짜지'의 사용을 널리 볼 수 있는데, 이런 양상은 [18]에서 볼 수 있듯이 『서유견문』에서도 마찬가지이다.

[17] 『유몽천자』「권 2」의 '-에', '-에서', '-브터', '-짜지'의 사용

  (1) -에: 余가『가이로』에在할時에〈2〉, 早朝에起하여洗漱하
      고〈2〉, 兩邊에 霧가 繞한 處는 姑舍 勿論하고〈4〉, 橋底
      에陷落하는者ㅣ衆하니〈5〉 등

  (2) -에서: 其水의源이비로소霧中에서出하여〈4〉, 或者는橋
      上에서困步하다가〈6〉, 川口間에서回程하여〈8〉 등

  (3) -브터: 其中에屬한光陰은剏世以來로브터末局에至하도
      록〈4〉, 其家로브터歸할새〈8〉, 瞥眼間에東으로브터西에
      짜지美妙한虹霓가半空에互繞하여〈13〉

  (4) -짜지: 家眷과朋友가踪迹을尋할것짜지思量하엿섯노라
      〈9〉, 『집으럴러』海峽짜지往하니라〈15〉, 自己往返하기짜
      지待하라하고〈28〉


[18] 『서유견문』의 '-에', '-에셔', '-브터', '-짜지'의 사용

  (1) -에: 虛空에點綴흔多少恒星이〈1〉, 太陽의大홈이地球에
      比ᄒ야一百二十萬倍나然이나〈2〉, 天下各處에散在흔者
      가無數호디〈10〉 등

  (2) -에셔: 太陽의物質은地球에셔三十萬倍가加홀ᄯ름이니
      〈2〉, 地面에近흔者가空中에在흔者에셔稠密ᄒ고重濁ᄒ
      니〈8〉, 奢侈ᄒᄂᆫ者의弊에셔幾倍로滋甚홀디라〈158〉 등

  (3) -브터: 海底로브터山頂에至호디〈11〉, 大西洋은北極海
      의南盡處로브터南極海의北盡處에至ᄒ니〈42〉, 各司의
      官府로브터國家롤備ᄒ기爲ᄒ야〈218〉 등

  (4) -짜지: 日本의風俗은三十年前짜지도平民이馬롤乘ᄒᄂᆫ
      者가有흔則〈137〉, 本國의物産과地方의經緯度며幼穉의
      行實짜지至호디〈235〉, 其理致와始作흔者의姓名짜지大
      綱은通흔然後에야〈291〉 등


이와 같은 면을 종합적으로 검토하여 보면 「권 2」의 국한문은

『서유견문』의 국한문과 비교할 때 국문의 질서에 따른 한문의 재배치 정도가 좀 더 강하게 나타나는 모습을 보인다고 하겠다. 따라서 한문 전치사, 접속사, 감탄사, 부사의 사용에서 『유몽천자』의 「권 2」는 『서유견문』보다는 쉬운 등급의 한문을 국한문 속에서 배우도록 한 것으로 보인다.

「권 3」에서는 '以', '於', '然', '于', '況', '又', '但' 모두에서 한문의 문법적 질서에 따라서 사용된 예들이 두루 관찰된다. 이 중 '然'은 경우는 '然이나'와 같이 '然'이 한문 구를 직접 거느리지 않고 '이나'와 결합하여 쓰여 국문의 질서에 따른 한문의 재배치를 보인 예도 있다. 이는 「권 2」에서 볼 수 있는 '然하나'의 양상과 비슷한 것이라 하겠는데 '-ᄒ/하-'가 붙지 않고 '-이-'가 붙었다는 점에서 차이가 있다. 이런 양상을 제외하면 「권 3」은 '以', '於', '然', '于', '況', '又', '但'이 한문 구를 직접 거느리면서 사용되는 양상을 보여서 한문의 질서에 관한 지식을 터득해야 문맥을 온전하게 파악해 낼 수 있는 유형의 국한문이 구사되어 있다고 하겠다.

이를 통해서 볼 때 한문 전치사, 접속사, 감탄사, 부사의 사용은 「권 1」에서는 거의 보이지 않고, 「권 2」에서는 부분적으로 보이고, 「권 3」에서는 전면적으로 보이는 양상을 보임을 알 수 있다. 따라서 「권 1」에서 「권 2」, 「권 3」으로 갈수록 한문의 문법이 살아 있고 지배적으로 나타나는 양상을 보인다고 하겠다.

## 2) 관형 구성의 사용 실태

국한문에서 한문이 어느 정도 국문의 질서에 따라 재배치되었는지를 판단하는 준거로서 관형 구성에서 관형어의 역할을 하는 것이

국어의 관형 구성 방식을 따르고 있는지 한문의 관형 구성 방식을 따르고 있는지를 고려할 수 있다. 이는 한편으로는 얼마만큼 한문의 구성 방식을 따르는 것인지를 판단할 수 있는 척도가 된다고 하겠다. 이에 따라서 각 권의 관형 구성이 어떻게 나타나는지를 '者'를 포함하는 관형 구성을 추출하여 살펴보면 다음과 같다.

[19]「권 1」
業을배홀만한者ㅣ니라〈5〉, 排外思想을품은者도〈5〉, 暗殺하는者ㅣ니라〈5〉, 成功하는者ㅣ나〈5〉, 새털갓슬 쓰고단니는者ㅣ니〈6〉, 文明에나아가지못한者ㅣ니〈6〉, 慾心이잇는者ㅣ니라〈9〉, 지식잇는者가말하대 〈11〉, 山峽에處한者들은〈11〉, 懶惰한者를〈18〉, 水族中에큰 者는고래ㄴ데大者는長이洋尺으로〈19〉 등
※大者는〈19〉, 前者에〈31〉

[20]「권 2」
「머사」ㅣ라하는者의〈2〉, 見한者는〈2〉, 永遠無窮한者라〈4〉, 此橋를渡하는者가〈5〉, 光明한衣를被한者들이〈6〉, 大西洋外에出하는者ㅣ〈16〉, 王位에坐한者가〈17〉, 古者에〈20〉, 追者ㅣ가〈21〉, 異常히녁여聚한者〈27〉, 遊行하는大小球가日의人함과比較할者ㅣ無하니라〈25〉, 殊死戰하랴는者ㅣ오〈37〉 등
※ 牧者의〈2〉, 前者에〈2〉

[21]「권 3」
藥能殺人者ㅣ로다〈4〉, 無一携貳抗議者ㅣ러라〈4〉, 有一提議者ㅣ〈5〉, 妥決曰己把末秬之柄者ㅣ〈6〉, 追之未及者四旬餘矣러니〈7〉, 直與『佛』艦最大者로〈8〉, 可謂兵驕者ㅣ〈9〉, 不及於『印度』者ㅣ〈9〉, 如彼古世界皓髮

之遺存者ㅣ로다〈11〉, 此眞人所難測者也ㅣ로다〈11〉,
經年二十而所築者也則舊日『埃及』之盛은推此可見也
夫ㄴ뎌〈12〉, 有一心弱者ᄒ니〈13〉, 傍聽者ㅣ〈17〉, 招
「진헌」爲名者ᄒ야〈27〉, 追者中一漢은〈37〉, 傾者ᄂᆫ覆
之ᄒ고栽者ᄂᆫ培之ᄒ야〈37〉, 空手來叅者도〈40〉, 其中
에有一正直者ᄒ니〈45〉 등

「권 1」을 보면 '者'를 꾸미는 말은 모두 '-ㄴ/ㄹ, -은/는, -을'과 같은 국어의 관형사형 어미를 지니는 국한문 또는 국문이다. 일부 '大者', '前者'와 같은 예들이 있으나 이들은 각 과정의 과별 자전에 정보가 제시되어 있기도 하고, '前者'와 같은 것은 당시에도 이미 어휘화된 것이라 볼 수 있다는 점에서 구로 보기에는 어려운 존재들이다. 따라서 이런 예들을 제외한다면 「권 1」은 국문의 질서에 따라서 관형 구성이 이루어지는 방식을 취하고 있다고 하겠다.

「권 2」를 보면 '者'를 꾸미는 말은 대개 '-ㄴ/ㄹ, -은/는, -을' 등의 국어의 관형사형 어미를 지니는 국한문으로 되어 있다. 이와는 달리 '古者에', '追者ㅣ가'와 같이 '古'와 '追'가 바로 뒤에 오는 '者'를 꾸미는 것으로 보이는 예들이 있기는 하나 이들은 '古'와 '追'의 뜻을 알면 바로 그 의미를 어렵지 않게 파악할 수 있는 것이라는 점에서 난도가 낮은 한문 관형 구성이라고 하겠다. 그리고 '牧者의', '前者에'의 경우는 이미 어휘화된 것들을 쓰고 있는 것이라는 점에서 성격이 다르다. 따라서 「권 2」에서는 2음절 이상의 한문이 바로 '者'를 수식하는 경우는 없는 것으로 보여서 국문의 질서에 입각하여 관형 구성을 하였다고 하겠다.

「권 3」을 보면 '者'를 꾸미는 말은 모두 한문 구이다. 이에는 '追者中一漢은', '傾者ᄂᆫ覆之ᄒ고栽者ᄂᆫ培之ᄒ야'에서 보듯이 1음절 한자어가 수식을 하는 예들도 있으나 2음절 이상의 한문 구를 통하여 수식을 하는 경우가 일반적으로 나타난다. 따라서 「권 3」에서는 한문 구가 음절 수에 상관없이 '者'를 바로 수식하는 양상을 보여서 한문의 구성 방식에 따르는 한문 중심의 국한문임을 보여 준다.

이러한 「권 3」의 관형 구성은 [22]와 같이 『서유견문』의 밑줄 그은 부분에서 볼 수 있듯이 '者'를 포함하는 관형 구성뿐만 아니라 다른 명사를 포함하는 관형 구성이 국어의 관형 구성 방식을 따르는 것이 일반적이고, 『시일야방성대곡(是日也放聲大哭)』에서도 "侯는平日東洋三國의鼎族安寧을自擔周旋ᄒ던人이라", "我國獨立을鞏固히扶植할方略을勵告ᄒ리라ᄒ야"에서 보듯이 국어의 관형 구성 방식을 따르고 있는 경우가 많음을 고려할 때, 한문의 질서에 의해 지배되고 있음을 보여 준다고 하겠다.

[22] 『서유견문』의 관형 구성의 예(밑줄 그은 부분이 관형 구성에 해당)

## 積金實所

此所는小民의勞力ᄒ錢財를掌ᄒ야利上에利를加ᄒ야蓄財ᄒ는 方道를立ᄒ게홈이니相助契의專혀病者老者를爲ᄒ야設立ᄒ者 와有異ᄒ나小民의産業을爲ᄒ야는第一要法이라大槪小民의 勞力ᄒ는者가其雇錢의餘剩이或有ᄒ야도丁寧히任實ᄒ야取 利ᄒ거나又入用ᄒ는時에容易히取返홀處所가無ᄒ故로蓄財 ᄒ는方便이甚難ᄒ니諸他銀行處所가不無호디如此ᄒ處所는 千兩以下의財는不掌ᄒ則小民이如何ᄒ方術로如何ᄒ工役에 從ᄒ야一朝千兩의大財를獲ᄒ리오或日로集ᄒ며月로積ᄒ야其 數에欲及ᄒ는者가有ᄒ야도元來每日의些少ᄒ雇賃으로家間 의千百般事物을供ᄒ則其事實이甚難ᄒ야貯蓄ᄒ는事에決斷

혼意思눈到底ᄒ나力의不及홈으로望洋ᄒ눈歎을徒抱홈이니如
此혼緣由로以ᄒ야小民이不存ᄒ지라貯蓄ᄒ눈財物에生利ᄒ눈
道가無ᄒ고藏實ᄒ고겨ᄒ나堅固혼處所가不存ᄒ지라其望을大
失ᄒ야以爲호디我輩의生計눈今日이면今日이오明日이면明日
이라ᄒ야長久혼經綸이遂絶ᄒ느니其間에或不然혼者도有ᄒ야
千辛萬苦혼景像으로一錢捋取ᄒ야後日의念을留ᄒ야도貯蓄
ᄒ눈處所가不實ᄒ야盜賊에게見失ᄒ기도ᄒ며重利룰貪ᄒ야浮
浪혼悖人에게見欺ᄒ야累年의積苦혼工夫로一朝一夕에夢境
又치虛無ᄒ야告訴홀處도無혼者가不少ᄒ니如此혼屢條弊端
을防備ᄒ야小民의心을一新케ᄒ야前後룰思ᄒ고節儉ᄒ눈道理
로長久혼經綸을守ᄒ게ᄒ기눈政府의命令으로積金實所룰建ᄒ
야雖些少혼財物이라도丁寧히取息ᄒ눈道룰示홈이最好혼者라
〈166-167〉

## 3) ‘有’, ‘無’, ‘不’, ‘如’로 시작하는 한문의 사용 실태

국한문에서 ‘有’, ‘無’, ‘不’, ‘如’를 포함하거나 이에 해당하는 구문
이 한문의 문법적 질서와 어순에 따라서 쓰이는지 그러지 않고 국문
의 문법적 질서와 어순에 따라서 재배치되어 쓰이는지 아니면 국문
표현으로 바뀌어 쓰이는지는 국한문의 특성을 파악하는 데에 중요하
게 고려해야 할 요소이다. 각 권에서 이와 관련한 양상이 어떻게 나타
나는지를 살펴보도록 하겠다.

[23] 有
(1)「권 1」
① 有名한〈5〉, 有益하니〈15〉, 有名無實하니라〈16〉, 有形
物이라〈31〉, 有無相通하야〈33〉: 과별 자전에 한자어
로 제시

② 世界에人種다섯시잇스니〈5〉, 夷狄이라하난이도잇스
며〈5〉, 各其習慣의區別이잇나니라〈9〉, 慾心이잇는者
ㅣ니라〈9〉, 남의下人이되여도關係치안타는마음이잇
고〈9〉, 또天眞에挾詐가잇슴으로사람이다指目하나니
라〈9〉, 지식잇는者가말하대〈11〉, 太平洋南便섬에잇
는百姓들은〈11〉, 東西洋사람의頭髮이黑色과黃色과
赤色이잇는데〈13〉, 다自由之權이잇서〈13〉, 日本은아
직상토가잇고〈13〉, 그腦가充滿하고虛한分別이잇슴
으로〈13〉 등

(2) 「권 2」

① 此外에도完全한거시間或有之하니〈4〉, 또한王前에有
權力한者ㅣ라〈19〉, 煤炭이日用事物에有助함을一一히
枚擧하여記하니難하도다〈53〉, 時人의게有助한바〈55〉

② 「머사」ㅣ라하는者의現夢이라滋味가有하기로〈2〉, 數
踒相隔한地에一座磐石이有한대〈2〉, 山谷間에大水
가有하여漲流하나이다〈4〉, 中間에何如한거시有하뇨
〈4〉, 長橋가有하니이다하니〈4〉, 此橋는人의生命의關
係가有한지라〈4〉, 水가出하는處와入하는處에雲이有
하여〈5〉, 巨巖이有하여水中에立하엿는지라〈6〉, 波中
에一箇好好島가有하여〈6〉, 江右便으로通한川口가有
한대〈8〉, 或缺處가有하엿더면〈11〉, 生命이斷絶하는
대遲速이有할것과〈11〉, 地球에何關이有하뇨〈14〉, 甚
히奇特히녁여自己膝下에잇는姿色이有한芳年女兒로
써〈16〉, 傳說에西隅遠方에湯水로成한別樣海가有하
다함은信치아니하고〈16〉, 此는故鄉에나信聽하는者
ㅣ有할가함이라〈17〉, 甚似한惡氣가尙有하나个意할
바ㅣ全無한지라〈48〉

③ 自己 膝下에 잇는 姿色이 有한 芳年女兒로써〈16〉

(3) 「권 3」

① 有一大義擧ᄒ니〈3〉, 有殖民地十三租界ᄒ니〈3〉, 有
一提議者ㅣ從中忿然曰若人之害를業已多經이어늘
〈5〉, 自門外로有紅人惹鬧之聲이어늘〈6〉, 嗚咽에似
有遺恨ᄒ고〈7〉, 有進無退ᄒ니〈8〉, 只有從船數隻ᄒ
야欲逃禍綱이라가〈9〉, 尙有二百層ᄒ야高出天半이라
〈11〉, 亦未知其那裏有房이나然而頗有天文學士注意
之處ᄒ니〈12〉, 室有棺槨ᄒ고壁有墨痕ᄒ야無非前王
事蹟이러라〈12〉, 有一心弱者ᄒ니〈13〉 등

※『서유견문』

㉠ 子의國에變이有ᄒ다ᄒ거늘〈서 4〉, 公은有志ᄒᆫ君子라
〈서 5〉, 有時雲烟의變態異狀을點綴홈은〈서 5〉, 又諸
彗星이有ᄒ야〈1〉, 有時其熱氣가〈9〉, 此ᄂᆫ海島近邊에
往往有ᄒᆫ者라〈11〉, 溫泉은此種과有異ᄒ야〈12〉, 其中
立國ᄒᆫ者가亦有ᄒᆫ故로〈16〉, 各其占有ᄒᆫ最高峰을論
ᄒ건디〈22〉, 世界上의稀有ᄒᆫ名勝이라〈25〉, 火木이有
餘ᄒ며〈48〉, 諸水ᄂᆫ皆有名ᄒᆫ者니〈57〉, 又其一은曰有
口ᄒᆫ者니〈58〉, 人生의日用에有助ᄒ니〈59〉, 歐羅巴洲
에有湖ᄒᆫ地方이二處니〈60〉 등

㉡ 勢力잇ᄂᆫ者ᄂᆫ法을犯ᄒ야도罰이無ᄒ고〈150〉, 本來財
物잇ᄂᆫ者아니라〈156〉, 相助契ᄂᆫ猶且富商大賈며恒産
잇ᄂᆫ者의行홈인故로〈165〉, 其功效가잇지不大ᄒ리오
〈171〉, 規模잇게周旋홀디〈222〉, 智慧잇기를崇尙ᄒᄂᆫ
故로〈251〉 등

㉢ 火山을隨ᄒ야有異ᄒ지라〈10〉, 風景이秀麗ᄒ기로有
名ᄒᆫ者라〈34〉, 大槩其種이有二ᄒ야〈44〉, 其水가有五
ᄒ야〈44〉, 人生의有益ᄒᆫ關係가〈47〉, 火木이有餘ᄒ며
〈48〉, 此種江河의有無가姑且不明ᄒᆫ者라〈50〉, 其一은
曰有口ᄒᆫ者니〈58〉, 人生의日用에有助ᄒ니〈59〉 등

'有'는 「권 1」에서는 일부 예들을 제외하고는 한문 표현으로는 나타나지 않고 국문 표현인 '-이/가 잇-'의 구문으로 나타난다. 이와는 달리 '有名한', '有益하니'와 같이 '有X하-'로 한문의 문법과 어순을 지키는 예들이 있는데, 이들은 그 성격이 모두 어휘화된 것으로 볼 수 있는 것들이다.[21]

「권 2」에서는 「권 1」과 같은 '-이/가 잇-'의 구문으로 나타나는 경우는 '自己膝下에잇는姿色이有한芳年女兒로써〈16〉'의 한 예에 그치고, 대개의 경우는 '-이/가 有하-'의 구문으로 나타난다. 따라서 「권 1」과 비교할 때 '잇-'이 '有하-'로 바뀌었다는 차이점이 있다. 이 '-이/가 有하-' 구문은 한문을 해체하여 국문의 질서에 따라서 국문의 어순으로 재배열한 것으로 '有'를 명사처럼 사용하고 있는 특징을 보이는 것이다. 대체로는 이런 양상을 보이나 '間或有之하', '有權力하'에서 '有助하'에서 보듯이 '有'가 후행 요소를 거느리는 한문의 문법에 따르는 구성을 보이는 예들도 보인다.[22] 따라서 「권 2」의 '有'와 관련한 문체적 양상은 국문의 질서에 따른 것, 한문을 해체하여 국문의 질서에 따라서 재배열한 것, 한문의 질서에 따른 것 이렇게 세 가지가 섞여 있다고 할 수 있다.

「권 3」에서는 '有一大義擧ᄒ니'에서와 같이 모두 한문의 구성 방식과 어순에 따른 것들만 보인다. 이런 점에서 볼 때 '有'는 각 권에 따른 국한문의 양상이 뚜렷이 구별되는 양상을 보인다고 하겠다.

21 '有名', '有益', '有名無實', '有形物', '有無相通'은 모두 현대 국어에서도 쓰이는 말이며 『표준국어대사전』에 수록된 표제어이기도 하다.

22 그런데 이 중에서 '有權力하다', '有助하다'는 요즘에 일상적으로는 잘 쓰지는 않지만 『표준국어대사전』에는 표제어로 수록되어 있다. 이런 점을 고려하면 '間或有之하-'를 제외하고 나머지는 어휘로서 인식되었을 가능성을 배제할 수 없다.

　『西遊見聞』에서는 '有ㅎ-'의 구문으로 나타나는 것이 대세를 이룬다. 이에 해당하는 구문은 '有ㅎ-' 이외에도 '有호-', '有홈', '有혼'으로 나타나는데 이들에 해당하는 예는 모두 823개에 이른다. 다음으로 많이 나타나는 구문은 한문의 문법을 따른 '有X'의 구문인데, 이에 해당하는 것은 대략 340개에 이른다. 이에는 '有名', '有益', '有無'와 같이 어휘화된 것들이 다수 포함되어 있으므로 이를 감안하면 실제로는 이 구문에 속하는 것들은 줄어든다. 그렇지만 한문의 문법을 그대로 적용한 경우도 다수 있음을 알 수 있다. 다음으로 나타나는 구문은 '잇-'의 구문인데, 이에 해당하는 예는 모두 23개이다. 따라서 수적으로 볼 때 '有ㅎ-' 구문으로 나타나는 경우가 압도적이고, '有X', '잇-' 구문의 순으로 나타난다. 이와 같은 양상을 『유몽천자』와 비교하여 보면 『유몽천자』「권 2」가 『서유견문』과 가장 유사한 양상을 보인다고 하겠다.

　　[24] 無

　　　(1)「권 1」

　　　　① 無力하며〈5〉, 無論〈8〉, 無邊大洋에서〈21〉, 無論何物하고〈26〉, 無底坑과〈29〉, 無形物이오〈31〉, 無時로〈43〉: 과별 자전에 제시

　　　　② 排外思想을품은者도업지아니한지라〈5〉, 文學과商業과工業과農業과技藝의쯧시업나니〈6〉, 本是『아푸리가』人種으로서學術과技藝가업서〈6〉, 實狀업는學文을배호고遊食之民이太半이지나나니라〈9〉, 世上學文에도쯧이업고놉은地位에도안고저하지아니하야〈9〉, 百姓들은웃시업시벌거벗고단니니〈11〉, 一枚지게規正한거시업서〈13〉, 즘생이라하는거슨本是天然物이니覺魂의生命만잇고靈魂의生命이업는者ㅣ니라〈15〉 등

(2)「권 2」

① 水는 無量한 世界라하기로〈4〉, 你의 見한바 無量世界와
〈4〉, 剏世以來로브터 末局에 至하도록 永遠無窮한者라
〈4〉, 此橋를 渡하는者가 無限한대〈5〉, 生死가 頃刻에 在
하나니 無論誰某하고〈11〉, 小子가 疲困하고 飢渴이 莫
甚하여 束手無策이라〈18〉, 茫茫한 波濤中에 天光만 無
邊한지라〈23〉, 此邦은 精金과 寶石이 無盡藏할쑨더러
〈24〉, 無數한 男女老少가 羅立하여〈26〉, 無量世界에
居하여 無量福祿을 享할거시라〈46〉, 他山으로 無異한
지라〈47〉, 已畫하엿스나 漆夜와 無異한지라〈50〉, 此石
炭은 千萬古의 無限한 氣를 包含하여〈55〉

② 見한者는 無하다하더니〈2〉, 別노히 陷하는者ㅣ 無한지
라〈6〉, 我가 忌憚하는바ㅣ 無하여 放心하고〈8〉, 先後를
裁量할暇가 無하여〈9〉, 北極光에서 過하는者ㅣ 無하
나〈12〉, 動物의 生命이 無하고 火가 樹木에 燃치못하고
〈14〉, 酸氣가 無함으로 自然히 消滅하나니라〈14〉, 虛誕
한 說이 何代에 無하리오마는〈19〉, 軍威의 整肅함이 前
無後無하다할너라〈37〉, 如此한 火燄의 念慮는 毫髮도
無하나〈48〉, 惡氣가 尙有하나 个意할바ㅣ 全無한지라
〈48〉, 提督은 歸意가 頓無하여〈49〉 등

(3)「권 3」

① 內政을 無不幹涉ᄒ고〈3〉, 無非探囊取物이오〈3〉, 無
一携貳抗議者ㅣ러라〈4〉, 無能擅便還送이니〈5〉, 己無
可論이어니와〈5〉, 所前無敵ᄒ야〈7〉, 無敢牴牾者ㅣ라
〈7〉, 無非魚貫而進이오〈8〉, 有進無退ᄒ니〈8〉, 然而彼
此無懼ᄒ야〈9〉, 無人知其何意所築이오〈11-12〉, 無所
衆涉於社會上이러니〈13〉 등

※『서유견문』

㉠ 太空은 形體도 無ᄒ며〈3〉, 地震의 無ᄒ 處ᄂ 無ᄒ야

〈11〉, 此洲에는立國호者가無호고〈21〉, 毫末의減損
도無호니〈89〉, 正例도無호고又服從호는正例도無호
則〈91〉, 我身의居는常處가無호야〈110〉, 諸他銀行
處所가不無호듸〈166〉, 責望이無호듸〈287〉, 禮幣의
無홈으로〈290〉, 過不及의無홈을要求홈이오〈298〉,
浴室의無호者가無호고〈299〉, 忠義의氣性이無호則
〈305〉 등

ⓛ 又平野의無際호地에行호야〈4〉, 又天下各處에散在호
者가無數호듸〈10〉, 地震에無數호人馬가坑陷호者며
〈11〉, 大洋洲의埃乙布라稱호는者는無他라〈38〉, 無口
호湖롤先論호야〈58〉, 天地의無偏호正理로一視호는
道롤行호則〈88〉, 無道호惡習이니〈91〉, 其不公호虐待
와無禮호暴擧롤疾惡호야〈95〉, 無嚴호極度에達호야
〈98〉, 國中에不學無知호人民이多호則〈101〉 등

ⓒ 是는權利업는贈貢國이라〈95〉, 國中人民의知識업는
者는〈103〉, 國中에行用호는典章과法度롤大小업시
〈151〉, 知覺업시用度의過호者와艱難호고〈157〉, 幼穉
가父母업셔養育홀者가不存호거나〈162〉, 父母업는幼
穉와室家업는老鰥과와乞食호는病身과生涯업는病民
과教育업는貧民이라〈221-222〉, 好道로引誘홈이無호
면要量업는事端이必多홀故로〈238〉


'無'는 「권 1」에서는 국문 표현인 '-이/가 없-'의 구문으로 나타나
는 것이 대세를 이룬다. 이와 달리 '無力하며', '無論' 등과 같이 '無X'로
한문의 문법을 따르는 예들이 있는데, 이들은 어휘화된 것으로 볼 수
있는 예들이다. 다만 '無論何物하고'의 경우는 '無論'이 뒤에 오는 '何物'
을 목적어로 취하는 것이라 볼 수 있어 한문의 문법이 부분적으로 작
동되는 예라 하겠다. 이런 [24](1)①의예들은 모두 각 과정의 첫 부분

에 배치된 자전에 제시되어 있다.

「권 2」에서는 한문을 해체하여 국문의 질서로 재배치한 '-이/가 無하-'의 구문으로 나타나는 것이 일반적이다. 이에는 '無' 앞에 부사적 기능을 하는 '全', '頓'이 놓여 쓰이는 예들도 있다. 그리고 [24](2)①과 같이 '無X'와 같이 한문의 어순을 따르는 것들도 보이는데, 이들은 거의 다 어휘화된 것으로 볼 수 있는 것들이다. 이와 같이 어휘화된 한자어가 제시된 것을 '有X'와 비교하면 수적으로 많은 양상을 보인다. 따라서 '-이/가 無하-'의 구문이 주를 이루고 '無X' 구문이 상당히 나타나는 형태로 '無'가 사용된다고 하겠다.

「권 3」에서는 '無不幹涉ᄒ고'에서와 같이 '無'가 뒤에 오는 다른 한문 구성 요소를 문법적으로 지배하는 구문만이 관찰된다. 따라서 '無'는 각 권에 따라 국한문에서의 지위가 뚜렷이 구별되는 양상을 보인다고 하겠다.

『서유견문』에서는 '無ᄒ-'의 구문으로 나타나는 것이 가장 많다. 이에 해당하는 구문은 '無ᄒ-' 이외에도 '無호-', '無홈', '無혼'으로 나타나는데 이들에 해당하는 예는 모두 573개에 이른다. 다음으로 많이 나타나는 구문은 한문의 문법을 따른 '無X'의 구문인데, 이에 해당하는 것은 대략 270개가량에 이른다. 이에도 '無數', '無道', '無禮', '無嚴'과 같이 어휘화된 것들이 다수 포함되어 있으므로 이를 감안하면 실제로는 이 구문에 속하는 것들은 줄어든다. 다음으로 나타나는 구문은 '없-'의 구문인데, 이에 해당하는 예는 모두 32개이다. 따라서 수적으로 볼 때 '無ᄒ-' 구문으로 나타나는 경우가 압도적이고, '無X', '없-' 구문의 순으로 나타난다. 이는 '有'의 양상과 평행적인 것이다. 이런 양상을 『유몽천자』와 비교하여 보면 『서유견문』의 '無'는 『유몽천자』「권 2」의 양상과 가장 흡사하되, 「권 1」의 양상이 부분적으로 섞여 있는 양상을 보인다고 하겠다.

[25] 不

(1) 「권 1」

① 쑤리가박혀堅固하야牢不可破라〈9〉, 五穀이不少하니〈18〉, 이거슬잡아得利하는거시不少하니〈19〉, 맛참내千古不易之典이되엿는지라〈36〉, 長生不死할줄은〈41〉, 炭氣석긴거시不甚相遠이나〈43〉, 大抵즘생의繁殖함이不知其數ㄴ데〈15〉, 每日役塲에營營逐逐하는者가不知其數니라〈48〉, 또空氣가不調하야온갖造物이精力을收拾지못하나니라〈28〉: 과별 자전에 한자어로 제시

② 우리文明한時代사람들의信聽할바아니로세〈2〉, 晝夜쉬지안코돌매〈2〉, 大抵地球가모지지안코〈2〉, 우리黃人種이니性稟이暴虐지아니하고〈5〉, 排外思想을품은者도업지아니한지라〈5〉, 「말내」는棕色人種이니性質이愚鈍치아니하고〈5〉, 頭髮이곱슬곱슬하지아니하니라〈6〉, 집을짓코居處하지아니하며〈6〉, 아모職業도일삼지아니함으로〈6〉, 頭髮이羊의털갓치곱슬곱슬하야길지아니하더라〈6〉, 東西南北사람의옷制度가一定치아니한지라〈11〉, 또稼穡에힘쓰지아니하야〈17〉, 大抵太陽은一處에만잇고行動치아니하는거시라〈21〉, 大抵成熟지아니한거슬먹는거시身體를護衛함이아니오〈30〉, 於千萬事에適當한者가되지못하나니라〈31〉, 우리가耳聞目見하는바라엇지짜르지아니하리오〈33〉

③ 有名한사람이되지못하고〈5〉, 『유롭』사람이自己土地를占領한後로부터鬱憤함을견대지못하야〈6〉, 文明에나아가지못한者ㅣ니〈6〉, 習慣은卒然히變易지못하나니라〈8〉, 羞恥를아지못하는野人이오〈11〉, 其數가만하서이긔여記錄지못하리로다〈19〉, 陸地에서는발이輕捷지못하야〈19〉, 熱帶近方에서는눈을보지못함으

로〈25〉, 造物이精力을收拾지못하나니라〈28〉

(2)「권 2」

① 不過〈4〉, 不時에〈30〉

② 入하는處兩邊에는黑雲이蔽함으로方向을不辨하겟고
〈6〉, 害가迫頭한줄노斟酌하고後面을不顧하고自歎하
여〈10〉, 心中의如何함은不可形言이오〈12〉, 高山의方
向을不辨하겟고〈13〉, 又況不幸함으로愛妻도世를棄
하엿고〈17〉, 我는一毫도不錯한줄노知하나이다〈18〉,
事不如意하여落心할際에〈19〉, 「써드안덜」이라하는朋
友가公의不平한氣를懷하고不遇時함을慨歎하는樣子
로〈21-22〉, 未久不遠하여地를見하리니〈25〉, 此는地
가有하여不遠한줄을知할너라〈26〉, 問指가傷하면傷
處가痛한거시엇지指가아니리오答不然하다〈30〉, 쏘半
身不遂처럼腦에麻痺(癱瘓)가有하면割하여도痛한줄을
知치못하나니라〈30〉, 日을繞行하는理를茫然히不覺
하엿더니〈34〉, 轉輾不寐하여此를思하고〈42〉, 其足이
戰慄하여慘酷한情境을目不忍見할너라〈44〉, 磺臭가
不絶하여甚似한惡氣가尙有하나〈48〉 등

③ 思想이一定치못하여〈2〉, 終是落함을免치못하거늘
〈6〉, 人의一大壯觀을供하거늘淸興을勝치못하여〈6〉,
비록蕘子ㅣ라도能히及지못할너라〈8〉, 父母妻子의悲
恨한淚가下함을禁치못하는境遇에至하게되면〈10〉,
猛獸의捷한足으로도能히及치못하니〈10〉, 半分동
안이過치못하여〈10〉, 猛獸는밋쳐頸을旋하지못하고
〈10〉, 쏘한一物도見하지못하겟더니〈13〉 등

(3)「권 3」

① 驚異不已라〈38〉, 喜不自勝이러라〈39〉, 不忍過其城
ㅎ고〈40〉, 不敢近其門이라〈40〉, 不得民情이오〈40〉,
不忍其虐待ㅎ야〈40〉, 亦不可勝數ㅣ라〈40〉, 彈丸이

不能穿ㅎ야〈42〉

※『서유견문』

㉠ 唯我音에不合ㅎ야도〈비고 1〉, 見聞의不及ㅎ는者는
〈비고 1〉, 前後의異同이不無ㅎ나〈비고 4〉, 本物의品
質을不見ㅎ고〈비고 4〉, 其他不及호者는〈비고 4〉, 諸
他恒星의定居혼者와不同혼然故며〈1〉, 四角의不掩이
라ㅎ며〈3〉, 其體及用의異홈을不辨ㅎ고〈3〉, 主人이라
稱홈이不可ㅎ다ㅎ야〈5〉, 萬國에不關ㅎ는海島로爲主
혼다ㅎ되〈5〉, 二十三度二分度의一에不踰ㅎ야〈6〉, 萬
古의不易ㅎ는法이라〈7〉, 呼吸을不爲ㅎ는지〈8〉, 其傍
의不煖혼空氣가流入ㅎ느니〈9〉, 其廣이九十里에不滿
홈이라〈14〉 등

㉡ 植物이必相易혼다謂홈아니오〈8〉, 降下ㅎ는者아니오
〈9〉, 又此는精明혼算法으로打定홈아니라〈43〉, 滄海
에流入ㅎ지아니ㅎ는者룰〈58〉, 工力을由ㅎ야然혼者
아니오〈68〉, 決斷코任意放蕩ㅎ는趣旨아니며〈109〉,
其功을著홈아니라〈129〉, 世界上에野蠻의種落이別有
홈아니라〈136〉, 其權勢의茫迷혼限界라도先犯치아니
면不能ㅎ고〈143〉 등

㉢ 敢히侵犯ㅎ지못ㅎ는〈113〉,國家의典章이一定치못ㅎ
느니〈150〉, 是룰犯치못ㅎ게ㅎ며〈156〉, 强健치못ㅎ야
〈162〉, 政府도信實치못ㅎ야〈228〉, 救全치못홀者가
〈326〉, 本意와犯法못ㅎ는道理와〈349〉 등

'不'은 「권 1」에서는 '-이/가 아니-' 또는 '-지 아니하-/않-'의 구
문으로 쓰이거나 '-지 못하-'의 구문으로 쓰이는 양상이 대세이다. 그
러나 '不X하-'의 구문으로 된 것들이 있는데, 이에 해당하는 것을 보
면 '不少', '長生不死', '不知其數'와 같이 어휘화된 것들이 다수를 이루

며, 설령 어휘화가 되었다고 보기 어려운 것이라 하더라도 과별 자전에 한자어로 제시하고 있으므로 이 텍스트에서는 한자어의 지위를 지니는 것이다.

「권 2」에서는 '不X하-'의 형태의 한문의 질서에 따른 구문과 더불어 '-지 못하-'에 해당하는 의미를 지닐 때에는 '思想이一定치못하여'와 같이 한문을 해체한 구문이 사용되는 양상이 혼재되어 있다. 따라서 「권 2」에서는 어떤 부정이냐에 따라서 국한문체의 양상이 차이를 보인다고 하겠다.

이런 양상이 「권 3」에서는 전혀 관찰되지 않는다. [25](3)①의 양상을 보면 알 수 있듯이 「권 3」에서는 '不X하-' 형태의 구문만이 보일 뿐이다. 이런 점을 고려하면 「권 3」은 전적으로 한문 문법의 지배를 받고 있다고 할 수 있으며, 「권 1」과 「권 2」는 일부 어휘화된 표현의 경우 '不'이 전치하는 표현이 쓰이는 공통점이 있고, '-지 못하-'에 해당하는 능력을 부정하는 표현의 경우 동일하게 국문의 질서에 따른 표현이 쓰인다는 점에서 공통점이 있다고 하겠다.

『서유견문』에서는 '不X ᄒ -'의 구문으로 나타나는 것이 압도적으로 많다. 따라서 후행하는 X와의 관계만을 본다면 한문의 문법이 지배를 하고 있다고 할 수 있으나 이에 '-ᄒ -'를 결합하여 국어의 통사적 질서 속에 배치를 하고 있는 모습을 보인다고 하겠다. 다음으로 많이 나타나는 구문은 '-이/가 아니-'의 구문이다. 마지막으로 '-ᄒ 지 못ᄒ -', 'X(을/를) 못ᄒ -'의 구문이 12개 정도로 일부 나타난다. 이런 구문의 분포를 볼 때 『서유견문』은 『유몽천자』 「권 2」의 양상과 가장 흡사하면서도 「권 1」의 양상이 섞여 있는 양상을 보인다고 하겠다.

[26] 如

(1)「권 1」

① 如常하기도〈28-29〉, 如流하는〈38〉: 과별 자전에 한자어로 제시

② 그검은거시漆色갓고上下입설이두텁고頭髮이羊의털갓치곱슬곱슬하야〈6〉, 自己의머리保全하랴는것갓치하나니라〈13〉, 이별들은가만히잇는恒星과갓지안코〈21〉, 恒星은스스로太陽과갓치빗이잇나니라〈21〉, 山에도둘니며나모우희도덥히며놉흔바회사이에도씨여맛치烟氣도갓고棉花도갓고白雪도갓고山峰아리도갓흠으로〈22〉, 海中에波濤가山갓치너러나며큰놀이되여〈24〉, 英語에오날은비가고양이와개갓치온다하나니라〈24〉, 霹靂소리가맛치雷鼓하는것갓하〈26〉, 내生覺에는이거시新約聖經에無底坑과갓흔거신가하노라〈29〉 등

(2)「권 2」

① 我가灰色豺狼인줄노意하고星火갓치氷面에馳하니〈9〉, 後足이躓退하여飄風한船이柁를失함과갓치走하거늘〈10〉, 君의說話와갓함은狂言이라〈19〉, 蒼蠅이天障에附한것갓치人生이엇지倒懸하리오하니〈21〉,毬와갓치圓하여表面으로差出하엿는대〈30〉, 上下弦에圓缺함갓치遊星도盈虛하나니라〈34〉, 外他行星이日을繞行함과갓치地球도日을繞行하는대〈35〉, 地球의軸이旋함으로晝夜를成함갓치外他行星들도然한지라〈35〉

② 憂愁思慮가氷澳雪消함과如하거늘〈2〉, 姑舍勿論하고中間에何如한거시有하뇨〈4〉, 此外에도如此한島嶼가不知其數ㅣ니〈6〉, 氷屐을催하여矢와如하게出하여走함으로〈8〉, 鍊習한氷屐이流矢와如하여〈10〉, 猛獸는밋처頸을旋하지못하고走坂之勢와如함으로〈10〉, 맛

치狐가杙에치이는聲과如하엿스니〈11〉, 美妙한虹霓
가半空에亙繞하여壯麗한門을成하여鍍金한樣子와如
한대〈13〉, 맛치演戲塲에서一塲仕合을畢함과如하여
〈13〉, 天을布하사幬와如하게하섯다하엿스니〈20〉,果
是船長의言과如하면엇지世界에大有益함이아니오릿
가〈22〉, 問譬喩로한則五官은何와如하뇨答門과如하
니知識으로入하는五大門이니라〈29〉, 地球南北極에
氷山과如한거시라하나니라〈35〉 등

③ 如此히危急함을當하여運動하는氷屐이〈10〉,其眞境
의何如함을知하리라〈12〉, 彼物도預知하고如狂하게
追來하던道를旋歸하거늘〈12〉, 問空氣는如何한거시
오〈14〉, 事不如意하여落心할際에〈19〉, 天下에엇지如
此한理가有하리오〈19〉, 提督이謂하대愛隣如己하는
者ㅣ라하더라〈28〉, 問假令視神이傷함을受한則如何
하뇨答然한則外樣으로는如全하나都是見치못하나니
라〈31〉

(3)「권 3」

① 彈丸이如雨하고〈8〉, 如入無人之境ᄒ야〈8〉, 是時
에火起『佛』艦ᄒ야〈9〉, 萬卒이如臥籍薪上ᄒ니未幾
及爐이라〈9〉, 皎如白晝ᄒ야無物逃形이라〈9〉, 爛餘
口膜이如受針砭ᄒ야不能忍之而況復不嗜飲者乎아
〈15〉, 前者所彈이不爲不多不善也언마ᄂ無如此夜若
出ᄒ니〈19〉, 一日은其母氏「오슈버거」ㅣ如諸兒로團
坐ᄒ야〈20〉 등

② 如此『비라밋』이여〈12〉, 治攻火毒은莫如쎄리(협주: 葡
萄汁)汁一盃ㅣ라ᄒ니〈15〉,儂亦知家勢之如何나好樂之
情이積於心而發於言也ㅣ로라〈17〉, 敬虔以待ᄒ야如
恐不及이어눌〈19〉, 初焉如慕如哀라가忽焉如神之格
思ㅣ舞於庭畔而中有戰慄之音과相思之曲이雜然並作

이러니〈19〉

※『서유견문』

 ㉠ 大槩로如上홈이라〈21〉, 阿弗利加洲의平地는如帶ᄒ
  地形이海濱을環ᄒ야〈30〉, 如是ᄒ지라〈43〉, 如此ᄒ理
  由로〈44〉, 人物의豊裕홈이如彼ᄒ고〈47〉,如何ᄒ邦國
  과人民이든지〈89〉, 如是不一ᄒ偏滯는〈97〉, 如干禍害
  는姑舍ᄒ고〈142〉, 夫如此ᄒ等事롤〈170〉 등

 ㉡ 半月의鉤彎ᄒ形으로弓背ᄀ치〈26〉, 高原을屛障ᄀ
  치環繞ᄒ고〈36〉, 其形이平狀ᄀ튼者니〈37〉, 水勢가
  屈曲ᄒ야弓背ᄀ기도ᄒ고平圓ᄒ야半月ᄀ기도ᄒ야
  〈57〉, 民人을奴僕ᄀ치使役ᄒ고〈131〉, 紐約ᄀ튼者라
  도〈525〉 등

 ㉢ 其質이不變ᄒ고其量이自如ᄒ지라〈8〉, 古今의一如ᄒ
  理致로言ᄒ則〈8〉, 影響이不及ᄒ야自如ᄒ形貌롤支存
  홈이오〈95〉, 分量이茫如ᄒ야〈259〉, 和氣는自如ᄒ며
  〈282〉, 南陌의朝에雲과是如ᄒ고〈498〉 등


 ‘如’는「권 1」에서는 ‘-(과/와) 갓-’과 같은 구문으로 표현이 되어 있는 것이 대세이다. 일부 ‘如常하기도’와 같이 ‘如X하-’로 나타나는 것이 있으나 이들 역시 어휘화된 것들이다. 이에 반해서「권 2」에서는 양상이 복잡하다. 가장 눈에 띄는 표현 방식은 [26](2)②에서 보듯이 ‘-(과/와) 如하-’와 같은 구문이다. 이것이 대세를 이루는데, 이에 이어서 [26](2)①에서와 같이 ‘-(과/와) 갓-’와 같은 구문이 상당수 보인다. 그리고 ‘如此히’, ‘如何하-’, ‘如狂하-’, ‘如意하-’와 같이 한문의 문법에 따라서 ‘如X하-’로 나타나는 경우도 상당수 보인다.「권 3」에서는 ‘如X하-’로 나타나는 구문과 ‘如X이-’로 나타나는 것으로 대별된다. 이 중 ‘如X하-’로 나타나는 것은「권 1」,「권 2」와 일견 유사해 보이지만 X 자리에 오는 표현이 길고 복잡해져 한문의 특색이 뚜렷해진다는 점에서

분명한 차이가 있다.

『서유견문』에서는 '如X ㅎ-'의 구문으로 나타나는 것이 대세를 이룬다. 따라서 후행하는 X와의 관계만을 본다면 한문의 문법이 지배를 하고 있다고 할 수 있으나 이에 '-ㅎ-'를 결합하여 국어의 통사적 질서 속에 배치를 하고 있는 모습을 보인다고 하겠다. 다음으로 많이 나타나는 구문은 'X 굿-'의 구문이다[23]. 이를 보면 『서유견문』은 『유몽천자』「권2」와 가장 유사한 모습을 보인다고 하겠다.

## 나오며: 『유몽천자』소재 국한문체의 유형

이상과 같이 『유몽천자』의 국한문이 보이는 문체상의 특징을 국한문으로 되어 있는 「권 1」, 「권 2」, 「권 3」을 대상으로 하여 각각을 비교하는 방법으로 고찰하여 보았다. 구체적으로는 같은 국한문이기는 하지만 국문과 한문의 혼용 정도에 차이가 있는 「권 1」, 「권 2」, 「권 3」에서 한문의 역할과 한문의 문법이 반영된 정도에 어떤 차이점이 있는지를 살피고자 하였다.

이를 위해서는 언어적인 분석을 할 수 있는 객관적이고 실질적인 기준을 마련하여 활용하는 것이 필요한바, 이 글에서는 한영균에서 제시한 기준에 따라서 ①한문 부사의 출현 여부, ②한문 접속사의 사용, ③한문 관형 구성의 등장, ④한문 어순에 따른 구문의 사용 등을 기준으로 하여 「권 1」, 「권 2」, 「권 3」의 문체적 특성을 살피고 이를 『서유견문』(1895)

---

23  'X 굿-'의 구문을 보이는 경우는 76회인데, 'X와 굿-'이 조사 '와'가 개입된 구문을 보이는 경우는 2회 관찰된다.

와 비교하여 봄으로써 그 특성을 좀 더 뚜렷이 파악해 보고자 하였다.

각 권이 보이는 국한문 양상의 차이를 각 권의 서문에 제시되어 있는 바와 관련을 지어 이해를 하여 보면 「권 1」은 일상화된 고정된 한문 표현을 먼저 익히는 것에 역점을 두고 있고, 「권 2」는 항용하는 문리로써 이해할 수 있는 정도의 한문 표현을 익히는 것에 역점을 두었고, 「권 3」은 「권 1」과 「권 2」를 통해 터득한 한문 지식을 이용하여 단계적으로 한문을 익히는 데에 역점을 두고 있다. 이런 서문의 내용은 실제로 각 권에서 보이는 국한문의 유형과 밀접한 관련성이 있는 것으로 보인다.

구체적으로 각 권에서 보이는 문체적 특성을 살펴보기 위하여 '以', '於', '然', '于', '況', '又', '但', '雖'를 이용하여 한문 전치사, 접속사, 감탄사, 부사의 사용 실태를 살펴보고, '者'를 포함하는 관형 구성의 사용 실태를 살펴보고, '有', '無', '不', '如' 등과 같은 구문이 어떻게 어떤 어순으로 쓰이는지를 살펴보았다.

한문 전치사, 접속사, 감탄사, 부사의 사용 실태를 보면 「권 1」에서는 한문에서와 같은 역할을 하는 예가 보이지 않았다. 「권 2」에서는 한문에서와 같은 역할을 하는 것이 보이기는 하였으나 이에 해당하는 예는 '況', '又', '雖'에서 몇 예가 보일 뿐이었다. 이에 반해서 「권 3」에서는 '以', '於', '然', '于', '況', '又', '但' 모두에서 한문의 문법에서와 같은 역할을 하는 것들이 두루 보인다. 이런 양상은 「권 1」에서 「권 2」, 「권 3」으로 갈수록 한문의 문법이 살아 있고 지배적으로 나타나는 양상을 보인다고 하겠다. 이를 '以', '況', '又', '雖'가 한문 본래적 용법으로 사용되는 것이 널리 관찰되는 『서유견문』과 비교하여 보면, 「권 2」의 국한문은 『서유견문』의 국한문과 비교할 때 국문의 질서에 따른 한문의 재배치 정도가 좀 더 강하게 나타나는 모습을 보인다. 따라서 이 점에서 『유몽천자』 「권 2」는 『서유견문』보다는 쉬운 유형의 한문을 담은 국한문의 모습을 보인다고 하겠다.

'者'를 포함하는 관형 구성의 사용 실태를 보면 「권 1」, 「권 2」는 국어의 관형사형 어미를 이용한 관형 구성을 함으로써 국문의 질서에 입각한 관형 구성이 이루어짐을 볼 수 있다. 반면에 「권 3」은 한문 구가 직접 '者'를 꾸밈으로써 한문의 문법에 따른 관형 구성을 보이고 있다. 이런 점은 『서유견문』이 국어의 관형 구성을 따르는 것이 일반적으로 나타남을 고려할 때 『유몽천자』의 「권 1」과 「권 2」가 『서유견문』과 유사한 유형의 국한문임을 보여 주는 것으로 볼 수 있다.

'有', '無', '不', '如' 등과 같은 구문이 어떻게 쓰이는지를 살펴보니 한문의 문법과 어순을 따라서 '有X', '無X', '不X', '如X'와 같은 방식으로 쓰이는 것들은 「권 1」에서는 어휘화된 것을 제외하고는 보이지 않는다. 이런 방식의 구문은 「권 2」에서부터 보이기 시작하고 「권 3」에서는 이런 방식만이 보인다. 「권 1」에서는 국문의 질서에 따른 '-이/가 잇-', '-이/가 없-', '-이/가 아니-' 또는 '-지 아니하-/않-', '-(과/와) 갓-'의 구문이 쓰인다. 「권 2」에서는 이것이 '-이/가 有하-', '-이/가 無하-', '不X하-', '-(과/와) 如하-'와 같은 구문이 쓰이는 것이 대세이다. 그러나 '不'의 경우는 '-지 못하-'가 쓰이는 경우가 꽤 보이며, '如'의 경우도 '-(과/와) 갓-'이 쓰이는 경우가 상당수 보인다. 『서유견문』에서는 '有ㅎ-', '無ㅎ-', '不Xㅎ-', '如Xㅎ-' 구문으로 나타나는 것이 압도적이거나 대세를 보이고, 다음으로 한문의 질서를 충실히 따르고 있는 구문이 많이 보이고, 그 다음으로 국문의 질서에 따른 구문이 꽤 섞여 있는 양상이 보인다. 이런 양상으로 판단하여 보면 『서유견문』의 '有', '無', '不', '如' 등과 같은 구문의 사용 양상은 『유몽천자』 「권 2」와 가장 유사하나 「권 3」의 요소도 상당히 지니고 있고 「권 1」의 요소도 일부 지니고 있다고 볼 수 있다. 따라서 이들은 『유몽천자』「권 2」보다는 다소 난도가 높은 유형의 국한문에 해당한다고 하겠다.

　이상과 같은 결과로 『유몽천자』「권 1」, 「권 2」, 「권 3」의 국한문의 문체적 특성에 관한 것은 거칠게나마 윤곽이 잡히게 된 것은 아닌가 싶다. 이 외에도 고려해야 할 요소와 살펴야 할 바가 많지만 필자의 역량 부족으로 그러지 못하였다. 특히 『유몽천자』가 영어의 번역을 통하여 형성된 텍스트이고, 영어의 번역은 한문의 번역과는 성격이 다를 수 있다는 점을 고려한 문체적 접근이 필요한데 이 글에서는 이 부분에는 전혀 다가서지를 못하였다. 이런 면에 주목하며 『유몽천자』를 살펴봐야 앞의 여는 글에서 언급한 바와 같이 게일과 이창직이 번역을 통하여 『유몽천자』를 편찬하면서 이 시기 국한문의 형성과 이를 통한 한국어 문어의 형성 과정을 집약적으로 보이고 있다는 점이 구체적이고 충실하게 밝혀질 수 있을 것이다.

　또한 게일이 국한문의 제시와 국한문의 사용을 통해서 지향하고자 했던 바가 무엇인지를, 그가 바라던 한국어 문어와 문체의 모습, 그가 생각했던 한문과 한문 고전 세계에 대한 인식과 관련하여 살피는 것이 필요하다. 이런 큰 틀 속에서 『유몽천자』가 당대 한국어 문어의 형성과 문체의 형성 과정에서 갖는 의미가 조망되고, 다른 텍스트의 국한문과 어떤 관계를 맺고 있는지를 살피는 것이 앞으로의 과제가 될 것이다.

닫는 글

# 『유몽천자』와 지식 구조의 재편

한 개신교 선교사의 독서 체험과 교육 선교 사업

## 들어가기: 한국에서 경험 · 전파한 '서구적 근대'

게일(James Scarth Gale, 1863~1937)은 「구미인이 본 조선의 장래 ‒ 나는 전도를 낙관한다」(『신민』9, 1926.1)에서, 그와 평생을 함께 보냈던 한국인의 장래를 전망하며 그의 마지막 전언을 남겼다.[1] 이 글에는 분명 한국인을 격려하고 위로하고자 한 게일의 진심어린 마음과 애정이 담겨져 있었다. 하지만 그는 한국인에게 찾아올 행복한 세상을 이야기 하지는 않았다. 왜 그랬던 것일까? 그는 1900년 정월 그러니까 20세기 초 벽두, 서구 저널의 신년호에 수록되었던 유명 인사들의 낙관적 전망들을 회고했다. 그들이 예견했던 새로운 세상, 도덕과 의료기술의 발달로 인하여 전쟁과 질병이 사라지고, 식량이 풍부해져 인류의 투쟁

---

1 J. S. Gale, 황호덕 · 이상현 옮김,『개념과 역사, 근대 한국의 이중어사전』2, 박문사, 2012, 186-187면(奇一,「歐米人の見たる朝鮮の將來—余は前導を樂觀する」(四),『朝鮮思想通信』790, 1928.; 이 글은『朝鮮思想通信』787-790호에 4회에 걸쳐 연재되었다. 현재 영인본 자료로는 확인할 수 없지만, 목록상으로는 보이는『新民』9호(1926.1)에 수록된 게일의 글이 일본어로 번역된 것으로 추론된다.)

욕이 소멸된 행복한 미래는 결코 도래하지 않았다. 그러한 서구적 근대성의 신화는 성취되지 않았고, 오히려 사정은 그 반대였다. 세계대전, 유행병의 창궐, 사상 및 계급 투쟁이 발생했던 혼란스러운 세계는 그야말로 "어디까지가 진실"인지를 가늠할 수조차 없는 대상이었으며, 설사 "하늘의 신이 하시는 일은 인류로서는 알 도리가 없는 것"이란 사실을 인정할 지라도 앞으로 또한 "어떤 대변화가 일어날지도" 예측할 수 없는 것이었다.

즉, 20세기 "세계의 역사"는 "고금에 걸쳐 수많은 변천을 거듭해온 겁화(劫火)" 그 자체였다. 게일의 이러한 인식은 그가 결코 예견할 수도 없었던 자신이 주변부 한국에서 체험한 '서구적 근대'에 대한 술회였다. 또한 그가 영미권 독자를 위해 영어로 "한국의 멸망은 정치적인 희생물이 아니다. 그것은 서구에서 온 사회적이며 지적 혁명의 희생물이다. 우리 선교사들은 무의식중에, 한국을 포함한 동아시아의 파괴자들이 되었다"[2]라고 말했던 그의 고해성사이자, 자기혐오감이 깊이 개입된 것이기도 했다.

물론 1920년대 말 이처럼 한국에도 예외 없이 찾아온 이러한 '전지구적 차원의 서구적 근대'에 대해, 그가 본래부터 부정적 시각을 지니지는 않았을 것이다. 그에게도 '미개한 한국의 원주민'에게 '서구문명=개신교'란 복음을 전파하는 "파괴자"의 역할을 충실히 이행했던 과거가 존재했기 때문이다. 우리가 살펴볼 『유몽천자』는 그가 서구 유명 인사들의 전망을 읽었던 시기 발행을 준비했던 것으로 1901년에 그 초판이 발간되었다. 이 책자는 게일이 서울 연동교회 목사로 부임하면서 함께 운영하게 된 경신학교 및 정신여학교의 교과서로 활용하

---

2  J. S. Gale, "A History of the Korean People", *The Korea Mission Field* 1927. 9.

기 위해 편찬되었다.[3]

　『유몽천자』1권 서문의 "이 책은 태서 사람의 아해 교육 식히는 규례를 의방하야 지은 책이니 초학입덕지 문이라 대저 아해를 가르치는 법은 쉬운데서 브터 시작하여 슬긔로운 말노써 그 마음을 여러 밝히고 그 지식을 널녀 주는 거시 가장 요긴한 고로……"라는 언급은 이 교과서가 지닌 기본적 성격을 잘 말해준다. 이 교과서는 과거 한국 전통적인 지식을 비-지식으로 환원해 주는 서구의 근대 과학과 고급문화를 그 교과 내용으로 삼고 있으며, 교과의 설계에 있어서도 권별로 난이도가 단계적으로 높아지는 한자(어), 구문으로 구성되어 있다. 게일에게 교과서 편찬은 '서구적 근대성/식민성'[4]을 한국인에게 이식하는 행위였으며,『유몽천자』의 교과들은 개신교의 교리만큼 한국인들이 받아들여야 할 복음이며, 보편적 진리 그 자체였다. 본고에서 주목하고자 하는 바는 이미 이 책의 2장에서 잠시 거론했던 교과들,『유몽천자』[『그리스도신문』]의 가장 큰 특징이라고 볼 수 있는 점, 서구적

---

3　본고에서 자료로 활용한『牖蒙千字』는 모두 성균관대학교 소장본이며, 大韓聖教書會가 발행한 것으로, 영어로 작성된 속표지에는 후쿠인[福音]인쇄소의 인쇄 시기가 적혀 있다. 『유몽천자』1-2권은 1903년에 인쇄된 재판이며, 3권과『유몽속편』은 각각 1901년과 1904년에 인쇄된 초판이다.;『유몽천자』의 판본에 대해서 리처드 러트(Richard Rutt)의 경우 명확히 제시하지는 못했다(R. Rutt, *James Scarth Gale and his History of the Korean People*, Taewon Publishing Company, 1972, pp. 379-380). 즉,『유몽천자』전집의 전체 서지와 개별판본들에 관해서는 자료수집 및 조사를 통해 더 소상히 고찰될 필요가 있었는데, 이 책의 1장 끝부분에서 이와 관련해서 천착한 바 있다. 이하 본고에서『유몽천자』를 인용할 시에는 '「과제명」(권수-과수)'의 형태로 제시하도록 한다.

4　근대성/식민성은 제국적/식민적 제국의 틀이 형성되는 원리와 믿음을 가리킨다. 근대성/식민성에 대한 논의는 라틴아메리카 근대성/식민성 연구그룹의 논의를 따른다. 다음 책과 논문을 참조할 것. 월터 D. 미뇰로, 김은중 역,『라틴아메리카, 만들어진 대륙: 식민적 상처와 탈식민적 전환』, 그린비, 2010. 김은중,「유럽중심주의 비판과 주변의 재인식」, 『한국학논집』42, 계명대 한국학연구소, 2011.

지식 구조 속에 배치된 영미 문학 작품 5종의 존재 방식이다.[5]

이들 작품은 게일이 유년 시절 학습했던 일종의 서구적 근대 지식이었으며 동시에 그의 개인적 차원에서의 독서 체험의 산물들이기도 하다. 20세기 초 한국에서 본격적인 영미 문학 작품이 번역된 독특한 사례이며, 동시에 영미 문학이 유럽과 북미, 한국으로 이동한 족적이 새겨져 있는 셈이다. 본고에서는 『유몽천자』 연구를 통해 우리는 게일의 오리엔탈리즘 혹은 유럽 중심주의적 사고가 형성된 원천과 서구=근대성을 한국인에게 이식하고자 한 그의 실천, 그 속에 내재된 복합적인 문제들을 함께 고찰해 보고자 한다.

## 1. 개신교 선교사의 문명화 담론과 한국의 교육

게일이 접촉했던 영미 문학 작품이란 어떠한 성격이었을까? 그가 『유몽천자』에 하나의 교과로 배치했던 단편소설의 작가, 러디어드 키플링(Rudyard Kipling, 1865~1936)을 떠올려 볼 필요가 있다. 선교사들을 포함한 서구 백인이 비서구인들과 만남에서 가지는 태도와 관점은 키플링의 소설 『킴』(Kim, 1901)의 첫 장면에서 읽을 수 있다.[6] 이 장면은 서구 백인이 아시아인들에게 주인 행세를 하도록 만드는 방식들을 보여준다. 어린 킴이 대포 근처에서 원주민 아이들을 발로 차며 쫓아낼 수

---

5  이하 『유몽천자』의 과제명 및 본문을 인용할 시, 원문 그대로 제시하도록 한다. 띄어쓰기를 생략할 것이며, 외래어 인명을 한 개의 밑줄로, 외래어 지명을 두 개의 밑줄로 표기한 방식을 그대로 활용하도록 한다.

6  러디어드 키플링 지음, 하창수 옮김, 『킴』, 문학동네, 2009, 9-10면.

있는 권리를 가지는 이유는 바로 "자신의 인종 정체성과 그의 위치(대영 제국) 때문이다."[7] 또한 어린 킴이 아시아의 신념과 정신, 그리고 동양 종교를 상징한다고 말할 수 있는 라마(lama)를 정서적으로, 육체적으로 종속시키고 있다는 소설의 설정도 당대 서구 제국과 백인의 의식과 태도를 파악하게 한다.

소설이 보여 주듯 단지 백인이자 제국의 일원이라는 점에서 우월한 존재가 되며, 미개한 아시아인들을 이끌 수 있다는 관점이 바로 서구 제국주의자와 서구 기독교인들이 공유하는 관점이다. 이들은 자신들이 가진 역사, 경험, 지식, 인식을 본질적이고 진정한 것으로 단정하고, 자신들을 중심으로 지구상의 인간을 우월/열등, 문명/야만의 존재로 구분하고 배치했다.[8] 이러한 우월/열등, 문명/야만이라는 이원적 관점과 태도는 "기독교 복음화와 문명화하는 명목으로"[9] 비서구인들을 통제하고 지배하며, 나아가 착취하는 제국주의와 식민주의를 정당화시키는 논리로 운영되었던 것이다.

이런 점들을 고려할 때, 게일을 포함한 당대 선교사들의 관점과 태도도 자유로울 수 없다. 분명 영국과 미국 등의 기독교 선교는 유럽과 미국의 제국주의적 확장과 무관하지 않다는 것이 명확하다.[10] 에드워드 사이드(Edward Said)가 『오리엔탈리즘(Orientalism)』에서 주장하는 '우리와 그들', 즉 '문명화된 서양'과 '미개한 동양'이라는 이원론에 기반

---

7    Pramod K. Nayar, *Frantz Fanon*, Routledge, 2013. p. 51.

8    월터 D. 미뇰로, 앞의 책, 40~41면.

9    위의 책, 41면.

10    Herb Swanson, "Said's Orientalism and the Study of Christian Missions," *International Bulletin of Missionary Research*, 28(3), 2004, p. 108.

을 둔 동양이라는 타자의 인식[11]이 선교사들의 관점과 태도에 고착되
어 있다. 물론 선교자들이 직접적으로 피식민지인을 착취하고 억압하
는 행위를 하지 않았더라도, 당대 서구 지식과 교육을 통해 서구 우월
적 사고와 관점을 내재화하고 있으며, 이러한 사고와 관점을 당연한
진실, 객관적 사실로 수용했다고 볼 수 있다. 또한 선교사들이 가지는
종교적 동기 혹은 인도주의적 동기도 그 맥락은 유사하다. 종교적 동
기, 즉 "너희는 세상에 나가서 모든 사람들에게 복음을 전하라"(마태복
음 24장 14절)는 것 자체가 서구 기독교도인이 가지는 선민의식이며,[12]
이러한 의식은 열등한 타자를 전제하고 있는 것이다. 마찬가지로 인도
주의(humanitarianism)도 열등한 타자들을 전제하고 있다. 18세기 후반기
영국과 유럽의 인도주의적 체제는 가난한 사람들, 극빈자들, 매춘부
들, 고아들, 아프리카인들과 아시아인들이 인간 이하라고 추정하면서
그들을 열등한 존재로 간주했다.[13]

　　1910년대 이전 게일의 저술을 펼쳐보면, 그 역시 이러한 당대의
지배적인 담론 앞에서 예외적인 인물은 아니었다. 이러한 그의 관점이
총체화되어 드러난 글이 「조선의 마음」(1898)이다. 게일은 이 글에서
동양과 서양의 차이에 대해 이야기하지만 이 글의 초점은 그 제명이
시사해 주듯이 동양[조선인]의 마음이다.[14] 여기서 동양은 서양의 정반

---

11　Edward Said. *Orientalism*. Vintage Books, 1979, p. 300. 사이드가 오리엔탈리즘의 본질로
　　말하는 문명/야만, 서양/동양이라는 이원론을 프란츠 파농 식으로 말한다면 '마니교적
　　이원론'(manicheanism)이다. 파농은 이러한 이원론에 모든 식민주의와 제국주의가 토대를
　　두고 있다고 주장한다. 즉 이성적이고, 선하고, 순수한 백인과 비이성적이고, 악하며,
　　불순한 흑인(유색인종)을 대비시키며, 식민 지배를 정당화시키고 있다고 비판한다.

12　김성건, 「영제국의 기독교 선교에 나타난 앵글로색슨의 선민의식과 오리엔탈리즘」,
　　『담론 201』 6(2), 2004, 185-186면.

13　Pramod K. Nayar, op.cit., pp. 118-119.

14　J. S. Gale, 장문평 역, 「朝鮮의 마음」, 『코리안 스케치』, 현암사, 1970(*Korean Sketches*(1898)).

대에 놓인 세계이며 그 속을 살아가는 동양인은 서구인과는 이 거리
감만큼 다른 정신 구조를 지닌 사람들로 묘사된다. 한국에서 교육의
문제를 언급함에 있어서도 이렇듯 서양/동양, 관찰자/관찰 대상의 분
리를 기반으로 한 오리엔탈리즘적 구도는 다음과 같이 동일하다.

> 우리들은 학생이 장래의 생활을 위해 실제적인 방법으로 발전
> 하고 또 준비하도록 한다. 그러나 한국인들은 그러한 생각을 가
> 지고 있지 않다. 그들은 현재를 젖혀 놓고 오직 과거 안에서만
> 살기 위해 마음을 조정하거나 또는 질식시키는 것을 교육의 목
> 표로 삼고 있다. 바꿔 말하면, 우리들이 생각는 것은 발전이고,
> 한국인들의 경우는 억압이다. 서양의 학생은 여러 가지의 학식
> 을 얻게 되는 것을 몹시 기뻐한다. 반대로 한국인들은 漢文의
> 주제에 대해서는 전혀 모르지만, 읽고 쓸 줄은 안다. 읽고 쓰기
> 위해서 20여 년 동안이나 은둔 생활을 한다. 하지만, 그렇게 오
> 랫동안 은둔 생활을 해도 많은 학생들은 목적을 달성하지 못한
> 다. 서양에서의 교육은 정신적 성장을 도모하기 위한 기능 훈련
> 이다. 그러나 한국의 교육은 두 발을 묶는 짓이거나 기브스를
> 만들어 붙이는 짓에 해당한다. 일단 그렇게 해 놓으면, 더 이상
> 성장하지도 못하고 발전하지도 못한다.[15]

---

15  J. S. 게일, 장문평 역, 앞의 글, 210면. 이 글을 비롯하여 게일의 교육 사업과 관련하여 살필
중요한 자료적 얼개와 당시 개신교 교육 현장에서 게일의 경신학교 및 정신여학교의
운영은 중등교육을 개설한 교육 혁신이었다는 핵심적 의의는 유영식의 저술(『착훈목쟈:
게일의 삶과 선교』 1, 도서출판 진흥, 2014, 319-357면)에서 잘 제시되어 있다. 물론 1897년경
중단된 서울 북장로교 선교사보다 교육 선교 사업을 적극적으로 선도했던 인물은
평양에서 선교 활동을 펼쳤으며 숭실학당을 창립한 윌리엄 베어드(William M. Baird)였다.
그 역시도 1897년 이후 중등 교육 과정을 개설하며 중등 교육을 펼친 바 있다.(이 점에
대해서는 이성전, 서정민 역, 『미국선교사와 한국 근대교육』, 2007 2장과 류대영, 「윌리엄 베어드의 교육사업」,
『한국기독교와 역사』 32, 한국기독교역사연구소, 2010, 129-152면을 참조).

상기 인용문에서 서양과 동양의 차이를 규정해 주는 '발전'과 '억압'이라는 두 어휘는, '서양/동양'이란 어휘처럼 분리된 개별 어휘라기보다는 서로의 의미를 상호간 규정해주는 한 쌍의 어휘군이다. '발전'으로 형상화되는 서양의 교육은 동양의 전통적 교육과 보색 대비를 이루며, 동양의 교육을 일종의 비-교육으로 환원시켜 준다. 미성숙하고 유년기의 학생을 '발전'시키는 서양의 교육과 달리, 동양의 교육은 이러한 학생의 성장과 발전의 가능성을 가로막는 '억압'으로 의미화되고 있기 때문이다. 사실 이러한 게일의 진술에서 '발전'은 동양의 교육에는 없는 것이며 여기서 동양은 실은 서양과 한 쌍을 이루는 '비-서구'란 의미를 지니고 있는 셈이다.

더불어 서양은 일종의 중심부로 동양을 바라보아야 할 중립적이며 보편적 초월적인 위치 그 자체이다. 그리고 서양/동양이 지닌 차이는 일종의 동양이 지닌 결핍으로, 서구 문명 혹은 개신교 선교사 게일이 '개입/계몽/문명화'해야 할 지점으로 형상화된다. 이러한 동양에 관한 게일의 관점은 『전환기의 한국(*Korea in Transition*)』(1909)에서도 지속된다. 그는 한국을 둘러싼 중국과 일본을 "야만인의 땅"[16]이라고 언급한다. 그리고 기독교=문명이라는 사고 속에 한국의 관습과 종교를 미신 혹은 폐기해야 할 과거의 유산으로 간주하는 기술 등이 산재되어 있다. 그가 문명/야만의 이원적 사고를 취하고 있다는 것을 증명해 준다. 『유몽천자』를 구성하는 교과와 영미 문학 작품에는 이러한 게일의 초기 인식이 깊이 개입되어 있었다.

---

16   J. S. Gale, 신복룡 역주. 『전환기의 조선』, 집문당, 1999, 16면(*Korea in Transition*(1909)).

## 2. 게일의 교육 선교와 서구적 근대성/식민성

『유몽천자』는 게일이 한국의 교육에 직접 개입한 모습이 체현화
된 텍스트이다. 1901년~1909년까지 계속 출판된『유몽천자』의 발간
시기는 1897년에 중단되었던 북장로교 선교사들의 교육선교가 재개
되는 시점 즉, 경신학교가 1901년 연지동으로 장소를 옮겨 다시 설립
된 후 새롭게 운영된 시기와 맞물린다.『유몽천자』는 경신학교의 교육
현장을 위하여 준비되었으며 여기서 활용된 교과서였다. 원산에서 서
울로 선교지를 옮긴 후 게일은 1901년 이 학교를 개설했으며, 이 학교
에는 6명의 학생이 입학했다. 그는 연동교회의 부속 건물, 그의 사택과
교회당을 활용하여 교육 선교를 시작했다. 게일은 1901~1905년 사
이 경신학교의 교장이자 교사로서 그 설립과 운영에 참여했다. 1901
~1905년 사이 경신학교에서는 성경, 교회사와 같은 성경 과목 이외
에도 국어, 한문, 영어, 산술, 대수, 화학, 물리, 천문, 박물, 조선사와 같
은 다양한 교과목이 담당 교사들에 의해 강의되었다. 그 교재는 개신
교 선교사들이 발행했던 성경 책자,『辭果指南』과 같은 한국어 문법
서,『천로역정』등과 함께『유몽천자』가 활용되었다.[17]

경신학교는 한국교육사에 있어서 서울 북장로교 선교사가 설립

---

17  고춘섭 편,『연동교회100년사』, 금영문화사, 1995, 139-141면.; 고춘섭 편,『경신사』,
경신사편찬위원회, 1991, 204-208면.; '경신'이란 학교명이 확립된 것은 1905년이었다.
언더우드가 정동에서 창설하여 운영을 담당했던 시기(1885~1890)에는 고아원, 주간학교,
남학교, 예수교학당, 서울학교, 구세학교 등 다양한 명칭으로 불렸다. 밀러가 운영하던
당시 閔老雅 학당(1891~1896)으로 게일이 운영하던 시기에는 중학교(1901~1902),
예수교중학교(1903~1905)로 불렸다. 물론 언더우드는 그가 시작한 학당과 게일이 시작한
경신학교를 동일한 것으로 보지는 않았다. 하지만 본고에서 용어의 혼동을 주지 않기
위해 편의상 경신학교로 지칭하도록 한다. 또한 이 당시 게일은 정신여학교를 함께
운영했지만 언더우드로부터 이어지는 북장로교 선교사들의 서울에서 수행한 교육
선교의 흐름에 초점을 맞추기 위해 경신학교에 집중하도록 한다.

한 최초의 중등 교육 기관이라는 교육사적 의의를 지니고 있으며, 그 의의에 걸 맞는 담당교사와 교과목들을 운영하고 있었던 셈이다. 게일 이전에 언더우드, 밀러가 운영했던 학교의 당시 교과목 편성을 보면, 주로 성경 공부와 철자법, 한문, 국어, 산술과 같은 과목들이 중심을 이루고 있었다. 물론 애초 설립부터 그러한 교육 목적과 지향점을 지닌 것은 아니었지만 점차 초등 교육을 지향했으며 실업 교육에 초점을 맞춘 학교로 변모되었기 때문이다.[18] 이에 비해 게일이 운영한 경신 학교는 그 운용 방향과 그 교과목에 있어 이와는 큰 변별점이 존재했다. 게일의 연차 보고서들에 따르면, 1902년 이미 지리, 수학, 한문, 한국과 서양의 역사, 식물학, 화학, 일반상식 등의 과목이 교육되었으며, 1904년 게일 본인이 역사와 천문학을 강의하고 있음을 밝혔다.[19]

『유몽천자』에는 이러한 교육 현장에서 활용했을 다양한 교과 내용이 담겨져 있다. 그 교과 내용을 거칠게 요약한다면, 그것은 서구의 과학과 인문학으로 대표되는 근대 세계의 새로운 지식 구조이자 유럽 [서구] 중심주의적인 역사관과 세계관이라고 말할 수 있다. 『유몽천자』 1권의 교과 내용은 이 책의 1장에서 잘 살펴보았듯이 지구, 인종과 같은 근대 세계의 '지리 정치학적인 지식'을 초두로, 동물학, 천문학, 수학과 같은 분과 학문 지식, 여러 가지 일반 상식(돈, 시간 및 시계, 운동, 질병, 광물, 직업) 등으로 구성되어 있다. 2~3권은 이러한 서구의 근대 과학 이외에도, 서구의 역사, 문학, 인물 등에 대한 내용을 담고 있다. 또한 1과에 1교과란 1권의 단편적인 구성이 아니라, 여러 과가 1개의 교과를 구성하는 모습을 보여 주며, 보다 서사(이야기)양식을 활용하는

---

18    고춘섭 편, 『경신사』, 경신사편찬위원회, 1991, 111-191면.

19    J. S. Gale, "The Intermediate School for Boys", *The Korea Field* 1902. 2, p. 25. ; J. S. Gale, "Church, Prison, and School", *The Korea Field* 1904. 11, p. 219.

1902년 경신학교의 정경

양태를 보여 준다. 요컨대, 『유몽천자』에는 한자(어), 구문의 단계별 난이도와 함께 그 근대 지식의 층위 혹은 분과 학문의 영역에 있어서도 교수 학습의 심화 단계가 설정되어 있었던 것이다.[20]

---

20 「유몽속편」의 한문 서문은 『유몽천자』 1~3권이 지닌 지식의 위계를 다음과 같이 설명해주고 있다. "[…] 상권은 귀와 눈으로 보고 듣는바 인사와 사물의 긴요한 사항을 모아서 그 이름을 한자로 기록하고 그 쓰임을 國文으로 풀이하였으며, 중권은 인간 심성의 소유한 지식과 능력으로 그 재주와 지혜의 淺近을 따라서 국문과 한문을 竝用하여 體와 用이 되도록 하였고, 하권은 가까운 곳으로부터 먼 곳으로, 낮은 데로부터 높은 데로 계단을 올라가 순전히 한자를 써서 서양의 역사를 번역하여 한 질을 편성하였다[…]"[[…]上卷, 以耳目之所見所聞, 撮基人物之緊要, 記其名以漢字, 解其用以國文, 中卷, 以心性之良知良能, 踐其才智之淺近, 竝用國漢二文, 而相爲體用, 下卷, 以自近及遠: 自卑登高之階級, 純用漢字, 譯謄西史, 編成一帙[…]](상기 번역문은 민족문학사연구소 편, 『근대계몽기의 학술·문예사상』, 소명출판, 2000)에서 발췌한 것이다.); 『유몽천자』의 개별 교과 내용 및 체계에 대한 논의로는 김동욱, 「『牖蒙千字』 硏究-한국어 독본으로서의 성격을 중심으로-」, 부산대 교육대학원 한문교육 전공 석사 논문, 2013; 남궁원, 「선교사 기일[James Scarth Gale]의 한문 교과서 집필 배경과 교과서의 특징」, 『동양한문학연구』 25, 2007; 박미화, 「J. S. Gale의 『牖蒙千字』 연구」, 경북대 교육대학원 한문교육 전공 석사 논문, 2007 등을 참조.

　　물론 단순히 이러한 지식의 단계적인 편제방식과 서구적 근대 지식을 재현한 '국한 혼용문체'란 특성은 『유몽천자』만의 독자적인 것이라고는 말할 수 없다. 그 시원을 따져본다면, 게일에게 있어 '한국 문학의 죽음'이라는 사건의 계기가 된 과거제 폐지와 직접적으로 연관된 갑오개혁, 한국이 국문과 국한문 혼용을 공식적 문어로 설정하고 한문을 공식어에서 배제한 흐름과 연속된 것이기 때문이다. 이와 관련하여 『유몽천자』의 국한문체가 맞닿아 있는 그 접점들을 주목할 필요가 있다. 물론 문체상으로 본다면 『유몽천자』 1권[혹은 『그리스도신문』]의 문체로 범위를 한정할 경우에만 해당될 것이지만, 한국인 학생을 위한 교과서란 공통점에서 그 연속선을 따져본다면, 『유몽천자』는 『서유견문』(1895)보다는 조선의 학부가 발행한 교과서類와 더욱 밀접한 관계가 있다.[21] 예컨대, 『국민소학독본』(1895)은 서구적 근대 지식을 담고 있으며, 이보다 조금 더 진전된 형태인 『신정심상소학』(1896)은 권별 난이도가 설정된 단계적인 교수 학습 설계의 모습이 보이며 단편적인 지식에서 서사 양식을 적극적으로 활용한 교과서로 발전된 모습을 충분히 발견할 수 있다.[22]

---

21　『유몽천자』와 『서유견문』의 국한문체가 지닌 차이점에 대해서는 임상석의 논의(「한문과 고전의 분리, 번역과 국한문체—게일의 『유몽천자(牖蒙千字)』 연구」, 『고전과 해석』 16, 고전문학한문학연구학회, 2014, 36면)를 참조. 개신교 선교사들은 당시 한국의 공론장에 출현하는 한국어문체를 상당량 주목했다. 이를 잘 보여 주는 사례가 『그리스도신문』에 재수록된 『국민소학독본』의 교과라고 볼 수 있다. 한영균은 조선의 학부 교과서類의 국한문체를 『서유견문』과는 구분된 문체 유형으로 규정했다.(「近代啓蒙期 國漢混用文의 類型·文體 特性·使用 樣相」, 『口訣硏究』 30, 구결학회, 2013) 그가 제시한 구분점을 감안해 볼 때, 『유몽천자』 1권의 문체 역시 『국민소학독본』에 부응한다.

22　『국민소학독본』과 『신정심상소학』에 관해서는 한영균의 논문과 함께 다음 논의들을 참조. 강진호, 「국어 교과서의 탄생과 근대 민족주의」, 『상허학보』 36, 상허학회, 2012; 강진호, 「국어 교과서와 근대적 주체의 형성」, 『국제어문』 58, 국제어문학회, 2013; 강진호, 「국어 교과서와 근대 서사의 수용」, 『일본학』 39, 동국대 일본학연구소, 2014; 강진호, 「전통교육과 국어 교과서의 형성」, 『상허학보』 41, 상허학회, 2014; 구자황,

그렇지만 『유몽천자』는 조선의 학부가 발행한 교과서類와는 분명한 차이점이 존재한다. 첫째, 그것은 서구적 근대 지식을 배열하는 편제 방식과 발화의 위치로, 이는 각 교과서가 참조한 지식의 원천 텍스트의 차이와도 관련된다. 이와 관련하여 영미소설이 교과화되어 수록된 점은 『유몽천자』가 지닌 큰 변별점이라고 평가할 수 있다. 그렇지만 이러한 영미 문학 작품을 번역한 문체는 당시 한국의 번역 지평을 크게 넘어서는 수준은 아니었다.[23] 이와 관련하여 둘째, 한문과 국어[그리고 한자와 한글]을 절합하는 세 가지 다른 문체 형식, 『유몽천자』의 세 가지 다른 국한문체는 갑오개혁 이후 한국의 공론장 속에서 출현하는 다양한 문체 실험들이 반영되어 있었다는 점이다. 비록 북장로교회의 교육 선교는 1897년 중단된 상태였지만, 언더우드가 편찬한 『그리스도신문』은 성경뿐만 아니라 서구의 지식을 전하는 역할을 중요한 사명으로 여기고 있었고, 순 한글 전용 문체를 통해 이를 실현해 주었기 때문이다.

특히, 첫 번째 차이점과 관련하여 『유몽천자』 1권과 『국민소학독본』의 초두를 여는 교과들의 배치를 비교해 보면, 양자의 차이점이 분명히 드러난다. 『국민소학독본』은 일본의 『고등소학독본』(1888)을 중요한 저본으로 활용하였지만, 각 단원을 선별하고 배제하는 핵심적인 원리에는 조선이라는 주체이며 민족주의적 지향점이 작동한다. 예컨

---

「교과서의 발견과 국민·민족의 배치」, 『어문연구』 70, 어문연구학회, 2011 ; 구자황, 「근대 계몽기 교과서의 생산과 흐름」, 『한민족어문학』 65, 한민족어문학회, 2013.

23 일례로, 비록 『그리스도신문』에 대한 검토를 통한 것이지만, 이들 영미 문학 번역물의 존재는 일찍이 김영민 외, 「근대 초기 서사자료 총목록」, 『한국 근대 서사 양식의 발생 및 전개와 매체의 역할』, 소명출판, 2005를 통해 밝혀진 바 있기 때문이다. 그럼에도 이 번역물들이 주목받지 못한 이유는 단편적이며 부분적인 번역이었으며, 당시 한국의 서사 양식을 크게 뛰어넘는 수준이 결코 아니었기 때문이다.

대 제1과 「대조선국」은 『고등소학독본』의 「吾國」을 크게 참조했지만, 대일본을 대조선으로 바꾸고 나라의 형태를 한국에 맞춰 수정했다. 조선이 세계 만국 중에 독립국이며 고유하며 오랜 역사를 지닌 국가란 정체성이 강조된다. 이와 함께 「세종대왕기사」, 「을지문덕」 등과 한국의 역사를 담고 있다. 이와 대조적으로 편찬자 게일은 『유몽천자』 1∼3권과 별도로, 4권 「유몽속편」에 한국의 명문장을 엮어 서구적 지식과 자국학적 지식을 분리했다.

양자의 차이를 명확히 보여 주는 것이 '지구(Earth)'라는 제재를 다룬 『유몽천자』의 첫 번째 교과이다. 「대조선국」 속에 드러나는 국경을 전제로 한 '세계 속의 한국'이란 지정학적 형상과 『유몽천자』를 여는 「地球의 略論」(1-1)에서 '우주와 인류의 관계'로 형성되는 '천문'지리적 형상은 엄연히 변별되기 때문이다. 『유몽천자』에서 형상화되는 세계상은 우주에서 바라본 사물화된 대상, 둥근 지구의 이미지 속에서 아침과 저녁을 정반대로 겪는 마주보는 두 존재 서양("유롭/아머리가 兒孩")과 동양("大韓 兒孩")을 보여 준다. 그리고 이러한 근대성의 세계 속에 한국이 배치되는 것이다. 물론 조선의 학부에서 발간한 세계 지리 및 세계사 교과서類로 범위를 확장해 본다면 이는 『유몽천자』만의 특징이라고 말할 수는 없다. 그렇지만 『유몽천자』라는 교과서의 기본적 성격이 어디까지나 한자 및 구문 학습을 위한 한국어 독본이라는 사실을 염두에 둘 필요가 있다. 또한 게일의 유년 시절 당시 유통되던 캐나다 온타리오의 독본 역시 천문, 지리, 역사 등의 다양한 교과 내용이 혼합된 형태였다는 점도 마찬가지이다.

『유몽천자』에서 둥근 지구의 형상은 옛 것과 대비되는 현재적인 지식이며 또한 "文明한 時代 사람들"이 자연현상에 대한 관찰과 합리적 추론을 통해 충분히 발견할 수 있는 보편성을 지닌 진리로 서술된다. 게일이 작성한 1902년 보고서를 보면, 그는 한국의 학생들이 중화주의적 세계관을 버리고, 지금 자신이 살고 있는 지구가 굉장히 빠른 속력으로 회전하며 또 다른 많은 나라들이 존재하는 세계란 점을 인지하게 된 사실을 매우 만족스럽게 여겼다.[24] 물론 '탈중화주의'라는 공통점을 지니고 있지만, 『국민소학독본』이 자국학적인 지식을 배치함으로 국민(민족)이란 '특수성'에 초점을 맞췄다면 『유몽천자』는 보다 포괄적인 '보편성'에 초점을 맞춘 것처럼 보인다. 물론 이러한 변별점은 '서구적 근대성 = 보편성'이라는 일종의 근대성의 신화로 말미암아 발생하는 것이다.

그렇다면 『유몽천자』를 통해 게일이 한국인에게 전하고자 한 서구적 지식은 어떠한 의의를 지니고 있었을까? 『유몽천자』의 문체적 연원이자 개신교 선교사의 문체 실험의 장이었던 『그리스도신문』의 창간호(1897.4.1.)에 다음과 같이 제시되어 있다.

> 죠션 빅셩을 위호야 지식을 널니펴려호는 거시니 텬디만물의 리치와 형상과 법을 아는 거시오 타국 정치샹을 아는거시오 타국 빅셩의 사는 풍쇽을 아는 거시오 모든 물건을 민두는 법을 아는 거시니라 아모셩업이라도 각 학문을 비혼거시 유익지 아님이 업스니 지식이라 호는 거슨 각사람의게 지물도 유익케 홈이니 나라에도 유익홈이 되느니라

개신교 선교사들이 펼치고자 했던 지식은 서구적 근대성과 그에 근거한 일종의 개발 및 발전의 담론이었다. 요컨대, 그들의 지식은 한국이 부국강병해지며 문명국이 되기 위한 새로운 학문으로 표상된다.

---

24　J. S. Gale, "The Intermediate School for Boys", *The Korea Field* (1902. 11), pp. 67-68.

이러한 그들의 지식론은 과거 한국의 전통적인 지식 체계에 대해 비판적인 견지를 지니고 있었다. 이는 청일전쟁 이후 중국으로 표상되는 과거 한국의 지식체계와의 결별을 전제로 한 실천이었다. 개신교 선교사들이 보기에 이는 높은 사상적 가치를 지니고 있었지만 비실용적이며 현재 급격히 변모되는 세상을 따라갈 수 없는 유학을 대체할 지식이었으며, 또한 '둥근 지구'로 표상되는 진정한 현실 세계의 실상이자 천지만물의 이치, 형상, 법을 알려줄 새로운 보편성이었기 때문이다. 이러한 서구 문명의 담지자이자 전파자인 그들의 지식이자 학문론이 『그리스도신문』에 오롯이 새겨져 있었다. 더불어 한국의 공업 및 산업에 도움을 줄 수학, 천문지리, 화학 등과 같은 서구의 근대 과학 이외에도 이 '둥근 지구' 속을 살아가는 다른 국가의 정치와 풍속들을 전해주는 다양한 기사들이 수록되어 있었다. 예컨대 호머 헐버트(Homer B. Hulbert)의 만국사기, 미국 및 서양 각국, 일본, 러시아, 터키 등을 소개하거나, 러시아의 피터 대제, 나폴레옹, 콜럼버스, 비스마르크 등을 역사적 인물을 다룬 전기, 영국의 역사 소개, 단군에서 통일신라에 이르는 한국사가 연재되었다.[25]

　『유몽천자』에 수록된 교과 역시 이러한 『그리스도신문』과 연속된 실천이었다. 그렇지만 『그리스도신문』과 『유몽천자』에서 서구와 동양 사이의 문명개화의 척도로 제시된 유사과학적 인종론, 사회진화론적 역사문명관은 결코 그들이 주장한 바대로 초월적이며 객관적인 지식은 아니었다. 오히려 그 객관성은 이를 담보할 수 있는 특정한 역사적 정황과 현실 속에서 정립된 것이었다. 예컨대 『유몽천자』에는 '둥근 지구'로 제시되는 이 세계를 살아가는 인종(「人種의 略論」(1-2))이 제시된다. 서구 제

---

25　류대영, 『한국 근현대사와 기독교』, 푸른역사, 2009, 69-74면.

국이 구축한 인종주의는 게일에게 엄연한 객관적인 사실이었다. 그러나 인종이라는 사고는 유럽 근대 식민 지배의 현상이자 결과이며, 지난 500년 동안 만들어진 사회 지배의 가장 효율적인 수단이었다.[26] 『유몽천자』에 기술된 인종 이야기는 서구 제국들이 피식민지에서 토지를 전유하고 노동력을 착취하는 것을 정당화하기 위해 이데올로기 차원에서 구축한 인종주의적 위계 체제에 대한 설명이기도 하다.[27]

게일은 백인(고계쉰), 종색인종(말내), 적동색인종(아머리간), 황인종(몽골), 흑인종(늬그로) 등으로 인종을 분류하고 그들의 문명, 야만의 상태를 설명하고 있다. 이 교재를 통해 학습하는 한국인들은 황인종에 대한 그의 설명을 접하며 자신들이 열등하고, 백인이 우월한 존재임을 받아들이게 된다. 이것은 자신들을 열등한 존재로 규정하고 스스로를 비(非)존재로 생각하는 비서구인의 '존재의 식민화'[28]를 고착시키는 제국의 책략을 그대로 담고 있다. 그리고 이러한 인종에 대한 지식을 포함하여 서구가 만든 지식의 체계와 내용을 신봉하며 자신들의 지식과 사상 등을 진부한, 그리고 시대에 뒤쳐진 불필요한 것으로 치부해 버리는 지식의 식민화가 진행되는 과정이기도 하다. 물론 서구 제국 세력과 일본 제국의 위협, 이를 극복하기 위해 어쩔 수 없이 제국의 문물을 개인 차원이든 국가 차원이든 수용할 수밖에 없었던 한국의 역사적 상황도 고려해야 하지만, 지식과 존재의 식민화라는 맥락에서 벗어날 수 있는 것은 아니다.

---

26  Anibal Quijano, "Questioning "Race"", *Socialism and Democracy* 21(1), 2007, p. 45.

27  월터 D. 미뇰로, 앞의 책, 55면.

28  위의 책, 40면. 미뇰로에 따르면, "존재의 식민성은 (이상적 기독교도, 문명과 진보), (근대화와 발전, 서구적 민주주의와 시장으로의) 개종과 전환의 방식으로 이루어지거나 (식민지 태생의 엘리트들이 식민지 주체 형성으로 연결되는 제국의 구상과 가치를 기꺼이 수용하는) 적응과 동화의 방식으로 이루어진다." 위의 책, 142면.

## 3. 온타리아 공립학교 교과서와 교과화의 원리

『유몽천자』는 유럽제국주의가 구축한 세계상, 아시아, 유럽, 아메리카, 아프리카 대륙 사람들의 특성과 풍속 및 삶의 양태(「習慣의 略論」(1-3), 「世界사람의衣服略論」(1-4), 「世上사람의 머리와 밋 쓰는 거시라」(1-5))를 한 편의 파노라마처럼 제시해 준다. 이는 『유몽천자』 2권에 서구의 역사, 인물에 관한 지식으로 최초로 배치된 교과, 1492년 콜럼버스의 아메리카 발견/발명(「고롬보스의亞美利加新占得(一)~(六)」(2-9~2-16)) 이후 구축된 근대의 세계상이다. 게일의 정체성 역시 이렇듯 아메리카의 '발견/발명'으로부터 비롯된 서구적 근대성/식민성의 출현과 관련된다. 그의 부친 존은 스코틀랜드계 이민자였고 그의 모친은 미국의 독립전쟁으로 말미암아 미국에서 캐나다로 재이주한 네덜란드 계통의 영국 왕당파 이민자의 후손이었다. 그는 이주민의 자녀였고 신대륙에서 태어난 백인이었지만 그의 문화적 정체성은 어디까지나 유럽인이자 영국인에 근접한 것이었다.

1897년 『그리스도신문』에는 서구인이 진출하기 이전 북미대륙에 있었던 나체로 생활하며 살인과 약탈을 일삼고 식인을 하는 야만인("오랑킈")들을 이야기하는 기사들이 수록되어 있으며, 그들을 문명화한 서구인의 기록이 새겨져 있었다.[29] 이 속에는 사실 서구인의 정복 및 착취의 역사가 담겨 있었지만, 그것은 서구 문명의 교화이자 '문명화'라는 명분 속에 정당화되는 것이었다. 나아가 게일을 비롯한 선교사들에게 한국인을 문명화한다는 기획 속에는 제국주의 열강 앞에 처한 국력이 약한 한국의 연약함에 동정, 한국에 대한 진지한 애정이 그

---

29  류대영, 앞의 책, 64-69면.

바탕을 분명히 이루고 있었다. 게일은 의당 이러한 서구적 근대성/식
민성을 주변부의 입장에서 체험한 인물이 결코 아니었다. 오히려 그것
은 그에게도 선험적으로 주어진 자명한 진실이었다. 이는 게일이 태어
나 유년 시절을 보냈던 캐나다 토론토 온타리오 필킹턴에 있는 알마
란 자그만 농촌, 그곳에서 그가 배웠던 교육 과정을 통해 내면화한 제
국의 지식이었다.

Left: Robert Gale. Right: James Gale.
Courtesy of Margaret and Don Farrow

유년 시절 게일의 초상

Gale Farm, circa early 1900s.　　　　　　　Courtesy of Margaret and Don Farrow.

게일 집안의 농장

　러트는 게일이 그가 배웠던 교과서의 일부를 죽는 날까지 간직
하고 있었으며, 이 교과서가 게일의 문학적이며 지적인 소양과 취향
에 있어 심대한 영향력을 제공했음을 지적했다. 러트는 게일이 소지
하고 있었던 이 교과서의 구체적 서지를 말하지는 않았지만, 열정적
인 감리교 교육자 에거튼 레이어슨(Egerton Ryerson, 1803~1882)이 편찬
한 교과서와 미국의 교육자 윌리엄 홈스 맥거피(William Holmes McGuffey,
1800~1873)가 편찬한 유명한 독본(The McGuffey Eclectic Readers)이라고 지
적했다.[30] 여기서 레이어슨은 1846년 캐나다의 국공립학교에서 사용

---

30　R. Rutt, *op. cit.*, pp. 4-5.

할 독본으로 『아일랜드 국편 교과서 총서(The Irish National Series of School Books)』를 추천했으며, 1867년 이를 수정·보완하여 『캐나다 독본 총서(The Canadian Series of Reading Books)』를 편찬한 인물이다.[31]

영어 철자법과 율격 학습에 목적을 둔 『아일랜드 국편 교과서 총서』1권, 『캐나다 독본 총서』1~2권과 『유몽천자』를 비교해 보면, 교과 이전 수록 어휘를 먼저 제시한 교과서 형태에 있어서의 유사성이 분명히 보인다. 그렇지만 『유몽천자』의 실질적인 교과 내용은 이러한 영어 어휘의 철자 및 율격 학습 단계 이후 제시되는 본격적인 '읽기 자료'들이 수록된 심화 단계를 참조한 것으로 추정된다. 게일은 이들 교과서의 심화 단계를 통해 서구의 지식 구조를 충분히 내면화할 수 있었을 것이다.[32]

---

31  본고에서 『유몽천자』와 대비 작업을 수행한 기본적인 독본자료는 『아일랜드 국편 교과서 총서(The Irish National Series of School Books)』와 『캐나다 독본 총서(The Canadian Series of Reading Books)』이며, 또한 『온타리오 독본(The Ontario Reader)』(1884)도 참조했다. 이하 이 세 종류의 독본을 포괄하여 게일이 접했을 가능성이 있는 지리, 문법, 역사 교과서 전반을 포괄적으로 지칭할 때는 '캐나다 온타리오주 공립학교 교과서類'라고 표기하도록 한다(캐나다 온라리오주 공립학교 교과서 전반에 대한 검토는 E. T. White, *Public School Textbooks in Ontario*, The Chass. Chapman, Co., 1922를 참조). 그렇지만 게일의 유년시기와 『유몽천자』교과의 전체상을 감안해 볼 때 게일은 캐나다라는 지역/국가적 특성을 강화하고 다양한 지식분야로 분화된 통합교과서를 활용하지 않았음을 전제할 필요는 있다. 즉, 『온타리오 독본(The Ontario Reader)』(1884), 『온타리오 지리(The Ontario Geography)』(1910), 『온타리오 공립학교 문법(The Ontario Public School Grammar)』(1910), 『온타리오 공립학교 작문(The Ontario Public School Composition)』(1910), 『온타리오 공립학교 캐나다 역사(The Ontario Public School History of Canada)』(1910), 『온타리오 공립학교 영국사(The Ontario Public School History of England)』(1910) 등을 참조하지는 않았을 것이라고 추론된다.

32  성경과 분리된 세속적인 지식을 담고 있으며 캐나다란 지역/국가적 특성이 부각된 『캐나다 독본 총서』를 예로 들어보면, 3권에는 학생들이 흥미를 가지고 쉽게 접근할 수 있는 '도덕적 이야기와 일화', '박물학(Natural History)적 일화', 캐나다와 관련된 '여행, 역사, 모험을 담은 사건들'로 구성되어 있다. 일화나 이야기에서 보다 진전된 서사적 양식의 글들을 모은 4권은 '미국', '유럽', '아프리카', '아시아', '오스트레일리아'란 지리학적인 주제항목으로 엮어져 있다. 저명한 저자의 문장 전범을 엮어놓은 5권은 별도의 주제항목은 없지만, 교과서 말미에는 수록 교과를 과학[자연과학(지리학, 광물학, 동물학, 식물학)],

『유몽천자』1권과 2-3권의 경계는 서구의 과학적 지식과 인문학적 지식으로 구분된다. 또한『유몽천자』1권의 영문 제명이 온타리오주 공립학교 교과서類의 교과명과 일치하는 경우가 없다. 따라서『유몽천자』1권은 이들 독본만으로는 그 개별 교과의 저본을 확정하기가 쉽지 않다. 원전의 내용을 참조하여 한국인 학생을 위해 한국이라는 국가를 포괄한 교과로 새롭게 재편성한 것이기 때문이다. 물론 이러한 모습 역시 넓은 의미에서 번역적 실천으로도 볼 수 있겠지만, 그것은 어디까지나 원전을 상당량 전유한 실천이었던 셈이다. 또한『유몽천자』2~3권에 대한 한국인의 이해를 제공해 주기 위한 일종의 준비 단계이기도 했다. 반면 서구의 역사, 문학 등을 교과화한『유몽천자』2~3권은 이러한 양상과는 다르다.

『캐나다 독본 총서』에는『유몽천자』의 영문 제목과 동일한 2편의 영미 산문이 수록되어 있다. 이는『유몽천자』2권을 여는 「머사의 見夢」(1~3과)과 「氷屐의 避害」(4~6과)의 저본이다. 이 두 교과의 저본은『캐나다 독본 총서』3~4권에 수록된 영국 작가 조셉 애디슨(Joseph Addison, 1672~1719), 화이트 헤드(Charles Whitehead, 1804~1862)의 산문이다.[33] 더욱 더 주목해야 될 점은『유몽천자』소재 영미 문학 작품에는 캐나다 공립학교 교과서類의 교과 편찬 체계가 잘 반영된 사실이다. 이는『유몽천자』의 편찬자들이 캐나다 공립학교 교과서類의 본래 교과화 원리 즉, 문학 작품을 교육용 교과로 활용한 맥락을 수용했음을

---

물리학 및 수학, 사회과학(윤리학, 정치학, 정치경제학, 정신과학), 역사(고대사, 중세사, 근대사), 지리, 기예, 수사학과 순 문예, 시와 극 등으로 분류한 색인이 존재한다.

33  Joseph Addison, "The Vision of Mirza", *The Spectator* 159, 1711.(*The Eclectic Fourth Reader*, Six Edition, Truman and Smith, 1838, pp. 297-301; *Canadian Series of School Books 3*, Canada Publishing Company, 1867, pp. 41-46); Charles Whitehead, "The Skater and the Wolves," *Canadian Series of School Books 4*, Canada Publishing Company, 1867, p. 115.

의미한다.

「머사의見夢」의 저본(The Vision of Mirza)은 『캐나다 독본 총서』 3권 1부 '교훈적 이야기와 일화'(Moral Tales and Anecdotes)에 수록되어 있다. 이 독본의 서문을 펼쳐보면, 3권 1부는 이 책을 여는 일종의 도입부로 학습자가 흥미를 느낄 수 있는 쉬운 이야기와 일화를 엮어 놓은 것이다. 게일은 이와 같은 본래 교과 편제를 반영하여 『유몽천자』 2권의 도입부에 이 영미 문학 작품을 채택한 셈이다.[34] 또한 "The Vision of Mirza"는 『캐나다 독본 총서』의 개정 보완본이라고 할 수 있는 『온타리오 독본』 4권에도 재수록되어 있다.

『온타리오 독본』은 과거 교과서類와 달리, 역사·지리 등의 지식보다는 문학적인 측면이 강화되며 분과화된 교과서였다. 특히 4권은 교과의 구성 체계가 1~3권과 다르다. 수록 교과마다 어휘와 구문 연습이 아니라, 작가해설이 본문 초두에 제시된 변별된 형태이다. 요컨대, 『온타리오 독본』 4권은 명망 있는 영미 작가의 작품들을 모아 놓은 일종의 선집이자, 저명한 작가가 쓴 문장전범을 집성한 독본인 셈이다. 『온타리오 독본』 4권의 작가 해제를 통해 작가 애디슨과 "The Vision of Mirza"에 관한 정보를 살펴볼 수 있으며, 이를 통해 게일이 이 작품을 『유몽천자』에 수록한 이유를 충분히 짐작할 수 있다. 『온타리오 독본』에서 애디슨은 영국의 저명한 시인이자 수필가로 소개된다. 이어지는 해제에 따르면, 애디슨의 활동 시기 세상에 그를 널리 알린 것은 물론 그의 영시였다. 하지만 애디슨의 영시는 당시 몇 수의 작품을 제외한다면 잊혀진 작품이 되었다.

---

34 "Preface," *Canadian Series of School Books Third Book of Reading Lessons*, authorized by The Minster of Education, Toronto: Canada Publishing Company, 1867, pp.iii~iv.

▲ 『온타리오 독본』 표지 및 「머사의見夢」 저본 수록 첫 면

　『온타리오 독본』에서 애디슨이 수록된 까닭은 교과의 본래 출처이자 애디슨 본인이 창간에 참여한 유명한 정기 간행물(The Spectator)에 수록된 그의 에세이들로 인한 것이었다. 교과서의 편찬자는 애디슨을 영어권 사람들에게 순수한 영어 산문을 쓰는 우아한 작가로 널리 인정받는 인물이라고 평가했다. 새뮤엘 존스(Samuel Johnson, 1709~1784)의 평을 빌려, 그를 "유쾌하면서도 상스럽지 않고, 재치가 있으면서도 부도덕하지 않"다고 평가했다. 이러한 애디슨이 쓴 "The Vision of Mirza"는 인생과 그 번민, 불확실성, 무상함에 대한 그림을 전해 주는 알레고리이며, 영국의 저명한 시인 로버트 번즈(Robert Burns, 1789~1869)가 독서의 즐거움을 느낀 최초의 작품으로 평가했음을 소개했다.[35]

　「머사의見夢」의 저본은 이처럼 영미 문학으로서의 전범성이 매우 높은 작품이었다. 또한 "The Vision of Mirza"의 글 구성이 저자가 동

---

35　*The Ontario Readers Fourth Reader*, authorized by The Minster of Education, Toronto: The Copp, Clark Co, 1884. p. 63.

양의 문헌을 번역하여 소개하는 액자 형식이란 점, 이 영미 산문이 보여 주는 '인생을 100여 개의 아치가 있는 다리를 건너는 것으로 묘사'한 알레고리란 예술 형식 역시 『유몽천자』에 이 교과가 번역되어 수록된 중요한 이유이다. 이는 당시 한국인이 애호하는 한국의 예술 양식에도 매우 적합했다. 게일은 알레고리를 동양인(한국인)이 애호하는 중요한 문학적 표현 형식이라고 여겼다. 게일이 보기에, 동양의 회화 예술은 "명확하고 세밀한 정밀 묘사"를 특징으로 하는 서구의 회화와 달리, "명확하지 않은" "암시(suggestion)" 그리고 "윤곽(outline)"만을 제시하는 방식을 특징으로 했다. 게일의 글을 보면 이는 비단 회화로만 제한되는 것이 아니라, 언어를 통한 재현의 문제를 함의한다. 게일이 보기에, 문자를 모르는 사람 또한 한국의 지식층 모두 비유, 상징, 그림을 동일하게 생각하며, 게일은 한국인이 이러한 예술 형식을 선호함을 잘 알고 있었다.[36] 이런 이유로 알레고리와 암시적인 성격을 지닌 「머사의見夢」은 한국인에게도 유효한 교과였던 셈이다.

또한 캐나다 공립학교 교과서가 아동의 흥미를 위하여 활용한 일화, 이야기 형식에도 애디슨의 에세이는 부합하다. 그의 글은 머사라는 인물이 인생의 허망함에 고민을 하다가 우연히 도사를 만나게 된 체험을 다룬 이야기이다. 「氷屐의避害」의 저본(The Skater and the Wolves) 역시 마찬가지이다. 작가의 지명도의 문제 때문인지, 이 작품은 『온타리오 독본』에는 수록되지 않았다. 그렇지만 이는 『캐나다 독본 총서』 4권 1부 "북미 지역"에 수록되어 있던 작품이다. 본래 교과서의 단계적 교과 학습이란 차원에서 본다면, 『캐나다 독본 총서』 3권에 수록되었던 "The Vision of Mirza"보다 더 심화된 텍스트로 당시 교육 현장에서 활용되었

---

36   J. S. Gale, "A Few Words on Literature", *The Korean Repository* 1895.11, pp.423-425.

음을 의미한다. 그 차이점은 4권의 서문에서 발견할 수 있다. 4권에 수록된 "The Skater and the Wolves"를 비롯한 교과들은 '이야기, 일화'가 아니라 '서사(narrative)'로 규정되기 때문이다.[37]

"The Skater and the Wolves"는 북미 지역에서 저자가 스케이트를 타고 늑대의 위협으로부터 벗어난 모험을 담고 있는 작품으로, "The Vision of Mirza" 보다 상대적으로 핍진한 묘사와 서술 양상을 보여 준다. 『유몽천자』 역시 이처럼 '이야기, 일화' 차원의 「머사의見夢」(1-3과) 뒤에, '서사'로 볼 수 있는 「氷屐의避害」(4-6과)를 배치하여 이야기, 일화 양식에서 서사 양식으로 심화되는 『캐나다 독본 총서』의 단계적 교수-학습 과정을 반영했다.

▲ 『캐나다 독본 총서』 표지 및 「氷屐의避害」 저본 수록 첫 면

물론 "The Skater and the Wolves"에는 한국인에게 낯선 북미의 설경, 사건 전개 및 상황에 관한 정밀한 묘사가 보인다. 즉, 한편으로는 게일이 인식한 한국인이 애호하는 묘사 방식과는 어긋나는 것이기도 했다. 그렇지만 두 교과가 『유몽천자』에 수록된 이유는 이러한 난점을

---

37  "Preface", *Canadian Series of School Books Fourth Book of Reading Lessons*, authorized by The Minster of Education, Toronto: Canada Publishing Company, 1867, pp.iii~iv.

게일이 '경개역'이라는 번역 방식을 통해 해결할 수 있었기 때문이다. 게일은 "The Skater and the Wolves"에서 당시 한국인 독자가 수용할 수 없는 이문화적 요소와 정밀한 묘사를 대폭 생략했다. 즉, 모든 개별 어휘를 번역하는 방식이 아니라, 요지를 뽑아 선택적으로 번역하는 방식[축약]을 통해 이러한 난점을 해결했던 것이다. 그렇지만 『유몽천자』 소재 영미 문학 번역물은 캐나다 온타리오 공립학교 교과서류라는 경계 안에 모두 포괄되지 않는다. 왜냐하면 게일의 영미 문학 작품에 관한 독서 체험은 의당 당시 교과서에 수록된 수준보다는 더 넓었을 것으로 추정되기 때문이다.

## 4. 영미 소설과 제국/식민지의 역학

러트는 게일이 유년 시절 학교에서 『걸리버 여행기』(1726), 『신밧드』(1885) 등의 소설과 온타리오 공립학교 교과서에 수록된 단편적 시작품이 아니라 로버트 번즈(Robert Burns, 1759~1840), 토마스 캠벨(Thomas Campbell, 1777~1844), 새뮤얼 콜리지(Samuel Coleridge, 1772~1834), 윌리엄 워즈워즈(William Wordsworth, 1770~1850), 헨리 롱펠로(Henry Longfellow, 1807~1882) 등과 같은 18~19세기 영국 시인의 작품들을 함께 읽었음을 지적했다.[38]

이를 반영하듯이 『유몽천자』에는 그 저본의 단서를 남겨 놓은 3편의 영미 소설 번역물(「버얼의波濤歎(The Death of Little Paul)」(2-25~27), 「모듸거져(名象)之不服他主(The Pearl Elephant)」(3-12~13), 「그루소之求一黑人作伴(Crusoe's

---

38 Rutt, *op. cit.*, p. 4

Man Friday)」(3-16~17))이 수록되어 있다. 이 세 작품은 다니엘 디포우 (Daniel Defoe, 1659~1731), 찰스 디킨즈(Charles Dickens, 1812~1870), 키플링의 영미소설을 저본으로 한 것이다.[39] 게일은 세 영미 작가의 작품 원명을 그대로 가져오지 않았다. 그 이유는 온타리오 공립학교 교과서類에 수록된 2편의 영미 산문처럼 해당 전문을 가져온 것이 아니라, 디포우, 디킨즈의 장편소설과 키플링의 작품집 중에서 일 부분을 발췌 번역했기 때문일 것이다.

이러한 작품 선택은 교과서를 통해 얻은 것이 아닌 게일 개인의 독서 체험으로 인한 것이다. 19세기 성경 다음으로 영국 청소년에게 많은 영향을 주었고[40] 이런 의미에서 서양 청소년의 권장 도서로 볼 수 있는 『로빈슨 크루소』(1719)를 제외한 2편의 다른 작품 선택에 있어서 그의 유년 시절 독서 체험으로도 한정되지 않는 모습이 보이기 때문이다. 즉, 키플링 단편집의 출판 시기[Life's Handicap(1891)]가 말해 주듯, 이는 한국에서의 선교 기간 동안에 접했던 작품이었다. 후일 게일은 "키플링의 유명한 코끼리 이야기를 한국 어린이용 책에 번역하여 수록"[41]했다고 회고한 바 있다.

게일은 디킨즈의 작품을 키플링의 단편집과 같이 한국에서 읽었던 것으로 보인다. 게일은 1889년 그의 누이 제니에게 다음과 같은 편지를 보낸 바 있기 때문이다.

---

39  C. Dickens, *Dombey and Son*, Boston ： Bradbury and Evans, 1848; D. Defoe, *Robinson Crusoe*, London, Macmillian and Co., 1868; R. Kipling, *Life's Handicap ： Being Stories of Mine Own People*, London, Macmillian and Co., 1892.

40  Michael Shinagel, *Robinson Crusoe: Daniel Defoe*, Norton, 1975, p. 292.

41  J. S. Gale, 유영식 편역, 「일본은 왜 조선에서 실패하였는가」(1919), 『춘한 목쟈: 게일의 삶과 선교』 2, 도서출판 진흥, 2013, 235면.

내가 부탁하는 책 몇 권을 우편으로 보내 주셨으면 합니다. 첫째는 『돔비 부자(*Dombey and Son*)』라는 책인데 아직 읽지를 못했습니다. 둘째는 내 책꽂이에 있는 조그마한 책들인데, 저자는 미국인들이고 출판사는 '더글러스 에딘버러(*Douglass Edinburgh*) 출판사'입니다. 어쩌면 이 책들은 내 책꽂이에 지금은 없을지도 모릅니다. 누나도 이 책들을 읽어 보고 싶어할지 모릅니다. 어쨌든지 형편을 보아 보내주시기 바랍니다. …(중략)… 셋째로 『리틀 도릿 (*Little Dorrit*)』과 『마틴 처즐윗(*Martin Chuzzlewit*)』입니다. 알렉스가 소유하고 있는 책들 가운데 있을 것입니다. 그 책들을 읽어 본적이 없는데 가끔씩은 작품에 나오는 사람들과 친구가 되려고 합니다. 찾으면 보내 주시기 바랍니다.[42]

게일이 보낸 편지 속에서 거론된 작품은 모두 디킨즈의 장편 소설이다. 이 중에서 그는 『돔비 부자』의 16장을 발췌하여 번역했다. 『돔비 부자』는 디킨즈의 7번째 소설이며, 1846년에서 1848년까지 한 달 기준으로 부분 발표되다가 1848년 단행본으로 출판된 작품이다.[43] 이 소설은 구조와 인물 구성에 있어 디킨즈가 이전 작품보다 더 많은 노력을 기울인 작품이자,[44] 주제 면에서도 이전 소설 보다 사회 비판이 더욱 강화된 양상을 보이는 전환기에 해당하는 작품이기도 하다.[45] 이 작품 선택은 게일 개인의 문학적 취향이 가장 강하게 반영된 사례였다. 그가 가장 흠모했던 작가가 디킨즈였기 때문이다. 그렇지만 『돔비 부자』에서 선별한 16장은 한국아동을 교육하기 위한 교과서 맥락에

---

42  J. S. Gale, 유영식 편역, 「1889년 10월 22일, 사랑하는 누나 제니에게, 부산에서」, 『춘한 목쟈: 게일의 삶과 선교』 2, 도서출판 진흥, 2013, 61면.

43  Paul Davis. *Critical Companion to Charles Dickens : A Literary Reference to His Life and Work*, Facts On File. 2007, p. 103.

44  *Ibid.*, p. 110.

45  이인규. 「『돔비 부자』와 돔비 부녀」. 『어문학논총』 25. 국민대 어문학연구소, 2006, 245면.

상응되도록 게일이 선택한 모습이 보인다.

『돔비 부자』는 성공한 영국 중산 계급의 사업가이며 타인과 금전 관계를 빼면 인간관계를 맺을 줄 모르는 주인공 돔비의 오만한 삶과 실패 과정을 다룬 작품이다. 게일은 이 소설에서 이러한 주인공 돔비가 아니라, 그의 아들 폴과 폴의 죽음에게 초점을 맞췄다. 폴은 돔비가 혐오하는 그의 딸이자 폴의 누이인 플로렌스(Florence)와 달리, 돔비에게 있어 그의 출생 자체가 기쁨이며 지속적으로 그가 애정을 쏟는 대상이다. 그렇지만 돔비에게 폴은 자식이란 지극히 인간적 측면보다는 일종의 사물화된 차원에서 의미를 지닌 존재이다. 돔비는 폴을 '돔비와 아들 상사'란 자신의 부이자 사업체를 물려줄 중요한 존재로 인식했고, 그는 이에 맞춰 폴을 교육시키고자 한다. 폴은 순진하며 순수한 어린아이이며 매사 돔비에게 순종적인 아들이지만, 돔비가 양육하고자 하며 요구하는 인간형과는 다른 모습을 보여 준다. 돔비가 맹신하는 물신적 가치와 의미를 부정하며, 금전과 계급에 기반한 자본주의적 가치관에 의해 돔비가 혐오하는 누나 플로렌스를 비롯한 인물들에게 진정한 사랑을 쏟는 모습을 보여 주기 때문이다. 이런 폴이 아버지에게 던진 치명타는 어찌 본다면 자신의 죽음이었고, 폴은 자신의 죽음을 예감하고 저승으로 흘러가는 바다에 대해 계속 애착을 갖고 그 의미를 찾고자 한다.[46] 폴의 이러한 모습에는 사후 세계에 관한 희망을 담고 있는 바도 있어, 선교에 부합한 측면도 더불어 존재한다.[47]

물론 게일은 아동 및 청소년용 도서라는 목적에 맞춰 영미 문학

---

46 장남수, 「『돔비 부자』와 근대성 문제」, 『현대영미어문학』 15(1), 현대영미어문학회, 1997 ; 장남수, 「돔비의 프라이드가 지닌 아이러니」, 『영어영문학연구』 32(2), 대한영어영문학회, 2006 ; 이인규, 앞의 글, 246-249면.

47 R. Rutt, *op. cit.*, p.36.

작품들을 교과화했다. 하지만 '돔비와 아들 상사'와 인접한 장소에 있는 동인도회사의 존재가 잘 말해 주듯, 『돔비 부자』를 비롯한 이들 작품은 제국과 식민지의 문제가 결코 배제되어 있지 않았다. 사실 게일에게 있어 한국의 고전 문화를 보는 시선 및 관점의 변화의 모습을 서구 문명에 관한 그의 시선에서 쉽게 발견할 수 없다. 그만치 게일에게도 서구의 문명은 우월하며 진정한 '보편 문명'이자 변하지 않는 상수였다. 서구인의 식민지 개척과정은 '정복'이 아니라 '서구 문명의 전파이자 교화'라는 실천이었다. 『그리스도신문』에서 영국이 개입하기 이전 인도 피지섬 사람들의 형상은 "미우 사오납고 인육을 먹"는 야만인으로 형상화된다. 『그리스도신문』은 1838년 영국의 선교사들이 들어가 전도한 이래 이 섬의 백성들 10만 명이 기독교를 받아들였으며 이제는 "매일 법을 슌히 좃는 사람들이"자 다른 이에게 복음을 전파하는 문명화된 사람들이 되었음을 전했다.[48] 『유몽천자』에는 「그루소之求一黑人作伴」(「그루소의흑인을엇어동모홈」)이라는 그 한국어 제명이 잘 말해 주듯이 프라이데이를 구출하고 그에게 食人을 금지하도록 훈육하는 장면이 발췌, 번역되어 있다. 즉, 선교사의 형상에 부응하는 크루소의 형상과 서구인의 문명화 과정 그 자체를 축조적으로 보여 주는 현장 그 자체를 선별하여 번역한 셈이다.

　『유몽천자』 3권에 수록된 「모듸거져(象名)之不服他主」(「모듸거져(象名)가 그 쥬인의게 복죵홈」)은 키플링의 인도 코끼리에 관한 단편 작품을 번역한 교과이다. 그렇지만 이 작품에는 크루소와 프라이데이의 관계와 같은 동일한 지점, 영국인과 인도인이 함께 있는 커피 농장의 운영과 식민지 인도란 현실이 존재했다. 그리고 게일은 이 현실을 결코 비

---

48 「교회통신: 피지셤의 졍형」, 『그리스도신문』 1897. 12. 23.

판적으로 자기 검열하지 않았다. 오히려 게일은 영국인 농장주가 커피 재배를 위해 농지를 개간하는 모습을 중국 고대의 전설 속 성인의 치적을 보여 주는 전고에 빗대어 번역했다. 이렇듯 서구적 근대성과 문명화 기획 그 자체에 대한 반성을 게일의 『유몽천자』를 통해서는 쉽게 발견할 수 없다. 어쩌면 영미 문학은 애초부터 게일에게 서구적 근대성을 비판할 새로운 시야를 제공할 수 없는 것이었을지도 모른다. 오히려 그의 자기반성을 이끌어 낸 계기이자 그 가능성은 주변부 한국문학과 그가 근대성을 체험한 주변부 한국이라는 공간에 있었던 것일는지도 모르겠다. 하지만 적어도 그를 비롯한 개신교 선교사들의 이러한 문명화 기획 자체는 한국인을 위한 실천이란 믿음과 진심이 분명히 담겨져 있었다는 사실은 지적할 수 있을 것이다.

## 나오며: '경개역'이라는 번역 지향과 게일의 번역 원칙

본고에서 해결하지 못한 과제가 있기에, 첨언해야 될 점이 있다. 그것은 서구의 과학적 지식을 기반으로 새로운 교과를 구성하는 방식과 저명한 저자의 작품을 번역하여 교과를 구성하는 방식에는 차이점이 존재했다는 사실이다. 이처럼 『유몽천자』 2권에 새롭게 등장하는 문학이라는 분과 학문 지식 즉, 영미 산문 및 소설 등과 같은 고급문화는 그 번역 양상은 비록 개관역이자 축역이지만 1권과 달리, 그 속에는 원본을 보존해야 한다는 어떠한 목적성과 필요성이 존재했다.[49]

---

49  비록 모든 저본을 명확히 밝힐 수는 없지만, 『유몽천자』 1권과는 다른 이러한

영미 문학 작품의 번역은 원전 작품을 새롭게 재구성하여 교과를 편찬하는 차원의 번역이 아니었다. 물론 게일의 영미 문학 번역 실천 속에서 한국의 근대 지식인이 근대 소설 양식을 정초하기 위해 시도한 노력을 발견할 수는 없다. 오히려 게일은 그가 체험한 과거 한국의 문학 양식을 통해 영미 문학 작품을 한국어로 재현하고자 했다. 그렇지만 그 속에는 자신이 생각한 원전의 본질을 전하고자 한 게일 나름의 번역의 원칙이 존재했다. 즉, 그가 읽은 영미 문학 작품을 한국어로 번역하는 행위 속에는 원전과 당시 한국의 번역 지평 사이의 길항 관계가 있었던 셈이다.[50]

게일에게 번역의 원칙은 독자에게 낯선 외국어와 같은 번역본이 아니라, 외국어를 모를 지라도 자국어와 같이 쉽게 읽히는 번역본을 만드는 것이었다. 성서 번역에 있어 게일의 한국어풍(the Korean idiom)에 맞는 언어사용과 '자유역(free translation)'이라는 번역 원칙은 전체 의미를 가감 없이 번역하는 '축자영감설(verbal inspiration)'을 주장한 진영과의 논쟁을 불러일으킨 큰 원인이 되었다. 요컨대, 게일의 한국어역 성서는 문학적인(literary) 관점에서 비난할 것이 없는 텍스트였지만, 너무나 많은 것을 줄인 단점이 있었던 셈이다.

---

차이점들은 과학적 지식이나 단편적인 일반상식을 제외한 교과들, 특히 여러 개의 교과로 구성된 상대적으로 많은 분량을 지닌 서구의 역사, 전기 등에도 동일할 것으로 보인다. 예컨대, 「고롬보스의亞美利加新占得(Columbus)」(2-9~16)의 저본으로 추정되는 교과가 『아일랜드 국립교과서 총서』 2-1권("The History of Columbus, and His Discovery of America," Sequel to the Second Book of Lessons, for the Use of Schools, R. & A. Miller, 1859)에 수록되어 있다. 「나일江口水戰」(3-3~4)와 「英君主大알부렛之中興(King Alfred the Great)」(3-10~11), 「女子그레쓰쌀닝之急人高義(Grace Darling)」는 『캐나다 독본 총서』3~4권에 수록된 교과("Grace Darling", "Alfred the Great", Canadian Series of School Books 3, Canada Publishing Company, 1867, pp. 299-304.; Warburton, "The Battle of the Nile", Canadian Series of School Books 4, Canada Publishing Company, 1867, pp. 249-251)와 유사성이 있을 것으로 추론된다.

50  류대영 · 옥성득 · 이만열, 『대한성서공회사』 Ⅱ, 대한성서공회, 1994, 130-140면.

『유몽천자』(『그리스도신문』) 소재 영미 문학 작품의 번역 양상은 이러한 게일의 지향점과 맞닿아 있다. 물론 『유몽천자』 전반에 보이는 '축역' 혹은 '경개역'이란 번역 양상과 관련하여 한 단원의 교과 내용을 구성할 적절한 분량 선정의 문제를 간과할 수는 없다. 그렇지만 이보다는 '한국어풍에 맞는 언어 사용'이란 번역적 지향점이 투영되어 있었다. 즉, 『유몽천자』를 통해 재현할 서구 문명은 어디까지나 당시 한국인이 공유하는 한국어의 지평 속에서 성취되어야 하는 것이었다. 그 한 사례를 살펴보기 위해 「머사의見夢」 도입부를 『그리스도신문』의 재수록 기사 그리고 영어 원전과 대비하여 펼쳐보도록 하자.

> 余가가이로에在할時에東洋古書를多得하여閱覽하더니其中에一卷冊子를見한則머사ㅣ라하는者의現夢이라滋味가有하기로譯하여記載하노라(2면) [내가 가이로에 잇슬 째에 동양 녜젼 셔칙을 만히 엇어 열람ᄒ더니 그 즁에 ᄒᆞᆫ 칙을 본즉 머사라하ᄂᆞᆫ 사롬의 현몽이라 진미가 잇기로 번역ᄒ여 긔지ᄒ노라]
>
> WHEN I was at Grand(인용자- 번역누락: 이하 누락) Cairo, I picked up several Oriental manuscripts, which I have still by me.(누락) Among others, I(누락) met with one entitled "The Visions of Mirza," which I have read over with great pleasure.(누락) I(누락) intend to give it to the public, when I have(누락) no other entertainment for them(누락); and shall begin with the first division, which I have(누락) translated word for word as follows.(누락)[51]

상기 인용문을 보면, '한국어풍', '자유역'이라고 불리는 게일의 한국어 번역의 모습이 잘 반영되어 있다. 그것은 오늘날 우리의 번역적 감

---

51 Joseph Addison, "The Vision of Mirza", *The Ontario Reader*s 4, 1884. pp. 63-64.

각과 다른 게일의 번역 방식으로 원전의 개별 어휘를 모두 번역하기보다는 요지를 압축적으로 표현하는 번역 방식이다. 즉, 만약 해당 원문의 영어식 구문을 모두 반영했다면, 한국어 번역문은 동사의 시제, 접속사, 관계대명사가 투영되어 보다 복잡한 형태의 문장이 되었을 것이다. 이는 1920년대 게일이 이원모와 함께 朝鮮耶蘇教書會에서 간행한 일련의 영미 문학 번역물에서도 지속적으로 보여 주는 번역 양상으로, 문장의 대의를 역술한 '경개역'이라는 번역 특징이기도 하다.[52]

그렇지만 『유몽천자』에도 수록된 바 있는 작품인 『로빈슨 크루소』에 대한 완역본, 『그루소표류긔』(1925)와 관련된 게일의 연차 보고서를 주목할 필요가 있다. 그의 보고서에 따르면, 영어원전의 어휘 수는 대략 70,000개에 해당되지만 게일은 25,000개의 한국어 어휘로 작업을 수행했다. 그에게 있어 번역의 초점은 원전을 그대로 번역하는 것이 아니었다. 오히려 한국인이 쉽게 읽고 이해할 수 있는 표현으로 만드는 것이었다.[53] 즉, '경개역'이란 번역 방식은 게일의 의도된 번역 전략이었다. 사실 「머사의見夢」 도입부에서 번역이 생략된 어휘들은 영어와 한국어 사이 구문상 차이점으로 인한 난점을 제외한다면, 1890년경 초기 영한사전과 문법서로도 쉽게 번역될 수 있는 어휘들이다. 그렇지만 이를 번역하지 않은 것은 게일은 그러한 영어식 구문과 표현을 결코 한국인이 읽을 수 있는 한국어다운 언어 표현으로 여기지 않았기 때문이다.

---

52  김병철, 『한국근대번역문학사연구』, 을유문화사, 1974, 417면, 604면, 626-627면, 639-640면.

53  이는 로스 킹이 자신의 논문에서 제시한 『그루소표류긔』에 관한 게일의 1924-1925년 연차보고서(1924. 10. 22)의 내용이다(Ross King, "James Scarth Gale and the Christian Literature Society(1922-1927) : Salvific Translation and Korean Literary Modernity ( I )," In: Won-jung Min (ed.), *Una aproximacion humanista a los estudios coreanos*. Ebook distributed by Patagonia, Santiago, Chile, 2014, p. 20).

　　즉, 이 속에는 우리가 쉽게 감지할 수 없는 것,『유몽천자』의 편찬자 게일·이창직이 지녔던 당시 한국어에 관한 언어적 직관이 내재되어 있다. 따라서 원전에 대한 변용 양상과 축약을 통해서 주목해야할 점은 축약, 경개역이라는 번역의 한계와 그에 대한 비판이 아니다. 오히려 이 속에는 편찬자들이 당시 지니고 있었던 한국어에 관한 언어적 직관과 번역의 지평이 전제되었음을 가정하고 살펴야 하는 것이다. 이러한 번역의 문제에 관한 고찰을 후일의 과제로 설정하고 이 글을 갈무리한다.

자료편

# 국한문체
# 기획의 현장을 찾아서

## 일러두기

1. 자료의 입력은 성균관대학교 중앙학술정보관 소장본(411.15 G151t7 v.1~v.4)를 저본으로 삼아 하였다. 각 권의 서지 정보는 다음과 같다.
   ① 「牖蒙千字 卷之一」(재판), 大韓聖教書會, 1903.
   ② 「牖蒙千字 卷之二」, 大韓聖教書會, 1904.
   ③ 「牖蒙千字 卷之三」, 大韓聖教書會, 1901.
   ④ 「牖蒙續編」, 大韓聖教書會, 1904.
2. 1에 따라 원전의 쪽수는 성대 소장본의 것을 따랐다. 쪽수는 해당 쪽이 끝나는 부분에 <1>, <2>, <3>과 같이 표시를 하였다.
3. 띄어쓰기와 줄바꾸기는 원전에 따랐다. 『유몽천자』에서는 띄어쓰기를 하고 있지 않은데, 이를 현대적 기준에 따라서 띄어쓰기를 하는 것도 생각하여 보았으나 이럴 경우 현대적 편견으로 이 자료를 보게 되는 문제가 생길 것이 우려되어 그러지 않았다. 다만 원전과 달리, 독자의 편의를 위하여 들여쓰기는 해 놓았다.
4. 원전에 명확히 오자(誤字)가 들어가 있는 경우에는 다른 판본을 참고하여 수정을 하고 적절히 주석을 달아 놓았다.
5. 한자의 자형이 오늘날 일반적으로 사용되는 것이 아닌 경우에는 가능한 한 '算[筭]', '體[軆]' 등과 같이 일반적으로 사용되는 자형을 제시하되 [ ] 안에 원전에서 쓰인 자형을 넣어 병기하여 놓았다.
6. 원전의 한자 자형이 아래아 한글이나 이체자(異體字) 사이트에서 검색되지 않는 것이 제시되어 있는 경우에는 '豺[豸+寸]', '懸[忄+辟]', '薧[艹$膏]' 등과 같이 일반적으로 쓰이는 자형을 제시하되 [ ] 안에 둘 이상의 한자를 이용하여 결합적으로 나타내었다. '+'는 두 글자가 가로로 결합됨을 나타내고 '$'는 두 글자가 세로로 결합됨을 나타낸다.
7. 음역어의 경우 원전에는 해당 어휘의 오른쪽에 한 줄 내지 두 줄을 표시하여 두었는데, 이곳에서는 "몽골과고게쉰과말내와아머리간과늬그로라", "유롭과아머리가" 등과 같이 밑줄을 이용하여 표시하였다.
8. 2권에 있는 똅과 똅은 {問}과 {答}과 같이 { } 표시하였다.

제1장

# 『유몽천자』1권

## 유몽천자

　　이 책은 태서 사람의 아해 교육 식히는 규례를 의방하야 지은 책
이니 초학입덕지 문 이라 대저 아해를 가르치는 법은 쉬운데서 브터
시작하야 슬긔로온 말노써 그마음을 여러 밝히고 그 지식을 널녀 주
는 거시 가장 요긴한 고로 몬저 행용하는 한문 글자 일천을 가지고 국
문과 혼합 하야 한권 책을 저술하엿는데 무릇 이십오 과정 이라 이밧
긔 쏘 이삼사 권을 개간하야 대한 가온대 남녀 아해를 가르치는데 지
극히 조흔 법을 삼으랴 하노라

大美國敎人奇一著

大韓士人李昌穊述

대한성교서회탁인

大韓聖敎書會託印

# 目錄

---

1　원전에는 '地珠'로 인쇄되어 있으나 잘못이기에 '地球'로 바로잡았다. 국립중앙도서관
　소장본, 서울대학교 중앙도서관 소장본에는 모두 '地球'로 제시되어 있다.

## 第一科程 地球의略論

| | | |
|---|---|---|
| 地球 지구 | 居處 거처 | 合 합 |
| 地面 지면 | 四分 사분 | 三 삼 |
| 一 일 | 時方 시방 | 堅固 견고 |
| 物件 물건 | 晝夜 주야 | 兒孩 아해 |
| 夕飯 석반 | 大韓 대한 | 朝飯 조반 |
| 世上 세상 | 智識 지식 | 生覺 생각 |
| 勝 승 | 大抵 대저 | 憑據 빙거 |
| 顯著 현저 | 假令 가령 | 萬頃滄波 만경창파 |
| 蒸氣船 증긔선 | 風帆船 풍범선 | 棹 도 |
| 後 후 | 船體 선체 | 宛然 완연 |
| 水路 수로 | 西國 서국 | 一向 일향 |
| 東 동 | 得達 득달 | 月蝕 월식 |
| 鶴 학 | 壯士 장사 | 文明 문명〈1〉 |
| 時代 시대 | 信聽 신청 | |

地球는우리居處하는데니물과흙이合하야된거신데地面四分의三은물이오四分의一은흙이라녯적에는모지다하엿스나時方은둥글다하나니라이地球는한둥근덩어리가단단히뭉처서堅固하게된物件으로서晝夜쉬지안코돌매晝夜가밧괴여유롭과아머리가兒孩가夕飯을먹을제우리大韓兒孩는朝飯을먹나니이世上智識이녯날生覺보다勝하도다大抵地球가모지지안코둥근憑據가顯著하니假令萬頃滄波에쩌오는蒸氣船이나風帆船이나바라보면처음에棹대브터보이다가갓가히온後에야船體가完然히보이나니라또우리가水路로西國을가랴하고一向東으로만가도西國에得達하고또月蝕할제그그림자만보아도아나니녯그리써사람의生覺에코기리가싸흘지고鶴을타고간다거나또엇더한壯士가싸흘지고간다하는말들은우리文明한時代사람들의信聽할바아니로세

# 第二科程 人種의略論

| | | |
|---|---|---|
| 世界 세계 | 人種 인종 | 黃人種 황인종 |
| 性稟 성픔 | 暴虐 포학 | 氣質 긔질 |
| 淳朴 순박 | 士農工商 사농공상 | 業 업 |
| 者 자 | 其 기 | 古代 고대〈2〉 |
| 議論 의론 | 事業 사업 | 可 가 |
| 故 고 | 驕慢 교만 | 異邦 이방 |
| 夷狄 이적 | 排外思想 배외사상 | 近來 근래 |
| 各國 각국 | 通涉 통섭 | 白人 백인 |
| 黃人 황인 | 評論 평론 | 心志 심지 |
| 懦弱 라약 | 進步 진보 | 無力 무력 |
| 妄佞 망녕 | 虛誕 허탄 | 龍 룡 |
| 鬼神 귀신 | 陰陽 음양 | 卜術 복술 |
| 夢事 몽사 | 儒道 유도 | 佛道 불도 |
| 仙道 선도 | 白人種 백인종 | 性質 성질 |
| 强暴 강포 | 驍勇 효용 | 壓制 압제 |
| 爲主 위주 | 忍耐 인내 | 感覺 감각 |
| 願 원 | 一般 일반 | 人民 인민 |
| 學文 학문 | 農工商 농공상 | 各各 각각 |
| 會社 회사 | 一箇人 일개인 | 利益 리익 |
| 一國 일국 | 取 취 | 權利 권리〈3〉 |
| 棕色 종색 | 愚鈍 우둔 | 悍毒 한독 |
| 冤讐 원수 | 機會 긔회 | 暗殺 암살 |
| 聰明 총명 | 工夫 공부 | 成功 성공 |
| 虛無 허무 | 有名 유명 | 害 해 |
| 赤銅色 적동색 | 合衆國 합중국 | 土人 토인 |
| 彷彿 방불 | 精神 정신 | 頭髮 두발 |
| 頭骨 두골 | 到處 도처 | 帳幕 장막 |
| 山 산 | 文學 문학 | 商業 상업 |
| 工業 공업 | 農業 농업 | 技藝 기예 |
| 自己 자긔 | 土地 토지 | 占領 점령 |

| | | |
|---|---|---|
| 鬱[欝]憤 울분 | 一生 일생 | 慷慨 강개 |
| 職業 직업 | 年年 년년 | 減 감 |
| 黑人種 흑인종 | 漆色 칠색 | 上下 상하 |
| 羊 양 | 上古 상고 | 史記 사긔 |
| 本是 본시 | 學術 학술 | 稟質 픔질 |
| 魯鈍 로둔 | 蠢蠢愚氓 준준우맹 | 稱 칭〈4〉 |
| 天痴 천치 | 中古 중고 | 奴隷 노례 |
| 只今 지금 | 贖良 속량 | 節制 절제 |
| 自由 자유 | | |

世界에人種다섯시잇스니몽골과고게쉰과말내와아머리간과늬그로라몽골은우리黃人種이니性稟이暴虐지아니하고氣質이淳朴하야士農工商의業을배홀만한者ㅣ니라其古代를議論컨대事業한거시만흐니可히文明에나아갓섯다할만한故로驕慢하야異邦사람을보면夷狄이라하난이도잇스며排外思想을품은者도업지아니한지라近來에各國과通涉한後로브터白人이우리黃人을評論한데닐넛스대心志가懶弱하야進步하는이無力하며忘倢되고虛誕한거슬일삼아龍과鬼神과陰陽과卜術과밋夢事를밋는다하나니其道는儒佛仙三道더라

고궤쉰는白人種이니性質이强暴하고驍勇하야남을壓制하기로爲主하고忍耐와感覺두가지마음으로써날마다더옥새로워가기를願하고一般人民이學文과農工商에힘을써서各各會社를니리키나니一個人의利益과一國의利益을取하고權利를다토는人種이니라

말내는棕色人種이니性質이愚鈍치아니하고悍毒하야冤讎를맛나면機會를타서暗殺하는者ㅣ니라聰明하야무삼工夫를하던지成功하는者ㅣ나그러나虛無한거슬만히밋다가오날쩌러저有名한사람이되지못하고害를밧나니라〈5〉

아머리간은赤銅色人種이니合衆國의土人이라얼골이맛치붉은구

리와彷彿하고쌤쎠가놉고눈에精神이나타나고코가크고頭髮이곱슬곱
슬하지아니하니라새털갓슬쓰고단니는者ㅣ니性稟이사오나와冤讎를
죽여其頭骨셥더기를씌에차더라집을짓코居處하지아니하며到處마다
帳幕을치고지내며山으로가서사냥을잘하고文學과商業과工業과農業
과技藝의쯧시업나니유롭사람이自己土地를占領한後로브터鬱憤함을
견대지못하야一生慷慨한마음을품고지내며아모職業도일삼지아니함
으로其人種이年年히減하야가나니라

느그로는黑人種이니그검은거시漆色갓고上下입설이두텁고頭髮
이羊의털갓치곱슬곱슬하야길지아니하더라上古史記를보면本是아푸
리가人種으로서學術과技藝가업서文明에나아가지못한者ㅣ니稟質이
魯鈍하야蠢蠢愚氓인故로사람이稱하기를天痴라하나니라中古브터남
의奴隸가되엿다가只今은贖良하야남의節制를밧지아니하고自由를엇
은者ㅣ니라

## 第三科程 習慣의略論

| | | |
|---|---|---|
| 習慣 습관 | 自兒時 자아시 | 父母 부모 |
| 中 중 | 自然 자연 | 天性 천성〈6〉 |
| 配合 배합 | 行習 행습 | 牢不可破 로불가파 |
| 風俗 풍속 | 恰似 흡사 | 假量 가량 |
| 一朝一夕 일조일석 | 變 변 | 卒然 졸연 |
| 變易 변역 | 仔細 자세 | 地球上 지구상 |
| 無論 무론 | 黃 황 | 白 백 |
| 黑 흑 | 棕 종 | 紅 홍 |
| 各其 각기 | 區別 구별 | 起居動作 긔거동작 |

| | | |
|---|---|---|
| 言語行事 언어행사 | 太古 태고 | 貴 귀 |
| 思慕 사모 | 言必稱堯舜 언필칭요순 | 恒常 항상 |
| 古書 고서 | 古人 고인 | 仰慕 앙모 |
| 此世上 차세상 | 勤 근 | 精密 정밀 |
| 實狀 실상 | 病 병 | 遊食之民 유식지민 |
| 太半 태반 | 運數 운수 | 八字 팔자 |
| 兼 겸 | 偶像 우상 | 爲 위 |
| 祈禱 긔도 | 福 복 | 懇求 간구 |
| 基礎 긔초 | 一身 일신 | 合當 합당〈7〉 |
| 名譽 명예 | 男女老少 남녀로소 | 莫論 막론 |
| 權勢 권세 | 主張 주장 | 抑制 억제 |
| 圖謀 도모 | 貪 탐 | 學 학 |
| 從事 종사 | 進步 진보 | 當 당 |
| 滋味 자미 | 一毫 일호 | 讓頭 양두 |
| 製造 제조 | 晝宵 주소 | 硏究 연구 |
| 至極 지극 | 慾心 욕심 | 懶惰 라타 |
| 陋麁 루추 | 奢侈 사치 | 衣服 의복 |
| 地位 지위 | 下人 하인 | 關係 관계 |
| 喜怒哀樂間 희노애락간 | 過度 과도 | 容貌 용모 |
| 天眞 천진 | 挾詐 협사 | 指目 지목 |

## 아세아의 習慣의 略論

習慣이라하는거슨사람이自兒時로父母의게서듯고보는中에서自然히天性으로더브러配合하야行習이되여뿌리가박혀堅固하야牢不可破라風俗으로더브러恰似하니假量風俗은一朝一夕에變하야곳친다할지라도習慣은卒然히變易지못하나니라

아세아兒孩야귀를기우리고仔細히드르라地球上에人種이無論黃白黑棕紅하고各其習〈8〉慣의區別이잇나니라

이사람은起居動作과言語行事가이太古적을貴히녁이고思慕하야言必稱堯舜하고恒常古事만닉히며古人만仰慕함으로此世上에勤하고精密하고實狀잇는거슬힘쓰지아니하며實狀업는學文을배호고遊食之民이太半이지나나니라坯運數와八字를말하며兼하야偶像을爲하며거긔祈禱하야福을懇求하고坯녯사람의일을좃는거시基礎가되엿스니엇지一身에나一國에나合當하리오이다一身을생각하고一國을잘도라보지아니하는도다이러한習慣을버리고名譽와權利가엇더한거슬알지어다

## 유롭과아머리가習慣의略論

이사람들은男女老少를莫論하고權勢와利益을主張하야남을抑制하고스스로놉고저하며利益을圖謀하고名譽를貪하야무삼學에從事하던지進步하기에힘써어려온곳슬當할지라도더욱滋味잇게녁이고一毫도남의게讓頭하지아니하야古人의製造한것보다더잘하랴고晝宵로硏究하야至極히精密한데싸지니르랴하는慾心이잇는者ㅣ니라

## 아푸리가習慣의略論

이사람은懶惰하고陋麤하야奢侈한衣服도願치아니하며世上學文에도뜻이업고놉흔地位에도안고저하지아니하야남의下人이되여도關係치안타는마음이잇고喜怒哀樂間에過度히容貌에나타나지아니하고坯天眞에挾詐가잇슴으로사람이이指目하나니라〈9〉

# 第四科程 世界사람의 衣服略論

五大洲 오대주     東西南北 동서남북     制度 제도
一定 일정     太平洋 태평양     南便 남편
百姓 백성     羞恥 수치     野人 야인
北極 북극     地方 지방     印度 인도
近方 근방     髣髴 방불     淸國 청국
其中 기중     黑色 흑색     崇尙 숭상
白衣 백의     自古 자고     紡績 방적
冬節 동절     綿花 면화     幅 폭
足 족     容納 용납     五色 오색
燦爛 찬란     歐米 구미     羊毛 양모
四時 사시     我國 아국     山峽 산협
處 처     頑固 완고     態度 태도
奇異 긔이     譏弄 긔롱     染色 염색
事務 사무     運動 운동     輕捷 경첩
一步 일보〈10〉

　　五大洲에훗허저사는東西南北사람의옷制度가一定치아니한지라知識잇는者가말하대그옷슬보고마음을안다하나니太平洋南便섬에잇는百姓들은옷시업시벌거벗고단니니羞恥를아지못하는野人이오北極地方에사는사람은즘생을사냥하야그가족으로몸을가리우고印度近方사람은그옷시맛치두루막이도髣髴하고치마도恰似하고우리大韓사람과밋淸國사람은너그러온옷슬조화하나니라우리大韓은黑色을崇尙치아니하고白衣를더욱조화하더라自古로紡績할줄을알고冬節이되면옷속에綿花를노하닙나니幅이甚히널너한바지통에두사람의몸이足히容納할만하고兒孩들을五色으로燦爛하게꿈여닙히고歐米사람들은黑色을崇尙하는데그바탕을羊毛로짠거시니통이좁게하야四時로닙나니라我國사람이山峽에處한者들은頑固한態度가만흠으로黑色을보면奇異히

녁여譏弄하나그러나染色한羊毛바탕의가음으로통을좁게지여닙는거
시事務를볼제나運動을할제나이輕捷한즉一步라도압서기를다토는者
의조화하는바니라

## 第五科程 世上사람의머리와밋쓰는거시라

| | | |
|---|---|---|
| 東西洋 동서양 | 黃色 황색 | 赤色 적색 |
| 斷髮 단발 | 散髮 산발 | 自由之權 자유지권 |
| 任意 임의 | 日本 일본 | 太平洋羣島 태평양군도〈11〉 |
| 腦骨 노골 | 分揀 분간 | 腦 노 |
| 充滿 충만 | 虛 허 | 分別 분별 |
| 穎悟 영오 | 敏捷 민첩 | 全體[體]中 전체중 |
| 第一 제일 | 所重 소중 | 榮光 영광 |
| 貴賤 귀천 | 表 표 | 君主 군주 |
| 元首 원수 | 擧皆 거개 | 護衛 호위 |
| 保全 보전 | 冕旒冠 면류관 | 金 금 |
| 各色 각색 | 寶石 보석 | 其次 기차 |
| 文武 문무 | 官人 관인 | 士庶人 사서인 |
| 品數 품수 | 等級 등급 | 貴 귀 |
| 婦女 부녀 | 首飾 수식 | 各國人 각국인 |
| 一枚 일매 | 規定 규정 | 體[體]面 체면 |
| 太陽 태양 | 氣運 기운 | 犯 범 |
| 人事 인사 | 西洋 서양 | 或 혹 |
| 尊丈 존장 | 貴人 귀인 | 對 대〈12〉 |
| 親舊 친구 | 街路上 가로상 | 逢着 봉착 |
| 隨問隨答 수문수답 | 尋訪 심방 | 房 방 |
| 免冠 면관 | 彩色 채색 | 漆 칠 |
| 色 색 | 手巾 수건 | 大端 대단 |

東西洋사람의頭髮이黑色과黃色과赤色이잇는데斷髮을하거나散

髮을하거나상토를짜거나이自由之權이잇서自己의任意대로하는바라
大韓과日本은아직상토가잇고太平洋羣島中에엇더한野人은散髮을하엿
스며文明한나라들은斷髮을하나니라腦骨을말하면크고적고얇고두터
온分揀과坯그腦가充滿하고虛한分別이잇슴으로精神과生覺의穎悟하고
敏捷한거시잇나니머리가全體[軆]中에第一所重하나니라

　　머리라하는거시가장놉흔地位에處하엿는데坯그우희쓰는거시잇
서榮光을取하며坯貴賤을表ᄒ나니君主는人民의元首가됨으로사람사
람이擧皆밧드러놉혀護衛하기를自己의머리保全하랴는것갓치하나니
라그쓰는거슨冕旒冠인데金과各色寶石으로꿈이고其次로말하면文武官
人들노브터士庶人ᄭᅡ지라도各其品數와等級이잇고貴한婦女들도首飾을
燦爛히하나니라

　　各國人의쓰는거시一枚지게規正한거시업서엇더한野人의나라는
아모것도쓴거시업거니와體[軆]面을차리는나라사람은頭髮을가리우며
兼하야太陽氣運이腦骨을犯치못하게하〈13〉나니라우리大韓과淸國은
쓴거슬벗지안코人事하나西洋과或日本은尊丈과貴人을對하나或親舊를
街路上에서逢着하야隨問隨答을하거나或사람을尋訪하야房에드러갈째
에는이免冠하나니라<u>아머리가</u>士人은새털갓슬쓰고얼골에붉은彩色을
漆하고<u>마라고</u>사람이나<u>인</u>도사람은色잇난이手巾으로머리에감으니그
머리가大端히커보이나니라

## 第六科程 즘생의略論

| | | |
|---|---|---|
| 天然物 천연물 | 覺魂 각혼 | 生命 생명 |
| 靈魂 령혼 | 世界上 세계상 | 各種類 각종류 |

繁盛 번성
殘忍 잔인
虎狼 호랑
引導 인도
義理 의리
殺害 살해
不知其數 부지기수
山野 산야
淨 정
有益 유익
橐駝 탁타
妙理 묘리
麒麟 기린
動物院 동물원
悅樂 열락

陸地 륙지
柔順 유순
豺狼 싀랑
㤿 겁
王 왕
俗談 속담
人家 인가
生長 생장
醜 추
農事 농사
文明之國 문명지국
種類 종류
有名無實 유명무실
設立 설립

生育 생육
獅子 사자
限 한
雄壯 웅장
强暴 강포
繁殖 번식
養育 양육
比較 비교〈14〉
牛羊 우양
其外 기외
生産 생산
特別 특별
開化 개화
耳目 이목

즘생이라하는거슨本是天然物이니覺魂의生命만잇고靈魂의生命이업는者ㅣ니라世界上에各種類가크게繁盛하야山과바다와陸地에生育하는中에殘忍하야사람을害하는것도잇고柔順하야사람의게길드림을밧는것도만흐니라山즘생中에무서온거슨코기리와獅子와虎狼이와豺狼과곰과其外에도여러가지즘생이잇는데코기리는힘이限업스나길든後에는孩兒의引導라도밧는者ㅣ오獅子는힘이잇고날내며㤿㤿이업고소리가雄壯하고또다른즘생보다義理가잇는거신故로王이라稱하는거시오虎狼이는强暴하야殺害하기만하는거시오곰은힘이第一만흐나너무미련함으로大韓俗談에미련한者를指目하야곰이라하나니라大抵즘생의繁殖함이不知其數ㄴ데人家에서養育을밧는者와山野에서生長한者를서로比較하면淨하고醜한分別이잇더라또其中에牛羊은사람의게第一有益〈15〉하니소는農事에도쓰고그졋과고기와가족과쎠짜지라도버리지안코羊도또한有益하야그털노옷감을만드러四時로닙고맛잇는고

기와섈과젓과쎠짜지쓰나니라其外에쏘말과橐駝와라귀와개와고양이
와여러가지즘생이잇는데文明之國에서는生産식히는妙理를아라各其
種類를싸라잘먹이치는故로種類가特別히아름다오니라쏘古書에麒麟
이라한거시잇스나이는일홈과말쑨이니有名無實하니라開化한나라는
動物院을設立하고여러가지動物을모화노코사람들노하여곰任意대로
구경하게하야그耳目을悅樂케하고그性質도알게하나니라

## 第七科程 새

| | | |
|---|---|---|
| 空氣 공긔 | 中天 중천 | 山林 산림 |
| 川澤 천택 | 棲息 서식 | 史記 사긔 |
| 鳳凰 봉황 | 祥瑞 상서 | 博覽 박람 |
| 學士 학사 | 鳳 봉 | 大綱 대강 |
| 鶴 학 | 烏鵲 오작 | 鸚鵡 앵무 |
| 孔雀 공작 | 白鷺 백로 | 貌樣 모양 |
| 千態萬狀 천태만상 | 數多 수다 | 凡常 범상〈16〉 |
| 處處 처처 | 簷下 첨하 | 稼穡 가색 |
| 豊備 풍비 | 分數 분수 | 年年 년년 |
| 虛費 허비 | 五穀 오곡 | 不少 불소 |
| 微物 미물 | 理學者 리학자 | 至極 지극 |
| 毒 독 | 樹木 수목 | 明朗 명랑 |
| 淨潔 정결 | 窓 창 | 柯枝 가지 |
| 警醒 경성 | | |

　　새는털이잇고쏘날개가돗아서空氣를헷치고中天으로쎠다니다가
山林과川澤과밋다른곳에棲息하나니라
　　녯史記에鳳凰을가르처祥瑞라한거시만흠으로녜를博覽한사람들
은올흔줄노아나그러나此世上에學士는鳳이업다하나니라

大綱말하면비듥이와鶴과닭과오리와烏鵲과鸚鵡와孔雀과쇠고리와白鷺와참새와밋여러새들이잇는데그貌樣의아름다옴과그소리의듯기조흔거시千態萬狀이더라數多한새中에참새는凡常한새라處處에잇는故로모로는사람이업나니라이새는簷下숫헤나나모구멍에나깃슬드리고坯稼穡에힘쓰지아니하야到處에먹을거시豐備한天然物이니라이世上에서自己의分數만직혀가는사람들이말하대年年히새가먹어虛費하는五穀이不〈17〉少하니害만세치는微物이라하나理學者는갈아대至極히적고毒한버레를새가만히먹음으로그害가사람의게도밋지아니하고坯한樹木에게도밋지아니한다하나니라볼지어다坯일은아침에明朗하고淨潔한氣運을씌고窓압나모柯枝에오르락나리락하며즐거온소리로써懶惰한者를警醒하나니라

## 第八科程 水族의略論

| 江 강 | 湖水 호수 | 海水 해수 |
|---|---|---|
| 其數 기수 | 記錄 긔록 | 飮食 음식 |
| 生活 생활 | 生鮮 생선 | 海産 해산 |
| 刀尾 도미 | 松魚 송어 | 大口 대구 |
| 鱉魚 민어 | 鰱魚 련어 | 靑魚 청어 |
| 鯉魚 리어 | 水族 수족 | 大者 대자 |
| 長 장 | 洋尺 양척 | 六七十尺 륙칠십척 |
| 鬚髯 수염 | 能 능 | 船隻 선척 |
| 破覆 파복 | 海上 해상 | 海面 해면 |
| 壯觀 장관 | 西國人 서국인 | 日本人 일본인〈18〉 |
| 得利 득리 | 三千圓 삼천원 | 偏嗜 편기 |

| | | |
|---|---|---|
| 南海 남해 | 鰐魚 악어 | 皮甲 피갑 |
| 彈丸 탄환 | 凶惡 흉악 | 六畜 륙축 |
| 避 피 | | |

　　江과湖水와海水에生産한바物件이各其일홈이잇스대其數가만하서이긔여記錄지못하리로다우리가飮食을하며生活할째에업지못할거슨生鮮인데海産가온대가장可한거슨刀尾와松魚와大口와鱉魚와조긔와靑魚와鯉魚와밋數多한生鮮이또잇스니이멷가지는보기에도아름답고먹기에도맛잇나니라水族中에큰者는고래l데大者는長이洋尺으로六七十尺이라입이도야지입과恰似하고또鬚髯이잇스며또能히船隻을破覆할힘이잇고海上에서쩌놀째에海面에셧다잠겻다하며큰머리를드러내고물을쑴는소리가바다를뒤집는듯하야보기에壯觀이더라西國人과日本人은이거슬잡아得利하는거시不少하니한마리에三千圓이나되더라日本人은고래를偏嗜하나니이거시기름이만코또사람들이그쎠를다토아사나니라

　　南海에鰐魚라하는거시잇스니쌀은발넷시잇고그皮甲이甚히堅固하야彈丸이能히쑬치못하는者ㅣ니라大端히凶惡하야사람이나六畜이이제압흘當하면잡아먹으나그러나제가陸地에서는발이輕捷지못하야兒孩라도避하야그害를밧지아니하는거시오그皮甲으로〈19〉几도製造하고또온갓거슬만드나니라

# 第九科程 天文의略論

| | | |
|---|---|---|
| 天文 천문 | 日月 일월 | 星辰 성신 |
| 論理 론리 | 槩論 개론 | 今世 금세 |
| 天文家 천문가 | 一處 일처 | 行動 행동 |
| 猛烈 맹렬 | 火氣 화긔 | 光明 광명 |
| 生氣 생긔 | 處所 처소 | 行星 행성 |
| 地球星 지구성 | 七星 칠성 | 水星 수성 |
| 金星 금성 | 火星 화성 | 木星 목성 |
| 土星 토성 | 天王星 천왕성 | 海龍星 해룡성 |
| 恒星 항성 | 體[軆] 체 | 一週年 일주년 |
| 遲速 지속 | 日月食 일월식 | 度數 도수 |
| 昭詳 소상 | 彗星 혜성 | 數十年 수십년 |
| 數百年 수백년 | 周遊 주유 | 船長 선장 |
| 日夜 일야 | 較計 교계 | 無邊大洋 무변대양〈20〉 |
| 分野[埜] 분야 | | |

　　天文은日月星辰의잇는地位를論理하야말한거신데녯쯔리써學士
의槩論을가지고今世의天文家들이더욱硏究한거시라

　　大抵太陽은一處에만잇고行動치아니하는거시라이다猛烈한火氣
와光明이잇스매달이그빗츨비러가지고제빗츨삼는지라그러하나달은
그中에生氣가업다하나니라우리의處所도行星中에하나히니일홈은地
球星이라또七星이잇스니갈온水星金星火星木星土星天王星海龍星이니
이별들은가만히잇는恒星과갓지안코그體[軆]가놀아움직이는者ㅣ라큰
者는달이넷도잇고다섯도잇고여듧도잇스며또엇더한恒星은스스로太
陽과갓치빗이잇나니라行星들은이太陽을안고돌므로一週年의遲速과
日月食의度數를昭詳히아나니라또彗星이잇는데中天을멀니두고도라
단님으로數十年만에보이기도하고數百年만에보이기도하나니라近來
에海上으로周遊하는船長들이日夜를較計치아니하고단니다가無邊大洋

에서 星辰의 度數를 보고 分埜를 아나니라

## 第十科程 구룸

| | | |
|---|---|---|
| 白晝 백주 | 夕陽 석양 | 烟氣 연긔 |
| 白雪 백설 | 山峯 산봉 | 吟風咏月 음풍영월〈21〉 |
| 歲月 세월 | 閒暇 한가 | 題目 제목 |
| 卽景 즉경 | 理致 리치 | 因 인 |
| 薰氣 훈긔 | 瞥眼間 별안간 | 寒氣 한긔 |
| 相撲 상박 | 凍氣 동긔 | 雨雹 우박 |
| 紛紛 분분 | 西方 서방 | 日光 일광 |

兒孩들아 白晝에 흰덩어리가 가만히 뭉처 空中으로 써 올나가는 것과 夕陽에 하날이 붉어지는 거슬 아나냐 모르나냐 山에도 둘니며 나모 우희도 덥히며 놉흔 바회 사이에도 씨여 맛치 烟氣도 갓고 綿花도 갓고 白雪도 갓고 山峯 아리도 갓흠으로 녯날 吟風咏月노 歲月을 보내는 閒暇한 무리가 이거스로 題目을 삼고 卽景을 그렷스나 그러나 그 理致의 엇더한 거슬 말하지 아니하엿나니라

大抵 地球는 太陽이 恒常 쬐임을 因하야 海面과 地面에서 薰氣가 空中으로 올나가서 구룸이 되여 中天에 써 단니다가 瞥眼間 寒氣가 相撲하면 비가되고 쏘 비된 거시 나려오다가 凍氣를 맛나면 雨雹이 되는 거시오 冬節에는 白雪이 되여 紛紛히 나리는 거시오 夕陽에 西方이 붉어지는 거슨 구룸이 日光을 씌여 燦爛히 되는 거시니라

# 第十一科程 비〈22〉

潤澤 윤택

氣候 긔후

大風 대풍

蒸氣 증긔

破 파

徵驗 징험

次次 차차

茂盛 무성

雨澤 우택

支離 지리

風雨 풍우

船人 선인

一邊 일변

穀食 곡식

暫時 잠시

海中 해중

洶湧 흉용

英語 영어

間或 간혹

黑雲 흑운

濕氣 습긔

稀少 희소

北方 븍방

主管 주관

風雨大作 풍우대작

豊登 풍등

數十日 수십일

波濤 파도

氣勢 긔세

每番 매번

日氣 일긔

四面 사면

連續 련속

夏節 하절

俗談 속담

英國 영국

言必稱 언필칭

비는土地를潤澤하게하며穀食을豊登케하는者ㅣ라氣候를싸라暫時오기도하고數十日동안오기도하며쏘엇더할째에는大風이니러나면서어지러히오는비도잇나니이러할째〈23〉에는海中에波濤가山갓치니러나며큰놀이되여蒸氣의힘으로도그洶湧한氣勢를破할수업나니이거시英語에닐은바다이푼이라하나니라大抵太陽이地球를쐬임으로그薰氣가每番徵驗하야보니間或日氣가大端히덥다가次次黑雲이四面으로서모혀드러光明한日光을가리운後에는비가나리더라쏘보니植木을잘培養하야森林이茂盛한나라는濕氣가恒常나모쑤리에잇슴으로그氣運이恒常連續하야올나가는지라雨澤이자조자조잇스나樹木이업는나라는雨澤이稀少한째가만타가夏節을當할째에는각금장마가支離하더라로웬北方사람의俗談에고양이가사오나온風雨를主管한다하나니英國船人들이風雨大作하는놀을맛나면言必稱바람이고양이쏘리에걸넛다하

는말이잇고또녯西洋책에고양이로비를가르치고개로바람을가르첫다
하야英語에오날은비가고양이와개갓치온다하나니라또一邊으로는비
가오고一邊으로는해가날째도잇나니그째에日光이비에빗최여燦爛한
무지개를일우나니라

## 第十二科程 눈

六花 륙화　　　　物質 물질　　　　學術家 학술가
六角形 륙각형　　大同小異 대동소이　理由 리유〈24〉
說明 설명　　　　熱帶近方 열대근방　東洋 동양
月犬吠雪 월견폐설　溫帶 온대　　　　則 즉
地方 지방　　　　分別 분별　　　　勿論 물론
極 극　　　　　　天涯相極 천애상극　南北方 남북방
南北極 남북극　　溫氣 온긔　　　　發程 발정
行人 행인　　　　迷惑 미혹　　　　方向 방향
凍死 동사　　　　斃 폐

　　눈의貌樣이六모가진故로六花ㅣ라하엿ᄂ니近世에物質을硏究하는
學術家가六角形의大同小異한그림을여러가지로그려서理由를說明하엿
더라熱帶近方에서는눈을보지못함으로東洋古書에도越犬이吠雪이라하
엿고溫帶에는冬節이된則눈이그地方을싸라만히오며적게오는分別이잇
스며또熱帶와溫帶를勿論하고極히놉흔山우헤와밋天涯相極한南北方에
는晝夜로눈이나려싸혀잇나니이러함으로南北極사람들은눈을파고그가
온대드러가서居處도하며어름집에서도居處하나니눈을파고그속에서居
處하면도로혀溫氣가잇다하나니라冬節을當하야發程한行人이或白雪이

紛紛히나릴째를맛나서는精神이눈의迷惑한바되여方向을分別치못하다
가凍死하는弊가잇나니俗談에눈이사람을홀인다하나니라〈25〉


## 第十三科程 우뢰와밋번개


| | | |
|---|---|---|
| 雷聲 뢰성 | 震動 진동 | 電光 전광 |
| 閃忽 섬홀 | 意見 의견 | 窮究 궁구 |
| 霹靂 벽력 | 雷鼓 뢰고 | 無論何物 무론하물 |
| 破傷 파상 | 歐美各國 구미각국 | 平原曠野 평원광야 |
| 山谷間 산곡간 | 境遇 경우 | 大驚失色 대경실색 |
| 鐵物 철물 | 化學士 화학사 | 通信 통신 |
| 各樣 각양 | 機械 긔계 | 他物 타물 |
| 比 비 | 稀罕 희한 | |


　　雷聲이震動하는곳에電光이閃忽하고電光이閃忽할째에雷聲이震動
하나니라兒孩들아너희意見에는빗치먼저잇다하나냐소리가먼저잇다하
나냐理致를窮究한則빗치잇슨後에소리가잇나니이는번개볼이空中에싸
힌氣運을가를제그비치閃忽하며氣運이흣허젓다合하엿다ᄒ는故로霹靂
소리가맛치雷鼓하는것갓하어느方向이던지몰녀나아갈째에無論何物하
고그빗치부드지면破傷하는害를맛나는지라이러함으로歐美各國과밋其
他文明한나라人民들은平原曠野에서나山谷間에서나아모데서나이러한
境遇를當하면電光을무서워大驚失色하야自己의가진鐵物을버리나니라
ᄯᅩ化學士가電氣를잡기도하며〈26〉電氣를만들기도하고通信에도쓰며各
樣機械에도쓰나니그빗과그힘이他物에比할수업는稀罕한거시니라

# 第十四科程 地震

| | | |
|---|---|---|
| 地震 지진 | 原因 원인 | 火山 화산 |
| 始作 시작 | 伏藏 복장 | 限量 한량 |
| 地中 지즁 | 東馳西走 동치서주 | 時 시 |
| 門窓 문창 | 房屋 방옥 | 座定 좌정 |
| 船遊 선유 | 危懍 위름 | 光景 광경 |
| 驚動 경동 | 建築 건축 | 損傷 손상 |
| 不調 부조 | 造物 조물 | 精力 정력 |
| 收拾 수습 | 災禍 재화 | 應 응 |
| 饑饉 긔근 | 瘟疫 온역 | 國家 국가 |
| 內亂 내란 | 兵革 병혁 | 即今 즉금 |

地震을말하건대그原因이火山에서브터始作하니그伏藏한火氣가힘이限量할수업는지라間或火氣가地中으로서東馳西走할時에는地面이震動하야門窓이흔들니매房屋에座〈27〉定한者가맛치船遊하는것갓하그危懍한光景이사람의마음을驚動하더라큰地震에는建築한거시문허지며地面이갈나저生命이만히損傷하고또空氣가不調하야온갖造物이精力을收拾지못하나니라녯史記에地震의災禍를應하야饑饉과瘟疫과밋國家의內亂과兵革이잇다하나그러나即今開化한나라에서는그러한줄노알지아니하나니라

# 第十五科程 火山

| | | |
|---|---|---|
| 其中 기즁 | 上上峯 상상봉 | 火燄 화염 |
| 日用 일용 | 巨巖 거암 | 大石 대석 |

| | | |
|---|---|---|
| 硫磺 류황 | 觸鼻 촉비 | 千萬年 천만년 |
| 數百年 수백년 | 前 전 | 近代 근대 |
| 如常 여상 | 千年 천년 | 灰燼 회신 |
| 尺量 척량 | 無底坑 무저항 | |

地球上에山이甚히만하不知其數ㅣ라其中에엇더한山은上上峯이
갈나저그리로나아오는火焰[焔]이우리의日用하는火焔의猛烈한거시能
히짜르지못하나니비록堅固한巨巖과大石이라도녹아물이되나니라쏘
硫磺내암새가觸鼻하며그近方에는地震이만흐니라火焰[焔]이千萬年을
지나도록變치아니하는거시아니라數百年前에잇던火山이近代에는如
常하〈28〉기도하며몃千年前에如常하던山이一朝一夕에터저서近方이
이灰燼하기도하고山峯이갈나진곳에는사람이갓가히가지못하나니라
쏘드르니그밋치너무깁허尺量할수업다하니내生覺에는이거시新約聖
經에無底坑과갓흔거신가하노라


# 第十六科程 果實

| | | |
|---|---|---|
| 各種 각종 | 果實 과실 | 人生 인생 |
| 供饋 공궤 | 緊要 긴요 | 山査 산사 |
| 黃栗 황률 | 適當 적당 | 橘 귤 |
| 蜜柑 밀감 | 無花果 무화과 | 軟柿 연시 |
| 葡萄 포도 | 其他 기타 | 各種 각종 |
| 南方 남방 | 所産 소산 | 生 생 |
| 依賴 의뢰 | 慣習 관습 | 成熟 성숙 |
| 身體 신체 | 護衛 호위 | 未熟 미숙 |
| 眞實 진실 | 行實 행실 | |

各種果實이이人生의日用함을供饋하는者ㅣ니甚히緊要하니라熱帶
地方에잇는者와溫帶地方에잇는者와寒帶地方에잇는者가各各갓지아니
하니배와릉금과山査와黃栗은寒〈29〉帶와溫帶地方에適當하고橘과蜜柑
과無花果와軟柿와葡萄와其各種은南方所産이니그土地가果實을生함으
로南方土人들이그거슬依賴하고懶惰하야慣習이되엿나니라大抵成熟지
아니한거슬먹는거시身體를護衛함이아니오도로혀害롭게함이라文明
한사람들은未熟한거슬먹지아니하나니라내가보니果實마다各各씨를
품엇스니우리는그와갓치眞實한行實을품을지어다

## 第十七科程 算[筭]

| | | |
|---|---|---|
| 算[筭] 산 | 萬物 만물 | 數 수 |
| 十 십 | 百 백 | 千 천 |
| 萬 만 | 億 억 | 兆 조 |
| 記憶 긔억 | 學習 학습 | 途理 도리 |
| 漠昧 막매 | 於千萬事 어천만사 | 心算[筭] 심산 |
| 法 법 | 式 식 | 術 술 |
| 思想 사상 | 毫 호 | 里 리 |
| 塵 진 | 漠 막 | 細微 세미 |
| 分析 분석 | 華麗 화려 | 微妙 미묘〈30〉 |
| 容貌 용모 | 稱讚 칭찬 | 分 분 |
| 厘 리 | 無形物 무형물 | 目覩 목도 |
| 足 족 | 丈闊 장활 | 深淺 심천 |
| 絲毫 사호 | 有形物 유형물 | 至精至密 지정지밀 |
| 通商 통상 | 伊前 이전 | 各樣物種 각양물종 |
| 過 과 | 天下 천하 | 各種諸物 각종제물 |

前者 전자　　　　　通用 통용　　　　　精密 정밀
算[筭]術 산술


　　算[筭]이라하는거슨萬物을數하는거시니一노브터十百千萬億兆싸
지아라서記憶하는거시라이거슬學習지아니하면道理에漠昧하야於千
萬事에適當한者가되지못하나니라算[筭]에心算[筭]이잇스며坮法과式
과術이잇스니이거슬因하야自己의思想을싸라비록毫와里와塵과漠의
細微한거시라도分析하나니라假令華麗한꼿이나美妙한容貌를보고그
조흔거슬稱讚하면서도몃分과몃厘에조혼거슬分析지못하나니이거슨
無形物이오山이나江이나目覩한後에는足히丈闊과深淺을絲毫라도分析
할수잇나니이는有形物이라法과術이업스면엇지至精至密하리오各國
으로더브러通商하기伊前에는各樣物種이過히數밧긔넘치지아니하더
니天下가한집이됨으로브터各種諸物이甚物히만하저서前者에通用하
던數〈31〉밧긔지나고쏘더옥精密하니우리가엇지其術을學習하지아니
하리오大韓人民이된者는算[筭]術에從事할지어다


## 第十八科程 商業

職務 직무　　　　　人造物 인조물　　　　　直接 직접
間接 간접　　　　　彼此 피차　　　　　　有無相通 유무상통
信地 신지　　　　　運轉 운전　　　　　　周旋 주선
賣買 매매　　　　　輸運 수운　　　　　　通 통
發達 발달　　　　　富强 부강　　　　　　至今 지금
爲主 위주　　　　　擴張 확장　　　　　　豊足 풍족

耳聞目見 이문목견　　實業家 실업가　　甚至於 심지어
物理 물리　　　　　時勢 시세　　　錬鍛[2] 련단
資本 자본　　　　　譬 비　　　　　和平 화평
戰爭 전쟁　　　　　戰塲 전장　　　軍糧 군량
豫備 예비　　　　　準備 준비　　　軍器 군긔
精銳 정예　　　　　信用 신용　　　謀計 모계〈32〉
通達 통달　　　　　萬一 만일　　　預備 예비
敗 패　　　　　　　正直 정직　　　信 신
義 의　　　　　　　盜賊 도적　　　凡百事 범백사
良心 량심　　　　　行 행　　　　　下品 하픔
所聞 소문　　　　　興旺 흥왕　　　漸漸 점점
衰 쇠　　　　　　　撤廛 철전　　　商業學校 상업학교
簿記學 부긔학


　　사람의職務가商業에서지나는거시업나니라天然物과人造物을가
지고直接을하거나間接을하거나彼此有無相通하야信地까지運轉하는거
슬장사라하는거시니서로周旋하며賣買하며輪運하며通하는거스로써
業을삼나니라上古에그리써도商業이發達함으로써富强하고有名한나
라히되엿섯고至今부리턴도商業만爲主하야到處에擴張함으로人民의豊
足함과國家의富强함이比할이업슴을우리가耳聞目見하는바라엇지싸
르지아니하리오장사를實業家ㅣ라닐으나니우리가居處와飮食과衣服
에하로라도實業家를依賴치아니할수업나니實業家가엇지가장要緊치
아니하리오큰장사로브터甚至於성냥장사까지라도物理와時勢에錬鍛[3]
하여야하겟고쏘資本이첫재라譬컨대商業은和平한戰爭이라〈33〉戰塲
에軍糧을豫備하여야하는것갓치商業에資本을準備할거시오쏘戰塲에軍

2　원전에는 '錬鍜'로 표기되어 있으나 '鍜'는 '鍛'의 오기이므로 바로잡아 제시하였다.

3　원전에는 '錬鍜'로 표기되어 있으나 '鍜'는 '鍛'의 오기이므로 바로잡아 제시하였다.
　　서울대본(1909)의 본문에서는 '鍛'으로 수정되어 있다.

器를精銳케하여야함갓치商業에信用을보일거시오또戰場에謀計를써
야하는것갓치物理와時勢에通達하여야할거시니萬一戰爭에나商業에豫
備가업스면반다시敗를보리라眞實하다고正直하다함이아니라凡百事
에이良心을짜라行하는者ㅣ라야참正直한商賈ㅣ라하리니假令남의時
勢에서더밧거나下品를가지고上品의갑슬밧거나物件을製造하야주마
하고此日彼日거즛말하야怪惡한所聞이나게되면그商業이興旺치못하
고漸漸衰하야撤廛하는境遇에니르리라大韓사람들은商業에從事하랴거
든商業學校에드러가서物理와時勢의貴賤과밋簿記學을工夫할지어다

## 第十九科程 돈

| | | |
|---|---|---|
| 社會上 사회상 | 買賣 매매 | 相通 상통 |
| 錢政 전정 | 學而知之 학이지지 | 便利 편리 |
| 方策 방책 | 圖謀 도모 | 幸福 행복 |
| 理勢 리세 | 千古不易之典 천고불역지전 | 侵溺 침닉〈34〉 |
| 尊重 존중 | 神明 신명 | 政府 정부 |
| 官吏 관리 | 財産 재산 | 第一能事 제일능사 |
| 相換 상환 | 布木 포목 | 銅 동 |
| 其後 기후 | 稠密 주밀 | 人口 인구 |
| 金銀錢 금은전 | 通用 통용 | 近代 근대 |
| 繁殖 번식 | 學識 학식 | 輕 경 |
| 便 편 | 外 외 | 紙錢 지전 |
| 融通 융통 | 問題 문제 | 疑慮 의려 |
| 人之常情 인지상정 | 金銀紙貨 금은지화 | 理由 리유 |
| 大綱 대강 | 金銀價 금은가 | 高低 고저 |
| 法例 법례 | 酌定 작정 | 世間 세간 |

| | | |
|---|---|---|
| 破傷 파상 | 紙一張代 지일장대 | 銀 은 |
| 相當 상당 | 價格 가격 | 留物 류물 |
| 國庫 국고 | 充數 충수 | 刻錢 각전 |
| 金銀貨 금은화 | 元位貨 원위화 | 補助貨 보조화 |

大抵나라와밋社會上人民이彼此買賣하야相通하는길을열어發達케하는이니르러서는〈35〉錢政이아니면할수없는줄노사람마다아나니이는各國人民이學而知之하는거시아니오自然히알고習慣이되여各各便利한方策을圖謀하야自己의幸福을삼음으로理勢가반다시그러한境遇에니르러맛참내千古不易之典이되엿는지라이러함으로사람사람이其中에侵溺하야尊重히녁이기를神明갓치하고政府에서서官吏된者는人民의生命財産을保護함으로써第一能事를삼나니라

古代에는淳樸한風俗이만흔故로物件을相換하는이穀食과布木으로도하며銅에구멍을쏠어쓰기도하더니其後에稠密한人口가金銀錢을通用하엿고近代에니르러財産이繁殖하고學識이發達하야매우輕하고便함을爲主하니金銀錢外에도쏘한紙錢이融通하는도다처음으로듯고보는사람은金銀錢의問題에對하야疑慮가업지못하겟고쏘紙錢에對하야더옥밋지아니할거슨人之常情이기로金銀紙貨의理由를大綱說明하노라文明之國은金銀價가高低가업시法例를酌定하엿슨則金銀錢이世間에서破傷하는害를밧지아니할터이오쏘紙錢을製造할제紙一張代에金이나銀이나相當한價格으로써留物을삼아國庫에充數하야두고큰信을百姓의게보이며쏘刻錢도金銀貨를싸라짓나니닐은바元位貨와補助貨니라〈36〉

# 第二十科程 時間과밋時計

| | | |
|---|---|---|
| 時間 시간 | 如流 여류 | 時計 시계 |
| 分明 분명 | 差錯 차착 | 光陰 광음 |
| 虛送 허송 | 寸陰 촌음 | 其外 기외 |
| 掛鐘 괘종 | 坐鐘 좌종 | 警時鐘 경시종 |
| 表面 표면 | 一點 일점 | 十二點 십이점 |
| 數字 수자 | 定 정 | 規例 규례 |
| 一晝夜 일주야 | 二十四時 이십사시 | 上午 상오 |
| 下午 하오 | 一日 일일 | 一時 일시 |
| 分針 분침 | 六十分 륙십분 | 刻針 각침 |
| 六十刻 륙십각 | 六十番 륙십번 | 日字 일자 |
| 七日 칠일 | 一週日 일주일 | 三十日 삼십일 |
| 三十一日 삼십일일 | 十二月 십이월 | 一週年 일주년 |
| 伊前 이전 | 世代 세대 | 二十四時 이십사시 |
| 子 자 | 丑 축 | 寅 인 |
| 卯 묘 | 辰 진 | 巳 사〈37〉 |
| 午 오 | 未 미 | 申 신 |
| 酉 유 | 戌 술 | 亥 해 |
| 十二時 십이시 | 漏水 루수 | 更點 경점 |
| 北斗七星 븍두칠성 | 斟酌 짐작 | |

　　時間은如流하는歲月을닐음이오時計는오는時間을分明히가르처差錯업시알게함이니光陰을虛送치아니하고業을힘써寸陰을다토는者의暫時라도품속에써나지못할거시라其外에坐掛鐘과坐鐘과警時鐘이잇는데表面에一點브터十二點짜지낫뎬數字로썻스며坐各國이한갈갓치定한規例가잇서一晝夜를二十四時로分하야上午몃時라하며下午몃時라하나니라二十四時가一日인데一時에分針은六十分이오刻針(秒針)은六十刻식六十番을도나니라이러한時間을數하야보니日字가七日이면一週日이오三十日이나三十一日이되면한달이오十二月이되면一週年이

라伊前世代에는二十四時로分하지아니하고子丑寅卯辰巳午未申酉戌亥十二時로通用하엿고坐時計가업슴으로漏水와更點과밋北斗七星의運轉함을보고時間을斟酌하엿나니라

## 第二十一科程 運動

次 차          山上 산상          海岸 해안〈38〉
市中 시중       行氣 행긔          自行車 자행거
騎馬 긔마       砲放鍊習 포방련습   外他 외타
血氣 혈긔       康健 강건          强弱 강약
氣力 긔력       一身上 일신상       養生方 양생방
節操 절조       前頭 전두          標準 표준
急 급          性癖 성벽          一步 일보
賞給 상급       今日 금일          依倣 의방
運動場 운동장    設 설             目的 목적
先後 선후       前進 전진          行 행

運動이여러가지잇스니一日몃次씩山上에나海岸에나市中에나단니며行氣하는것과밋공치는것과自行車달니는것과騎馬하는것과砲放鍊習하는것과다름박질하는것과씨름하는것과밋外他여러가지運動이이身體[體]의血氣를康健케하는者ㅣ라그러나强弱을勿論하고氣力에붓치는運動을하게되면한갓有益함이업슬쑌[4]아니라도로혀큰害가잇스리라녯날로마時代에이러한거슬一身上에養生方으로알고다름박질하는運動을할새飮食도節操

---

4  원전에는 '쓸'로 표기되어 있는데, 이는 문맥을 고려하건대 '쑌'의 잘못으로 판단된다. 서울대본(1909)에는 '쑌'으로 바로잡혀 있다.

잇게하고衣服과산짜지라도輕捷하게하야가지고前頭에標準을세우고바라
보며急히性癖닷톰으로나아가서一步라도먼저信地에得達한者의게華麗한
冕旒冠을給賞하는〈39〉規例가잇더라今日世界上에進步한나라들이이거슬
依倣하야各其運動場을크케設하고째를싸라行氣하나니이는文明目的을가
지고先後를닷토와一步라도前進하려는者의맛당히行할바니라

## 第二十二科程 疾病

| | | |
|---|---|---|
| 疾病 질병 | 長生不死 장생불사 | 隻童 척동 |
| 母親 모친 | 病根 병근 | 原因 원인 |
| 出處 출처 | 汚穢 오예 | 他人 타인 |
| 傳染 전염 | 惡 악 | 呼吸之氣 호흡지긔 |
| 肺腑 폐부 | 手足 수족 | 大發 대발 |
| 衛生 위생 | 醫術家 의술가 | 精微 정미 |
| 蔽一言 폐일언 | 黑死病 흑사병 | 怪疾 괴질 |
| 痢疾 리질 | 癩疾 라질 | 千百 천백 |
| 血分 혈분 | 症勢 증세 | 差別 차별 |
| 藥 약 | 醫藥 의약 | 穌醒 소성 |
| 名醫 명의 | 妙方 묘방 | 手段 수단〈40〉 |
| 治療 치료 | 注意 주의 | 別擇 별택 |
| 撙節 준절 | 冷濕 랭습 | 處所 처소 |
| 生前 생전 | 延年益壽 연년익수 | 方法 방법 |

사람이世上에處하야疾病이업스면長生不死할줄은비룩隻童이라
도아는바나그러나人生이제母親에게서날제브터病根을타고나나니라
그原因과出處를말할진대病의씨는汚穢한데로브터나나니或他人의게

서傳染이되거나或惡한氣運中에毒한버레가呼吸之氣를싸라肺腑로드러
가거나그러치아니하면或手足과衣服에뭇어次次大發하는弊가잇는故
로衛生을힘쓰는醫術家가至極히精微한데싸지硏究하야보고그原因의出
處를다사리랴하야蔽一言하고淨潔한거슬爲主하나니大抵黑死病과怪疾
과痢疾과癩疾과밋千百가지疾病이잇는데갓흔病에도사람마다그血分
의다람을싸라症勢가얼마큼差別이잇슴으로쓰는藥도갓지아니하니라
其中에醫藥으로能히穌醒케하기도하며醫藥을쓰지아니할지라도自然
히낫는것도잇스며또비륵名醫의妙方과手段으로도治療치못하는것도
잇나니그러한則우리의注意할거슨衛生이라居處를別擇하고飮食을撙節
히하며衣服을淨潔히할거시오또太陽氣運을갓가히하고冷濕한所處를
멀니함이生前에延年益壽하는方法이니라〈41〉

# 第二十三科程 鐵

| | | |
|---|---|---|
| 鐵 철 | 所用 소용 | 生鐵 생철 |
| 熟鐵 숙철 | 鋼鐵 강철 | 太平聖代 태평성대 |
| 風塵世界 풍진세계 | 萬事 만사 | 便利 편리 |
| 滊車 긔차 | 水途 수도 | 無時 무시 |
| 軍刀 군도 | 劍[劔] 검 | 槍 창 |
| 銃 총 | 大砲[礮] 대포 | 各樣 각양 |
| 軍物 군물 | 外侮 외모 | 必要 필요 |
| 文物 문물 | 旺盛 왕성 | 鐵物 철물 |
| 草創 초창 | 詳考 상고 | 利用 리용 |
| 製作 제작 | 攄得 터득 | 石世界 석세계 |
| 各 각 | 物質 물질 | 光 광 |
| 潤澤 윤택 | 平滑 평활 | 馬尾 마미 |

| | | |
|---|---|---|
| 鐵絲 철사 | 鐵質 철질 | 炭素 탄소 |
| 百斤 백근 | 重數 중수 | 內 내 |
| 九十五斤 구십오근 | 炭 탄 | 五斤 오근〈42〉 |
| 九十九斤 구십구근 | 半 반 | 半斤 반근 |
| 九十八斤 구십팔근 | 斤半 근반 | 炭氣 탄긔 |
| 不甚相遠 불심상원 | 水中 수중 | 下濕 하습 |
| 錄 록 | 光滑 광활 | |

　　여러가지쇠中에鐵갓치흔이所用되는거시업나니生鐵과熟鐵과鋼鐵이잇서太平聖代에나風塵世界에나이거시아니면萬事에便利함을엇지못할지라大抵보습과홈의와낫과칼과닷과滊車길을펴는데와水途를引導하는데는無時로쓰는거시오軍刀와劍[劒]과槍과銃과大砲[礮]와各樣軍物을製造하야外侮를막는데는必要한거시라文物이旺盛한나라를들고말하량이면鐵物을만히製造하고그理治를쪼한窮究하거니와事業이草創하던時代를詳考한즉그利用함을아라製作하는妙方을攄得지못하엿도다上古적은石世界라各연장을돌노만드럿고中古와밋後世에밋쳐次次知慧가늘어감으로鐵을만히쓰며그物質에엇더한것쌔치攄得하야가지고光을내여潤澤하게하고平滑하게하며或馬尾갓치가늘게쏩아실을만드니닐은바鐵絲더라鐵質가온대炭素가잇스니生鐵百斤重數內에鐵이九十五斤이오炭이五斤이며熟鐵百斤重數內에鐵이九十九斤半이오炭이半斤이며鋼鐵百斤重數內에鐵이九十八斤半이오炭이半斤이니세가지物質가온대炭氣석긴거시不甚相遠이나그러나쓰는곳에니르러서는서로갓지아니하니라[5]鐵이或水中에오래잠기거나下濕한대두〈43〉면綠이나나니그덕근거슬기름으로닥가光滑하게하나니라

---

5　이는 '아나하니라'로 표기되어 오기를 보인다. 서울대본(1909)에서는 '아니ㅎ니라'로

## 第二十四科程 鉛

鉛 연
發 발
渝色 투색
軟 연
柔 유
純全 순전
呂宋 려송
桶 통
長久 장구
器皿 긔명
彈丸 탄환

藍 람
天氣 천긔
異常 이상
灰色 회색
大稱 대칭
鉛鑛 연광
每年 매년
各樣器皿 각양긔명
信石 신석
儲蓄 저축

光彩 광채
瞬息間 순식간
質 질
屈曲 굴곡
小稱 소칭
富厚 부후
鹹錫 함석
容易 용이
堅剛 견강
冶匠 야장

鉛이라하는거슨鐵과銅갓치흔이쓰는거시아니라그色이[6]엿흔藍빗
갓하서불에녹이량이면문득光彩를發하야可히볼만하다가天氣아래잇게
되면瞬息間에곳渝色하야지는거시〈44〉오사람이鉛만지던손을코로맛하
보면그내암새가異常하더라그質이甚히軟하야손톱으로누르던지칼노그
으면쑥드러가고손에나조희에나문대이면灰色이들고屈曲하기에甚히柔
하야질기지못한거시오大稱과小稱눈에도쓰나니라그質이純全치못하야
硫礦이만히석기고銀도其中에잇나니鉛이잇슨즉銀이잇나니라天下에鉛
礦의富厚함이英國과呂宋과合衆國에지나는者ㅣ업스니英國에每年캐는
鉛이一百九萬二千던인데其中에서나는銀이四十二萬兩이라하더라大抵
집웅에덥는鹹錫이나물桶이나各樣器皿을만히이거스로함은엇짐이뇨鉛
의質됨이軟한즉製造하기도容易하고坯緣도슬지아니하고長久히쓰기도

---

수정되어 있다.

6  원전에는 '色시'와 같이 잘못 표기되어 있어 바로잡아 놓았다. 서울대본(1909)에서는
   '色이'로 수정되어 있다.

하나니라그러하나鉛이라하는거시毒하니무삼飮食이던지鉛으로만든器
皿속에儲蓄지말지니라信石을석그면堅剛한質을일우나니坐冶匠이들이
이거스로破傷한데도째이며坐銃과大砲[礮]의彈丸을만드나니라

## 第二十五科程 事務

| | | |
|---|---|---|
| 天地間 천지간 | 生長 생장 | 所務 소무 |
| 帝王 제왕 | 嚴肅 엄숙 | 紀綱 긔강 |
| 包含 포함 | 經綸 경륜 | 方針 방침 |
| 政治家 정치가 | 總理 총리 | 指揮 지휘〈45〉 |
| 監督 감독 | 責任 책임 | 凡事 범사 |
| 士子 사자 | 文筆 문필 | 用力[7] 용력 |
| 農夫 농부 | 耕作 경작 | 爲業 위업 |
| 商賈 상고 | 經營 경영 | 匠工 장공 |
| 工場 공장 | 追逐 추축 | 兵家 병가 |
| 軍務 군무 | 參謀 참모 | 醫家 의가 |
| 全力 전력 | 紡績家 방적가 | 蠶桑 잠상 |
| 牧者 목자 | 六畜 륙축 | 字牧 자목 |
| 諸般技術 제반기술 | 身上 신상 | 適當 적당 |
| 擇 택 | 守分 수분 | 吾人 오인 |
| 義務 의무 | 擔負之役 담부지역 | 生涯 생애 |
| 早朝 조조 | 休暇 휴가 | 汨沒 골몰 |
| 汗出沾背 한출첨배 | 地境 지경 | 受苦 수고 |
| 天理 천리 | 穩當 온당 | 勞心 로심 |
| 勞力 로력 | 勞心焦思 로심초사 | 發蹤指示 발종지시 |

---

7  원전에서는 '力'이 빠져 있으나 채워 넣어 놓았다. 서울대본(1909)에서는 '力'을 보충하여
   수정하여 놓았다.

| | | |
|---|---|---|
| 國體[軆] 국체 | 試驗 시험 | 一等國 일등국 〈46〉 |
| 每日 매일 | 役塲 역장 | 營營逐逐 영영축축 |
| 苦 고 | 樂 락 | 種子 종자 |
| 一人 일인 | 家眷 가권 | 飽腹 포복 |
| 役事 역사 | 富國 부국 | 萬民 만민 |
| 幸福 행복 | 憂愁思慮 우수사려 | 筋力 근력 |
| 貧富間 빈부간 | 四肢 사지 | 肉體[軆] 육체 |
| 苦生 고생 | 新舊約 신구약 | 大旨 대지 |

무릇天地間에生長한人民이各其所務가잇는데一國에帝王이되여嚴肅한紀綱과包含한經綸으로써方針을세우는者도잇고政治家가되여總理하는地位에居하야監督의責任으로凡事를指揮하는者도잇고士子가되여文筆에用力하는者도잇고農夫가되여耕作을爲業하는者도잇고商賈가되여商業을經營하는者도잇고匠工이되여工塲에追逐하는者도잇고兵家가되여軍務에參謀하는者도잇고醫家가되여衛生에全力하는者도잇고紡績家가되여蠶桑에注意하는者도잇고牧者가되여六畜을字牧하는者도잇고쏘其外에도諸般技術을學習하는者가만흔데各其自己身上에適當함을擇하야守分하는거시吾人의義務오쏘그러치아니하면擔負之役으로生涯하야早朝브터休暇가업시汨沒하야汗出沾背하는地境에니르면서도受苦함이天理와人事에穩當할진저大抵事務에勞心과勞力이잇나〈47〉니勞心焦思하며發踪指示하는者만잇스면엇지國體[軆]가되리오試驗하야富强한一等國을볼지어다每日役塲에營營逐逐하는者가不知其數니라俗談에갈아대苦는樂의種子ㅣ라하엿스니一人의부즈런함으로家眷이飽腹하니라役事하는者가漸漸만하지게되여야自然히富國이되리니萬民의幸福이곳國家의幸福이오國家의幸福이곳萬民의幸福이라무릇사람이事務中에잇서서는憂愁思慮도니저버리고筋力도强健하여지나니貧富間四肢를놀니지아니하고肉體의苦生을달게녁이는거시新舊約大旨를依倣함이라하노라〈48〉

# 字典

| | | | |
|---|---|---|---|
| 아 兒 아해 | 애 涯 물가 | 애 哀 슳흘 | 앵 鸚 앵무 |
| 악 鰐 악어 | 악 惡 사오나올 | 암 暗 어두올 | 암 巖 바회 |
| 안 眼 눈 | 안 岸 언덕 | 앙 仰 우럴 | 압 壓 누를 |
| 야 夜 밤 | 야 野 들 | 야 壄 들 | 야 冶 풀무 |
| 약 弱 약할 | 약 藥 약 | 약 約 언약 | 양 陽 볏 |
| 양 羊 양 | 양 讓 사양 | 양 洋 바다 | 양 養 기를 |
| 양 樣 모양 | 어 語 말삼 | 어 魚 고기 | 어 於 늘 |
| 억 抑 누를 | 억 億 억 | 억 憶 생각 | 엄 嚴 엄할 |
| 언 言 말삼 | 업 業 업 | 여 如 갓흘 | 여 豫 미리 俗音 예 |
| 예 藝 재조 | 예 譽 기릴 | 예 銳 날낼 | 예 穢 더러올 |
| 역 易 밧골 | 역 疫 병 | 역 役 역사 | 염 髥 수염 |
| 염 染 물드릴 | 염 燄 불꼿 | 연 然 그럴 | 연 硏 갈 |
| 연 烟 연긔 | 연 鉛 납 | 연 軟 연할 | 연 延 버들 |
| 영 榮 영화 | 영 咏 읇흘 | 영 英 꼿쑤리 | 영 穎 자로 |
| 영 營 영문 | 열 熱 더울 | 열 悅 깃거올 | 의 議 의론 |
| 의 意 뜻 | 의 衣 옷 | 의 義 올흘 | 의 依 의지할 |
| 의 疑 의심 | 의 醫 의원 | 음 陰 그늘 | 음 飮 마실 |
| 음 吟 읇흘 | 은 銀 은 | 응 應 응할 | 이 耳 귀 |
| 이 異 다를 | 이 伊 저〈49〉 | | |
| 이 二 두 | 이 易 쉬일 | 이 夷 오랑캐 | 익 益 더할 |
| 임 任 맛흘 | 인 人 사람 | 인 忍 참을 | 인 引 잇쓸 |
| 인 印 인 | 인 因 인할 | 인 寅 동방 | 일 日 날 |
| 일 一 한 | 오 五 다사 | 오 烏 가마귀 | 오 午 낫 |
| 오 汚 더러올 | 오 悟 깨다를 | 오 吾 나 | 완 宛 완전 |
| 완 頑 완악할 | 왕 王 님금 | 왕 旺 왕성할 | 외 外 밧 |
| 옥 屋 집 | 온 瘟 병 | 온 溫 더울 | 온 穩 평안 |
| 요 堯 님금 | 요 要 요긴할 | 욕 慾 욕심 | 용 容 얼골 |
| 용 用 쓸 | 용 勇 용맹 | 용 湧 물소슬 | 우 偶 우연 |
| 우 牛 소 | 우 雨 비 | 우 遇 맛날 | 우 愚 어리석을 |
| 우 憂 근심 | 원 願 원할 | 원 寃 원통 | 원 院 집 |
| 원 圓 둥글 | 원 原 언덕 | 원 元 웃듬 | 원 遠 멀 |

월 月 달　　월 越 건널　　위 爲 하　　위 位 벼슬
위 衛 호위할　　위 危 위태할　　운 運 옴길　　운 雲 구름
웅 雄 수　　울 鬱 답답　　유 有 잇슬　　유 遊 놀
유 由 말매암을　　유 柔 부드러올　　유 儒 선배　　유 酉 닭
육 育 기를　　육 肉 고기　　윤 潤 저즐　　융 融 화할

## ㅎ

하 下 아래　　하 夏 여름　　하 何 엇지　　해 害 해할
해 孩 아해　　해 海 바다　　해 亥 도야지　　행 行 행할
행 幸 다행　　학 虐 사오나올　　학 鶴 학〈50〉
학 學 배홀　　함 鹹 쌀　　함 含 먹음을　　한 韓 나라
한 悍 사오나올　　한 限 한정　　한 閒 한가　　한 寒 찰
한 罕 드믈　　한 汗 쌈　　항 坑 구덩이　　항 恆 항상
합 合 합할　　향 向 향할　　허 虛 빌　　험 驗 징험
혜 慧 지혜　　혜 彗 뷔　　혁 革 가족　　현 顯 나타날
형 形 헝상　　협 挾 낄　　협 峽 산골　　혈 血 피
희 稀 드물　　희 喜 깃거울　　흑 黑 검을　　흥 興 닐
흡 恰 흡족할　　흡 吸 마실　　호 毫 터럭　　호 護 호위
호 虎 범　　호 呼 부를　　호 湖 호수　　화 花 쏫
화 化 될　　화 火 불　　화 禍 재화　　화 華 빗날
화 和 고로　　화 貨 보화　　확 擴 널닐　　환 丸 탄자
환 換 밧골　　황 黃 누루　　황 凰 봉황　　황 磺 황
활 活 살　　활 闊 너를　　활 滑 밋그러질　　회 會 모돌
회 灰 재　　혹 或 혹　　혹 惑 혹할　　혼 魂 혼
홍 紅 붉을　　홀 忽 문득　　효 驍 날랠　　후 後 뒤
후 厚 두터올　　후 候 때　　휘 揮 두를　　훈 薰 더울
휴 休 쉬일　　흉 凶 흉할　　흉 洶 물결

# ㄱ

| | | | |
|---|---|---|---|
| 가 假 거즛 | 가 可 올흘 | 가 家 집 | 가 稼 심을 |
| 가 柯 가지 | 가 暇 겨를 | 가 街 거리 | 개 慨 슯흘 |
| 개 箇 낫 | 개 開 열 | 개 皆 다 | 개 槩 대개〈51〉 |
| 각 各 각 | 각 覺 쌔다를 | 각 角 쓸 | 각 刻 삭일 |
| 감 感 감동 | 감 減 덜 | 감 柑 감자 | 감 監 볼 |
| 간 間 사이 | 간 揀 간택할 | 간 懇 정성 | 강 强 강할 |
| 강 慷 슯흘 | 강 綱 벼리 | 강 江 물 | 강 康 편안 |
| 강 鋼 쇠 | 강 剛 강할 | 갑 甲 갑옷 | 거 居 살 |
| 거 據 웅거 | 거 巨 클 | 거 車 수레 | 거 擧 들 |
| 검 劍[劒] 칼 | 건 件 벌 | 건 建 세울 | 건 健 건장 |
| 건 巾 수건 | 겁 㤼 겁낼 | 계 界 지경 | 계 係 맬 |
| 계 計 계교 | 계 械 칼 | 격 格 니를 | 겸 兼 겸할 |
| 견 堅 구들 | 견 犬 개 | 견 見 볼 | 경 頃 밧두둑 |
| 경 輕 가바야올 | 경 警 경동할 | 경 景 볏 | 경 境 지경 |
| 경 驚 놀날 | 경 更 곳칠 | 경 經 지날 | 경 耕 밧갈 |
| 결 潔 맑을 | 긔 氣 긔운 | 긔 機 틀 | 긔 奇 긔특 |
| 긔 己 몸 | 긔 記 긔록 | 긔 基 터 | 긔 譏 긔롱 |
| 긔 饑 주릴 | 긔 器 그릇 | 긔 騎 말달닐 | 긔 溰 증긔 |
| 긔 起 닐 | 긔 祈 빌 | 긔 麒 긔린 | 긔 紀 벼리 |
| 극 極 가장 | 금 今 이제 | 금 金 쇠 | 근 近 갓가올 |
| 근 勤 부즈런할 | 근 饉 주릴 | 근 根 쑤리 | 근 斤 날 |
| 근 筋 힘줄 | 급 級 드름 | 급 急 급할 | 급 給 줄 |
| 기 其 그 | 기 技 재조 | 기 嗜 즐길 | 긴 緊 긴할〈52〉 |
| 고 固 굿을 | 고 古 녜 | 고 故 연고 | 고 鼓 북 |
| 고 賈 장사 | 고 高 놉흘 | 고 庫 고집 | 고 考 상고 |
| 고 苦 고로올 | 과 科 과거 | 과 果 과실 | 과 菓 과실 |
| 과 過 지날 | 괘 掛 걸 | 관 慣 닉을 | 관 關 집 |
| 관 冠 갓 | 관 官 벼슬 | 관 觀 볼 | 관 管 거나릴 |
| 광 礦 구덩이 | 광 光 빗 | 광 廣 너를 | 광 鑛 쇠돌 |
| 광 曠 뷔일 | 괴 怪 괴이할 | 곡 穀 곡식 | 곡 谷 골 |
| 곡 曲 굽을 | 공 工 장인 | 공 功 공 | 공 空 뷔일 |
| 공 孔 구멍 | 공 供 이바지 | 골 骨 쎄 | 골 汨 골몰할 |

교 較 비교　교 校 향교　교 驕 교만　구 球 구슬
구 區 갈피　구 究 궁구할　구 歐 칠 正音 오　구 口 입
구 久 오랠　구 求 구할　구 舊 녜　궤 几 궤
궤 饋 먹일　권 權 권세　권 眷 도라볼　귀 鬼 귀신
귀 貴 귀할　국 國 나라　군 羣 무리　군 軍 군사
군 君 님군　궁 窮 다할　굴 屈 굴할　규 規 법
귤 橘 귤

ㅁ

마 馬 말　매 賣 팔　매 枚 낫　매 每 매양
매 昧 어두올　매 買 살　맹 猛 사오나올　맹 氓 백성
막 幕 장막　막 漠 아득할　만 萬 일만　만 慢 거만할
만 滿 찰　망 妄 망녕　면 綿 솜　면 冕 면류관
면 面 낫　면 免 면할〈53〉
명 明 밝을　명 名 일홈　명 命 명할　명 皿 그릇
멸 滅 멸할　미 味 맛　미 米 쌀　미 尾 꼬리
미 迷 희미할　미 美 아름다올　미 未 못할　미 微 적을
민 民 백성　민 敏 민첩할　민 鰵 고기　밀 密 빽빽
밀 蜜 청밀　모 母 어미　모 慕 사모　모 謀 쇠
모 毛 터럭　모 貌 양모　모 侮 업수히녁일　목 目 눈
목 木 나모　목 牧 먹이칠　몽 夢 꿈　몰 沒 빠질
묘 妙 묘할　묘 卯 토기　무 無 업슬　무 務 힘쓸
무 鵡 앵무　무 武 호반　무 茂 것칠　문 文 글월
문 門 문　문 聞 드를　문 問 무를　물 物 만물
물 勿 말

ㄴ

내 耐 견댈　내 內 안　남 南 남녁　남 男 사나희
납 納 드릴　녀 女 계집　년 年 해　녕 佞 간사할

능 能 농할　닉 溺 쌔질　노 腦 노두　노 奴 종
노 怒 노할　농 農 농사

## ㅂ

배 配 싹　배 培 북도들　배 排 헤칠　배 背 등
백 白 흰　백 百 일백　박 朴 검박　박 博 너를
박 撲 칠　박 雹 우박 正音 포　박 樸 순박할　반 飯 밥
반 半 절반　반 般 가지　방 方 모　방 訪 차즐
방 房 방　방 放 노흘　방 倣 의방할　방 彷 방불할
방 邦 나라　방 髣 방불할　방 紡 질삼〈54〉
발 髮 터럭　발 發 필　범 犯 범할　범 凡 무릇
범 帆 돗　번 繁 번성할　번 番 번　법 法 법
벽 癖 성벽　벽 霹 벽력　변 變 변할　변 邊 가
병 病 병들　병 兵 군사　별 別 리별　별 瞥 눈쌈작일
북 北 븍녁　비 比 견줄　비 備 갓촐　비 費 허비
비 鼻 코　비 譬 비사　빈 貧 간난　빙 憑 의지할
보 步 거름　보 保 보전　보 寶 보배　보 補 기울
복 服 옷　복 覆 업흘　복 伏 업드릴　복 福 복
복 卜 점　복 腹 배　본 本 밋　봉 鳳 새
봉 峯 봉아리　봉 逢 맛날　부 夫 지아비　부 父 아비
부 婦 지어미　부 富 부자　부 簿 문서　부 府 마을
부 腑 장부　부 負 질　분 分 난홀　분 憤 분할
분 紛 어지러올　불 不 아닐　불 佛 방불할　불 佛 부처
불 髴 방불할

## ㅍ

파 波 물결　파 破 쌔칠　패 敗 패할　팔 八 여듧
폐 吠 지즐　폐 斃 해여질　폐 肺 허파　폐 蔽 가리울
편 偏 치우칠　편 便 편할　평 評 평론할　평 平 평할
품 稟 품할　품 品 품수　피 皮 가족　피 避 피할
피 彼 저　필 必 반닷　필 筆 붓　포 砲 총
포 暴 사오나올　포 布 뵈　포 砲[礮] 대포　포 葡 포도

포 包 쌀　　　　포 飽 배부를〈55〉
폭 幅 폭 正音 복　　표 標 표할　　　　표 表 밧　　　　풍 風 바람
풍 豐 풍년

## ㄹ

래 來 올　　　　랭 冷 찰　　　　라 懶 게으를　　락 樂 즐거울
람 覽 볼　　　　람 藍 쪽　　　　란 爛 란만할　　란 亂 어즈러올
랑 狼 일희　　　랑 朗 밝을　　　략 略 간략　　　량 量 혜아릴
량 良 어질　　　량 兩 두　　　　량 糧 량식　　　려 麗 빗날
려 慮 생각　　　려 呂 법　　　　례 例 전례　　　례 隷 종
력 力 힘　　　　력 霹 벽력　　　련 鰱 고기　　　련 連 니을
련 鍊 련단할　　령 領 거나릴　　령 令 하여곰　　령 靈 신령
렬 烈 매울　　　름 懍 두려올　　리 利 리할　　　리 理 다스릴
리 鯉 리어　　　리 離 써날　　　리 里 말　　　　리 吏 아전
리 痢 리질　　　리 厘 리　　　　림 林 수풀　　　린 麟 긔린
립 立 설　　　　로 路 길　　　　로 魯 로둔할　　로 牢 굿을
로 老 늙을　　　로 鷺 백로　　　뢰 雷 우뢰　　　뢰 賴 힘닙을
뢰 癩 문동이　　록 錄 긔록　　　록 綠 푸를　　　론 論 의론
롱 弄 희롱　　　료 療 나흘　　　룡 龍 룡　　　　루 陋 더러울
루 漏 샐　　　　류 旒 긔쌜　　　류 類 종류　　　류 硫 류황
류 留 머므를　　류 流 흐를　　　륙 陸 뭇　　　　륙 六 여섯
륜 綸 실마리　　률 栗 밤

## ㅅ

사 詐 거즛　　　사 査 사실할　　사 四 넉　　　　사 士 선배
사 事 일　　　　사 史 사긔　　　사 似 갓흘〈56〉
사 思 생각　　　사 獅 사지　　　사 絲 실　　　　사 巳 배암
사 死 죽을　　　사 社 사직　　　사 奢 사치　　　색 色 빗
색 穡 거둘　　　생 生 날　　　　삼 三 석　　　　삼 森 무성할
산 山 뫼　　　　산 散 흣허질　　산 産 날　　　　산 算[筭] 산둘

상狀 형상　상桑 뽕나모　상上 웃　상商 장사
상想 생각　상常 썻썻　상像 형상　상尙 오히려
상祥 상서　상相 서로　상傷 상할　상賞 상줄
상詳 자세　살殺 죽일　서西 서녁　서書 글
서庶 뭇　서揲 깃드릴　서瑞 상서　세世 인간
세細 가늘　세勢 형세　세歲 해　석夕 저녁
석石 돌　석析 가를　석錫 주석　섬閃 번득일
선船 배　선鮮 밝을　선旋 돌　선仙 신선
성性 성품　성成 일울　성姓 성　성盛 성할
성醒 깰　성星 별　성聲 소리　성聖 성인
섭涉 건널　설設 베플　설雪 눈　설說 말삼
싀犲 싀랑　승勝 이길　습習 닉힐　습濕 저즐
습拾 주을　시時 때　시是 이　시始 비로솔
시市 저자　시柿 감　시市 보일　시試 시험
식識 알　식蝕 먹을　식食 밥　식殖 부를
식息 쉬일　식飾 꿈일　식植 심을　식式 법〈57〉
심心 마음　심甚 심할　심尋 차즐　심深 깁흘
신信 밋을　신神 귀신　신身 몸　신辰 별
신爁 불살을　신申 펼　신新 새　십十 열
실實 열매　실失 일흘　소所 바　소穌 소성할
소素 흴　소昭 밝을　소少 졂을　소小 적을
소宵 밤　쇠衰 쇠할　속速 쌔를　속贖 속량할
속俗 풍속　속續 니을　손損 덜　송送 보낼
송宋 나라　송松 소나모　수數 두어　수愁 근심
수水 물　수讐 원수　수羞 붓그러울　수樹 나모
수鬚 수염　수收 거둘　수輪 시를　수手 손
수壽 목숨　수首 머리　수隨 싸를　수守 직흴
수受 밧을　숙熟 닉을　숙肅 엄숙　순淳 순박
순舜 순님금　순順 순할　순瞬 눈깜작일　순純 순전할
숭崇 놉흘　술術 술업　술戌 개

## ㄷ

다 多 만흘       대 大 큰       대 代 대신       대 對 대할
대 帶 찔       담 談 말삼       담 擔 메일       단 斷 쓴흘
단 端 긋       단 鍛 련단할       단 段 조각       당 當 맛당
답 答 대답       달 達 통달       득 得 엇을       등 等 무리
등 登 오를       도 圖 그림       도 度 지날       도 島 섬
도 導 인도       도 到 니를       도 刀 칼       도 覩 볼〈58〉
도 盜 도적       도 途 길       도 棹 도대       도 道 길
도 禱 빌       도 濤 물결       도 萄 포도       독 毒 독할
독 督 독촉할       동 東 동녁       동 銅 구리       동 冬 겨울[8]
동 動 움즉일       동 凍 얼       동 同 한가지       동 童 아해
두 頭 머리       두 斗 말       둔 鈍 둔할

## ㅌ

타 惰 게으를       타 駝 약대       타 他 다를       태 太 클
태 態 태도       택 澤 못       택 擇 택할       탁 槖 자로
탐 貪 탐할       탄 誕 날       탄 炭 숫       탄 彈 탈
터 攄 헤칠       특 特 특별       토 土 흙       통 通 통할
통 桶 통       투 渝 변할

## ㅈ

자 者 놈       자 自 스스리       자 仔 자세       자 字 글자
자 滋 부를       자 資 자로       자 子 아들       재 災 재앙
재 財 재물       쟁 爭 다톨       작 作 지을       작 酌 잔
작 鵲 가치       작 雀 새       잠 暫 잠간       잠 蠶 누에

---

8 원전에는 '결울'로 실려 있으나 국어사 문헌에서 이 형태가 잘 보이지 않고, 서울대본(1909)에서
'겨울'로 수정되어 있는 것을 근거로 하여 '겨울'로 수정하여 제시하였다..

잔 殘 쇠잔할　　장 壯 장할　　장 藏 감촐　　장 帳 장막
장 張 베플　　장 丈 길　　장 長 긴　　장 場 마당
장 匠 장인　　저 儲 저축　　저 著 나타날　　저 底 밋
저 抵 대일　　저 低 나즐　　제 制 법　　제 製 지을
제 諸 모들　　제 第 차례　　제 題 쓸　　제 帝 님금
적 赤 붉을　　적 績 질삼　　적 賊 도적　　적 適 맛침
적 的 적실〈59〉
적 狄 오랑캐　　점 占 점칠　　점 點 점　　점 漸 점점
전 前 압　　전 全 온전　　전 轉 굴　　전 戰 싸홈
전 塵 전　　전 錢 돈　　전 傳 전할　　전 電 번개
전 典 법　　정 程 길　　정 精 정밀　　정 正 바를
정 淨 정할　　정 政 정사　　정 定 정할　　접 接 붓흘
절 節 마듸　　즉 則 곳　　즉 卽 곳　　증 症 종세
증 蒸 찔　　지 知 알　　지 志 뜻　　지 至 니를
지 之 갈　　지 指 가르칠　　지 枝 가지　　지 支 괴일
지 紙 조희　　지 智 지혜　　지 只 다만　　지 肢 사지
지 旨 뜻　　지 遲 더댈　　지 地 짜　　직 職 직업
직 直 곳을　　짐 斟 잔질할 正音 침　　진 進 나아갈　　진 眞 참
진 震 진동　　진 塵 찍글　　진 辰 룡　　징 徵 부를
질 質 바탕　　질 疾 병　　조 造 지을　　조 助 도을
조 調 고로　　조 朝 아참　　조 兆 억조　　조 操 잡을
조 早 일직　　좌 坐 안즐 正音 자　　좌 座 자리　　족 族 일가
족 足 발　　존 尊 놉흘　　종 椶 종려　　종 種 씨
종 從 좃츨　　종 鍾 쇠북　　종 蹤 자최　　졸 卒 군사
주 走 다라날　　주 注 부을　　주 晝 낫　　주 主 님금
주 週 두루　　주 周 두루　　주 綢 백백할 音俗 조　　주 洲 물가
준 準 법　　준 撙 준절할 俗音 존　　준 蠢 꿈작일　　중 衆 무리〈60〉
중 中 가온대　　중 重 무거울

## 大

차 車 수레 　　차 差 어그러질 　　차 此 이 　　차 次 버금
채 彩 채색 　　책 策 묘책 　　책 責 꾸지질 　　착 錯 석길
착 着 붓으칠 　　참 叅 참예 　　찬 燦 빗날 　　찬 讚 기릴
창 滄 바다 　　창 窓 창 　　창 槍 창 　　창 創 비로솔
처 處 곳 　　체 體[軆] 몸 　　척 尺 자 　　척 隻 짝
첨 簷 첨하 　　첨 沾 저즐 　　천 賤 천할 　　천 川 내
천 千 일천 　　천 淺 얏흘 　　천 天 하날 　　청 淸 맑을
청 靑 푸를 　　청 聽 드를 　　첩⁹ 捷 쌔를 　　철 撤 것을
철 鐵 쇠 　　치 痴 어리석을 　　치 侈 사치 　　치 恥 붓그러울
치 治 다스릴 　　치 馳 말달릴 　　침 浸 저즐 　　침 針 바늘
친 親 어버이 　　칭 稱 닐카를 　　칠 漆 옷 　　초 礎 주초돌
초 草 풀 　　초 焦 탈 　　촉 觸 씨를 　　촌 寸 마듸
총 聰 귀밝을 　　총 銃 총 　　총 總 거날릴 　　추 麤 추할
추 醜 더러울 　　추 追 싸를 　　취 取 가질 　　축 畜 칠
축 築 싸흘 　　축 丑 소 　　축 蓄 저축 　　축 逐 좃츨
충 充 채올 　　출 出 날〈61〉

---

9　원전에는 '찹'으로 제시되어 있으나 '捷'의 한자음이나 한자음 제시 순서를 고려하면 '쳡'의
　　명백한 오기이므로 '쳡'으로 바로잡아 제시하였다. 서울대본(1909)에서는 '쳡'으로 옳게
　　제시되어 있다.

제2장

# 『유몽천자』 2권

## 유몽천자[1] 권지 이 서문

제 이 권을 저술하여 성편이 되엿스니 이 권은 초권의 항용하는
속담으로 천자를 류취한것 보다 조곰 어려옴이 잇스나 이 도 쏘한 항
용하는 문리로 초권에 업는 새 글자 천자를 더 류취하엿스니 심히 어
려온 바는 아니오 다만 어린 아해를 가르치는 법의 계제를 좃차 점점
놉흔 등급에 오르는 차서를 일치 안케 함이로라

---

1  원전에는 '유몽천가'로 되어 있으나 명백한 오기이므로 바로잡아 제시한다. 서울대본(1909)에서는
   '유몽천즈'로 수정되어 제시되어 있다.

# 目錄

## 第一科程 머사의見夢一

| | | |
|---|---|---|
| 余 여, 나 | 在 재, 잇슬 | 卷 권, 책 |
| 冊 책, 책 | 見 볼, 견 | 現 현, 보일 |
| 飜譯, 번역 | 載 재, 시를 | 初 초, 처음 |
| 祖 조, 할아비 | 恪 각, 정성 | 謹 근, 삼갈 |
| 洗 세, 씨슬 | 漱 수, 양치질할 | 陟 척, 오를 |
| 喟 위, 슯흘 | 歎 탄, 탄식 | 默 묵, 잠잠 |
| 影 영, 그림자 | 春 춘, 봄 | 念 념, 생각 |
| 徘徊, 배회 | 際 제, 즈음 | 視 시, 볼 |
| 踽(우방: 母) 무, 발자최 | 座 좌, 자리 | 磐 반, 반석 |
| 樂 악, 풍류 | 持 지, 가질 | 歌 가, 노래 |
| 音 음, 소리 | 雅 아, 맑을 | 胸[] 흉, 가슴 |
| 襟 금, 옷깃 | 灑 쇄, 쑤릴 | 落 락, 써러질 |
| 懷 회, 품을 | 暢 창, 화할 | 氷 빙, 어름 |
| 渙 환, 풀닐〈1〉 | | |
| 消 소, 살을 | 再 재, 두 | 曰 왈, 갈 |
| 遨 오, 노닐 | 我 아, 나 | 園 원, 동산 |
| 恩惠, 은혜 | 效 효, 본밧을 | 則 측, 법 |
| 惹 야, 쯰을 | 兀 올, 옷독 | 獨 독, 홀노 |

余가가이로에在할時에東洋古書를多得하여閱覽하더니其中에一

卷冊子를見한則머사 | 라하는者의現夢이라滋味가有하기로繙譯하여記載하노라

其言에曰五月初五日은우리先祖의規例를依하여恪勤히守할節日이기로早朝에起하여洗漱하고祈禱한後에쎅짯이라하는高山에登坐하여祈禱하랴할새思想이一定치못하여情神이散亂하거늘喟然히嘆息하여曰人이此世에生한거슬黙想하니虛하고空하도다肉身은一箇影子 | 오生命은一塲春夢이라하고千思와萬念이心中에徘徊할際에偶然히目을擧하여視하니數晦相隔한地에一座磐石이有한대磐上에一位道士가有하여牧者의衣를衣하고手에樂器를持하엿다가我가方見할時에自彈自歌하니其音이淸雅하여胸[ ]襟이灑落하고心懷가和暢하여憂愁思慮가氷澳雪消함과如하거늘再思하여曰前者에聞目한則擊此磐石上에種種道士가遊한다하나見한者는無하다하더니我가今에目擊하엿고坙淸雅한曲調를聽하니此聲은必是樂園이라하는名勝之地를主管하시는聖人이恩惠로諸人을爲하여聖潔한者들노더브러福을豫備하고喜樂하는曲調를效則하여惹出함인가보다하고〈2〉兀然히獨坐하엿스니道士가人心을感化식힘은下回에見할만하더라

## 第二科程 머사의見夢二

| | | |
|---|---|---|
| 律 률, 법 | 謂 위, 닐을 | 拜 배, 절 |
| 涕 체, 코물 | 泣 읍, 울 | 顔 안, 얼골 |
| 慰 위, 위로 | 勞 로, 수고로올 | 伸 신, 펼 |
| 扶 부, 붓들 | 悚 송, 두려올 | 懼 구, 두려올 |

安 안, 편안     爾 이, 너     頂 정, 니마

回 회, 도라올     告 고, 고할     漲 창, 창일할

源 원, 근원     霧 무, 안개     你 이, 너

屬 속, 붓칠     創[剏] 창, 비로솔     以 이, 써

末 말, 씃     局 국, 판     永 영, 길

繞 요, 둘닐     姑 고, 할미     舍 사, 집

云 운, 닐을     橋 교, 다리     虹 홍, 무지개

霓 예, 무지개     頹 퇴, 문허질     圮 비, 문허질

七 칠, 닐곱     株 주, 그루     統 통, 거느릴〈3〉

且 차, 쏘     柱 주, 기동     洪 홍, 너를

氾 범, 넘칠     濫 람, 넘칠     及 급, 밋칠

渡 도, 건널     擁 옹, 씰     許 허, 허락

履 리, 밟을     陷 함, 쌔질     板 판, 판자

褭 뇨, 약할     緣 연, 인연

---

　　道士가몬저和樂한音律노써我心을感動식힌後에謂하여曰來하라하거늘前進하여伏拜하고涕泣하니道士가喜顔으로써慰勞하며手를伸하여扶起하며갈아대悚懼히녁이지말고安心하라爾의黙想을我가知하고隨來하엿노라하고山頂으로導하여曰東向하여視하고卽景을回告하라하기로我가良久히視하다가曰見한則山谷間에大水가有하여漲流하나이다道士曰譬컨대山谷은人의生命이活動하는處所ㅣ오水는無量한世界라하기로我가問하대其水의源이비로소霧中에서出하여맛참내霧中으로入함은何意오닛가道士ㅣ荅曰你의見한바無量世界와其中에屬한光陰은創[剏]世以來로브터末局에至하도록永遠無窮한者라兩邊에霧가繞한處는姑舍勿論하고中間에何如한거시有하뇨荅云하대長橋가有하니이다하니道士ㅣ曰譬컨대此橋는人의生命의關係가有한지라橋의虹霓가頹圮한거시甚多하나然하나其中에七十株는가장堅固히立하엿고此外에도完全한거시間或有之하니統而計之하면不過百餘株ㅣ라하기에我가一一히數하

랴할時에 道士가 且云하대 〈4〉創[刱]初에 此柱가 干으로써 數하겟더니 洪
水가 氾濫할時에 及하여 破傷하엿나니라 你도 見하거니와 此橋를 渡하는者
가 無限한대 水가 出하는 處와 入하는 處에 雲이 有하여 擁蔽하니라하거늘
我가 仔細히 視하매 許多한者가 橋를 過할새 數步를 履하다가 橋底에 陷落하
는者ㅣ 衆하니 此는 橋의 首板이 麤麤하여 履하는者마다 不知中에 陷落하는
緣故ㅣ러라

## 第三科程 머사의 見夢三

| | | |
|---|---|---|
| 墮 타, 쩌러질 | 困 곤, 곤할 | 終 종, 맛참 |
| 眉 미, 눈썹 | 皺 추, 쭈부릴 | 這 저, 저긔 |
| 鎖 쇄, 잠을쇠 | 激 격, 격동할 | 派 파, 갈내 |
| 盡 진, 다할 | 辨 변, 분변 | 好 호, 조흘 |
| 琪 긔, 구슬 | 瑤 요, 구슬 | 被 피, 닙을 |
| 翩 편, 날개 | 瀑 폭, 폭포수 | 鷹 응, 매 |
| 翔 상, 날개 | 借 차, 빌 | 往 왕, 갈 |
| 莞 완, 우슴 | 笑 소, 우슴 | 嶼 서, 섬 |
| 更 갱, 다시 | 傍 방, 겻 〈5〉 | |

　　行人들이 初次에 墮치아니하고 橋의 腹板에 入하여는 別노히 陷하는
者ㅣ無한지라 或者는 七十株를 過하고 或者는 橋上에서 困步하다가 終是落
함을 免치못하거늘 我가 其橋와 밋 行人을 詳視하고 眉를 皺하며 面에 憂色을
帶하니 道士ㅣ 曰 橋를 觀치말고 這便에 霧가 鎖한處를 見하라하기로 我가 目
을 擧하여 視하니 巨巖이 有하여 水中에 立하엿는지라 水가 激하매 波가 派分

하여散하고맛참내合지아니하는대水源이出하는處와밋入하는處兩邊
에는黑雲이蔽함으로方向을不辨하겟고波中에一箇好好島가有하여琪花
瑤草가足히써人心을悅樂케하는대光明한衣를被한者들이生命江이라하
는水邊에坐하엿스니好鳥는其樂을樂하여枝間으로翩翩히往來하고千尺
이나되는瀑布는人의一大壯觀을供하거늘淸興을勝치못하여鷹의翔을借
하여往見코저하니道士ㅣ莞爾히笑하여曰此橋를渡한後에見한다하며且
云호대此外에도如此한島嶼가不知其數ㅣ니이는이聖潔한者의處所ㅣ
라머사야此世에在하여暫時受苦함으로所望을絶치말고쏘眞神이人을造
함이虛事ㅣ라云하지말지어다하거늘我가好鳥의聲을聞하다가兩邊의
霧가繞한原因을問하니道士ㅣ荅지아니하거늘其故를復問한대道士가忽
然히不知去處ㅣ라橋를更神하니오직山谷쑨이오牛羊이甚衆하고牧者들
이其傍에坐하여守하더라〈6〉

## 第四科程 氷屐이避害一

| | | |
|---|---|---|
| 昨 작, 어제 | 友 우, 벗 | 幽 유, 그윽할 |
| 已 이, 임의 | 輪 륜, 박회 | 隱 은, 숨을 |
| 暎 영, 빗촐 | 杪 초, 가지 | 玲 령, 령롱할 |
| 瓏 롱, 령롱할 | 溧 률, 찰 | 肌 긔, 살 |
| 膚 부, 살 | 侵 침, 침로 | 砭 폄, 씨를 |
| 琉璃 류리 | 鋪 포, 펼 | 屐 극, 나목신 |
| 乘 승, 탈 | 顧 고, 도라볼 | 寂 적, 고요 |
| 寥 료, 고요 | 右 우, 올흘 | 叢 총, 쩔기 |
| 藪 수, 덤풀 | 砑 아, 버릴 | 窟 굴, 굴 |
| 做 주, 지을 | 夾 협, 좁을 | 左 좌, 왼 |

簇 족, 발  翳 예, 가릴  畏 외, 두려올
릵 긔, 쌔릴  憚 탄, 쌔릴  嘯 소, 소파람
鳴 명, 울  響 향, 소리  須 수, 모람작이
朶 타, 쩔기  折 절, 썩글  獸 수, 즘생
踏 답, 밟을  竦 송, 송연할  膽 담, 쓸개〈7〉
喪 상, 죽을  催 최, 재촉  矢 시, 살
鷰 연, 제비  察 찰, 삺힐  叫[呌] 규, 불르지즐
吼 후, 부르지즐  促 촉, 재촉  偕 해, 함끠

　　余가昨冬에友人을訪하여幽懷를暢敍[叙]하며遊하다가其家로브터歸할새夜色이已深하엿는지라月輪은雲間에隱暎하고木氷은樹杪에玲瓏하며凓烈한氣가人의肌膚를侵砭하는대數十里長江에琉璃를平舖한듯하거늘持來한바氷屐을理하여履底에緊着하고氷을乘하여歸할새四顧寂寥한지라十餘里를上하니江右便으로通한川口가有한대叢藪가天光을蔽하여硏然한一大深窟을做하엿는지라夾한川口로從하여十餘步를上하니樹林이左右로簇立하여陰翳한光景이人의心神을驚畏케할만하나我가忌憚하는바ㅣ無하여放心하고長嘯를一發하니山이鳴하고谷이響하는지라須臾間에風便으로서何聲이有하여耳朶邊에墮來하니此는折大하는聲이아니면必然猛獸가踏至함이어늘手骨이竦然하여落膽喪魂하는지라精神을收拾하고害를避하고저하여川口間에서回程하여江上을向하고氷屐을催하여矢와如하게出하여走함으로上策을삼으니비록鷰子ㅣ라도能히及지못할너라回하여察한則一隊豺狼이後面에當道하여惡聲으로叫[呌]吼하기를甚히促急히하며追하거늘我가灰色豺狼인줄노意하고星火갓치氷面에馳하니岸頭에立한樹木들도我를爲하여偕走하는듯하더라〈8〉

# 第五科程 氷屐이避害二

茲 자, 이
迫 박, 핍박
裁 재, 마르잴
飛 비, 날
妻 처, 안해
禁 금, 금할
眮 지, 자눈
喘 천, 헐쩌거릴
線 선, 실
沫 말, 거픔
止 지, 긋칠
案 안, 책상
飄 표, 나붓길

看 간, 볼
罔 망, 업슬
羣 군, 무리
屑 설, 가로
悲 비, 슯흘
將 장, 장찻
疲 피, 갓블
驅 구, 몰
頸 경, 목
欺 긔, 속일
距 거, 상거
住 주, 머믈
柁 타, 치

臨 림, 림할
措 조, 둘
超 초, 뛸
閭 려, 마을
淚 루, 눈물
迹 적, 자최
莫 막, 말
攢 찬, 꼿칠
坂 판, 언덕
患 환, 근심
競 경, 다툴
躓 질, 밋그러질

茲際에眼을轉하여看過하니害가臨迫하엿기로罔知所措하여先後를裁量할暇가無하여首를低하고疾走하더니觀한則成羣한惡物이岸을超하여下하거늘我가飛하는듯시走하〈9〉다가注意하대本家로走하리라하고去하니乘氷하는屐下에氷屑이紛紛히生하더라然하나惡聲은後에서絶치아니하거늘害가迫頭한줄노斟酌하고後面을不顧하고自歎하여曰門에서候하고閭에서望하는父母妻子의悲悵한淚가下함을禁치못하는境遇에至하게되면將찻엇지하리오하고精을盡하고力을盡하여活路만尋할새鍊習한氷屐이流矢와如하여猛獸의捷한足으로도能히及치못하니如此히危急함을當하여運動하는氷屐이一時避害하는器械가될줄을엇지意하엿스리오半分동안이過치못하여追하는氣勢가益急하여氷을屐하는迹이促急히眮尺에在하거늘仔細히視하니彼도氣力이盡하여疲困이莫甚함으로喘聲이息지아니하거늘我가氷屐을驅하여去하니樹木들도宛然히舞하며我의走

함을 攢賀하는듯하도다我가其時에直線으로一向走하다가屐을左便으로
旋하여之하는바를任意로하되猛獸는밋처頸을旋하지못하고走坂之勢와
如함으로口에怒沫을含하고惡聲만發하거늘我가更思하되如此한步法이
可히써避禍도할터이오또彼를欺할方策이되리라하고此計로써三四次를
誠驗하되後患이止치안커늘我가二十步相距之地에在하여彼로더브러競
步하다가我가또左之右之하여偏行하니彼가我計를知하고止코저하다가
밋처案住치못하고後足이躓退하여飄風한船이柁를失함과갓치走하거늘
我가임의二百步外에在하엿스나後患은不絶하더라〈10〉

## 第六科程 氷屐이避害三

| | | |
|---|---|---|
| 敍[叙] 서, 펼 | 徐 서, 천천 | 噴 분, 뿜을 |
| 齒 치, 니 | 狐 호, 여호 | 杙 익, 덧 |
| 蹶 궐, 밋그러질 | 妨 방, 방해로올 | 礙 애, 걸닐 |
| 缺 결, 이즈러질 | 誦 송, 외올 | 僥倖, 요행 |
| 倒 도, 것구러질 | 朋 붕, 벗 | 踪 종, 자최 |
| 誰 수, 누구 | 某 모, 아모 | 厄 액, 액수 |
| 飼 사, 먹일 | 搖 요, 흔들 | 禦 어, 막을 |
| 狂 광, 밋칠 | 脫 탈, 버슬 | 入 입, 들 |

我가漸次免禍할境遇를見하고平心敍[叙]氣한後에徐徐히走하며또
之字步法을行하다가彼의怒沫이衣에噴하여上下齒聲이相撲함이맛치狐
가杙에치이는聲과如하엿스니其時에我가萬一蹶蹶하엿거나或氷面에妨
礙하는物이有하엿거나或缺處가有하엿더면此境說話을今日에誰를向하

여誦傳하지못하엿스리니엇지當日에僥倖한福이아니리오我가其時에
思想이多하엿노라我가假令當場에倒하엿스면猛獸가何處를先咬할것과
밋生命이斷絶하는대遲速이有할것과밋家眷과朋友가踪迹을尋할것짜지
思量하엿섯노라

　大抵人이死亡之境을當하면生死가頃刻에在하나니無論誰某하고危
急한困厄을當하여〈11〉본者ㅣ라야其眞境의何如함을知하리라飼養하
는바犬이鐵絲를搖하며吠하거늘我의思量에萬一鐵絲가斷하엿스면林間
의毒物을能히制禦하리라할時에彼物도預知하고如狂하게追來하던道를
旋歸하거늘我가豺狼이前山으로過함을見한後에屐을脫하고屋中으로入
하니心中의如何함은不可形言이오쏘한至今이라도氷上으로過할時에는
豺狼의聲이有한듯하더라

## 第七科程 北極光

奧 오, 오묘할　　緯 위, 씨　　　　露 로, 이슬
亞 아, 버금　　　圈 권, 둥우리　　佳 가, 아름다울
致 치, 일울　　　畵 화, 그림　　　寫 사, 쓸
難 난, 어려올　　宛 완, 완연　　　亙 긍, 뻣칠
鍍 도, 도금할　　射 사, 쏠　　　　貫 관, 쒜일
耀 요, 빗날　　　銜 함, 먹음을　　停 정, 머므를
演 연, 넓을　　　戱 희, 희롱　　　仕 사, 벼슬
反 반, 뒤칠　　　割 할, 버힐

　大槪造化中에가장鮮妙하고奧妙한거시北極光에서過하는者ㅣ無

하나然하나大韓은緯〈12〉度線南北間에在한故로現狀이無하고露西亞北
方에서顯現하기는하되寒帶圈에入하여야佳麗한景致의開張함을宛然히
見하나니眞境에入한畵工의妙手筆法으로도寫하기에難하더라

　我가北極에在할時에一日은忽然히黑暗世界가되여漠漠한氷海面과
밋高山의方向을不辨하겟고쏘한一物도見하지못하겟더니瞥眼間에東으
로브터西에꺄지美妙한虹霓가半空에互繞하여壯麗한門을成하여鍍金한樣
子와如한대其中으로서射하는光이有하여東에서閃하고西에서忽하여여
러光彩가或上하고或下하더니虹霓後面으로서精銳한金矢一箇가長空을貫
하니其光이燦爛하여星이敢히其耀한光을放치못하고도로혀羞態를衒한
듯하더라一大壯觀을供한後에暫時停止하기를맛치演戱場에서一塲仕合을
畢함과如하여從容한光景이眼前에森列하기로我가詳細히察하더니쏘한
閃忽한光彩가上下로反射하며半面이分割하엿다가漸漸消滅하더라

## 第八科程 空氣論

| | | |
|---|---|---|
| 騰 등, 날 | 晴 청, 개일 | 票 표, 표 |
| 暑 서, 더울 | 暖 난, 더울 | 燃 연, 탈 |
| 苗 묘, 싹 | 酸 산, 실 | 盪 탕, 동탕할〈13〉 |
| 若 약, 갓흘 | 干 간, 방패 | 償 상, 갑흘 |

　空氣는如何한거시오地球의衣니라地面에서幾里나騰하나뇨百五十
里를昇하면消滅하나니大抵空氣는騰하여高할스록輕淸하여지나니라其
輕淸을何器로量하나뇨陰晴票ㅣ니라寒暑는何器로量하나뇨寒暖計니라

空氣가地球에何關이有하뇨無한則動物의生命이無하고火가樹木에燃치
못하고苗가田地에生치못하고耳로聽치못하고天에雨가無하니라空氣가
無한則엇지하여生치못하나뇨酸素가有한後에生하나니酸素는空氣中에
在한者ㅣ니라何故로火가燃치못하나뇨酸氣가無함으로自然히消滅하나
니라엇지하여苗가生치못하나뇨空氣中에有한炭酸을受하여야生하나니
라엇지하여耳로聽치못하나뇨聲은空氣가搖盪함을因하여往來하는緣故
ㅣ니라엇지하여靑天이空氣로成한거시뇨空氣中에若干한濕氣가日의紅
線을受하고靑線으로써射하여反償함으로靑色을成하엿나니라

## 第九科程 고롬보스의亞美利加新占得一

| | | |
|---|---|---|
| 提 제, 쓰을 | 坦 탄, 평탄할 | 斥 척, 물니칠 |
| 去 거, 갈 | 幼 유, 어릴 | 爺 아, 아비 |
| 剪 전, 갈길 | 搬 반, 반이할 | 羅 라, 벌〈14〉 |
| 航 항, 배 | 講 강, 외올 | 倫 륜, 인륜 |
| 叔 숙, 아자비 | 附 부, 붓칠 | 叅 참, 참예 |
| 焚 분, 불살을 | 潛 잠, 잠길 | 救 구, 구원 |
| 援 원, 당길 | 奇 긔, 긔특 | 膝 슬, 무릅 |
| 姿 자, 바탕 | 芳 밤, 꼿다올 | 諾 낙, 허락 |
| 室 실, 집 | 泰 태, 클 | 返 반, 도라올 |
| 隅 우, 모통이 | 湯 탕, 쓰를 | 岳 악, 뫼 |
| 與 여, 더블 | 討 토, 칠 | 印 인, 인칠 |
| 決[決] 결, 결단 | 約 약, 언약 | 翰 한, 날개 |
| 陳 진, 베플 | | |

四百餘年前에船長一人이有하니비로소地球의形이如何함을提出하

여世人들의地面이平坦하다하는者를對할時마다背斥하여日西向하고去
할지라도能히東洋에抵達하겟다하는獨立氣가有한者ㅣ니이다리아제
노아에서生長하니라幼時에其老爺로더브러羊毛를剪하여爲業하다가
바비아로搬離하여學校에入하여羅馬語와幾何學과天文學과航海術을講
究하여俗倫에超하더라年이十四歲에其叔父를從하여번이스海戰에附하
여觀祭한以後로船에從事하여집으럴러海峽싸지往하니라此時를當하여
航海하는船長들이敢〈15〉히大西洋外에出하는者ㅣ無하더니其後보주
갈海上에서이一大戰爭이起하여兩船이火焚할時에此人이海面으로超下
하여六里水中을潛行하여生命의救援함을得하엿스니엇지天幸이아니
리오其時에老船長一人이見하고甚히奇特히녁여自己膝下에잇는姿色이
有한芳年女兒로써許諾하여室家之樂을供하게하니此人의姓名은고롬보
스그리스도버ㅣ라前者에老船長이數次泰西洋가네리로往返할時에言하
대此外洋에必是地面이有하다하면서도膽力이小함으로敢히往치못하나
然하나傳說에西隅遠方에湯水로成한別樣海가有하다함은信치아니하고
이다曠潤한地面이有한줄노知한지라고롬보스가岳丈으로與하여此問
題를討論한後에西向하고往하여도淸國과印度에至할줄노決[決]意한지
라是故로보주갈王約翰의게進하여地形이圓한것과밋印度를入하는대西
向하고往하여도可한理由를分明히陳告하매王이信하고意하대此地를先
占하면自己의榮光이되리라하고고롬보스의게通知치아니하고隱密히
船隻을送하엿더라

## 第十科程 고롬보스의亞美利加新占得二

還 환, 도라올     詭 궤, 속일     譎 휼, 속일

又 우, 또     況[况] 황, 하믈며     愛 애, 사랑

棄 기, 버릴     憫 민, 민망     穉 치, 어릴〈16〉

携 휴, 끄을     城 성, 재     鄕 향, 싀골

郡 군, 고을     嘲 조, 조롱     裝 장, 행장

束 속, 뭇글     弟 제, 아오     乏 핍, 다할

徒 도, 무리     敎 교, 가르칠     寺 사, 절

院 원, 마을     飢 긔, 주릴     渴 갈, 목마를

非 비, 아닐     但 단, 다만     施 시, 베플

慇懃 은근     欵 관, 관곡할     待 대, 기다릴

歇 헐, 쉬일     脚 각, 다리     仁 인, 어질

德 덕, 큰     公 공, 귀인     宿 숙, 잘

辯 변, 말슴     請 청, 청할     酬酢, 수작

　　幾日後에還하여曰甚히遠하여能히去치못하겟더이다하엿스니甚히慨嘆할바로다未開한世代여王位에坐한者가詭譎을行함을見하엿고又況[况]不幸함으로愛妻도世를棄하엿고兼하여보주갈에서其論을信從하는者ㅣ無한지라是로以하여憫然함을勝치못하여穉子를携하고本城으로歸하니此는故鄕에나信聽하는者ㅣ有할가함이라이에故郡에至하여此言을提及하니亦是信치아니하고嘲弄하며問하여曰一向西으로去하여도印度에達하랴答하여曰然하다하니人人皆是狂으로歸하거늘고롬보스가親知間에도所望이絶함을〈17〉見하고또한이스바니야로往코저하니此는自己의同氣一人이有함이라小子를携하고行裝을束하여海에航하여벨노스에서下陸하여兄弟의家로去하랴하나路費가乏絶함으로써徒步로程에登하여天主敎寺院으로過할새小子가疲困하고飢渴이莫甚하여束手無策이라救助함을請하니老神父가有하여非但所請만依施할뿐아니

라請入하여慇懃,한情을敍[叙]하여欵待하며歇脚하라하거늘고롬보스ㅣ
其仁德을感謝하고坒한地가圓함을說明하니神父가其言을樂聽하며曰尊
公의思量에는西向하고去하여도印度에得達하리라하나뇨答曰我는一毫
도不錯한줄노知하나이다神父曰一夜留宿하라此는一次辯論할大問題로
다我의親舊버난더스라하는者ㅣ有하니此人은博學士라今宵에請하여酬
酢하게하겟노라하더라

## 第十一科程 고롬보스의亞美利加新占得三

| | | |
|---|---|---|
| 晚 만, 느질 | 餐 찬, 밥 | 喫 긱, 먹을 |
| 駁 박, 변박할 | 京 경, 서울 | 薦 천, 천거 |
| 札 찰, 편지 | 修 수, 닥글 | 賜 사, 줄 |
| 妃 비, 계집 | 付 부, 붓칠 | 托 탁, 부탁 |
| 委 위, 버릴 | 掠 략, 로략 | 防 방, 막을〈18〉 |
| 奚 해, 엇지 | 採 채, 캘 | 召 소, 부를 |
| 招 초, 부를 | 集 집, 모돌 | 徂 조, 갈 |
| 客 객, 손 | 玄 현, 감을 | 妙[玅] 묘, 묘할 |
| 賽 새, 빌 | 幬 주, 장막 | 惟 유, 오직 |
| 毬 구, 죽방을 | 撑 탱, 고일 | |

　　是夕에父子가晚餐을飽喫하고兩神父로더브러地球論을辨駁하니廳
하고喜하더라寺院神父의名은베레스ㅣ니京城政府에立한親朋의게薦擧
하는書札을修하여賜하며曰尊公이此札을持去하라或此札을緣하여王과
고로와王妃가地球의說明함을信聽하기를望한다하거늘公이小子를神父
의게付托하고急히고로와로委訪하니라然하나時에回回敎人무어의侵掠

이滋甚한故로盡力하여防禦할計策을圖謀하니奚暇에東西를論理하는一箇船長의經綸을採用하리오事不如意하여落心할際에偶然히멘도사ㅣ라하는親舊를逢하니此人은紅衣主教ㅣ오쏘한王前에有權力한者ㅣ라멘도사ㅣ曰君의言이是하다或然할쏫하니王끠稟聞하고國內의理學者를召集하여辨駁함이可타하고大主教와主教等을살나만가에서招集하여船長의言을聽할새開會하고問曰吾等이聞하니君이西로向하여도東에徂한다는問題를逢人則說한다하니然하뇨曰然하다又問曰天下에엇지如此한理가有하리오怪常하고虛誕한說이何代에無하리오마는君의說話와갓함은狂言이라今始初〈19〉聞이니君은果是狂客이로다고롬보스曰古者에哲學士中에도地가圓하다는說을著한者ㅣ有하니果若其言이면西로向하여도東에徂하는理由가是치아니하리오大主教曰엇지圓한理가有하리오地가圓하다하는說은聖經의玄妙[妙]한理를反對함이니以賽亞曰主끠서天을布하사幬와如하게하섯다하엿스니平地가된後에야可以布하리라고롬보스曰目觀하는星月도圓하거든地가惟獨圓치아니하리오紅衣主教가問하여曰地가毬와若한則何物노撑하리오荅曰日月의撑한거슨何物이뇨하더라

## 第十二科程 고롬보스의亞美利加新占得四

| | | |
|---|---|---|
| 迂 오, 너를 | 蒼 창, 푸를 | 障 장, 막을 |
| 懸 현, 달 | 井 정, 우물 | 傾 경, 기울 |
| 忖 촌, 혜아릴 | 度 탁, 혜아릴 | 期 긔, 긔약 |
| 渺 묘, 아득할 | 逾 유, 넘을 | 浪 랑, 허랑 |
| 頻 빈, 자조 | 屢 루, 여러 | 遭 조, 맛날 |
| 楚 초, 나라 | 旅 려, 나그내 | 樓 루, 다락 |

| | | | | | |
|---|---|---|---|---|---|
| 丁 정, 장정 | 遙 요, 멀 | 蹇 건, 절 |
| 驢 려, 나귀 | 緩 완, 느질 | 訓 훈, 가르칠〈20〉 |
| 奉 봉, 밧들 | 承 승, 니을 | 謁 알, 보일 |
| 遷 천, 옴길 | 宮 궁, 집 | 遂 수, 일울 |
| 寧 녕, 편안 | 辦 판, 판단 | |

此時에哲學士中의一人이日一言以蔽之하고地가圓하다하는說은眞箇迂濶하도다蒼蠅이天障에附한것갓치人生이엇지倒懸하리오하니此言이一作하매或은云하대樹木도然하겟도다하며或은云하대萬一然한則井中水도傾覆하리라하는대主敎一人이日設或地가圓한줄노忖度하고這便으로從하여一去하면其後에回程할期가渺然하리라船이엇지山을逾하리오浪說이라하니이스바니야의哲學士들이此論으로써고롬보스의意見을打破하랴하더라

公이七年동안에王妃를從하여此論을頻頻히說明하나所望이漸漸斷하는지라落心함을屢次遭하니이스바니야를離하기로決[決]定하고楚楚한旅裝으로끄라니다京城에出하니라其時에馬上客一人이城南門樓下로追出하여派守兵丁다려問日白鬚風神의骨格이非常한老人을見하엿나뇨遙指하여日曠野를已過하엿겟습니다이다此人이騎馬를策하여追及하니公이蹇驢의步를任하여緩緩히行하거늘追者ㅣ가訓令을傳하여日王妃의還招하라신命令을奉承하고來하엿노라하기로고롬보스가再次入城하여見謁하니此時는世態가開明함에遷移하엿는지라써드안덜이라하는朋友가公의不平한氣를懷하고不遇時함을〈21〉慨歎하는樣子로出城함을見하고宮中에入하여奏聞하여日果是船長의言과如하면엇지世界에大有益함이아니오릿가함으로王妃이사벨나ㅣ日彼의所願을遂케하리니地가圓하다는說과西으로向하여도東에徂할理由를丁寧한줄大談하더니成事할機會를乘하엿나보다하고幾箇寶石을典當하여旅費를辦備하고請還하더라

## 第十三科程 고롬보스의 亞美利加新占得五

港 항, 항구     漁 어, 고기잡을     最 최, 가장
埠 부, 부두     餞 전, 전송할     員 원, 관원
敢 감, 굿해     御 어, 모실     遵 준, 좃칠
循 순, 좃칠     戚 척, 권당     艦 함, 군함
編 편, 역글     師 사, 스승     僞 위, 거짓
判 판, 판단     號 호, 일홈     旗 긔, 긔
轄 할, 거나릴     就 취, 나아갈

一千四百九十二年八月三日에이스반니야港에서三隻船이出帆하니此船의形式은別노히漁船에서大치못한대惟獨一隻만甲板이有하고最大한者ㅣ라埠頭에立하여餞別하는許多人員이此事를對하여注意하고滋味가有하여觀光하더라此船이一發하매人皆曰能〈22〉히知치못하고敢히往치못할火湯海로向한다하니是故로船長들은自己의所願이아니오不得已하여御命을遵循할쑨이라其戚族과故舊들이悲感한淚를揮하는者ㅣ多하더라

이에小艦隊를編成하니其水師提督은고롬보스ㄴ대地形이圓한줄노知하는異人이니今番行船에는其眞僞를可判할터이더라一船은산다마리아號ㅣ니大將旗를建하엿고二는빈다號ㅣ니艦長의名은알노조빈존이오三은늬나號ㅣ니艦長의名은야네수빈조이더라神父베레스가마리아號甲板에立하고祈禱하여曰順風을賜하옵시며平海를賜하시와此事를主轄하는膽大한者로하여곰願하는바를成就케하시되西向하여去함으로能히東洋에得達케하여주시옵소서하더라終是相別하고帆을掛하고大洋으로出하여게네리에到하니라九月六日에派送함을被한三隻船이게네리島로自하여西方을向하고前人의敢히往치못하던處로走하니茫茫한波濤中에天光만無邊한지라

# 第十四科程 <u>고롬보스</u>의 <u>亞美利加</u>新占得六

| | | |
|---|---|---|
| 惶 황, 두려올 | 曹 조, 무리 | 險 험, 험할 |
| 駛 사, 달닐 | 衝 충, 씨를 | 膏 고, 기름 |
| 沃 옥, 기름질 | 隆 륭, 놉흘 | 俱 구, 갓츨 |
| 存 존, 잇슬 | 刹 찰, 절 | 昆 곤, 맛〈23〉 |
| 蟲 충, 버레 | 累 루, 여러 | 邦 방, 나라 |
| 嘉 가, 아름다올 | 儕 제, 무리 | 毅 의, 굿셀 |
| 堂 당, 집 | 竹 죽, 대 | 帛 백, 비단 |
| 垂 수, 드리울 | 遺 유, 씨칠 | 秋 추, 가을 |
| 朽 후, 썩을 | 壞 괴, 문허질 | 鷗 구, 갈마기 |
| 檣 장, 돗대 | 藿 곽, 메역 | 打 타, 칠 |
| 悔 회, 뉘웃칠 | 杳 묘, 아득할 | 奈 내, 엇지 |
| 抗 항, 겨를 | 拒 거, 막을 | 諭 유, 개유할 |
| 甘 감, 달 | 竟 경, 맛참 | 寤 오, 쌜 |
| 寐 매, 잘 | 認 인, 알 | 怨 원, 원망 |
| 恨 한, 한할 | 藉 자, 빅일 | 勸 권, 권할 |
| 勉 면, 힘쓸 | 冝 의, 맛당 | |

　　是時에艦長들이惶惻하여曰我曹가엇지人의耳로聞치못하고人의足이着지못한危險한海上에駛行하리오하고甚하患히거늘[2]提督이安慰하여曰印度라하는世界는東洋의要衝이라土地의膏沃함과物産의豊隆함과百菓의俱存함과山勢의雄壯함과寺刹의櫛比함과鳥獸와昆蟲의如何을累累히言及하고又曰此邦은精金과寶石이無盡藏할쑨더러其品이〈24〉極嘉하니엇지後日所望이아니리오吾儕는毅然히自的을變치말고堂堂한大丈夫의事業을成하고令名을竹帛에垂하여千秋萬歲에遺傳하여朽치아니

---

2　원전에는 "甚하患히거늘"로 되어 있는데, 내용상 어색하여 오기로 보아 수정하여 놓았다. 서울대본(1909)에서는 "甚히患ᄒ거늘"로 제시되어 있다.

함이엇지可치아니하리오하고日復日行船하매距離가漸漸隔遠하여지
니西方으로서飛來하는鷗鷺等鳥有하여檣頭로過하고坙海藿等草가水面
에浮來하더라十月一日에海程을打筭하니六千九百里라其時를適當하여
東風이大起하거늘艦長들이後悔하여曰去하기는去하거니와其回期가杳
然한대奈何오하고反心을抱하고抗拒하거늘提督이多端으로曉諭하여曰
苦盡甘來는理之常事ㅣ라畢竟은地面을見한後에已할거시니先見하는者
는重賞으로써給하리라하고連日行船하더니艦長一人이卒地에聲을高하
여地가見하엿다叫[따]하니此는寤寐하는中에錯認한바ㅣ라地가無함을
覺하고怨恨하는聲이藉藉하거늘提督이千言萬語로勸勉하여曰未久不遠
하여地를見하리니忍耐하고待함이宜하니라하며前進하더라


## 第十五科程 고롬보스의亞美利加新占得七

| | | |
|---|---|---|
| 檢 검, 검사할 | 漂 표, 흐를 | 薪 신, 섭 |
| 拯 증, 건질 | 盆 분, 동의 | 蔓 만, 덤불 |
| 騷 소, 소동할 | 擾 요, 흔들 | 宏 굉, 클 |
| 黎 려, 검을 | 卉 훼, 풀 | 雙 쌍, 쌍〈25〉 |
| 啼 제, 울 | 翫 완, 구경 | 嚮 향, 저즘씩 |
| 錨 묘, 닷 | 投 투, 던질 | 碇 정, 대일 |
| 泊 박, 대일 | 艇 정, 배 | 絳 강, 붉을 |
| 佩 패, 찰 | 跪 궤, 꾸러안질 | 祝 축, 빌 |
| 后 후, 님금 | 聚 취, 모둘 | 夥 과, 만흘 |
| 獻 헌, 드릴 | | |

    一日은艦長들이水面을點檢할際에漂流하는薪이有하거늘拯하니
覆盆子蔓이라氣候도溫和하여지니此는地가有하여不遠한줄을知할너라

十月十二日午前二時에빈다號檣頭에入番한者가聲을高하여日地를見하라地를見하라地를見하라하매船中이騷擾한지라地가何處에在하뇨한則答曰若箇邊에在함을見치못하나뇨하거늘卽時古物礮를放하니如此히宏壯한聲은此海邊에서初聞하는바ㅣ러라黎明에見하매靑蒼한邊에向陽한島가有하니此所謂別有天地非人間이라花卉와菓木과森林이一幅畵境을開하엿는대雙雙한啼鳥가其間에往來하고坮한目을擧하여海岸을看하니無數한男女老少가羅立하여船樣을翫하며奇異히녁이더라此時를當하여嚮日艦長의憂愁가變하여喜樂이되여錨를投하여碇泊한後에小艇을先下하고고롬보스가絳色衣를衣하고軍刀를佩하고下陸할새足이〈26〉陸에至하매卽時跪하고祝謝하여曰이스바니야王后의名으로占領하나이다하고其地를名하여曰산살버도어라하다土人들이異常히녁여聚한者夥多한中에或은水를履하고來하여船으로上하는者도多하여쌔나아(甘蕉)와고금아와美妙한鳥를艦長의게獻하니彼等의意思는海島中으로出한異人인則必是自己보다上等人이라함이러라

## 第十六科程 고롬보스의亞美利加新占得八

| | | |
|---|---|---|
| 遍 편, 두루 | 椶 종, 종려 | 香 향, 향긔 |
| 襲 습, 엄습 | 河 하, 하수 | 忘 망, 니질 |
| 灸 구, 구을 | 薯 서, 감자 | 乾 간, 마를 |
| 捲 권, 거들 | 煙 연, 내 | 恭 공, 공순 |
| 隣 린, 리웃 | 酋 추, 괴수 | 宴 연, 잔채 |
| 肩 견, 엇개 | 蹈 도, 밟을 | 班 반, 반렬 |
| 按 안, 안찰 | 巡 순, 순행 | 環 환, 고리 |

| | | |
|---|---|---|
| 敬 경, 공경 | 禮 례, 례도 | 霜 상, 서리 |
| 刃 인, 칼날 | 仆 부, 업더질 | 塔 탑, 탑 |
| 沙 사, 모래 | 浦 포, 물가 | 邑 읍, 고을〈27〉 |
| 播 파, 쑤릴 | 戶 호, 지게 | 賀 하, 하례 |
| 殿 전, 대궐 | 臣 신, 신하 | |

提督과艦長들이甚히喜하여諸島를遍踏할새左右地面에草가有하여
蔓延하엿는대棕櫚가最多하고淨灑한海岸에花香이衣에襲하여其氣가人
의게可合하니眞個樂園인가疑할너라其後에규바島에到着할時에見하매
河水가有한지라提督이印度ᄔ가意한故로其地를西印度ㅣ라하여其人을
인듸안이라하고艦長들이樂하여返하기를忘하는지라其時土人들이草
根을探하여火中에灸하여賜하며曰부데도라하 니白人이薯를初見한處
ㅣ러라他島에住한土人들은異俗이有하니草葉을乾하여手로써捲하여其
煙을吸하거늘問한則다바고라하더라이에규바를離하여他島로去하여
土人의게地名을問하니헤다이라其人의性質이信實하고溫恭柔順함으로
提督이謂하대愛隣如己하는者ㅣ라하더라一日은酋長이大宴을排設하고
海産物과薯와數種菓實을陳設하여進하여疑曲한情을表한後에人人肩次
로蹈舞하거늘고롬보스도其班次를依하여艦長을命하여按釰하고其前으
로巡環하여敬禮를行하니土人이霜刃이日光에反射하여閃閃함을視하고
驚하여奇異히녁이더니其後에大礮을聞하고地上에卽仆하더라提督이헤
다이島에小塔을建築하고沙格數人을擇差하여自己往返하기까지待하라
하고本國으로更向하여去하니라

回帆하여안소島를過하다가風雨大作하는濤를遇하여三船이漂風
하여各散하매不知去〈28〉處ㅣ라沉沒한줄노知하엿더니千四百九十三年
三月十五日에베로스浦로會同하엿는지라此所聞이城邑에傳播하매家家
戶戶가小砲를放하여鍾을鳴하고祝火를上하며萬口가同聲하여新世界를

得하엿다하고서로致賀하며上下臣民이主上殿下를爲하여萬歲를呼하니
此는紅人六名과衣服과好鳥와薯와바나아와金을帶來한證據가明하더라

## 第十七科程 五官論一

臭 취, 내암새　　　舌 설, 혀　　　　喩 유, 비유
體 체, 몸　　　　聯 련, 니을　　　絡 락, 얽힐
爛[爛] 란, 데일　　痛 통, 압흘　　　截 절, 쓴흘
麻 마, 병　　　　痺 비, 병　　　　唇 순, 입설
燥 조, 마를

　　{問}五官은何뇨{答}觸과視와聽과臭와味니라{問}五官의機關은何
뇨{答}觸함은皮肉이오視함은目이오聽함은耳오臭함은鼻오味함은舌이
니라{問}譬喩로한則五官은何와如하뇨{答}門과如하니知識으로入하는
五大門이니라{問}腦가五大門으로入하는通奇을엇더케受하나뇨{答}神
經으로從하여受하나니라{問}神經은何뇨{答}腦로브터細한線이全體에
聯絡不絶한거시有하니謂之神經이라하나니라{問}譬喩로言한則如何한
거시뇨{答}電線과如하니라〈29〉{問}假令指端이火에爛[爛]한바ㅣ된則
腦가엇더케知하겟나뇨{答}指端에서브터腦로通한神經이卽時通하여知
케하나니라{問}指가傷하면傷處가痛한거시엇지指가아니리오{答}不然
하다指를緣하여腦가受하나니如此히腦에在한神이目으로視하게하고
耳로聽하게하고鼻로臭하게하고舌노味하게하나니라{問}何證이有하뇨
{答}有하니假令神經이截하던지또半身不遂처럼腦에麻痺(癱瘓)가有하면
割하여도痛한줄을知치못하나니라{問}觸하면不時에覺하는神經이何에

在하뇨곳外皮內에在하니라敏捷하게覺하는神經이何에在하뇨{答}指와
舌과脣이니라觸하여物의固有한性質을知하나뇨{答}固有한形容과固有
한度量과밋堅固와寒熱燥濕의如何함을知하나니라

## 第十八科程 五官論二

| | | |
|---|---|---|
| 瞳 동, 동자 | 幃 위, 장막 | 猫 묘, 고양이 |
| 薄 박, 얇을 | 紗 사, 깁 | 網 망, 그믈 |
| 膜 막, 흘 | 裏 리, 속 | 都 도, 도읍 |
| 瞼 검, 눈썹흘 | 拭 식, 씨슬 | 儲 저, 저축 |

{問}視하는機關이何뇨{答}目이니라{問}目의形이如何하뇨{答}毬와
갓치圓하여表面으로差出하엿는대쏘한窓이有하니라{問}眼에黑白이有
한대黑을何라云하나뇨{答}眼中이라하나니〈30〉라{問}眼中에쏘有한黑을
何라云하나뇨{答}瞳子ㅣ니라{問}瞳子가何用이有하뇨{答}當着하여見하
는影子가入하는孔이니라{問}然한則眼中은何用이有하뇨{答}幃帳과如하
여垂하며捲하매瞳子가或大하고或小하나니라{問}何時에는幃帳이垂하나
뇨{答}日光이明朗할時에는垂하나니日이光明한時에는瞳子가小하여지고
日이陰沉한時에는捲하여瞳子가大하여지나니라{問}諸獸中에瞳子가顯著
히大하여지고小하여지는거시何는{答}猫ㅣ니日이紅할時에는初月과如
하다가日이暗한後에는圈樣을成하나니라{問}影子가入함을受하는機關이
何며腦가瞳子를因하여受하나뇨{答}眼毬中에薄한紗와如한거시有하니名
은網膜이라見하는影子를這裏로從하여受하니網膜으로브터腦骨까지視

神經이有하니라{問}假令視神이傷함을受한則如何하뇨{答}然한則外樣으로는如全하나都是見치못하나니라{問}眼瞼은何用이有하뇨{答}門과如하니宿한則捲하엿다가醒한後에는轉瞬함을息지아니하고拭하여淨케하나니此는眼瞼裏에淚가乾치아니하고恒常儲한緣故ㅣ니라

# 第十九科程 五官論三

| | | |
|---|---|---|
| 摩 마, 만질 | 慄 률, 썰 | 颺 양, 날칠 |
| 移 이, 옴길 | 把 파, 잡을 | 推 추, 밀 |
| 驟 취, 달닐 | 退 퇴, 물너갈 | 却³[郤] 각, 물니칠〈31〉 |
| 部 부, 쩨 | 幾 긔, 몃 | 善 선, 착할 |
| 綴 철, 련할 | 穴 혈, 구멍 | 盈 영, 찰 |

{問}聽하는機關이何뇨{答}耳니라{問}聽함은何뇨聲이니라聲은何뇨{答}空氣가搖盪함으로成하는感動物이니라{問}何故로空氣가搖盪하나뇨{答}假令鐘을擊하고手로按摩한則手가戰慄하나니此는鐘이戰慄함으로搖盪함을被하여空氣가漸漸播颺하여移去하는聲이니라{問}鐘이戰慄함으로空氣가搖盪하여漸漸移去함으로聲이發하는明證이何뇨{答}假令鐘이鳴할時에手로把하면卽刻에停止하나니此를推하면可히知할지니라{問}響應하는理由는何뇨{答}搖盪한空氣가驟去하다가隔한處를逢하면激하고退却[郤]하여本處로還來하여更發하는聲이쪼한耳로入함이니

---

3 원전에는 '郤'으로 실려 있으나 이 글자는 '却'의 이체자도 아니고 뜻도 '고지명, 틈, 사이'로 달라서 잘못으로 보고 바로잡아 제시한다.

라耳의部分中에最要한거시幾何 ㅣ 뇨{答}一은搖盪함을被한空氣를善導
하여入하게하는거슨耳朶오二은鼓[皷]膜이오三은小綴骨이오四는第二
鼓[皷]膜이니其得에通穴이有하여水가盈하고또한其中에聰神經이有하
니라{問}假令聲을聞하는대如何如何히되여耳로入聞하나뇨{答}一은物
이搖盪함이오二는鼓[皷]膜을鼓[皷]함이오三은小綴骨을經하여第二鼓
[皷]膜을更鼓[皷]함이오四는聰神經으로브터腦에達함이니其本源을推
한則空氣로成하는造化니라〈32〉

## 第二十科程 遊星一

汝 여, 너
置 치, 둘
圍 위, 둘닐
話 화, 말슴
塊 괴, 흙덩이
象 상, 코기리
望 망, 보름
庚 경, 별
曩 낭, 저즘씌
靜 정, 고요

輩 배, 무리
齊 제, 나라
玩 완, 구경
謔 학, 희롱
央 앙, 가온대
鑑 감, 거울
弦 현, 활시위
曉 효, 새벽
茫 망, 아득할

劇 극, 심할
臂 비, 팔
荒 황, 것칠
嬉 희, 즐거울
照 조, 빗췰
晦 회, 금음
暮 모, 저물
啓[啟] 계, 열
確 확, 확실할

童穉들아汝輩가演劇塲에서遊戲할쩨一兒를圈中에置하고諸兒가一
齊히手를把하며臂를連하고聯絡하여圍行함을玩하고天荒을破하엿노
라余가你等의게告하는話는演劇하는樣과彷彿하나然하나幼兒의戲謔을
云함이아니로라此演劇塲은天이오遊嬉하는者는日과星이니日은元是莫
大한一塊毬로서中央에位하여其座를一定하고燃하고焦하는力을住持하

엿는대遊行하는大小球가日의大함과比較할者ㅣ無하니라므릇遊星의體[體]는照〈33〉耀한光彩가無한暗球ㅣ니日의反照함을受치아니하면夜間에顯出하는象을睹치못하리라此球는皆是行星이니觀天機로照鑑하면月의體[體]가晦望을隨하여上下弦에圓缺함갓치遊星도盈虛하나니라或이問하대遊星이日을繞行함을昭詳히目覩하엿나뇨日現象을目覩하지못하나然하나其位置의變遭하는度數를昭詳히點檢하엿노라日暮한後에初見하는者를晩星이라하고또長庚星이라하나니此星이幾月後에는曉頭에야見하는故로其名을改稱하여啓明星이라하나니라曩者에는日을繞行하는理를茫然히不覺하엿더니今者에는確實히靜心窮究하여其遊行함이兒輩가手를把하고環行함과恰似한줄노覺하엿노라

## 第二十一科程 遊星二

| | | |
|---|---|---|
| 迥 형, 멀 | 乍 사, 잠간 | 嵯 차, 놉흘 |
| 疊 첩, 첩첩할 | 積 적, 싸흘 | 灼 작, 탈 |
| 栖 서, 깃드릴 | 些 사, 적을 | 軸 축, 축 |
| 暈 훈, 빗 | 回 회, 도라올 | 廿 입, 스무 |

　　或者는日에서最近한故로焚함을被할쯧하고或者는甚히迥遠함으로寒할쯧하니라日에서最近한行星은水星이니日暮할時에나日出할時에나或白樣으로乍見타가暫時間에乍〈34〉無하는故로天文學士들이詳見하지못하나然하나云하기를最高한山이水星中에在하여嵯峨하다하나니라其次는金星이니照耀한光이有함으로或白晝에도現하나니此水星과金星에雲이疊疊히積함으로灼함을免한다하나니라其次는我의栖息하는

地球ㅣ니外他行星이日을繞行함과갓치地球도日을繞行하는대쏘한地球
를繞行하는者도有하니即月이더라此外에火星과土星이有하니觀天機로
見한則些少한白點이有함으로天文學士가云하대地球南北極에氷山과如
한거시라하나니라火星外에幾許里를距하여二百六十四小朶球가有하니
名은小行星이라一塊로統合할지라도能히行星中에小한者를當치못한다
하나니라此外에木星이有하여最大한者ㅣ니月이四個가有한대二個는靑
色이오一個는黃色이오一個는紅色이더라此外에土星이有하여奇異한者
ㅣ니地球의軸이旋함으로晝夜를成함갓치外他行星들도然한지라地球는
廿四時間에自身動을하는대彼는十時間이면能히自身動을하나니라쏘月
이八個가有한대月의一個가地球의屬한月보다十倍나更大하고쏘此星體
[體]에暈帶가有하여光彩가燦爛함으로疑者컨대夜가無하리라하나니라
此外에天王星이有하여地球보다數倍나되고쏘한日에서遠함으로回旋하
는동안이支離하니地球의八十四年이彼의一週年이라하나니라外他에海
龍星이有한대日에서最遠함으로甚히寒할쏫하다하나니此星에서日을
見하는거시地球에서星을見하는것과如하나然하나彼도外他行星갓치日
을繞行하는者ㅣ라하나니라〈35〉

## 第二十二 科程 스바다三百義士一

| | | |
|---|---|---|
| 恢 회, 너를 | 廓 확, 너를 | 欲 욕, 하고저할 |
| 鏖 오, 죽일 | 屠 도, 뭇지를 | 戮 륙, 죽일 |
| 版 판, 조각 | 並 병, 아오를 | 吞 탄, 삼킬 |
| 殫 탄, 다할 | 竭 갈, 다할 | 團 단, 둥글 |

| | | |
|---|---|---|
| 伍 오, 항오 | 率 솔, 거나릴 | 威 위, 위엄 |
| 整 정, 정제할 | 昂 앙, 밝을 | 抄 초, 쌀 |
| 募 모, 쌀 | 剿 초, 칠 | 矇 몽, 어둘 |
| 銘 명, 삭일 | 殊 수, 다를 | 麾 휘, 긔 |
| 邦 방, 나라 | 俘 부, 사로잡힐 | 囚 수, 가둘 |
| 焉 언, 엇지 | 挫 좌, 색글 | 鋒 봉, 칼날 |
| 需 수, 음식 | 艙 창, 선창 | 罄 경, 다할 |
| 梁 량, 다리 | 巴 파, 파촉 | 哨 초, 꾸지즐 |
| 繹 역, 얽힐 | 誌 지, 긔록 | 泉 천, 샘 |
| 穿 천, 쭈를 | 駐 주, 머므를 | 阨 액, 좁을〈36〉 |
| 虜 로, 오랑캐 | | |

數百年前에天下莫强之國이有하니曰바사ㅣ라其王은恢廓한大度가
有하여權利를貪하는大欲望이有한者ㅣ니名은씩시스라그리써를鏖戰
하여屠戮하고版圖를倂呑하랴하여全國力을殫竭하여大軍을團聚할새其
編伍한中에미더人과바사人과黑人과印度棕色人이來附하엿스니統率이
二百萬이라名其自國의兵器를持하엿스니軍威의整肅함이前無後無하다
할너라此로브터王心이驕昂하여自己思想에數人만抄募하여도偏小하고
微弱한그리써를剿滅하리라하니矇然沒覺한君王이라하리로다그리써의
軍隊는其數가夥多치못하나皆是自主하는者ㅣ라國과家의興亡의關係가
一擧에在함을銘心하고獨立基礎를扶持하여殊死戰하랴는者ㅣ오바사士
卒은暫時人의麾下가되여親戚을離하며故舊를棄하고遠邦의俘囚가되여
暴虐한君王의指揮를從하는鳥合亂民이라焉敢그리써의士氣를挫하며鋒
銳를折하리오然하나씩시스가四年間에一切軍需를準備하고헬너스본드
海峽에船艙을築하다가飄風에破壞한바ㅣ되매또한一國의力을罄竭하여
堅實한大梁을造成하니自今爲始하여東洋軍隊가能히歐羅巴에通할機會
를大開하엿더라此時에씩시스의派送하는軍哨가甚衆하여七日間이나梁
上에絡繹한後에渡達함을得하니라이에路程을誌하니東北으로브터離發

하여그리써에入하랴면더머바ㅣ라하는溫泉場으로從하여山間峽路十五
里를穿入한後에夾路內出入하는洞口에抵할지라此內에坐한古時代에築
〈37〉한駐防城이有하니此阨口를守하여擄掠하는者를禦하는處所러ㅣ라


## 第二十三科程 스바다三百義士二

| | | |
|---|---|---|
| 捨 사, 노흘 | 除 제, 제할 | 董 동, 동독할 |
| 遁 둔, 도망 | 遣 견, 보낼 | 偵 정, 정탐할 |
| 探 탐, 더듬을 | 嶺 령, 고개 | 復 복, 회복할 |
| 捍 한, 막을 | 降 항, 항복 | 索 삭, 삭기 |
| 結 결, 매질 | 縛 박, 얽을 | 轅 원, 수레 |
| 捉 착, 잡을 | 審 심, 삶힐 | 鎗 창, 창 |
| 孑 혈, 외로올 | 臺 대, 집 | 吩 분, 분부 |
| 咐 부, 분부 | 陣 진, 진칠 | 赴 부, 다다를 |
| 敵 적, 대적할 | 奸 간, 간악할 | 抱 포, 안을 |
| 逆 역, 거스릴 | | |

　　이에四千人을選送하매其長官의名은리온늬다쓰ㅣ니此人은스바
다王이라스바다는그리써南方小國이니揀選한勇士三百이從하니此人은
國을爲하여生命을捨할者ㅣ라此中에서二人은眼疾노하여行伍中에서除
去하엿더라쎡시스가大衆을董督하여더머벌늬로〈38〉去하며自度하대
그리써軍이自己의整肅한軍容만見하여도遁하리라하고馬兵一人을遣하
며其動靜의如何함을偵探하라하니라本來그리써人은散髮하는俗이有한
지라馬兵이嶺上에서窺하니그리써人中에或은髮을理한者도有하고或
은體[體]操運動하는者도有하거늘馬隊가命을復한대王이데마리드스다
려問曰數人의力으로能히我의大衆을捍하랴對答하대然하오나我國風俗

은出戰할始에髮을理하옵나이다하니此데마리드스는本是그리써王으로서逃走하여바사에來한者ㅣ러라王이其言을信치아니하고스바다人이出降할짜하여三日이나苦待하되終是承服하지아니하거늘王이馬隊幾人을派遣하며曰鐵索으로結縛하여轅門으로捉來하여審査하게하라하니馬隊가陌口로馳徃하거늘그리써兵士가妙術노長鎗을射하여盡殺하여子遺함이無하니바사王이將臺에坐開하여觀戰하다가護衛隊를顧하며吩咐하여曰急히陣에赴하여敵陣을屠戮하라하매護衛隊가徃하여終日토록力戰타가彼의屠戮을反被하니王이怒氣가騰騰하여臺에서下하여陣中으로馳入하랴하더라此時에리온늬다스가兵卒을送하여山으로通한夾路를防하라하니此夾路는그리써人中에數人만知하는거시라奸心을抱하고反逆을謀하는에비알듸스가썩시스의게通知한대썩시스가護衛兵을命하니護衛兵이聽令하고隱路로入하니다〈39〉

## 第二十四科程 스바다三百義士三

| | | |
|---|---|---|
| 秘 비, 가만할 | 突 돌, 구들 | 奪 탈, 쌔아슬 |
| 報 보, 갑흘 | 片 편, 조각 | 丹 단, 붉을 |
| 倍 배, 갑절 | 交 교, 사괼 | 互 호, 서로 |
| 踐 천, 밟을 | 鞭 편, 챗직 | 扑 복, 칠 |
| 戟 극, 창 | 赫 혁, 빗날 | 忠 충, 충성 |
| 頌 송, 기릴 | 揚 양, 날칠 | 壘 뢰, 진 |
| 讌 연, 잔채 | 耶 예, 어조사 | 穌 수, 다시살 |
| 降 강, 나릴 | | |

이에 護衛隊가 南門에서브터 圍하랴하여 夜半에 行軍하여 踪跡이 秘密히 去하나 殘風한故로 落葉을 踏來하는 聲이 有하거늘 守直한者가 聽한지라 바사長官이 스바다이 守禦하는줄노 知하고 甚히 懼하거늘 에비알듸스가 呼하여 曰勿懼하라 數人쑨이라하니 바사軍兵이 突入하여 要害處를 奪하는지라 天이 明하매 山上에서 看守하는 兵卒이 리온늬다스의게 急報하여 曰敵이 隱路를 知하고 來하엿나이다하니 其時에 三百勇士가 退去할路는 有하나 然하나 團結한 義氣가 死하는대 至하여도 屈치아니하고 一片丹心이 邦國을 保하랴하여 同聲으로 一呼하매 怒血이 噴騰하여 勇氣가 百倍나 되더라 早朝에 썩시스가 軍隊를 號令하여 前進〈40〉하니 리온늬다스가 迎出하여 鋒을 交할새 左衝右突하니 바사人이 互相踐踏하며 逃走하랴하되 其將官들이 長鞭으로써 扑하며 催하여 前進하게하는지라 三百勇士가 戟이 折하고 劍이 鈍하도록 力戰하여 膽大한 리온늬다스가 戰亡하고 쏘한 三百人中에 一人도 生한者 ㅣ 無하엿스니 其赫赫한 節義가 엇지 吾儕의 效則할者 ㅣ 아니리오 其後에 바사軍艦이 海上에서 失敗하니 썩시스가 師를 班하여 歸하니라 自今爲始하여 그리써 全國이 리온늬다스와밋 三百勇士의 忠義를 追仰하여 功績을 頌揚하여 戰死한場에 一壘를 特建하고 每記念節에 盛讌을 開하고 喜樂하는 遺俗이 有하니 此는 救世主 耶穌降生前 四百八十年之事 ㅣ라 今日까지 頹壘가 尙存하도다 此壘는 頹할지라도 勇氣는 頹치아니하고 永世에 至하니 此는 國家를 爲하는者의 前艦일진저

# 第二十五科程 버얼의波濤歎一

| | | |
|---|---|---|
| 旬 순, 열흘 | 牀狀 상, 상 | 偃 언, 누을 |
| 臥 와, 누을 | 鬧 효, 짓거릴 | 却 각, 물니칠 |
| 壁 벽, 바람벽 | 斜 사, 빗길 | 撤 철, 것을 |
| 昏 혼, 어두올 | 燈 등, 등불 | 瓦 와, 기와 |
| 斯 사, 이 | 輾 전, 굴 | 緬 면, 멀〈41〉 |
| 也 야, 잇기 | 跫 공, 발자최 | 歷 력, 지날 |
| 耿 경, 밝을 | 燭 촉, 초불 | 晨 신, 새벽 |
| 逝 서, 갈 | 纖 섬, 가늘 | 挽 만, 당길 |
| 妹 매, 누의 | 氏 시, 각시 | 姊 자, 맛누의 |
| 倚 의, 의지할 | 哂 신, 우슬 | |

버얼이沉病한지兼旬에小牀에偃臥하여門外에熱鬧하는聲을聞하며歲月의如流함을忘却하고眼을轉하여左右를視하다가光線이東壁上에反射한則斜陽에天이落照를帶한줄노意하고光線이撤去한後에昏暗이壁에上하엿다가漆黑하여짐을見한則夜深한줄노意하고自歎하여曰方今十字街上에電氣燈과瓦斯燈은不夜城을開하엿슬터이오其上에는星月이照耀하리라하고轉輾不寐하여此를思하고彼를度하다가心神이忽然히城市로通한大江上으로馳하는지라自度하여曰江水는何其深也며夜色은何其暗也며星點의相照함은何其多也오하고는더옥感歎思를提起하여曰此江水가大海로奔流하는도다하고緬懷할際에半夜가已過하여門前에人跡이稀少하니跫音을歷歷히可數하겟고쪼한耿耿한燈燭이眼中에暗暗하거늘東天의晨光이稀迷함을恨하면서恒常江水의逝함을深慮하여纖纖한弱手로써挽回할志도抱하고沙로써防築하여停止케하랴하나然하나轉流하기를甚히急하게하거늘버얼이因하여呼하다가其妹氏프로렌즈의聲을聞하고精神을收拾하여〈42〉身을其姊妹의게倚하고哂하며天이明하여光線이入하기를苦待하더라

# 第二十六科程 버얼의波濤歎二

而 이, 말이
掃 소, 쓸
珠 주, 구슬
攝 섭, 잡을
寢 침, 잘
枕 침, 벼개
託 탁, 부탁
憐 련, 어엿불
希 희, 드물
乳 유, 젓
仍 잉, 인할

透 투, 통할
拂 불, 썰칠
隙 극, 틈
企 기, 바랄
睡 수, 조름
俯 부, 굽흐릴
誼 헌, 짓거릴
眩 현, 어즈러울
否 부, 아니
慘 참, 슯흘

雇 고, 품팔
敦 돈, 도타올
愼 신, 삼갈
轍 철, 수레박회
衾 금, 니불
吻 문, 입설
譁 화, 짓거릴
慌 황, 어즈러울
慈 자, 사랑
酷 혹, 사오나올

而已오光線이窓을透入하니其氣가鮮明한지라其時에雇人들은奔走히房屋을掃하며塵을拂하거늘쏘한論敦市上이明朗할것과[4]地上에아직露珠가捲치아니할거슬思하더니窓〈43〉隙으로브터問病하며愼攝함을勤하는者의顔이見하거늘버얼이謝禮하여日今日은差度가有하니感謝하온지라請컨대我의父親의게告하여주시기를伏企하옵나이다할時에人聲과馬跡과軍轍이連絡한中이라疲困함을勝치못하여半寢하더니非夢似夢間에江水가轉去하는心慮가更發하여其姊妹다려謂하여日프로이야江의流함이息지안는도다此水의逝함을緣하여我의一身도逝함과如하다하니프로렌즈가好言으로써慰하며小牀에同臥하여安寢케하니버얼이日你가我로하여곰安寢케하니我도你를安寢케하리라하더니프로렌즈

---

4  원전에는 '깃과'로 표기되어 있으나 뒤와의 연결을 생각할 때 '것과'의 오기임이 명백하여 바로잡아 제시한다.

가着睡할時에當하여衾枕으로써其背를支하고俯하여接吻하며其傍에立한者의게付託하여日或謟譁함으로其睡를打起할싸하노라하더라此日이已過하고後天이更明하니可憐하다버얼이여光線의幾次反照함과大江의幾回轉流함을記憶하지못하더라一日은버얼의思想이下層壁上에掛한自己母親의寫眞에傾向하여懇切히思慕하다가姉妹다려問하여日我가前者에母親을見하엿던가轉去하는江水가我心을眩慌케함으로依希한中이로라하니프로렌즈가對答하대我의愛者여否라엇지하여問하나뇨버얼이又問日我가幼時에慈親의面目과如하게親切한容貌를見하엿던가答日見하엿나니라日誰뇨日老乳母ㅣ니라又問日何에在하뇨하거늘其時에프로렌즈가手로써抱하니其足이戰慄하여慘酷한情境을目不忍見할너라仍하여呼하여日프로이야老乳母를請하라答日來하지아니하엿스니明日見하라하다버얼이謝禮하고臥寢하니라〈44〉

## 第二十七科程 버얼의波濤歎三

| | | |
|---|---|---|
| 情 정, 뜻 | 踈 소, 성길 | 浮 부, 뜰 |
| 遽 거, 문득 | 迎 영, 마질 | 駒 구, 마아지 |
| 頓 돈, 두드릴 | 祿 록, 록 | 享 향, 누릴 |
| 使 사, 하여곰 | 冀 긔, 바랄 | |

其後에醒하니日이임의晝가되엿는지라窓面에風이打來하는聲에驚起하여乳母의來한與否를問하거늘其時에或이請來하러去한다하매버얼이其言을聞하엿더니頃者에一人이入하거늘問日此人이我의乳母ㅣ뇨

姊妹答曰然하다情踈한者면엇지落淚하면서燥한手에口를接하며我의可
憐한者여하리오하니<u>버얼</u>이曰感謝하여이다然하나江水가如此히急流
하니此將奈何오거의海上으로盡入하여波濤의話가我耳에入하는대舟의
浮沉함으로我가遽然히睡着하겟노라하고又言曰彼岸에는花草가甚多하
도다我의隻身도至今海上에渡하엿는대岸上에何人이有하여我를待하며
合手하고祈禱함과如하도다하고又曰프로이야母親의容貌가你와彷彿하
다你의面目이임의熟하엿스니我의慈親인줄노知하노라下層壁上에掛한
畵本이야무삼榮耀한光이有하뇨我를迎接하는母親은榮光의容貌로我路
에照한다하더라其後에光線이復回하여壁上에서舞하니隙駒光陰인줄을
頓覺하리로다〈45〉大抵創世以來로始祖의衣를衣하고世世로相襲하는例
式이有하니此는人種이各其自己의職事를畢하고또한廣大한天이紙軸과
如하게捲去할時싸지在할者ㅣ니卽死亡이오此外에또한更舊한恩典이有
하니卽無量世界에居하여無量福祿을享할거시라道理를通達한兒孩야하
나님끠感謝할지어다大江이我를擧하고大海에入할時에童穉의天使가善
히保護하기를冀하노라(듹인스)


## 第二十八科程 베수비어스火山一

| | | |
|---|---|---|
| 輿 여, 수레 | 侍 시, 모실 | 肆 사, 펼 |
| 省 성, 삷힐 | 屆 계, 밋츨 | 淑 숙, 맑을 |
| 沿 연, 좃칠 | 揷[揷] 삽, 꼬질 | 雉 치, 꿩 |
| 堞 첩, 성첩 | 碧 벽, 푸를 | 爣 헌, 뫼쑌리 |
| 差 치, 어긔여질 | 閭 렴, 마을 | 翠 취, 푸를 |
| 岑 잠, 뫼쑌리 | 蕭 소, 쑥 | 戞 알, 씌을 |

| | | |
|---|---|---|
| 駭 해, 놀날 | 贍 섬, 넉넉할 | 饒 요, 넉넉할 |
| 俊 준, 준걸 | 秀 수, 쌔여날 | 才 재, 재조 |
| 狠 한, 사오나올 | 雜 잡, 석길 | 綢 주, 얽을〈46〉 |
| 繆 규, 얽을 | 架 가, 시렁 | 橄 감, 감람 |
| 欖 람, 감람 | 圃 포, 나물밧 | 崩 붕, 문허질 |
| 摧 최, 색거질 | 昔 석, 녯 | 訝 아, 의심 |
| 淵 연, 못 | 坎 감, 구덩이 | 坷 가, 구덩이 |
| 碍 애, 걸닐 | 萋 처, 무성할 | 荊[荊] 형, 가시 |
| 棘 극, 가시 | 濯 탁, 쌜 | 瞰 감, 볼 |
| 痕 흔, 흔적 | 甚 삼, 무삼 | 堵 도, 담 |
| 賢 현, 어질 | 撰 찬, 쌜 | 戢 즙, 편즙할 |
| 媤 식, 싀가 | | |

歐洲輿誌上에第一名山이有하니其名은베수비어스ㅣ라千八百年前에羅馬皇帝侍肆가邦省을統轄하는時代에屆하여此山의淑氣가千古에長하여沿海한一大都會를成하엿스니揷[揷]天한雉堞은碧巘을連하여參差하고撲地한閭閻은翠岑을依하여櫛枇하니蕭蕭한馬鳴과憂憂한車轍이遊人의耳目을驚駭케하고居民의産業을贍饒케하여他山으로無異한지라俊秀한才子와暴狠한者流가其中에雜處하니此所謂人傑은地靈이오綢繆한葡萄架와鬱[欝]蒼한橄欖圃가這間에接隣하엿스니方可謂沃野는天府ㅣ로다其時를適當하여人皆謂極樂世界라誰가一朝에火燄이出하여地가崩하고産이摧할줄을意하엿스리요然하나〈47〉自昔으로其上에一大疑訝處가有하니淵然한坎坷가四面으로隔碍함이無하여其廣이二三十里오其深이數百尺이로대萋萋한荊[荊]棘은中間에叢生하고濯濯한走獸는左右에穴處하엿슨즉如此한火燄의念慮는毫髮도無하나山下를俯瞰하면海邊으로從하여烟痕이迷浮하고磺臭가不絶하여甚似한惡氣가尙有하나个意할바ㅣ全無한지라是以로居民들이安堵樂業하더니主降生七十九年에至하여베수비어스山下네블스港에羅馬水師提督이有하니名은블늬늬

라本來賢哲함으로多聞博識하여博物學을撰戢하는者 ] 라其妹弟의媤家가此港에住한故로提督이其妹家에留하더라


## 第二十九科程 베수비어스火山二

乖 괴, 어그러질　　　氛 분, 긔운　　　　祲 침, 긔운
盖 개, 일산　　　　　幢 당, 장막　　　　錦 금, 비단
纜 람, 닷줄　　　　　解[觧] 해, 풀　　　竅 규, 구멍
舟 주, 배　　　　　　邂 해, 맛날　　　　逅 후, 맛날
朕 짐, 징조　　　　　悄 초, 슯흘　　　　窘 군, 군박할
脈 맥, 맥　　　　　　謄 등, 등서할　　　佇 저, 기다릴 〈48〉
潮 조, 밀물　　　　　汐 석, 썰물


　　一日은其妹弟가入告하여日山上에乖常한氛祲이觸起하여羅馬國松樹樣으로如盖幢幢하여或是黑하고或是斑하니君은請看하라한대提督은博物學을硏究하는者 ] 라短艇에錦纜을急解[觧]하여渡港하여何許한其樣을觀하랴하니此는幾日前브터地震이大發하여萬竅가同聲함이라已往에는地震과山上에乖와如한雲이何關이有한지攄得지못하엿더니如此한災殃中에其裏許를解得하엿도다提督이越便海岸에碇泊할際에一个舟子를邂逅相逢하니此舟子는何許한兆朕을見하엿던지提督을强勸하여急히還渡하라하며紛紛히墮來하는灰와炭과浮石과山上의火燄을指視하고悄然히歸하나提督은歸意가頓無하여日山上의居人들이窘急한境遇에至하면周急함이吾의職責이오또한其事之根脈의如何함을詳察하여冊子에謄載하여後世에遺傳케하리라하고灰와炭과浮石이飛下하는下에佇立하엿

더니而已오海水가潮汐水와갓치退去하여陸地가露出하는지라提督이스 <u>다비이로</u>入하여上陸하니라

## 第三十科程 베수비어스火山三

沐 목, 메역감을    浴 욕, 메역감을    熾 치, 성할
晏 안, 느질        凉 량, 서늘        庭 정, 뜰〈49〉
畔 반, 가          堆 퇴, 싸힐        攪 교, 깨우칠
垣 원, 담          覆 복, 업더질       僕 복, 종
氈 전, 담자리       纏 전, 얽을        濱 빈, 물가
憊 븨, 곤할         篷 봉, 쑥          鋪 포, 펼
忙 망, 쌔를         竄 찬, 업댈        奔 분, 다라날
霎 삽, 잠간         斃 폐, 죽을        裳 상, 치마

其時에某某親朋들이避害코저하여乘船하거늘提督이曉喩하여曰勿 懼하고沐浴한後에就飯하자할時에火燄이山上으로從하여漸熾하되提督 은勤念치아니하여曰此는山上의火燄이아니오人家의失火ㅣ라하고晏然 히就寢한지良久에起視하니夜色은蒼凉한대庭畔에灰燼이堆積하엿는지 라其親朋들이提督의困睡의不醒함을視하고免害치못할까하여寢度에就 하여攪하니其時에地震이去去益甚하여垣屋이傾覆할境에至하는지라提 督이親友와船人과奴僕을率하고野外로避走할새或은綿氈으로頭를纏하 여落來하는石을捍禦하던이曰이已晝하엿스나漆夜와無異한지라海濱 에急下하니波濤가洶洶하여乘船키難하고況[況]且提督이困憊하여臥코 저한대諸人들이篷席을鋪陳하여就臥케하니此時에山上火焰과磺臭가觸

鼻하여神色이慌忙하여諸僕들이提督을救助코저하나莫可奈何라名其東竄西奔하엿다가霎時間에返見한則提督이毒氣를飮하고地에仆하여已斃하엿스〈50〉니面目은睡하는듯하고衣裳은如常하더라


## 第三十一科程 베수비어스火山四

| | | |
|---|---|---|
| 哉 재, 잇기 | 嗚 오, 슯흘 | 痛 통, 압흘 |
| 鑠 삭, 녹을 | 髑 촉, 해골 | 髏 루, 해골 |
| 暴 폭, 드러날 | 什 즙, 즙물 | 攷 고, 상고 |
| 測 측, 측량할 | 該 해, 그 | 鑿 착, 팔 |
| 屍 시, 죽엄 | 具 구, 갓촐 | 怎 즘, 엇지 |
| 麽 마, 적을 | 熄 식, 쎠질 | 卅 삽, 설흔 |
| 釀 양, 비질 | | |


勇哉勇哉라博學多聞한士여哲學을研甚함이太甚타가如此히長逝하엿스니嗚呼痛哉로다此酷火에自鑠하는石과自燼하는灰가紛紛히飛下하여허굴네니엄과범베이와스다베이三城이陷沒하엿스니避禍한者도雖多하나路上에在하여避키에及하지못하고髑髏를暴露한者도間間히有하고家屋과什物이灰燼中에埋沒하엿스매金銀珠玉이其中에在하다는傳說을歷史上에昭然히可攷할지라故로近者가英人들이傳說을探하고地形을測하여該政府의認可를圖得한後에鑿하니屍體는依舊히不變하고物産은如常히具存한지라〈51〉其物貨를네블스博物院에置하여一世의奇觀을作하엿고범베이路上에舊人轍跡이至今까지依然히存하다하니然한則如此한火山은怎麽한樣子로成하엿는고初次이折半은火燄中에飛却하고其餘

본다소마는至今꺄지火燄이不絕하도다大抵水師提督이死去한後에火가寢熄하엿다가後百卅四年에復燃하엿고其後二百六十九年에更히寢熄하엿다가至今에火가發하여將來熾盛할兆가有하니何禍를釀成할년지難知하다더라

## 第三十二科程 煤炭의功用一

| | | |
|---|---|---|
| 煤 매, 매긔 | 煖 난, 더울 | 燠 욱, 더울 |
| 煎 전, 다릴 | 迅 신, 쌔를 | 轔 린, 박회 |
| 泛 범, 쓸 | 舶 박, 배 | 鯨 경, 고래 |
| 鯢 예, 고래 | 刷 쇄, 거둘 | 蝌 과, 올창이 |
| 蚪 두, 올창이 | 搭 탑, 모돌 | 鉤[鈎] 구, 갈구리 |
| 碎 쇄, 부서질 | 杵 저, 공이 | 磨 마, 갈 |
| 碾 연, 마돌 | 汲 급, 물기를 | 轆 록, 타래박 |
| 轤 로, 타래박 | 筒 통, 통 | 鋤 서, 홈의 |
| 鍤 삽, 가래 | 浚 준, 팔 | 渫 설, 샐〈52〉 |
| 織 직, 쌀 | 組 조, 쌀 | 粗 조, 것칠 |
| 搓 차, 쏩을 | 宇 우, 집 | 宙 주, 집 |
| 橫 횡, 빗길 | 握 악, 잡을 | 執 집, 잡을 |
| 貲 재, 재물 | | |

煤炭이日用事物에有助함을ㅡㅡ히枚擧하여記하니難하도다人의房屋을煖燠케함과食物을煎熟케함이이石炭의功用이라其用力함의猛烈하고迅速하게함은鐵路上에轔轔한車轍이疾走하니牛馬가能히回挽치못하고波濤中에泛泛한船舶이駛行하니鯨鯢가敢히傾覆지못하도다活版의印刷함은蝌蚪跡이的歷하고搭物의鉤[鈎]引함은鶴頸起가神奇하며金礦의石을碎하는鐵杵와農家의穀을磨하는碾子는人力을代用하여捷利하고汲

水하는 奴僕이 轆轤를 不用하니 引水筒이 家家에 列立하고 浚川하는 役夫가
鋤鍤을 不持하니 浚渫器가 具備하며 織組를 造成하여 精組가 如一하고 電線
을 搓出하여 大小가 不差하니 此等技術은 엇지 이 煤炭의 力을 借함이 아니리
오 天下의 力이 最多한 者는 炭이 第一이오 鐵이 第二오 汽가 第三인 故로 泰西
人들이 此 三者를 取合하여 用함의 實을 삼앗스니 其 要緊함을 이긔여 測量키
難하도다 此로써 宇宙에 橫行하여 通商하는 權利를 掌握中에 把執하여 貲産
의 富饒함이 世界에 超出하더라 〈53〉

## 第三十三科程 煤炭의 功用二

| | | |
|---|---|---|
| 丘 구, 언덕 | 壑 학, 굴헝 | 蕨 궐, 고사리 |
| 蘆 로, 갈 | 禽 금, 새 | 幻 환, 환통 |
| 礫 력, 조약돌 | 萎 위, 쓰러질 | 靡 미, 쓰러질 |
| 嶽 악, 뫼 | 壤 양, 흙덩이 | 腐 부, 썩을 |
| 們 문, 무리 | 欣 흔, 깃거울 | 混 혼, 흐릴 |
| 霄 소, 하날 | 潑 발, 활발할 | 纔 재, 겨우 |

　　最初에는 石炭의 體[體]質이 何如함을 不知하더니 近者에 至하여 其體
[體]質을 分析하니 其 物件됨이 丘壑裏 深深한 下에 堆積하여 幾許層이 相隔
한 間에 蕨과 蘆와 竹과 禽獸의 樣子로 枝枝葉葉과 形形色色이 分明하니 此는
昔日의 草木과 禽獸가 變幻한 形體ㄴ줄을 可知로다 太初에 草木이 地上에 繁
殖하다가 맛참내 瓦礫과 沙石間에 萎靡하여 如此함을 成하엿는지 其 根由는
仔細치 못하나 意者권대 地震이 暴動할 時에 山嶽과 土壤이 陷沒하여 草木과
禽獸等이 自然히 深埋한 後에 年久歲深하여 地中의 爛[爛]氣로 壓하여 此를

成하고或是水中에深潛하여外氣를不通함으로堅固히되여今人을爲하여
要用의豫備가되엿나보다大抵地質學으로論하면炭素世代에在하여此草
木이水와酸素間에서此氣를吸한者로日光을未見하고地中에長在하엿는
故로腐敗함을得지못하고今日까지本質이尙存하도다今日吾儕이煥爐中
〈54〉에燃하는바炭이欣欣然하여喜悅함이有한듯하니此는太古의混混
한氣를藉하여地中에積在하엿다가비로소理學者의硏究한바되어霄壤之
間에棄物이되지아니함이로다時人의게有助한바諸般器械를活動식히는
炭氣가幾千年前에는寢熄하엿다가今世紀에活潑하엿스니今世紀의草木
에燃하는氣는昨日의日光을纔得하여今日의功用을供함으로其力이不贍
하거니와此石炭은千萬古의無限한氣를包含하여地間에深藏하엿다가今
日의要用이됨으로其一塊의供하는力도丘木보다勝하도다〈55〉

## 字典

| | | | |
|---|---|---|---|
| 아 我 나 | 아 雅 맑을 | 아 亞 버금 | 아 訝 의심 |
| 아 呀 버릴 | 아 峨 놉흘 | 애 礙 걸닐 | 애 碍 걸닐 |
| 애 愛 사랑 | 액 厄 액 | 액 阨 좁을 | 악 樂 풍류 |
| 악 岳 뫼쑤리 | 악 握 잡을 | 악 嶽 뫼 | 안 顔 얼골 |
| 안 安 편안 | 안 案 책상 | 안 按 안찰 | 언 晏 느즐 |
| 앙 昂 밝을 | 앙 央 가온대 | 알 戛 쓰을 | 알 謁 보일 |
| 야 惹 쓰을 | 야 也 잇기 | 야 爺 아비 | 약 若 갓흘 |
| 양 揚 날칠 | 양 釀 비즐 | 양 壤 흙덩이 | 양 颺 날닐 |
| 어 禦 막을 | 어 漁 고기잡을 | 어 御 모실 | 언 焉 엇지 |
| 언 偃 누을 | 여 汝 너 | 여 討 더블 | 여 余 나 |
| 여 輿 수레 | 예 霓 무지개 | 예 翳 가리울 | 예 耶 어조사 |
| 예 鯢 고래 | 역 譯 번역 | 역 繹 얽힐 | 역 逆 거스릴 |

염 閻 마을　　연 緣 말매암을　　연 鷰 제비　　연 演 널을
연 煙 내　　　연 宴 잔채　　　연 讌 잔채　　연 燃 불탈
연 沿 좃츨　　연 淵 못　　　　영 影 그림자　영 永 길
영 盈 찰　　　영 迎 마즐　　　영 暎 빗최일　엽 葉 닙
열 閱 지날　　의 宜 맛당　　　의 倚 의지할　의 毅 굿셀
음 音 소리　　은 隱 숨을　　　은 恩 은혜　　은 慇 은근할
응 鷹 매　　　읍 泣 울　　　　읍 邑 고을〈57〉
이 爾 너　　　이 你 너　　　　이 以 써　　　이 履 신
이 己 임의　　이 移 옴길　　　이 而 말이　　익 杙 덧
인 印 인칠　　인 認 알　　　　인 仁 어질　　인 刃 칼날
잉 仍 인할　　입 入 들　　　　입 卄 스무　　오 奧 깁흘
오 迂 오활할　오 窹 깰　　　　오 伍 항오　　오 鏖 죽일
오 嗚 슯흘　　오 遨 노닐　　　와 瓦 기와　　와 臥 누을
완 完 완전　　완 緩 느질　　　완 翫 구경　　완 玩 구경
완 莞 우슬　　왕 往 갈　　　　왈 曰 갈　　　외 畏 두려울
옥 沃 기름질　옥 玉 구슬　　　옹 擁 낄　　　올 兀 웃독
요 繞 둘닐　　요 瑤 구슬　　　요 僥 요행　　요 搖 흔들
요 耀 빗날　　요 約 언약　　　요 擾 흔들　　요 饒 넉넉
요 遙 멀　　　욕 浴 목욕할　　욕 欲 하고저할　우 友 벗
우 右 올흘　　우 隅 모통이　　우 宇 집　　　우 又 또
원 園 동산　　원 垣 담　　　　원 源 근원　　원 援 당길
원 院 마을　　원 員 관원　　　원 怨 원망　　원 轅 수레
위 喟 탄식할　위 謂 닐을　　　위 慰 위로　　위 緯 씨
위 僞 거줏　　위 圍 두를　　　위 威 위엄　　위 萎 쓰러질
위 委 버릴　　욱 燠 더울　　　운 云 닐을　　유 臾 잠간
유 幼 어릴　　유 惟 오직　　　유 逾 넘을　　유 遺 씨칠
유 諭 개유할　유 喩 비유할　　유 乳 젓　　　유 幽 그윽할〈58〉

## ㅎ

하 賀 하례　　하 河 물　　　　해 解[觧] 풀　　해 奚 엇지
해 駭 놀날　　해 邂 맛날　　　해 該 그　　　해 偕 함씌

행 倖 요행 　 학 謔 희롱 　 학 壑 굴헝 　 함 陷 빠질
함 銜 먹음을 　 함 艦 군함 　 한 翰 날개 　 한 捍 막을
한 恨 한할 　 한 狠 사오나올 　 항 航 배 　 항 況[况] 하믈며
항 港 항구 　 항 抗 겨를 　 항 降 항복 　 할 割 버릴
할 轄 거나릴 　 향 響 소리 　 향 鄕 싀골 　 향 嚮 저즘씌
향 香 향긔 　 향 享 누릴 　 허 許 허락 　 험 險 험할
헌 獻 드릴 　 헌 巇 뫼 　 헐 歇 쉬일 　 혜 惠 은혜
혁 赫 빗날 　 현 見 보일 　 현 現 보일 　 현 懸 달
현 弦 활시위 　 현 眩 현황할 　 현 賢 어질 　 현 玄 감을
형 逈 멀 　 형 兄 맛 　 형 荊[荆] 가시 　 협 夾 좁을
혈 穴 구멍 　 혈 子 외로올 　 희 戲 희롱 　 희 嬉 즐거울
희 希 바랄 　 흔 痕 흔적 　 흔 欣 깃거올 　 호 好 조흘
호 號 일홈 　 호 戶 지게 　 호 互 서로 　 호 狐 여호
화 畵 그림 　 화 話 말슴 　 화 譁 짓거릴 　 확 確 확실
확 廓 클 　 환 患 근심 　 환 環 고리 　 환 幻 환롱
환 還 도라올 　 환 渙 흣허질 　 황 惶 두려올 　 황 慌 어지러올
황 荒 것칠 　 회 徊 두리킬 　 회 懷 품을 　 회 回 도라올
회 悔 뉘우칠 　 회 晦 금음 　 회 恢 너를 〈59〉
횡 橫 빗길 　 혹 酷 사오나올 　 혼 昏 어두올 　 혼 混 흐릴
홍 虹 무지개 　 홍 洪 너를 　 효 效 본밧을 　 효 曉 새벽
후 朽 썩을 　 후 逅 맛날 　 후 后 님금 　 후 吼 부르지질
훼 卉 풀 　 훤 喧 짓거릴 　 휘 幃 장먹 　 휘 麾 긔
훈 訓 가르칠 　 훈 暈 무리 　 휴 携 잇스을 　 흉 胸[胷] 가슴
휼 譎 속일

### ㄱ

가 歌 노래 　 가 佳 아름다올 　 가 嘉 아름다올 　 가 架 시렁
가 坷 구덩이 　 개 个 낫 　 개 盖 일산 　 개 改 곳칠
객 客 손 　 갱 更 다시 　 각 恪 정성 　 각 脚 다리
각 卻 물니칠 　 각 却 물니칠 　 감 敢 엇지 　 감 艦 거울
감 橄 감람 　 감 坎 구덩이 　 감 瞰 볼 　 간 看 볼

간 干 방패 　　간 乾 마를 　　간 奸 간악 　　강 講 외올
강 絳 붉을 　　강 降 나릴 　　갈 渴 목마를 　　갈 竭 다할
거 距 상거 　　거 拒 막을 　　거 遽 쌔를 　　거 去 갈
검 檢 상고할 　　검 瞼 눈겁흘 　　건 蹇 절 　　걸 傑 호걸
계 啓 열 　　계 屆 밋찰 　　격 隔 막힐 　　격 擊 칠
격 激 격동할 　　견 肩 엇개 　　견 遣 보낼 　　경 競 다톨
경 竟 맛츰 　　경 敬 공경 　　경 傾 기우릴 　　경 頸 목
경 京 서울 　　경 磬 다할 　　경 耿 밝을 　　경 鯨 고래
경 庚 별 　　결 缺 이즈러질 　　결 決[决] 결단 　　결 結 매질
긔 旗 긔 　　긔 欺 속일〈60〉
긔 琪 구슬 　　긔 幾 몃 　　긔 奇 긔이할 　　긔 飢 주릴
긔 肌 살 　　긔 期 긔약 　　긔 冀 바랄 　　긔 忌 쎄릴
극 屐 나막신 　　극 戟 창 　　극 隙 틈 　　극 棘 가시
극 劇 심할 　　금 襟 옷깃 　　금 禁 금할 　　금 錦 비단
금 衾 니불 　　금 禽 새 　　근 謹 삼갈 　　근 勲 은근
궁 亘 샛칠 　　급 及 밋츨 　　급 汲 물기를 　　기 棄 버릴
기 企 바랄 　　긱 喫 먹을 　　고 告 고할 　　고 姑 할미
고 顧 도라볼 　　고 膏 기름 　　고 雇 품팔 　　고 攷 상고
과 夥 만흘 　　과 蝌 올창이 　　곽 藿 아욱 　　관 貫 쒜일
관 欸 정성 　　광 狂 밋칠 　　괴 壞 문허질 　　괴 塊 흙덩이
괴 乖 어그러질 　　굉 宏 클 　　곤 困 곤할 　　곤 昆 맛
공 公 귀인 　　공 跫 발소리 　　공 恭 공손 　　교 橋 다리
교 咬 물 　　교 交 사귈 　　교 攪 쌔우칠 　　교 敎 가르칠
구 懼 두려울 　　구 驅 몰 　　구 救 구할 　　구 毬 죽방울
구 俱 함쯰 　　구 具 갓촐 　　구 鉤[鈎] 갈구리 　　구 丘 언덕
구 邱 언덕 　　구 炙 구을 　　구 駒 마아지 　　구 鷗 갈막이
궤 詭 속일 　　궤 跪 쑤러안질 　　권 卷 책 　　권 圈 우리
권 勸 권할 　　권 捲 것을 　　궐 蕨 고사리 　　궐 蹶 너머질
귀 歸 도라갈 　　국 局 판 　　군 羣 무리 　　군 窘 군박할
군 郡 고을 　　궁 宮 집 　　굴 窟 굴 　　규 叫 부를〈61〉
규 窺 엿볼 　　규 繆 얽을 　　규 竅 구멍

## ㅁ

| | | | |
|---|---|---|---|
| 마 麻 삼 | 마 摩 만질 | 마 麽 작을 | 마 磨 갈 |
| 매 寐 잘 | 매 妹 누의 | 매 埋 뭇을 | 매 煤 매긔 |
| 맥 脈 맥 | 막 莫 말 | 막 膜 샙흘 | 만 晩 느질 |
| 만 蔓 넌출 | 만 挽 당길 | 망 望 바랄 | 망 罔 업슬 |
| 망 亡 망할 | 망 忘 니질 | 망 網 그믈 | 망 望 보름 |
| 망 茫 아득할 | 망 忙 쌔를 | 말 末 끗 | 말 沫 거픔 |
| 면 緬 멀 | 면 勉 힘쓸 | 명 鳴 울 | 명 銘 삭일 |
| 믁 默 잠잠 | 미 靡 쓰러질 | 미 眉 눈섭 | 민 憫 민망 |
| 모 某 아모 | 모 暮 저물 | 모 募 쌜 | 목 沐 목욕할 |
| 몽 矇 어두올 | 묘 苗 싹 | 묘 渺 아득할 | 묘 杳 아득할 |
| 묘 錨 닷 | 묘 猫 고양이 | 묘 妙[玅] 현묘할 | 무 霧 안개 |
| 무 舞 춤출 | 무 踇(우방:毋)자최 | 문 吻 입설 | 문 們 무리 |

## ㄴ

| | | | |
|---|---|---|---|
| 내 奈 엇지 | 낙 諾 허락 | 난 難 어려올 | 난 暖 더울 |
| 난 煖 더울 | 낭 曩 저즘씌 | 념 念 생각 | 년 碾 마돌 |
| 녕 寧 편안 | 뇨 鬧 짓거릴 | 뇨 裊 약할 | |

## ㅂ

| | | | |
|---|---|---|---|
| 배 徘 배회할 | 배 拜 절 | 배 輩 무리 | 배 倍 갑절 |
| 백 帛 비단 | 박 薄 얇을 | 박 縛 얽을 | 박 迫 핍박할 |
| 박 泊 대일 | 박 駁 론박할 | 반 磐 너럭돌 | 반 搬 반이할 |
| 반 反 도리킬 | 반 返 도라올 | 반 斑 아롱질〈62〉 | |
| 반 畔 가 | 반 班 반털 | 방 傍 겻 | 방 芳 꼿다올 |
| 방 妨 방해로올 | 방 防 막을 | 방 邦 나라 | 발 潑 활발할 |
| 범 氾 넘칠 | 범 泛 쓸 | 번 飜 번역 | 벽 壁 바람벽 |
| 벽 碧 푸를 | 변 辨 분변 | 변 辯 말슴 | 병 幷 아오를 |
| 비 憊 곤할 | 붕 崩 죽을 | 붕 朋 벗 | 비 圮 문허질 |

비 飛 날　　비 妃 계집　　비 悲 슯흘　　비 非 아닐
비 痺 병　　　비 臂 팔　　　비 秘 숨길　　빈 濱 물가
빈 頻 자조　　빙 氷 어름　　보 報 갑흘　　복 復 회복할
복 扑 종아리칠　복 僕 종　　봉 奉 밧들　　봉 鋒 칼날
봉 篷 쑥　　　부 扶 붓들　　부 復 다시　　부 膚 살
부 仆 업더질　부 部 쩨　　　부 俘 사로잡힐　부 浮 뜰
부 附 붓좃칠　부 付 붓칠　　부 赴 다다를　부 埠 부두
부 咐 분부　　부 俯 굽을　　부 腐 썩을　　부 否 아니
분 盆 동의　　분 噴 쑴을　　분 焚 불살을　분 吩 분부할
분 氛 긔운　　분 奔 다라날　불 拂 떨칠

## ㅍ

파 播 쑤릴　　파 把 잡을　　파 巴 파촉　　파 派 갈내
패 佩 찰　　　판 板 판자　　판 坂 언덕　　판 版 조각
판 辦 가를　　판 判 판단　　폐 斃 죽을　　폄 砭 씨를
편 片 조각　　편 編 역글　　편 遍 두루　　편 翩 날개
편 鞭 채찍　　피 被 닙을　　피 疲 피곤할　핍 乏 다할〈63〉
필 畢 다할　　포 舖 펼　　　포 鋪 펼　　　포 浦 물가
포 圃 나물밧　포 抱 안을　　폭 瀑 폭포　　폭 暴 드러낼
표 票 표할　　표 漂 쌜내　　표 飀 나붓길

## ㄹ

라 羅 벌　　　락 落 쩌러질　락 絡 얽힐　　람 濫 넘칠
람 欖 감람　　람 纜 닷줄　　란 爛[爤] 데일　랑 浪 물결
략 掠 로략질할　량 梁 돌다리　량 凉 서늘　　려 閭 집
려 櫚 종려　　려 旅 나그네　려 驢 나귀　　려 黎 검을
례 禮 례도　　력 歷 지날　　력 礫 죄약돌　련 聯 니을
련 憐 어엿불　령 玲 령롱할　령 嶺 고개　　렬 列 벌
리 璃 류리　　리 裏 속　　　림 臨 림할　　린 隣 리웃

린 轔 수레박회　로 勞 수고로울　로 露 이슬　로 虜 사로잡을
로 轤 타래박　로 蘆 갈대　로 鷺 백로　뢰 疊 진
록 祿 록　록 轆 타래박　롱 瓏 령롱할　료 寥 고요
루 淚 눈물　루 屢 여러　루 髏 해골　루 樓 다락
루 累 여러　류 琉 류리　륙 戮 죽일　륜 輪 박회
륜 倫 인륜　륭 隆 놉흘　률 律 법　률 溧 찰
률 慄 두려올

## 人

사 沙 모래　사 紗 깁　사 乍 잠간　사 寫 쓸
사 射 쏠　사 些 작을　사 捨 노흘　사 斜 빗길
사 舍 집　사 仕 벼슬　사 寺 절　사 賜 줄
사 師 스승　사 駛 달닐〈64〉
사 斯 이　사 肆 펼　사 使 하여곰　사 飼 먹일
새 賽 빌　삭 索 노　삭 鑠 녹을　삼 甚 무삼
산 酸 실　상 喪 죽을　상 牀 상　상 霜 서리
상 翔 날개　상 償 갑흘　상 象 코기리　쌍 雙 쌍
삽 揷 꼿질삽　삽 霎 잠간　삽 卅 서른　삽 鍤 가래
서 鋤 홈의　서 嶼 섬　서 敍[叙] 펼　서 徐 천천
서 暑 더울　서 薯 감자　서 栖 깃드릴　서 逝 갈
세 洗 씨슬　석 昔 녯　석 汐 썰물　섬 纖 가늘
섬 贍 넉넉　선 線 실　선 善 착할　성 城 재
성 省 삺필　섭 攝 잡을　설 屑 가로　설 舌 혀
설 渫 셀　식 媤 싀가　승 乘 탈　승 昇 오를
승 蠅 파리　승 承 니을　습 襲 엄습할　슬 膝 무릅
시 視 볼　시 矢 살　시 施 베플　시 侍 모실
시 屍 죽엄　시 氏 각시　식 拭 씨슬　식 熄 꺼질
심 審 삺힐　신 伸 펼　신 薪 섭　신 哂 우슬
신 迅 쌔를　신 臣 신하　신 愼 삼갈　신 晨 새벽
집 室 집　소 騷 소동할　소 掃 쓸　소 疏 성길
소 笑 우슴　소 消 살아질　소 召 부를　소 蕭 쑥

소 嘯 쉬파라　　소 霄 할날　　　쇄 鎖 잠을　　　쇄 灑 쑤릴
쇄 刷 거둘　　　쇄 碎 부서질　　속 束 묵글　　　속 屬 붓흘〈65〉
송 悚 두려올　　송 竦 송연할　　송 誦 외올　　　송 頌 칭송할
솔 率 거나릴　　수 漱 양치질할　수 穌 다시살　　수 藪 덤불
수 須 모름직이　수 獸 즘생　　　수 酬 수작　　　수 誰 누구
수 修 닥글　　　수 遂 드멜　　　수 垂 드리울　　수 囚 가둘
수 需 음식　　　수 睡 조름　　　수 秀 쌔여날　　숙 叔 아자비
숙 宿 잘　　　　숙 淑 맑을　　　순 循 좃칠　　　순 巡 순행
순 脣 입설　　　순 旬 열흘


ㄷ

대 隊 쩨　　　　대 待 기다릴　　대 臺 집　　　　담 膽 담
단 但 다못　　　단 團 둥글　　　단 丹 붉을　　　단 短 쌀을
당 堂 집　　　　당 幢 긔　　　　답 踏 밟을　　　덕 德 큰
등 騰 오를　　　등 燈 등잔　　　등 謄 등서할　　도 渡 건널
도 倒 것구러질　도 鍍 도금할　　도 徒 무리　　　도 蹈 쯸
도 都 도읍　　　도 屠 뭇지를　　도 逃 도망　　　도 堵 담
독 獨 홀노　　　돈 敦 도타올　　돈 頓 두다릴　　동 瞳 동자
동 董 동독할　　동 洞 고을　　　돌 突 당돌할　　두 蚪 올창이
둔 遁 도망


ㅌ

타 墮 쩌러질　　타 朶 포기　　　타 打 칠　　　　타 柁 치
태 泰 클　　　　탱 撑 괴일　　　탁 托 부탁　　　탁 度 혜아릴
탁 託 부탁　　　탁 濯 씨슬　　　탐 探 더듬을　　탄 歎 탄식
탄 憚 쎄릴　　　탄 坦 평탄할　　탄 殫 다할　　　탄 呑 삼킬
탕 盪 흔들닐　　탕 湯 쯔를　　　탑 塔 탑〈66〉
탑 搭 시를　　　탈 奪 쌔아슬　　탈 脫 버슬　　　토 討 칠

퇴 頹 퇴락할　퇴 退 물너갈　퇴 堆 싸힐　통 統 거나릴
통 痛 압흘　통 筒 통　투 投 던질　투 透 통할

## ㅈ

자 玆 이　자 姿 바탕　자 姊 맛누의　자 慈 사랑
자 這 저긔　자 藉 빙자　재 在 잇슬　재 載 시를
재 再 두　재 裁 마르잴　재 才 재조　재 哉 잇기
재 貲 재물　재 纔 겨우　작 昨 어제　작 酢 수작
작 灼 탈　잠 潛 잠길　잠 岑 뫼쭈리　장 將 장수
장 幛 천장　장 欌 도대　장 獎 권장할　장 裝 행장
잡 雜 섭길　저 儲 저축　저 佇 저축　저 杵 공이
제 際 즈음　제 齊 나라　제 除 제할　제 濟 건널
제 儕 무리　제 提 쓰을　제 啼 울　제 弟 아오
적 寂 고요　적 迹 자최　적 積 싸흘　적 敵 대적
전 殿 대궐　전 田 밧　전 剪 갈길　전 餞 전송
전 輾 굴　전 氈 담자리　전 纏 얽을　전 煎 다릴
정 井 우물　정 整 정제할　정 偵 엿볼　정 情 뜻
정 靜 고요　정 頂 니마　정 停 머므를　정 丁 장정
정 碇 대일　정 艇 배　정 庭 쓸　절 絶 쓴흘
절 折 색글　절 截 쓴흘　즘 怎 엇지　즁 拯 건질
즙 戢 모흘　즙 什 즙물　즐 櫛 빗〈67〉
지 持 가질　지 咫 지척　지 止 굿칠　지 誌 긔록
직 織 쌀　진 盡 다할⁵　진 陳 묵을　진 陳 진칠
짐 朕 징조　집 集 모돌　집 執 잡을　질 躓 밋그러질
조 祖 할아비　조 措 노흘　조 徂 갈　조 遭 맛날
조 曹 무리　조 燥 마를　조 組 인끈　조 粗 것칠
조 嘲 조롱　조 照 빗칠　조 潮 밀물　좌 左 왼
존 存 잇슬　종 椶 발　종 踪 자최　종 終 맛참
주 做 지을　주 奏 알욀　주 株 그루　주 柱 기동

---

5 음이 '젼'으로 주기되어 있으나 '진'이 맞으므로 바로잡아 '진'으로 제시했다.

주 住 머므를   주 幬 장막   주 駐 머므를   주 珠 구슬
주 綢 얽을   주 宙 집   주 舟 배   죽 竹 대
준 俊 준걸   준 浚 팔   준 遵 좃칠

## 大

차 且 또   차 借 빌   차 搓 쏩을   차 嵯 놉흘
채 採 캘   책 冊 책   착 捉 잡을   착 鑿 팔
참 慘 슯흘   참 參 참예   찬 餐 밥   찬 撰 쏩을
찬 竄 숨을   찬 攢 곳질   창 創[刱] 비로솔   창 艙 배
창 鎗 창   창 蒼 푸를   창 暢 화창할   창 漲 창일할
창 悵 슯흘   찰 察 삷힐   찰 札 편지   찰 刹 절
처 妻 아해   처 萋 무성할   체 涕 눈물   체 體[軆] 몸
척 斥 물니칠   척 戚 권당   척 陟 오를   천 喘 헐더거릴
천 薦 천거   천 遷 옴길   천 泉 샘   천 穿 쑤를〈68〉
천 踐 밟을   청 晴 개일   청 請 청할   첩 堞 성첩
첩 疊 첩첩할   철 哲 밝을   철 綴 얽을   철 撤 것을
철 轍 수레박회   측 則 법   측 測 측량할   층 層 층
치 齒 니   치 致 일월   치 稚 어릴   치 置 둘
치 雉 셩   치 差 어긔여질   치 熾 성할   침 侵 침로
침 沉 잠길   침 寢 잘   침 枕 벼개   침 祲 긔운
칠 七 닐곱   초 初 처음   초 楚 나라   초 杪 가지
초 超 쒤   초 招 부를초   초 抄 쌜   초 剿 멸할
초 悄 슯흘   초 哨 쑤지즐   찰 挫 색글   최 催 재촉
최 最 가장   최 摧 색글   촉 促 재촉   촉 燭 초불
촉 髑 해골   촌 忖 혜아릴   총 叢 썰기   추 皺 쑤푸릴
추 秋 가을   추 酋 괴수   추 臭 내암새   추 推 밀
취 就 나아갈   취 聚 모돌   취 翠 푸를   취 驟 달닐
축 祝 빌   축 軸 축   춘 春 봄   충 衝 씨를
충 蟲 버레   충 忠 충성〈69〉

제3장

# 『유몽천자』 3권

## 牖蒙千字序

夫牖蒙之文欲使童蒙易牖其意而作也故上卷以耳目之所見所聞撮其
人物之緊要記其名以漢字解其用以國文中卷以心性之良知良能踐其才智
之淺近並用國漢二文而相爲體用下卷以自近及遠自卑登高之階級純用漢
字譯謄西史編成一帙每卷漢字統計三千若以三千牖明童蒙日用事物庶可
通情則其於教育上應不無萬一助云爾

이 유몽(牖蒙)의 글은 아동이 그 뜻을 깨우치기 쉽게 하고자 만들었다. 그래서
상권으로는 이목의 보는 바와 듣는 바와 인간과 사물에 긴요한 것을 모아서 그 이름을 한자로
표기하고 쓰임은 국문으로 풀이하였다. 중권은 심성(心性)의 양지양능으로 그 재주와 지혜의
천근을 따라서 국문과 한문을 병용하여 체용(體用)이 되도록 하였다. 하권은 가까운 곳에서
먼 곳으로 낮은 데로부터 높은 데로 오르는 구성에 맞춰 순전히 한자를 써서 서양의 역사를
번역하였다. 이렇게 한 질을 편성하니 한 질의 각 권당 한자는 모두 하여 3,000자이다. 이
3천자로 아동을 계몽하면 일용사물에 뜻을 통할 수 있을 것이니 교육상에 도움 되는 바가
반드시 있을 것이다.

# 目錄[1]

---

1　원전에는 '目錄'이란 말이 누락되어 있으나, 『권 1』, 『권 2』를 참고하여 目錄을 삽입하였다.

2　이곳의 '月色손아다(調也)'와 아래의 '모듸거져(象名)' 등에서 보는 바와 같이 원전에는 '調也', '象名'과 같이 작은 글씨로 간단히 주석을 달아 '月色손아다'와 '모듸거져'에 관한 정보를 제시하고 있다. 이런 것들을 이곳에서는 ( )에 넣어 제시하였다.

## 第一科程 쩌스튼茶稅致亂一

| | | |
|---|---|---|
| 茶 다, 차 | 稅 세, 구실 | 罷 파, 파홀 |
| 租 조, 구실 | 姦 간, 간악 | 苛 가, 싸다로올 |
| 幹 간, 간섭홀 | 擅 쳔, 쳔단홀 | 囊 낭, 쥬머니 |
| 准 쥰, 쥰홀 | 鄰 린, 리웃 | 斫 쟉, 싹글 |
| 繕 션, 꿈일 | 額 익, 니마 | 擯 빈, 물니칠 |
| 哿 가, 올흘 | 矣 의, 즙의 | 睘 경, 외로올 |
| 蒐 수, 갑졀 | 嗷 오, 짓거릴 | 淤 오, 슗흘 |
| 紐 뉴, 미줄 | 沸 비, 쓸을 | 蟻 의, 개암이 |
| 蜂 봉, 벌 | 貳 이, 두 | |

　　此世界上에 有一大義擧ᄒ니即合衆國쩌스튼所在茶稅革罷之事ㅣ러라一千七百七十三年間에 泰西洋海濱及알네개니山峽間에 有殖民地十三租界ᄒ니皆英國管轄下所屬이라英君主第三世쪼즈ㅣ在位之時에 正人은退去ᄒ고姦臣이滿朝ᄒ야以牛毛苛政으로虐待殖民地之生靈ᄒ야內政을無不幹涉ᄒ고土産을不許擅賣ᄒ야但准許其輸入英國ᄒ니無非探囊取物이오不使擅便於務遷隣邦ᄒ니可謂禁綱이不疎ㅣ라其他森林地斫伐과鐵

機<3>之營繕을莫不嚴禁ᄒ야稅額이太過나然而至於國會ᄒ야ᄂ撰不得
與ᄒ니哿矣富人이어니와哀此煢獨이로다是時에自英輪送之茶船이到泊
於亞美利加則收稅倍蓰ᄒ야民情이嗷嗷ᄒ니於戲라茶之爲用이緊於衛生
이어ᄂᆯ以衛生之藥으로反害生靈ᄒ니是所謂病不能殺人이라藥能殺人者
ㅣ로다玆際에載茶英船이皆入於쌔스튼紐浴빌나델비아港ᄒ야欲爲綱利
ᄒ니殖民之輿論이沸騰ᄒ야曰革罷茶稅ᄒ고間其不高不歇ᄒ야較定稅額
之前에期不復飮이라ᄒ더니十二月初에茶船一隻이到着本港ᄒ니殖民
五千이齊會ᄒ야興情이蟻援ᄒ고物議蜂起ᄒ야使此茶品으로不復解服ᄒ
고欲使載還ᄒ니其議可決ᄒ야無一携貳抗議者ㅣ러라

## 第二科程 쌔스튼茶稅致亂

| | | |
|---|---|---|
| 肥 비, 살찔 | 囑 쵹, 쳥쵹홀 | 俔 션, 힝홀 |
| 俟 ᄉ, 기ᄃ릴 | 忿 분, 분홀 | 頰 협, 쌤 |
| 選 션, 쌀 | 徹 쳘, 통홀 | 翊 익, 리일 |
| 佞 녕, 지조 | 予 여, 나 | 毋 무, 업슬 |
| 荷 연, 련 | 諸 져, 어조ᄉ | 齎 지, 쌀<4> |
| 塡 뎐, 메일 | 誓 셔, 밍셔 | 拖 타, ᄭ을 |
| 紹 쇼, 니을 | 价 개, 쇼개 | 伴 반, 싹 |
| 勒 륵, 구레 | 于 우, 어조ᄉ | 妥 타, 편안홀 |
| 耒 뢰, 장기 | 粗 ᄉ, 보삽 | 柄 병, 자로 |
| 紜 운, 어지러올 | 釁 흔, 틈 | 冥 명, 어두올 |
| 皎 교, 힐 | 司 ᄉ, 맛흘 | 袂 몌, 옷깃 |
| 甕 옹, 독 | 籌 쥬, 쥬노흘 | 櫃 궤, 궤 |

本港之茶會中商은一不參議ᄒ고各自以肥己之心으로來囑殖民曰如

此還送은不可輕㤼이니更加深量ᄒ야以俟下回가如何如何오有一提議者
ㅣ從中忿然曰若人之害ᄅᆞᆯ業己多經이어ᄂᆞᆯ今何輕信이리오ᄒᆞ디或者ㅣ
緩頰而言曰姑依其言ᄒ야嚴守其船이可也ㅣ라ᄒ고自五千人中으로選
二千五人ᄒ야徹夜守檢이러니越翌早朝에中商이復來言曰以予不侫으로
無能擅便還送이니請荷船物ᄒ야積諸庫中ᄒ고以待政府命令이甚好甚好
ㅣ라ᄒ나民之齊怒ᄅᆞᆯ難以口舌노解惑이러라殖民이憤不自勝ᄒ야曰今我
自由가在此一擧ㅣ니事不塡末則誓不解散이라ᄒ야拖至下午어ᄂᆞᆯ中商이
紹价於茶主反船長ᄒ야與之偕來曰茶善之解不解ᄂᆞᆫ已無可論이어니와待
其後來船二隻ᄒ야偕伴以歸ᄒ리라ᄒ더니而已오二隻이來泊於先着之船
邊ᄒ고因請海關ᄒ야欲圖回船票호ᄃᆡ海關長이不許施ᄒ고勒欲<5>搭下
ᄒ니十二月五日에殖民七千이齊會于本港議院ᄒ야以不復解服之議로妥
決曰已把末耜之柄者ㅣ奚暇에顧後리오ᄒ야會議紛紜之中에或者ᄂᆞᆫ深慮
其釁隙之起也ㅣ러라暮日이冥冥ᄒ고星月이皎皎之時에船主ㅣ來言曰稅
務司與支配人이不許回船이라ᄒ디會中一人이拂袂而起曰但以我等之會
議로必不免甕筭이니特籌一策[策]ᄒ야破稅乃己라ᄒ더라適其時ᄒ야自
門外로有紅人惹鬧之聲이어ᄂᆞᆯ出而視之ᄒ니有何五千이衣紅人之衣ᄒ고
言紅人之言ᄒ며飛也走埠頭ᄒ야打破三百四十茶櫃ᄒ야播之水中ᄒ니本
港茶稅가從玆革罷則合衆國之獨立이實基於此也러라

## 第三科程 나일江口水戰一

| | | |
|---|---|---|
| 灘 탄, 여울 | 泳 영, 무악질홀 | 咽 열, 목메일 |
| 腥 셩, 비릴 | 蹟 젹, 자최 | 墟 허, 터 |
| 粤 월, 건널 | 蘭 란, 란초 | 拿 나, 잡을 |
| 輻 복, 수레박희 | 湊 주, 물디힐 | 並 병, 아오롤 |
| 翼 익, 놀 | 瀨 뢰, 여울 | 恃 시, 밋을 |
| 牒 텹, 글월 | 寡 과, 적을 | 潰 궤, 문허질<6> |
| 牴 뎌, 씨롤 | 牾 오, 씨롤 | 荏 임, 씨 |
| 苒 염, 셩홀 | 鬪 투, 싸홈 | 絆 반, 얽을 |
| 渠 거, 뎌 | 舳 츅, | 艪 로, 비 |
| 挑 도, 도돌 | 雌 ㅈ, 암 | 蟻 의, 개얌이 |
| 屯 둔, 둔칠 | 鋩 망, 칼놀 | 雍 옹, 화홀 |
| 哨 쵸, 쑤지즐 | 渚 져, 물가 | 冒 모, 무릅슬 |

蓋此나일江은古昔一大戰場이라江之永矣不可方思나灘之淺矣不可泳思ㅣ로다綠波ㅣ嗚咽에似有遺恨ㅎ고腥塵이杳漠에灘尋往跡이라아부기어礮臺ㅣ獨留遺墟ㅎ야惑發人之懷想이로다粤在一千七百九十八年八月一日之事と敵國이云何오天下莫强國之佛蘭西오上將이爲誰오萬夫不當勇之拿巴倫이라水陸之間에輻湊並進ㅎ야陸軍이連營ㅎ니左右如翼이오水師行船ㅎ니首尾聯環이라北淺瀨西砲臺ㅎ니一日得地形이오左衝突右翼擊ㅎ니二日卒服習이니所前無敵ㅎ야莫敢誰何ㅣ라玆以大將이自恃其强ㅎ고報牒于巴京曰敵將넬손이自知寡不敵衆ㅎ고望風奔潰ㅎ야無敢牴牾者ㅣ라ㅎ더니而己夕陽荏苒之時에泛彼鬪艦이遙自海上而來라가望見佛艦이交錯於水面ㅎ고喜不自勝曰我自地中海中으로欲絆佛艦ㅎ야追之未及者四旬餘矣러니豈意今者에送死自來리오英將넬손이指揮舳艪ㅎ야近入佛艦所泊處ㅎ야遂下軍令曰今宵에建旗交鋒ㅎ야挑戰決雌雄ㅎ리<7>라ㅎ고不避險夷ㅎ니無非魚貫而進이오不顧身命ㅎ니盡是蟻屯而行

이라時自敵陣으로彈丸이如雨ᄒ고霜鋩이耀星ᄒ야折 我帆檣ᄒ며斷我
纜索ᄒ디雍容擧帆ᄒ고如入無人之境ᄒ야分作二哨ᄒ야一入於佛艦所着
之渚ᄒ며一泊於佛艦所對之岸ᄒ고넬손이欲以自己所乘之船으로冒受來
彈ᄒ고使麾下諸船으로各從事於前ᄒ야直與佛艦最大者로交戰于中ᄒ야
有進無退ᄒ니雖被傷害나少無難色이러라

## 第四科程 나일江口水戰二

| | | |
|---|---|---|
| 爐 로, 화로 | 維 유, 오직 | 轟 굉, 소리 |
| 熖 염, 불꽃 | 凝 응, 엉길 | 炎 염, 불꽃 |
| 瀾 란, 물결 | 鼈 별, 자라 | 檝 즙, 돗대 |
| 僵 강, 업더질 | 尸 시, 죽엄 | 戈 과, 창 |
| 址 지, 터 | 旌 정, 긔 | 靄 애, 아즈랑이 |
| 幪 몽, 비 | 幢 동, 비 | 噫 희, 슯흘 |
| 竪 슈, 세울 | 振 진, 떨칠 | 籠 롱, 롱<8> |
| 涸 학, ᄆᆞ롤 | 喝 갈, 공갈홀 | 悠 유, 길 |

是時에火起佛艦ᄒ야兩陣이如在洪爐中ᄒ니進退維谷이오萬卒이如
臥籍薪上ᄒ니未幾及爐이라然而彼此無懼ᄒ야戰爭不息이러니火延於彈
藥裝載之船ᄒ야轟聲이如雷ᄒ고紫熖이衝天ᄒ야烟凝樹木而蒸碧ᄒ니鳥
雀은失巢而高飛ᄒ고炎照波瀾而搖紅ᄒ니魚鼈은移窟而遠走ㅣ로다皎如
白晝ᄒ야無物逃形이라望波頭之所泛ᄒ니是破船之折檝이오見浦口之所
塡ᄒ니盡僵尸之枕戈ㅣ라當地光景은誰豫知塞翁得失이리오而已火滅夜
沉이라英將이受傷ᄒ야纏頭暫臥ㅣ라가忽聞轟聲이徹于碧穹이어늘慌忙
一步로直上甲板ᄒ야望見英旗ㅣ立於敵陣所駐之處러니兵卒이見大將之
扶傷强起ᄒ야立於船頭ᄒ고歡不自勝이러라自佛艦으로無復應砲ᄒ고陣

中이晏然ᄒ니因以待朝ᄒ야出見戰址則佛之將卒도固一世之雄也러니而
今安在哉오蔽空旌旗ᄂ化作騰空之烟靄ᄒ고滿江艨艟은變爲橫流之灰燼
ᄒ니可謂兵驕者ㅣ敗也ㅣ로다敵將之艦은不知何落이오只有從船數隻ᄒ
야欲逃禍綱이라가不幾日被捉ᄒ고噫彼一艦이毅然堅旗ᄒ고要約平和나
散亡之卒은難以復振이라不可免籠鳥之困이오敗軍之將은不可語勇이라
誰能救涸魚之處리오英將이高聲大喝曰能死어든抗我ᄒ고不能死어든入
我不麾下ᄒ라ᄒ고卽欲砲放ᄒ니佛人이自知勢窮力盡ᄒ고捲下佛旗而高
擧英旗ᄒ니剛不友란剛克은理之所在라推源講究則佛蘭西之禍ㅣ不及於
印度者ㅣ實由於此戰이오拿巴崙之勢ㅣ半推於나일者ㅣ讓頭於넬손이로
<9>다七年後於드라발가港에掃盪佛艦ᄒ고悠然而逝ᄒ다

## 第五科程 비리밋之奇觀

| | | |
|---|---|---|
| 亭 뎡, 뎡ᄌ | 䕶 확, 단쳥 | 皓 호, 흴 |
| 瑟 슬, 비파 | 溯 소, 거ᄉ릴 | 津 진, 나루 |
| 韶 쇼, 봄 | 眸 모, 눈 | 卓 탁, 놉흘 |
| 削 샥, 싹글 | 芙 부, 련곳 | 蓉 용, 련곳 |
| 闕 궐, 대궐 | 蓬 봉, 쑥 | 萊 리, 쑥 |
| 揖 읍, 읍홀 | 邀 요, 마즐 | 村 촌, 마을 |
| 胛 갑, 엇기 | 乎 호, 언호 | 喇 라, 라팔 |
| 鵙 격, 새 | 抽 츄, 쏩을 | 腋 익, 겨드랑이 |
| 尻 구, 엉덩이 | 頷 함, 턱 | 顚 뎐, 니마 |
| 那 나, 엇지 | 頗 파, 자못 | 叉 차, 어긔여질 |
| 魍 망, 돗갑이 | 魎 량, 돗갑이 | 縈 영, 얽힐<10> |
| 棺 관, 관 | 槨 곽, 관 | 墨 믁, 먹 |

同志數人이自가이로로策短驢離長亭ᄒ야至于나일江上ᄒ니時景이無邊ᄒ야丹雘難狀則眞箇歷史上名區之獨擅으로如彼古世界皓髮之遺存者ㅣ로다所懷伊人이宛在中央이라欲追摩西約瑟ᄒ야問古今之同異ᄒ니溯流舟揖은晚帶斜陽ᄒ고挾津棕櫚는自弄韶光이라送眸於蒼茫之外ᄒ니卓彼비라밋이自來呈像이라峯巒이秀歟아靑天削出金芙蓉이오宮闕이成耶아五色浮來雲蓬萊ᄒ야望之如揖我ᄒ고欣然欲邀我ㅣ라自津頭過數村ᄒ니人歷歷於沙上ᄒ고地隱隱於畫境일시似近而遠ᄒ니誰知咫尺之千里며不高而低ᄒ니可謂莫小乎泰山이라窮日力到信地ᄒ야先觀스빙쓰偶像ᄒ니獅身人首로身長이百九十尺이오肩胛이三十六尺이오面貌ㅣ三十尺이라昔聞奇形터니今見怪物이라此眞人所難測者也ㅣ로다轉到于大비라밋所在ᄒ니其廣이七百十六尺이오其高가五百尺이로디自下仰止에似不甚高ㅣ러라或者問我能上乎이答曰我在스쏘터란드之時에慣於登山則非不能也ㅣ로라時有亞喇比亞數人ᄒ야欲助我陟彼ᄒ고童穉數人도亦以鳩舌要我若干錢曰將爲從傍助力이라ᄒ되我不受其助ᄒ고抽身一超ᄒ야登登至第三層ᄒ니氣盡力盡ᄒ야身不能自持라招人救助ᄒ니二人은挾腋ᄒ고攀尻ᄒ야歷到幾層이나尙有二百層ᄒ야高出天半이라每層之高ㅣ幾之於領ᄒ니自度不能至其願ᄒ고座於中層ᄒ야只待上層之人之回來러라蓋此밋라밋은東洋堯舜前六百年間所築이라來自幾千年後로無人知<11>其何意所築이오亦未知其那裏有房이나然而頗有天文學士注意之處ᄒ니其爲方向이一定ᄒ야自北極으로至赤度間緯線九十듸그리ᄒ야位置正中故로叩之聞聲ᄒ고知其厚薄處ᄒ야從其薄啟其門ᄒ니門之正面이直旨北極也ㅣ러라欲入其中ᄒ니亞喇比亞人이曰非徒前人之所不到ㅣ라夜叉魍魎이輩居于中ᄒ니入之不祥이라ᄒ되西人이以索之癖으로秉燭穿入ᄒ니惡臭가觸鼻ᄒ고其深이無底ㅣ라中有來路ᄒ야纔容一身타가縈迴數步後에差可寬潤而傍有窄徑ᄒ야直抵少室ᄒ니室有棺槨ᄒ고壁有墨痕ᄒ야無非

前王事蹟이러라壯哉壯哉라如此<u>비라밋</u>이여昔以三百六十萬人으로經年
二十而所築者也則舊日<u>埃及</u>之盛은推此可見也夫 ᄂ뎌

## 第六科程 心弱者之羞不自勝一

| | | |
|---|---|---|
| 腮 식, 쌤 | 齟 서, 서어홀 | 齬 어, 서어홀 |
| 嘗 샹, 일직 | 黨 당, 무리 | 膠 교, 부레 |
| 輒 쳡, 문득 | 辭 ᄉ. ᄉ양 | 胖 반, 살질 |
| 函 함, 편지 | 媚 미, 아당홀 | 沖 충, 어릴 |
| 刺 ᄌ, 명함 | 僅 근, 겨우 | 厲 려, 가다듬을<12> |
| 捫 문, 문질 | 塞 식, 막을 | 懆 조, 근심 |
| 赧 난, 붉을 | 娓 미, 고을 | |

　　有一心弱者ᄒ니其爲人也ㅣ身長而腰纖ᄒ고腮紅而頭白ᄒ야外貌ᄂ
雖佳나中心은惟弱故로每逢齟齬之處則心血이沸騰於面上이라嘗在大學
校時에亦自知心疾而操心勉强做去ᄒ고無所叅涉於社會上이러니其父兄
弟가離世而遺之以三十萬圓ᄒ니不得不事生産作業이라退學歸田里則鄕
黨居人이無不欲爲親已러라是人本心도雖欲與人으로膠漆其情이나惻於
心弱ᄒ야每彼所請에輒辭不往ᄒ고有時乎强欲自勝ᄒ야謗友而去라가纔
到中路而心先自擾ᄒ야未及叩門而歸ᄒ고後復强作이나連日亦然이라常
居에自恨步法之不慣ᄒ야學步於舞師홀시初難效則이러니終乃習得五般
體操ᄒ야使之神定體胖ᄒ고又學長揖之禮ᄒ야行之不偏不倚ᄒ니曾於數
學에有所習之故也ㅣ러라適承貴人이來汝同飯之請函ᄒ고自以膽大之心
으로欲媚於貴夫人之眼ᄒ야期不失禮而心常不固ᄒ니奚暇에用其所習步
揖之法哉아强其心而到其門이라가聞其鐘而恐其晚ᄒ야胥自驚冲而門隷

通刺ᄒ야三所連呼之聲이使人心忙意促이어ᄂᆞᆯ轉入于書冊所儲之室則僅
可以屬精會神이라仍以平日所學之禮로揖於夫人ᄒ고一步退後라가遽履
主人之足ᄒ니其足에有痛風之疾이라主人이押指而氣塞이어ᄂᆞᆯ心益懆懆
ᄒ야不勝面赧이러니主人이能於待客ᄒ야自忍其痛ᄒ고反慰其羞ᄒ며夫
人도亦以好言으로相酬娓娓ᄒ니心自入定ᄒ고羞亦脫<13>態ᄒ야歷觀卓
子上許多冊子ᄒ니可知主人之善文也ㅣ러라

## 第七科程 心弱者之羞不自勝二

| | | |
|---|---|---|
| 尼 니, 즁 | 句 구, 글귀 | 篇 편, 칙 |
| 澁[] 습, 알습홀 | 搜 수, 더듬을 | 誤 오, 그릇 |
| 床 상, 상 | 盒 합, 합 | 褓 보, 보ᄌ |
| 滴 뎍, 쩌러질 | 瀝 력, 쩌러질 | 紋 문, 문치 |
| 繡 슈, 슈노흘 | 褥 요, 요 | 淋 림, 져즐 |
| 漓 리, 져즐 | 膴 무, 두터올 | 掬 국, 움쿨 |
| 賓 빈, 손 | 雞 계, 둙 | 脂 지, 기름 |
| 鹽[鹽] 염, 소곰 | 睛 청, 눈동ᄌ | 吐 토, 비앗흘 |
| 憫 민, 민망 | 攻 공, 칠 | 汁 즙, 즙낼 |
| 盃 비, 잔 | 僮 동, 죵 | 饌 찬, 반찬 |
| 壺 호, 병 | 乃 내, 이에 | 掩 엄, ᄀ리울 |
| 嘴 취, 부리 | 酒 쥬, 술 | 澎 핑, 물소리<14> |
| 湃 비, 물소리 | 捧 봉, 밧을 | 塗 도, 바롤 |
| 呵 가, 우슬 | | |

於是에講明以希利尼之經典上數句語ᄒ고欲覽希史ᄒ야注目於쎈노
번第二卷ᄒ고指點而手未及着ᄒ야主人이知其注意之在何篇ᄒ고以欵曲
之情으로代其勞而抽之欲與어ᄂᆞᆯ不待其抽ᄒ고自以燥澁[]之性質노疾手

先搜라가措手不及ᄒ야誤墮於床ᄒ니墨盒이被傾ᄒ야床褥汚濊하고滴瀝
于下ᄒ야<u>土耳其</u>所織之紋繡華褥上에墨痕이淋漓ᄒ니其爲顏膴ᄂ姑舍ᄒ
고罔之所措ᄒ야輒以所持之巾으로拭之而搹取ᄒ니主人이恐傷客情ᄒ야
欣然且慰ᄒ실飯鍾이復鳴이라携入食堂ᄒ니食前方丈은不可勝記오一酬
一酢은賓主敬禮라依主人之所請ᄒ야將欲割鷄라가在傍之구레비脂湯이
觸手先覆ᄒ고刀子自落ᄒ야鹽[醬]盒이破碎ᄒ니其爲自愧之心은一切이
甚於一切이라强作其心ᄒ야手把쓰딍이라가且被夫人所求ᄒ야欲擧空器
而口含쓰딍ᄒ니其熱이如火ᄒ야呑之未能ᄒ고雙手掩口ᄒ니口膜이被爛
ᄒ고眼睛이欲出이라不覺自羞ᄒ고吐之於器ᄒ니主人與夫人이見其爛口
ᄒ고愍然欲施藥ᄒ실或曰油ㅣ라ᄒ며或曰冷水ㅣ라ᄒ고或曰治攻火毒은
莫如쎄리[葡萄汁]汁一盃ㅣ라ᄒ니茶僮이自饌藏中으로傾壺傳盃어놀无
妄中接盃ᄒ니不是쎄리오乃是쑤린드ㅣ라爛餘口膜이如受針砭ᄒ야不能
忍之而況復不嗜飲者乎아受其毒而益其痛ᄒ야忙手掩嘴ᄒ니酒毒이澎湃
ᄒ야噴出指間이像他噴泉이騰空이라一座ㅣ捧腹而笑어놀主人은責<15>
茶僮ᄒ고夫人은責幼女ㅣ라自不勝痛ᄒ야汗出沾額故로抽巾拭額ᄒ니是
巾은卽拭墨之巾야ㅣ라墨塗於額이어놀主人도亦不耐其笑ᄒ고呵呵捧腹
ᄒ니自知受侮不少ᄒ고忙忙然逃歸ᄒ야不敢復意於接人이러라


## 第八科程 <u>쎗호벤</u>之月色손아다(調也)一

| | | |
|---|---|---|
| 蔀 부, 씌 | 癢 양, 가려울 | 趙[趙] 조, 조져홀 |
| 趨 져, 조져홀 | 克 극, 이길 | 諧 히, 화홀 |
| 貰 셰, 셰닐 | 惱 노, 시달닐 | 儂 농, 나 |
| 撥 발, 칠 | 菜 치, 나물 | 捆 곤, 두드릴 |

| | | |
|---|---|---|
| 鞋 혜, 신 | 姐 져, 누의 | 撫 무, 어로문질 |
| 叩 고, 두드릴 | 寬 관, 너그러울 | 恕 셔, 용셔 |
| 咎 구, 허물 | 濁 탁, 흐릴 | 関 결, 곡됴 |
| 猶 유, 오히려 | 嫌 혐, 혐의 | 囁 섭, 머뭇거릴 |
| 嚅 유, 머뭇거릴 | 慍 온, 노홀 | 譜 보, 족보 |

盖쎗호벤은德國人이니天下有名之第一樂師ㅣ라余於冬夜에自쏟으로乘月至쎗호벤家<16>ㅎ야請與連動而將欲伴之自家共飯홀시行到中路之夾口ㅎ야聞有聲이自蔀屋中出者ㅎ고쎗호벤이自不覺技癢之所使ㅎ야曰善哉善哉라此非F손아다乎아轉至窓下ㅎ야足將進而趑[趑]趄러니此時無聲이勝有聲이라彈者ㅣ停指太息曰奇哉浩哉라以我不才로且無學習ㅎ니何敢克諧리오마ᄂ若叅於코론廣樂會ㅎ야一回聽其音이면庶不惜己財ㅎ리라傍聽者ㅣ曰姊妹乎여未酬屋貰而何自空惱心神耶아妹曰然ㅎ다儂亦知家勢之如何나好樂之情이積於心而發於言也ㅣ로라쎗호벤이强欲與我로伴人其室이어ᄂᆯ余固辭ㅎᄃᆡ쎗호벤이曰此人이有才ㅎ고兼有志於樂ㅎ니我若一撥이면彼必知音이라ㅎ고不顧我挽而排戶直人ㅎ니見一男子ㅣ面帶菜色ㅎ고倚床捆鞋而傍有芳年少姐ㅎ야坐撫樂器ㅎ니器甚古制라時所不彈이오擧眼看過ㅎ니室則淨灑나似甚貧寒이러라見余二人ㅎ고驚恠變色이어ᄂᆯ쎗호벤이曰暮夜에叩人門戶가非不無禮나寬怒勿咎ㅎ라我亦粗解音律之淸濁矣러니偶於今宵에貴家所彈之関이導我而人이로라小姐ᄂᆫ猶有未安之色ㅎ고少年은尙懷不平之氣ㅎ야嫌其無禮라쎗호벤이亦知自過ㅎ고不能容口而數三囁라가欲慰其怒ㅎ야請奏一関ㅎ니主人이見其慍恭ㅎ고解慍稱謝曰樂器ㅣ甚古ㅎ고樂譜且無ㅎ니難供高手ㅣ로라<17>

## 第九科程 쎗호벤之月色손아다(調也)二

娥 아, 계집

瘋 풍, 화홀

雕 됴, 아로삭일

便 변, 문득

推 퇴, 밀

逸 일, 편안

怡 이, 깃거울

爽 상, 셔늘

嘈 조, 울

瞻 쳠, 볼

盲 밍, 판슈

僑 교, 이샤홀

衢 구, 거리

魔 마, 마귀

蟾 셤, 둑겁이

遄 쳔, 쌀룰

虔 건, 졍셩

衿 금, 옷깃

翱 고, 놀기

章 쟝, 글쟝

娘 낭, 계집

嚬 빈, 씽긜

泱 앙, 흐를

替 톄, 디신

趨 추, 추창홀

淡 담, 묽을

寓 우, 붓칠

翔 샹, 놀기

　

쎗호벤이曰若無樂譜면以若芳年少娥로何能如是和聲而無相奪倫乎
아ᄒᆞ고視之ᄒᆞ니乃睛盲也ㅣ라始覺輒謝曰耳得之而爲聲ᄒᆞ고心悟之而聲
章耶女曰然ᄒᆞ다쎗호벤이曰一不叅於廣樂會ᄒᆞ고何其瘋瘋乎答曰我曾二
年을僑居쓰러이러니時適夏月에有何娘娘이半開雕戶ᄒᆞ고調以律呂ᄒᆞ야
惑發人之心神故로欣欣之情이自不能己ᄒᆞ야暫徘徊于通衢之<18>上而習
得則雖日效嚬이나未免見笑ㅣ로라ᄒᆞ고隨問隨答之間에似有厭外人之態
어늘쎗호벤이不復言他ᄒᆞ고直向樂器ᄒᆞ야任手信彈ᄒᆞ니指端初曲이便時
驚人이라前者所彈이不爲不多不善也언마ᄂᆞᆫ無如此夜惹出ᄒᆞ니其爲格神
人妙ᄂᆞᆫ口不答其稱善이라主人男妹ㅣ注意潛聽ᄒᆞ야游精神於聲裏ᄒᆞ고馳
思想於曲中ᄒᆞ야如其夢也에不知其夢而反恐其驚也ㅣ러라夜如何其오好
事多魔ᄒᆞ야燈火自盡이어늘쎗호벤이悠然中止ᄒᆞ니高山寂寂에中曲이未
了ᄒᆞ고流水泱泱에餘響이未應이라推却外戶ᄒᆞ니一團蟾輪이來相照人ᄒᆞ
야替燈放光而쎗호벤이自恨逸興之未遄飛ᄒᆞ야垂頭而坐어늘主人이趨前
問曰君何人斯오쎗호벤이怡顔色而對曰欲知我之爲誰ㄴ딘請君爲我聽一

曲ᄒ라ᄒ고遂彈主娠彈之ᄂ손아다ᄒ니 兩人이握手更問曰君이果是쎗호벤乎ᆫ뎌敬虔以待ᄒ야如恐不及이어ᄂᆞᆯ쎗호벤이卽欲辭去ᄒ니左右之人이不許其歸ᄒ고更請一閲ᄒ되仍然復坐則淡月이透窓ᄒ야爽人胷衿ᄒ니可謂今宵一刻이可抵千金이로다無邊月色을得之心而寓之樂ᄒ야彈前日所未彈之曲ᄒ니其音이嘈嘈切切ᄒ야初焉如慕如哀라가忽焉如神之格思ㅣ舞於庭畔而中有戰慄之音과相思之曲이雜然並作이러니終焉撲翼之聲이翶翔于渺茫之中ᄒ야變作離別之曲ᄒ고遂辭去어ᄂᆞᆯ主人이問後期ᄒ고出門相送에瞻望不及이라쎗호벤이留期促行曰式遄其歸ᄒ야記其調之長短高低ᄒ리라ᄒ고歸卽不寐ᄒ고終夜記憶ᄒ야成一樂章ᄒ야播傳於世ᄒ니是爲有名之月色손아다調ㅣ러라<19>

## 第十科程 英君主大알부렛之中興一

| | | |
|---|---|---|
| 嗣 ᄉ, 니을 | 寵 춍, 괴일 | 庬 방, 순후ᄒᆞᆯ |
| 韶 툐, 니갈 | 齡 령, 히 | 籍 젹, 호젹 |
| 詩 시, 글 | 刊 간, 샥일 | 季 계, 말재 |
| 詞 ᄉ, 글 | 崔 률, 놉흘 | 偉 위, 넉넉ᄒᆞᆯ |
| 笈 급, 샹ᄌ | 萃 췌, ᄯᅥᆯ기 | 帙 질, 칙갑 |
| 寇 구, 도젹 | 劫 겁, 겁박ᄒᆞᆯ | 蹂 유, 넓을 |
| 躪 린, 넓을 | 逼 핍, 갓가올 | 猖 챵, 챵궐ᄒᆞᆯ |
| 褐 갈, 잠방이 | 婆 파, 계집 | 餠 병, ᄯᅥᆨ |
| 燬 훼, 불붓흘 | 炒 쵸, 툴 | 豚 돈, 도야지 |
| 愾 개, 분ᄒᆞᆯ | 殲 셤, 죽일 | 魁 괴, 괴슈 |
| 咄 돌, 혀칠 | 翽 홰, 눌 | 爰 원, 이에 |

八百七十一年에大알부렛시嗣位ᄒ니時年二十三이라幼時에再度羅馬ᄒ고暫遊巴里而歸ᄒ니在兄弟中ᄒ야年幼而最見寵於父母ㅣ러라當是時也에國惟淳厖ᄒ야人不務學故로齠齡十二에尙不知書籍之如何ㅣ러니一日은其母氏오슈버거ㅣ如諸兒로團坐ᄒ야講<20>明식션詩篇ᄒ야使之聽之ᄒ니是篇은非活版所刊所이라乃手之所寫者ㅣ오兼於篇首卷末에搭一畵本ᄒ니諸兒ㅣ見甚愛之어ᄂᆞᆯ母ㅣ曰諸兒中莫論昆季ᄒ고詞峰之崒兀과文瀾之奇偉를見輒先解者ᄂᆞᆫ卽與此冊ᄒ리라ᄒ니自此로알부렛시負笈從師ᄒ야出乎類拔乎萃故로受此篇帙ᄒ야至於老死토록常目在玆ㅣ러라王이卽位之初에덴막人이侵寇于邊이어ᄂᆞᆯ統率三軍ᄒ고親自九戰ᄒ야常欲平和호ᄃᆡ덴막은素是多詐反覆之國이라緩則進急則退ᄒ야雖以指環으로誓死同埋나非實心所出故로不踐所約ᄒ고數入于境ᄒ야燒人之家ᄒ며劫人之貨러니至于四年冬ᄒ야蹂躪國中ᄒ야逼于잉길낸드ᄒ니國兵이新破ᄒ고敵勢猖獗ᄒ야王無所歸라借着農人衣褐ᄒ고避禍於牧者家中ᄒ니牧者도亦不知其爲王也ㅣ러라一日은主婆ㅣ呼王炙餠이어ᄂᆞᆯ王之心이深憂王室如燬ᄒ고忘劫餠之炒黑이러니主婆ㅣ歸見餠炒ᄒ고大責曰若이無乃豚犬乎아何其敏於食而懶於事耶아ᄒ고薄待滋甚이러라是時에西土人民이敵王之愾ᄒ야收散亡之卒ᄒ야殲厥巨魁ᄒ고奪取繡鳥之旗ᄒ니是旗也ᄂᆞᆫ一父之女三兄弟ㅣ一日織出者故로덴막之所瞻仰이러니一自被奪後로無不失望咄歎曰我軍乘勝之日에鳥飛天半ᄒ야翽翽其羽ㅣ러니一敗塗地後로瞻鳥爰止컨ᄃᆡ于誰之屋고將不知其雌雄이라ᄒ야無復挑戰之心이러라<21>

## 第十一科程 英君主大알부렛之中興二

| | | |
|---|---|---|
| 征 정, 칠 | 紆 우, 얽을 | 漢 한, 놈 |
| 俳 비, 광대 | 優 우, 광대 | 竽 우, 피리 |
| 鼕 도, 쇼고 | 湎 면, 쥐홀 | 睥 비, 엿볼 |
| 睨 예, 엿볼 | 訊 신, 무룰 | 獲 획, 엇을 |
| 條 됴, 가지 | 嬰 영, 어릴 | 邪 샤, 샤특 |
| 證 증, 증거 | 懋 무, 힘쓸 | 菑 시, 쌘 |
| 掊 부, 거둘 | 謠 요, 노래 | 珮 패, 패물 |
| 梢 쵸, 가지 | 攫 확, 움킬 | 遮 챠, ᄀᆞ리울 |
| 崇 슈, 빌미 | 拱 공, 쏘졸 | 燕 연, 나라 |

於時에알부렛시西來馳驅ᄒ야慰征夫之勤勞ᄒ고紆破敵之籌策ᄒ야
親自變形幻態ᄒ고做一好漢俳優ᄒ야吹竽鼕ᄒ고入探彼陳之虛實ᄒ야轉
至大將軍幕下ᄒ니彼之將卒이自相戲謔ᄒ야或沉湎于酒中ᄒ고或潛心于
樂聲ᄒ야任他偵探之奇權故로其兵卒之多少强弱이莫逃於一睥睨之間이
라歸募敢死之卒ᄒ야圍之十三日에執訊獲酋ᄒ야不使一人漏網ᄒ고亦不
至一卒被害라約定二條ᄒ니一은割東區而定租界ᄒ야驅降卒而務農業ᄒ
고<22>不使復得侵略事ㅣ오二ᄂᆞᆫ使其大將구드럼으로棄邪神信眞主而
受靈洗事ㅣ라구드럼이受洗之時에알부렛시像他嬰兒之父ᄒ야在傍明證
ᄒ니此乃英主ㅣ不嗜殺人之心이體天父好生之德也ㅣ니其爲聖神感化ᄂᆞᆫ
難以人心所測이라구드럼이痛悔已罪ᄒ고感於神化ᄒ야終身事主ᄒ고其
下兵卒도亦無復侵掠之斃ᄒ고懋玆稼穡ᄒ야盡爲良民ᄒ니全國이晏然이
러라蓋此알부렛손不啻戰伐世英傑之君이오亦爲治平時手德之主ㅣ로다
志在親民ᄒ야勞來不怠호ᄃᆡ探遠方人可用之說ᄒ야編成冊子ᄒ야播之民
間ᄒ고譯羅馬語ᄒ야敎導民心ᄒ며立法公平ᄒ야使民安堵ᄒ고除去務刻
之吏ᄒ며遠斥掊斂之臣ᄒ니謠曰金環玉珮ᄅᆞᆯ掛於樹梢라도無人攫取라ᄒ

더라又於國內에設爲學校ᄒ야親自勸勉호디立董學之規ᄒ야三分日時ᄒ
니時無時計高로以燭爲限ᄒ야八時난做工ᄒ고八時ᄂᆫ運動ᄒ고八時ᄂᆫ就
寢이나然이나或獨而風吹所致로不能較一이라ᄒ야始以角으로造遮風具
ᄒ니是乃燈皮러라王이多年有無何之崇나然而亦病於博施ᄒ야不暇一日
垂拱燕處ᄒ고無時不强病視務ㅣ러니至於五十三歲而崩ᄒ니王이雖崩於
九百一年而至今尙稱大알부렛이러라<23>

# 第十二科程 모듸거져 (象名)之不服他主一

| | | |
|---|---|---|
| 趾 지, 발뒤굼치 | 燎 료, 불살을 | 灌 관, 떨기나모 |
| 梐 례, 떨기나모 | 辟 벽, 물니칠 | 樫 셩, 움버드나모 |
| 椐 거, 집힝이 | 盤 반, 셔릴 | 菑 치, 짜븨밧 |
| 畬 여, 짜븨밧 | 値 치, 갑 | 燒 쇼, 불살올 |
| 牙 아, 어금니 | 駕 가, 멍에 | 專 젼, 오로지 |
| 耦 우, 겨리 | 庸 용, 떳떳 | 蕩 탕, 방탕홀 |
| 杯 비, 잔 | 梃 뎡, 몽동이 | 蹄 톄, 굽 |
| 酩 명, 취홀 | 酊 뎡, 취홀 | 腓 비, 덥흘 |
| 蹴 츅, 찰 | 郭 곽, 셩곽 | 蒭 추, 꼴 |
| 憩 게, 쉬일 | | |

　　印度에有一커피[茶名]農夫ᄒ야于秬擧趾之時에欲種커피ᄒ야伐木
于山ᄒ며燎火于原ᄒ야脩之平之ᄒ니其灌其梐ㅣ며啟之辟之ᄒ니其樫其
椐ㅣ로다燎餘根株ㅣ盤據菑畬ᄒ야拔之不能이라計之以藥暴發則其値甚
高ᄒ고謀之以火燒却則其白이必曠故로拔根之要ᄂᆫ莫如象之爲用而其爲
物也ㅣ有牙則隨其觸而無物不拔ᄒ고無其牙則駕鐵索而無所不引<24>이

라因借貸始役ᄒ니或一專力ᄒ며或二成耦ᄒ고或三並力이러라箇中最好者之名은모듸거져ㅣ니譯卽珠玉之謂也ㅣ라然而受制於庸夫手下ᄒ고不入於勢家所奪ᄒ니如此自由는自印度有國以降으로曾所未見者ㅣ러라今此庸夫는素以豪蕩漢子로藉象力ᄒ야得財不少ᄒ야便作生涯酒一杯라每到酒後에以梃打蹄則象忍其痛ᄒ고不害其主者는以其知主人之醒後에必愛之而賜酒也ㅣ니象亦嗜飮은不言可想而正謂有是人有是物也ㅣ로다有時乎庸夫ㅣ被酒酩酊ᄒ고臥於蹄間이면象則腓字之ᄒ야禁牛馬之至其傍ᄒ고不許人之過其前ᄒ야待其醒이後에乃已러라其庸夫之爲人也ㅣ雖曰善飮이나當於農時ᄒ야는每貪雇價ᄒ야不暇醉倒ᄒ고高坐於象之頭腦上ᄒ야任意指揮ᄒ니而若雙牙之利用과胷胛之强力으로能推能引ᄒ야所前無礙라足蹴耳郭曰壯哉壯哉라力拔山疾追風ᄒ니爾眞獸中王이로다ᄒ고至於夕陽停役後ᄒ야飼之以三百斤蒭ᄒ고飮之以一壺酒ᄒ야放于樹林之間ᄒ고彼亦半醉ᄒ야憩于蹄間而歌ㅣ러라

## 第十三科程 모듸거져 (象名)之不服他主二

| | | |
|---|---|---|
| 梳 소, 빗 | 俾 비, ᄒ여곰 | 恙 양, 병 |
| 扇 선, 붓치 | 閉 폐, 닷을 | 喉 후, 목구멍<25> |
| 訃 부, 통부 | 矜 긍, 불상히녁일 | 恤 휼, 불상히녁일 |
| 匍 포, 길 | 匐 복, 길 | 遞 톄, 갈닐 |
| 癘 려, 병 | 鄙 비, 더러올 | 殤 샹, 요ᄉ홀 |
| 夭 요, 요ᄉ홀 | 罹 리, 걸닐 | 盍 합, 하불 |
| 肯 긍, 즐길 | 覘 티, 볼기 | 罰 벌, 벌줄 |
| 殊 슝, 죽을쯧홀 | 縷 루, 실마리 | 泥 니, 진흙 |
| 添 텸, 더홀 | 厥 궐, 그 | 側 측, 기우릴 |

杖 쟝, 집힝이　　　　喙 훼, 부리　　　　授 슈, 줄
猪 져, 도야지　　　　飴 이, 엿　　　　搔 소, 긁을
戀 련, 싱각

　　此庸夫之名은듸사ㅣ니一週間一次씩至江浴象홀시磨之以瓦甕호고
梳之以刷子호야使象潤身호고詳察其耳目諸竅호야俾得無恙호니象折樹
梢호야自扇其身호고庸夫도亦浴首理髮而伴歸호야工作多日에久閉飮戶
故로喉生塵埃호야自不勝渴心所使ㅣ라乃言于農主曰我丁母喪호니不可
不奔ㅣ라혼디主人이曰爾於數年前에對我告喪호고又於數月前에向某告
訃ㅣ러니今復言告言歸호니無乃遁辭所窮乎듸사ㅣ涕泣曰此非親母ㅣ라
乃我姑母ㅣ니有子十人호디莫養其ㅣ母라가遽至斯境호니我外에無人矜
恤而匍匐救者ㅣ<26>니이다主人曰何處得聞고曰郵遞니이다主人曰從某
至某에遞夫往還이自有定日而今不及期則勿復言他호라듸사ㅣ曰近聞鄙
鄕에癘疫이輪行호야人多殤夭ㅣ라호니恐或已妻罹患이라盍往歸哉리잇
고主人이招진헌爲名者호야問曰爾乃듸사里中人乎아曰然호니이다又問
曰듸사ㅣ有妻乎아答曰以女爲名호고誰肯如此不恒破落戶로同室乎잇가
主人이謂듸사曰速往赴役호라不然이면必行笞罰호리라듸사ㅣ指天而誓
曰我自視役以來로已經數月호디不暇痛飮이러니形如枯木호고心如死灰
호야殊殊然難保殘縷ㅣ라願借十日寬限호야容我遠離主人聖潔之地호야
俾醉以酒호고俾飽以德호쇼셔主人이笑曰你言이今乃似是나然而你若去
後에使象赴役을如爾在時則許可泥醉호리라듸사ㅣ欣謝曰願我主人은壽
添四萬호야如天光明호쇼셔我將經旬還來호리이다호고欣欣然高呼호니
象在林中호야噴塵逐蠅이라가聞厥有聲호고馳立于前이어놀듸사ㅣ提其
耳面命之曰你乃我之心光이라如山有力호야保護醉睡者ㅣ니側耳而我言
호라我欲離此往他ㅣ호리라象이欣然點頭호야如不勝興이어놀듸사ㅣ曰爾
不可同往이오留此赴役호라我於十日後에還來相見호리라使象擧蹄호고

以杖十打ᄒ고日勿謂我不在ᄒ고十日所役을宜聽<u>진헌</u>之命ᄒ라象以長喙로抱<u>진헌</u>ᄒ야置其頭腦上이어놀<u>되사</u>ㅣ以鐵杖으로授<u>진헌</u>ᄒ야數次打頭ᄒ니象이應聲以諾이어놀<u>되사</u>ㅣ日山猪乎여十日間爾主ᄂ果是<u>진헌</u>이니今我暫離ᄒ노라象이擧喙餞別ㅣ러라<u>되사</u>ㅣ去後에<u>진헌</u>이雖以溫柔手段으로使之附役호ᄃ反有齟齬<27>之氣色ᄒ니以其非其主之故也ㅣ라<u>진헌</u>이賜以香飴ᄒ고或搔頷下ᄒ며其妻ㅣ或來稱善호ᄃ常有戀主之情ᄒ야自不禁其悵欝而連日從役ᄒ야無異於<u>되사</u>所使ᄒ니農主ㅣ異之러라

## 第十四科程 모듸거져 (象名)之不服他主三

| | | |
|---|---|---|
| 杏 힝, 살구 | 逶 위, 노닐 | 迤 이, 노닐 |
| 婚 혼, 혼인 | 醋 셔, 거룰 | 沽 고, 살 |
| 乾 건, 하ᄂᆞᆯ | 坤 곤, ᄯᅡ | 眄 면, 볼 |
| 快 쾌, 쾌ᄒᆞᆯ | 馴 훈, 길드릴 | 馭 어, 어거ᄒᆞᆯ |
| 尖 쳠, 쑈족 | 齧 셜, 씹을 | 慴 습, 두려올 |
| 悖 패, 어그러질 | 刑 형, 형벌 | 懲 징, 징계 |
| 脅 협, 갈비 | 舐 뎌, 밧을 | 畎 견, 이랑 |
| 畝 묘, 밧두둑 | 沮 져, 져희ᄒᆞᆯ | 糖 당, 셜당 |
| 秫 츌, 슈슈 | 腸 쟝, 창ᄌ | 俛 면, 슉일 |
| 躍 약, 쮤<28> | | |

　　<u>되사</u>ㅣ行尋杏化村ᄒ야透迤于樹木間이라가逢一婚行ᄒ야有酒醋我ᄒ며無酒沽我ᄒ야送日月於壺中ᄒ고付乾坤於醉裏ᄒ야期逝不至者ㅣ十有一日이러니<u>모듸거져</u>ㅣ回身顧眄ᄒ야不肯從役ᄒ고自任所之어놀<u>진헌</u>이呼日去將安之오快來抱我ᄒ야置你頭腦ᄒ고飛也聽役ᄒ라不然이면以鐵杖碎蹄ᄒ리라象自發憤ᄒ야不服其馴이어놀<u>진헌</u>이追欲駕馭則濕濕其

耳가向前忽尖ᄒ야衝突于象羣中ᄒ고或齧樹枝ᄒ야使人慴伏ᄒ니진헌이
知其無奈ᄒ고告急于農主ᄒ니農主ㅣ揮鞭作聲ᄒᄃᆡ象見白人ᄒ고追至屋
下ᄒ야戰身搖頭어ᄂᆞᆯ白人이逃保生命ᄒ야曰如此悖惡之獸ᄂᆞᆫ不可不刑이
라ᄒ고呼他猛象一偶ᄒ야賜以鐵索十二尺ᄒ니是象則有懲象施罰之職이
라施鐵索ᄒ야置在左右ᄒ니모ᄃᆡ거져ᄂᆞᆫ在三十九年來로曾未被罰者故로
初不知其鐵索之何用이러니終乃知其施罰之具ᄒ고以牙로觝其象脅ᄒ니
二象이被觸驚走ᄒ야不復近前이어ᄂᆞᆯ모ᄃᆡ거져ㅣ走入畎畝間ᄒ야沮他羣
象之役이라가日之夕矣라下來求食ᄒ니진헌이忽然曰汎駕之獸ᄂᆞᆫ宜籠其
口ㅣ니莫來要我ᄒ라是時에適有嬰孩ㅣ遊於門外러니象이以其喙로抱擧
ᄒ야高出진헌頭上十二尺이어ᄂᆞᆯ진헌이岡知所措ᄒ야曰將與糖秫三百斤
及餠幾許團ᄒ리니勿害此兒ᄒ라象이施卽置兒於後蹄間ᄒ고待其所賜ᄒ
야以充其腸然後에使兒로俛出脚下ㅣ러라異哉라是象之爲物也여夜亦無
眠ᄒ야從左暫臥者ㅣ不過二時間이오向右所臥도亦纔二時間이오外他時
間은或反齧或運動이러니忽於中夜에自切戀主之情ᄒ야或叫[吼]或躍ᄒ
며或上或下ᄒ야<29>遍于樹林間ᄒ고復向前日沐浴塲ᄒ야叫[吼]通其意
ᄒᄃᆡ終無所應이러니是時曉頭에듸사ㅣ歸來ᄒ야見主人家産이少無被傷
ᄒ고感於心而謝其主ᄒ니主人이不聽其謝曰往視爾象ᄒ라業爲棄物이니
라듸사ㅣ訪其在所ᄒ야高聲一呼ᄒ니象卽起來ᄒ야見其主ᄒ고欣欣然有
情이어ᄂᆞᆯ듸사ㅣ輒理鐵杖鐵索而赴之役所ᄒᄃᆡ象自如前服役ᄒ야拔去木
根ᄒ니白人이異之而怒氣乃解러라

## 第十五科程 女子그레쓰딸닝之急人高義一

| | | |
|---|---|---|
| 凄 쳐, 셔늘홀 | 櫻 잉, 잉도 | 晳 셕, 흴 |
| 閒 한, 한가 | 飜 번, 뒤칠 | 滲 슴, 샐 |
| 挹 읍, 당길 | 雱 방, 비소리 | 伯 빅, 맛 |
| 嫠 리, 과부 | 曙 셔, 새벽 | 礁 초, 바회 |
| 巉 참, 놉흘 | 嵒 암, 험홀 | 澗 려, 미려혈 |
| 擱 거, 걸닐 | 葬 장, 장ᄉ | 涵 함, 져즐 |
| 晡 포, 느즐 | 瘴 쟝, 쟝긔 | 眺 됴, 볼 |
| 屣 ᄉ, 신 | 贅 췌, 사마귀 | 萱 훤, 플 <30> |
| 愕 악, 놀날 | 孤 고, 외로올 | 弔 됴, 됴샹 |
| 惻 측, 슯흘 | 憖 은, 슯흘 | 恝 괄, 괄시홀 |
| 單 단, 홋 | 拯 증, 건질 | 櫓 로, 로 |
| 湜 식, 몱을 | 沚 지, 물가 | 浩 호, 넓을 |
| 湄 미, 물가 | 萌 밍, 움돗을 | 溝 구, 개쳔 |
| 佑 우, 도을 | 衷 츙, 가온디 | 愧 괴, 붓그러올 |
| 颺 양, 놀닐 | 咳 히, 히소 | |

在昔英國에有年少女子ᄒ니其名은그레쓰딸닝이라與其父母로同居于바안島中ᄒ야守其光塔ᄒ니是島也ᄂᆫ在로덤벌남드之前ᄒ야至險且危ᄒ야罕見足跡來遠近ᄒ고只有水島對沉浮ㅣ라無處問路ᄒ야有或冒險故로設一光塔ᄒ야風雨凄凄之夕과雲霧漠漠之曉에逈照來往舟楫ᄒ야使得免危러라是時芳年이二十有二오碧眼素髮과櫻唇白晳으로自有幽閑之姿ᄒ야學母畫針線ᄒ고助爺暮理燈이러니一千八百三十八年九月夜에疾風이送聲ᄒ고怒濤ㅣ飜空ᄒ야使人甚懼ㅣ라高坐塔上終無眠ᄒ야爲慮風帆旅魂驚터니不知何船이漂泊於海島間ᄒ야任風力上下ᄒ고隨波心而浮沉ᄒ니危哉라是船이여自出帆以後로船底有孔ᄒ야床無乾處ᄒ고水湧甚急이라衆手並作ᄒ야挹以引水器나然而水高半尺ᄒ야危在呼吸ᄒ고且有雨雪이雱雱ᄒ야橫打船頭ᄒ야東傾西轉이라水入火滅ᄒ고<31>霧鎖天黑ᄒ

니河伯은自發望洋之歎ㅎ고鬡婦ᄂᆞᆫ不禁泣舟之淚ㅣ라隨風擧帆ㅎ고以待天曙ㅣ러니遠自霧中으로迷見塔燈ㅎ니暗礁ᄂᆞᆫ巉嵒於中間ㅎ고海岸은渺茫於上下ㅎ니萬刼餘生이出沒冥府ㅣ라而已오船一觸巖에救之不得ㅎ야板尾ᄂᆞᆫ入尾而歸諸烏有ㅎ고帆頭ᄂᆞᆫ擱石齒而甚於魚呑이라船將沙格이具葬於魚腹ㅎ고只有水夫數人ㅎ야抱纜索而仆伏於破壞餘板ㅎ야全身이涵泳於怒濤中이러니日欲晡時에女子ㅣ自光塔上으로照鏡放眺則瘴霧中風濤上數理外에有判如脫屣ㅎ고有人如黑贅라急走萱堂ㅎ야乎爺指視ㅎ니爺爺ㅣ驚愕且歎曰奈何奈何오雖溺이나不能援之以手ㅎ니水中孤魂을有雖慰吊오力所不及에愛莫助ㅣ라ㅎ니乃父爲人이頗有惻隱之心ㅎ야無若是恝이언마ᄂᆞᆫ隻手單身으로莫可周急이라女子ㅣ在傍ㅎ야左思右度ㅎ야欲圖拯救之方ㅎ니增於潛風穩海上에雖或搖櫓運動ㅎ야濯足於湜湜之沚ㅎ고觀瀾於浩浩之湄나一未嘗見如是暴風險濤ㅣ라自不今慈悲心萌ㅎ야曰坐視人死ㅣ若已推納溝中이니盍往觀乎ㅣ리오天父ㅣ所佑에無事不成이라ㅎ딕其父ㅣ知其衷曲所發ㅎ고同乘扁舟ㅎ고各搖一櫓ㅎ야任汐水而下險礁間ㅎ야得及破船處ㅎ니濱死諸人이且喜且怪ㅎ야回思一箇少女兒ㅣ伴此老沙格ㅎ야何以至此危險之地오ㅎ더라父女ㅣ殫其心力ㅎ야救活九人之命ㅎ니是時에水勢尙急ㅎ야難以遡流ㅣ라九人이並力行船ㅎ야俱全生命ㅎ니라此事ㅣ播颺於歐洲各國ㅎ야各自修書致賀ㅎ고書中에或封七千圓ㅎ며寫本掛市ㅎ고爲詩登歌ㅎ니此女ㅣ雖得如此名譽之大<32>나終不以驕昂變心ㅎ고與其父母로同居三年이러니竟以咳喘으로離世ㅎ다

# 第十六科程 紅人論一

| | | |
|---|---|---|
| 倉 창, 고집 | 胃 위, 비위 | 哺 포, 먹일 |
| 軒 헌, 마루 | 鱗 린, 비늘 | 介 개, 껍질 |
| 羽 우, 깃 | 蔬 소, 나물 | 朱 쥬, 붉을 |
| 販 판, 팔 | 汔 흘, 거의 | 憩 게, 쉬일 |
| 猷 유, 꾀 | 獵 렵, 산양 | 穽 졍, 함졍 |
| 弓 궁, 활 | 釣 됴, 낙시 | 獐 쟝, 노루 |
| 鹿 록, 사슴 | 串 관, 꼿치 | 烹 핑, 삶을 |
| 苽 과, 외 | 葵 규, 희브라기 | 菽 슉, 콩 |
| 茀 불, 졔홀 | 蛤 합, 죠기 | 舂 용, 방아 |
| 碓 디, 확 | 摶 단, 뭉칠 | 貯 져, 싸흘 |
| 歠 쳘, 마실 | 楓 풍, 단풍 | 斧 부, 독긔 |
| 弦 현, 사위 | 鏃 촉[正音 족], 살촉 | 爪 조, 손톱<33> |
| 藁[艹$膏] 고, 집 | 筐 광, 광주리 | 油 유, 기름 |
| 豹 표, 표범 | 鈴 령, 방울 | 苔 틔, 잇기 |
| 霞 하, 안기 | 爇 셜, 살올 | 匝 잡, 둘닐 |

其爲人也ㅣ短於思量知覺ㅎ고痴於動靜云爲ㅎ야驍勇은雖日行二三百里나其强力이不過於數日이오哀樂은雖日當大小間事ㅣ나其聲色이不大於倉卒ㅎ며腸胃ᄂᆞᆫ能大能小ㅎ야雖以少小食料及南草로도得免飢渴ㅎ고若有珍羞盛饌이면亦爲含哺皷腹ㅎ니外雖軒軒이나內室空空이러라所食은只以鱗介羽毛之族과山蔬野菜之味와黃果朱實之屬이오不務耕作ㅎ며不事興販ㅎ고今日東明日西ㅎ야到處依幕無一定ㅎ니汔可少憩ㅎ야爲猷不遠ㅎ고但專力於漁獵ㅎ야穽以陷之ㅎ고網以羅之ㅎ며弓以射之ㅎ니釣以鉤何ㅎ니作釣維何오鳥魚之骨이오結網維何오獐鹿之筋이라枝串魚肉ㅎ야炙於火上ㅎ고烹之羹之ㅎ니其器土木이오欲取水而揚湯이면置炙石於水中ㅎ며間或務農ㅎ니玉秫南草와苽葵及菽이오茀厥豊草ㅎ니蛤之外介와獸之肩骨노代鋤利用ㅎ고不知造餠ㅎ야炒玉秫而舂於石碓ㅎ

야和水搏末ㅎ니其名曰눅희이라눅희南草룰小肐囊橐則可取遠行이오冬
則窟置樹皮而中藏食物ㅎ야供其放飯流歠호디調味以甘楓汁ㅎ고戰備는
弓矢斧梃이니梃名은도마혹이오以石爲斧而伐柯有則ㅎ니析樹枝ㅎ고置
斧其間ㅎ야使經年而復合木理後에取以赴戰ㅎ고戰平則埋ㅎ며弦鏃旣具
ㅎ니獐筋與腸이며獸瓜及石이오肆筵設席ㅎ니<34>皮藁[艹$膏]及板이
며有器有皿ㅎ니土木石筐이오取靑紅之漆油ㅎ야治其容如豹文ㅎ고編鳥
獸之皮毛ㅎ야爲首飾與身衣하고耳懸鈴鼻懸鈴ㅎ니金蛤骨與彩石이오烟
臺長於二尺ㅎ니雕石成其曲頭로다眛金鐵之錢幣ㅎ고革貫蛤而代用ㅎ니
名之曰왐범이라紅爲第一이오次黑次白이며編萬蛤而成帶ㅎ야帶赴敵曰
戰帶오視苔痕又聽葉ㅎ야察獸跡與敵走ㅎ며不變色於臨事ㅎ고善察人之
氣色이라然而自不知先代遺事ㅎ고所言不過鷹雷瀑布落霞等物이오彼若
會議則蒸火匝坐ㅎ고人若離世면或埋於地ㅎ고或裏以皮ㅎ야掛於樹梢ㅎ
야以避犳[豸+寸]狼之患ㅎ고女從事於秋田ㅎ며男遊食而遊衣러라

## 第十七科程 <u>그루소之救一黑人作伴一</u>

| | | |
|---|---|---|
| 霞 하, 안기 | 蒸 셜, 살올 | 匝 잡, 둘닐 |
| 宅 틱, 집 | 凌 룽, 업수히녁일 | 溟 명, 바다 |
| 池 지, 못 | 賦 부, 글 | 囂 효, 짓거릴 |
| 浚 슈, 물가 | 覘 셤, 엿볼 | 忡 츙, 근심 |
| 虞 우, 근심 | 階 계, 뜰 | 擡 디, 들 |
| 蠻 만, 오랑캐 | 縲 루, 밀 | 紲 셜, 밀 |
| 剝 박, 긁을 | 宰 지, 맛흘 | 穀 곡, 쩔<35> |
| 觫 속, 쩔 | 覵 간, 엿볼 | 躱 타, 버슬 |
| 履 리, 붋을 | 嫁 가, 싀집갈 | 聊 료, 애오라지 |

| | | |
|---|---|---|
| 遒 경, 길 | 泅 슈, 뜰 | 材 지, 지목 |
| 劣 렬, 용렬 | 栽 지, 심을 | 拔 발, 쎌 |
| 儔 쥬, 싹 | 匿 닉, 숨을 | 昵 닐, 친압홀 |
| 魄 빅, 넉 | 箭 전, 활살 | 灣 만, 당길 |
| 胳 격, 가슴 | | |

그루소ㅣ以浮家泛宅으로凌萬頃之滄波ᄒᆞ고朝東溟暮咸池ᄒᆞ야舟楫
杳然自此去ㅣ라가至于주안버난틔쓰島ᄒᆞ야爲風所破ᄒᆞ야舟中一行은蒼
茫問白鷗ᄒᆞ니無處賦招魂이라獨於島中에僅保身命ᄒᆞ야不聞城市囂塵ᄒᆞ
고徒見上下天光者ㅣ二十有午年이러니忽見五船이來泊於相望之涘而不
見舟人이라自意前者에所覩之如是等船에各載五六人이러니今此五船에
必有多人上陸이라ᄒᆞ야覩其危機ᄒᆞ고憂心忡忡ᄒᆞ야裝銃栽藥ᄒᆞ야以備不
虞ᄒᆞ고暗上飛階ᄒᆞ야擡頭窺視ᄒᆞ니果有三十人이匼左岸頭ᄒᆞ야爇火灸肉
ᄒᆞ며且蹈且無ㅣ無非蠻風이라照鏡察船ᄒᆞ니携二漢自繰綖中出ᄒᆞ야以梃
打一漢頭ᄒᆞ고剝皮宰肉이어ᄂᆞᆯ在傍一漢이見其被殺ᄒᆞ고無罪就死ㅣ如牛
縠觫이라가覰衆目之不注ᄒᆞ고向我處而逃躱ᄒᆞ니我以滄桑餘恸으로又履
虎尾則此何人斯오豫備嫁禍妙策ᄒᆞ야以待窮途來敵이러니<36>自敵漢中
으로三漢이追之호ᄃᆡ走者之足이疾於追者ᄒᆞ야先至江頭ᄒᆞ야不計深淺ᄒᆞ
고泳思方思ᄒᆞ야無聊得渡ᄒᆞ고追者中一漢은不慣於水ᄒᆞ야自回其逕ᄒᆞ고
二漢도亦不及於走有之泅ㅣ라我意欲辨其材之優劣ᄒᆞ야傾者ᄂᆞᆫ覆之ᄒᆞ고
栽者ᄂᆞᆫ培之ᄒᆞ야拔其尤而同儔ᄒᆞ고且救濱死之命이可也ㅣ라ᄒᆞ야忙手裁
銃ᄒᆞ야匿於林間이라가旋呼走者ᄒᆞ야示以親昵之意호ᄃᆡ彼反畏我ᄅᆞᆯ甚於
追者ㅣ라我敵追者而不肯砲殺ᄒᆞ고但以銃頭로打彼一漢頭ᄒᆞ야使之魄散
케ᄒᆞ고不使在彼多數敵漢으로聞砲聲望樂烟而追來也ㅣ러니追者一漢이
抽箭欲彎이어ᄂᆞᆯ疾手一丸으로中彼胷胳ᄒᆞ야血流塗地ᄒᆞ니被追者도聞我
砲聲ᄒᆞ고亦不敢進退ㅣ러라

# 第十八科程 <u>그루소</u>之救一黑人作伴二

| | | |
|---|---|---|
| 彳 쳑, 자촉거릴 | 亍 쵹, 자촉거릴 | 凳 등, 등상 |
| 寰 환, 둘닐 | 聾 롱, 귀막을 | 悼 도, 슯흘 |
| 粟 속, 죠 | 窦 막, 젹막홀 | 勵 려, 힘쓸 |
| 傴 구, 굽흐릴 | 僂 루, 굽흐릴 | 掉 도, 흔들 |
| 撎 엄, ᄀ리울 | 食 ᄉ, 먹일 | 茵 인, 자리 <37> |
| 膂 려, 힘줄 | 巧 교, 공교 | 倩 쳔, 고을 |
| 黔 금, 검을 | 榨 자, 쳬두리 | 肇 죠, 비로솔 |
| 曜 요, 날빗 | 斁 역, 슬흘 | 阡 쳔, 언덕 |
| 陌 믹, 언덕 | 窀 둔, 구덩이 | 夕 셕, 구덩이 |
| 嘔 구, 토홀 | 岡 강, 뫼쑬이 | |

舉手招招ᄒ니厥漢이欲前未前ᄒ야彳 亍其行ᄒ고戰其一身ᄒ야不能
自持라가一步一拜ᄒ야步步連拜ᄒ고來伏于前ᄒ야自以其頭로爲足凳ᄒ
야舉我足置其上ᄒ니盖其意殺活奇權이在於足下則永爲僕役之謂也ㅣ러
라自我之居是島로塵寰이何世오波濤ㅣ聾人이라悼隻影之吊形ᄒ야渺滄
海之一粟터니天借我以好伴ᄒ야慰寂寞之孤懷로다遂把其手ᄒ고實心相
慰之際예被打一漢이更勵精神ᄒ야傴僂欲起어ᄂᆞᆯ招伴指示ᄒ니彼雖掉舌
이나卒難解意라我慾砲放ᄒ니彼固挽執ᄒ고請我佩刀ᄒ야擊斷其頭ᄒ고
揖余致賀ᄒ며欲往視中丸者어ᄂᆞᆯ許其所欲ᄒ니去察其傷處ᄒ고驚異不已
라携欲同歸ᄒ되示我以撎屍之意어ᄂᆞᆯ且許其埋ᄒ니厥漢이雙手掘地ᄒ야
十五分間에並埋二漢ᄒ고同歸我窟ᄒ야食以餠與葡萄汁ᄒ고兼賜草茵與
衾ᄒ야使之安寢ᄒ고詳察其體ᄒ니體甚强健ᄒ야頗有膂力ᄒ고年近廿年
ㅣ라身雖全黑이나面無惡氣ᄒ야笑亦巧倩ᄒ고黔首長齒오唇則不厚ㅣ러
라移時半鮎에穩寢而起ᄒ야來我羊乳所榨之處ᄒ야舉我足置其頭어ᄂᆞᆯ肇
錫嘉石曰六日

<38>이라ᄒᆞ니得於土曜日之故也ㅣ라自後로彼此間稍觧通情之語
ᄒᆞ고以餅和乳ᄒᆞ야教以食之ᄒᆞᆿ고且賜케익ᄒᆞ니搖頭甘食ᄒᆞ야喜不自勝
이러라是夜에入窟同宿ᄒᆞ고早起授衣ᄒᆞ니服之無數이라携下阡陌ᄒᆞ니彼
向二漢所埋ᄒᆞ야掘去窀穸ᄒᆞ고欲食其肉이어놀我ㅣ搖手變色ᄒᆞ야示以不
可食之意ᄒᆞ고且以嘔吐之形으로禁其所欲ᄒᆞ니彼不得已而乃止라伴陟高
岡ᄒᆞ야望見黑人船所處ᄒᆞ니船已去人不在러라

## 第十九科程 巴里京之變이由於쌔스틸(獄名)一

| | | |
|---|---|---|
| 獄 옥, 옥 | 掌 쟝, 손바닥 | 咽 인, 목구녁 |
| 蹙 츅, 씽길 | 頞 알, 니마 | 孺 유, 어릴 |
| 婦 부, 며ᄂᆞ리 | 誹 비, 비방 | 咀 져, 져주홀 |
| 呪 주, 져주홀 | 署 셔, 마을 | 爇 필, 찰 |
| 料 료, 거리 | 臟 장, 탐홀 | 溢 일, 넘칠 |
| 擒 금, 사로잡을 | 闢 벽, 열 | 巷 항, 구렁 |
| 躬 궁, 몸 | 胞 포, 포틔 | 濟 졔, 건널 |
| 靡 미, 아닐 | 盬 고, 약할<39> | |

不亦畏乎아쌔스틸之爲獄也ㅣ여在敵人掌握ᄒᆞ야有城甚厚ᄒᆞ고有門
甚嚴ᄒᆞ니民欲與之偕亡이나莫敢誰何ㅣ러라是獄이在센단틘ᄒᆞ야爲全國
之咽喉ㅣ如지불올더之在地中海峽ᄒᆞ야爲天下之衝要ᄒᆞ니可謂一夫當關
에萬夫莫開라爲食虐之權柄ᄒᆞ야浚生靈之膏澤ᄒᆞ니遊客行旅ᄂᆞᆫ莫不指點
而蹙頞ᄒᆞ야不忍過其城ᄒᆞ고孺婦尺童도盡是腹誹而咀呪ᄒᆞ야不敢近其門이
라時任監獄署長之名은씰논이니素以悖惡者流로視務一年에討錢이五萬圓
이오虐待罪囚ᄒᆞ야雖在爇發冬天이라도不給薪炭ᄒᆞ고亦於長長夏日에도

半減食料ᄒ야歸之私橐ᄒ고且以官許之獄囚運動塲으로貰給于人ᄒ야種菜無餘地ᄒ고不許行之其間ᄒ니其來行刑慘酷은不得民情이오所爲貪贓濫溢은自爲身謀ㅣ라然而其爲人也ㅣ本無膽大心力ᄒ고只有愚蠢氣習故로終乃被擒ᄒ고獄亦遺墟ㅣ러라當日民情이不忍其虐待ᄒ야無生之氣ᄒ고有死之心으로欲破是獄ᄒ야關一生門호ᄃᆡ手無寸鐵이라不敢起鬧ㅣ러니轉聞軍人病身院에雖云有砲ㅣ나亦自無砲則無計以砲取砲ㅣ오且該院長이素多才畧ᄒ고兼有軍權ᄒ야自數日前으로圖得大砲幾門ᄒ야置於院ᄒ고或於巷議所傳에國兵이自째세이來어ᄂᆞᆯ聚民三萬이謀取軍器ᄒ야短銃長戟으로交雜前進ᄒ니空手來叅者도亦不可勝數ㅣ라有一神父ㅣ躬卒敎徒ᄒ고將向病院홀시先立約條曰吾儕ᄂᆞ以若堂堂大丈夫로當決意立志ᄒ야勿忘同胞上濟之義ᄒ라ᄒ고自各處禮拜堂으로鳴鐘不絶ᄒ니是鐘也ㅣ昔以禮拜節次로爲之善鳴之러니今以國事靡鹽로爲之假鳴之러라<40>

## 第二十科程 <u>巴里京</u>之變이 由於째스틜(也獄)二

| | | |
|---|---|---|
| 墻 장, 담 | 彌 미, 츨 | 詰 힐, 힐난 |
| 惜 셕, 앗길 | 卵 란, 알 | 勳 훈, 공 |
| 奮 분, 쏩낼 | 蚌 봉, 죠기 | 鵠 휼, 황새 |
| 讙 환, 즐길 | 痤 췌, 파리혹 | 稗 비, 가라지 [古音 패] |
| 莠 유, 가라지 | 踵 죵, 발굼치 | |

　是時에該院長도亦知防民之擾ㅣ甚於防川ᄒ야雖殺難制오且無王命則軍用器械를雖曰預備나不可擅便砲放이라玆以馳報于째세러니該院에本無墻垣所隔이라民之趨人이如水趨下ᄒ야彌滿于軍器所ᄒ야其中所

在之三萬柄砲와六門大砲를取之蕉禁이라乃一其心ㅎ야以此不多軍物노欲取全國要害處ㅎ야向彼쌔스틜ㅎ니씰노이方在高臺上ㅎ야取彈丸載砲門ㅎ고且拾石塊鐵片ㅎ야積於臺上ㅎ고欲以多方交擊이러라是獄은只有一門而門下三十二守護兵은皆以瑞士人雇入ㅎ니以其外國人之於本國人에素無私情而易爲行暴故也ㅣ오本兵八十二人은皆隱身於臺上ㅎ고向民砲放이러니時有一大臣두리오ㅣ自政府來ㅎ야聲言曰吾爲民欲入獄ㅎ노라獄吏開門迎入이어늘두리오ㅣ曰我以全國<41>命令으로許開獄門ㅎ노라署長씰노이自恃救兵將至ㅎ고曰不可ㅎ다民若不砲放이면我亦如之ㅎ리라ㅎ야相詰良久에두리오ㅣ出告于民ㅎ니民衆十萬이自不惜身命ㅎ고塡街爭前ㅎ야砲擊獄城ㅎ니城厚四拾尺이라彈丸이不能穿ㅎ야如以卵擊石이러니臺上駐兵은自意彼我同胞ㅣ不忍相害라ㅎ야不發一彈호디至於門卒ㅎ야는乃是外國人이라但抱貪財之心ㅎ고要成自己勳勞ㅎ야奮擊不休어늘適有何陣兵卒이開此蚌鷸持勢ㅎ고破門突出ㅎ야出力助民ㅎ니民見援兵ㅎ고如雷懽聲이高出於砲聲之上이라巴里全城이望風奮起ㅎ야憂國盡瘁ㅎ야欲鋤稗莠ㅎ니駐臺本兵은雖欲出降이나惟獨瑞兵이力戰四時에臺上致死는只有一人이오門外에戰不旋踵은凡一百七十一人이오其外負傷者도亦以幾千計也ㅣ러라


## 第二十一科程 巴里京之變이由於쌔스틜(獄名)三

| | | | | | |
|---|---|---|---|---|---|
| 仇 구, 원슈 | | 袖 슈, 소미 | | 筩 통, 통 | |
| 獰 녕, 사오나올 | | 叱 즐, 꾸즈질 | | 辱 욕, 욕홀 | |
| 曷 갈, 엇지 | | 洞 통, 넓을 | | 阻 죠, 막을 | |

| | | |
|---|---|---|
| 鴻 홍, 기럭이 | 駟 스, 스마 | 騁 빙, 달닐<42> |
| 忤 오, 미울 | 拘 구, 거리낄 | 斬 참, 버힐 |
| 讞 언, 죄안 | 餱 후, 량식 | 鼠 셔, 쥐 |
| 竊 졀, 도적 | 狗 구, 개 | 偸 투, 도적 |

　　本兵이不忍其自相攻擊을如仇讐ᄒ야因懸降旗ᄒ니쯸노이見親卒은懸旗面民兵은圍城ᄒ고自度不得脫ᄒ야袖藏石硫筒ᄒ고疾入火樂庫ᄒ니是庫에有藥三十五筩이라欲使是獄으로隨藥力而與之暴發ᄒ야以其騰空炭石으로陷沒巴里半城之民이어늘有一守門長官이預知其偕亡之計ᄒ고以銃拒之ᄒ야使不得入이러라時自民兵中으로有何凶獰者ᄒ야執一年少女兒ᄒ고叱之辱之曰是乃쯸노이之女ㅣ라ᄒ야欲示之以將焚乃已之意ᄒ야使其父出降이어늘衆民이皆曰不可ㅣ라ᄒ야見其不可而後에安然釋歸ᄒ니義乎大哉라是事之擧여始自上午十二時로至於下午五時ᄒ야處處高懸白旗ᄒ고無白旗者ᄂ以申으로懸之銃末ᄒ니砲聲이乃止라萬民이同聲齊呼曰쌔스틜은斯速來降ᄒ라今汝所降은非降於砲聲이오實降於民心이니曷敢有越厥志리오ᄒᄃᆡ洞開獄門ᄒ야無所阻隔ᄒ니民之赴門이如鴻遇順風ᄒ고駟騁長程ᄒ야或躍或走ᄒ여或先或後ᄒ야忤視刑具之寄嚴ᄒ고安慰拘囚之苦楚ᄒ니是民衆也ㅣ雖激怒於同胞流血이나尙留心於惡人悔改라自破其獄으로只斬瑞兵一人ᄒ고外他諸軍은執訊考讞後에使援兵으로保護以歸ᄒ야以賜粮糧ᄒ니自是之後로國無壓制政治ᄒ고民無抑寃情狀則是日은非獨以佛蘭西之大日노記念이<43>오凡有天下國家者ㅣ當記念而愼之哉ㄴ뎌先是에法皇이在빠세이ᄒ야開砲聲之遠起ᄒ고雖知禍起蕭墻이나自以爲鼠竊狗偸ㅣ니無足爲也ㅣ라ᄒ야以著日記러라

# 第二十二科程 羅馬之亡이由於弑其君시사一

| | | |
|---|---|---|
| 撻 달, 종아리칠 | 芟 삼, 버힐 | 艾 예, 버힐 |
| 爕 섭, 화홀 | 僻 벽, 치우칠 | 宥 유, 두남들 |
| 赦 샤, 노흘 | 洽 흡, 화홀 | 霑 쳠, 져즐 |
| 渥 악, 져즐 | 廷 뎡, 죠뎡 | 壁[忄+辟] 벽, 셩벽 |
| 猜 싀, 싀긔 | 廢 폐, 폐홀 | 憲 헌, 법 |
| 衡 형, 져울대 | 欽 흠, 공경 | 藻 조, 마름 |
| 脊 쵸, 되[正音 쇼] | 爵 쟉, 벼슬 | 渝 유, 변홀 |
| 說 셰, 달낼 | 稔 임, 풍년 | 聿 율, 드릴 |
| 奠 뎐, 드릴 | 宗 종, 마루 | 嫗 구, 할미 |
| 孫 손, 손ᄌ | 瑕 하, 틔 | 疵 ᄌ, 틔 |
| 莅 리, 림홀 | 擢 탁, ᄲᆞᆯ | 窠 과, 둥우리<44> |
| 簡 간, 대쪽 | 硯 연, 벼루 | 巫 무, 무당 |
| 覡 격, 화랑이 | 筮 셔, 시초 | 宣 션, 펼 |

　　시사ㅣ以需世英才로抱濟世經畧ᄒᆞ고撻制甲兵ᄒᆞ야芟艾羣凶홀시初征을自쇼올노始ᄒᆞ야爕伐英國ᄒᆞ니英之爲國也ㅣ僻在海島中ᄒᆞ야素無國文故로其土地險隘과戶口多寡와政治得失과俗習善惡을一不可考ㅣ라시사ㅣ因以羅馬文字로記其所見所聞ᄒᆞ니是爲英史之始也ㅣ오쇼올은今之佛蘭西也ㅣ러라是時羅馬政黨五十人은皆以宥赦者流로洽霑恩渥ᄒᆞ고同盟于廷ᄒᆞ야雖云期不負爲國心이나每以自恃之壁[忄+辟]으로敢抱猜忌之心ᄒᆞ야欲廢立憲ᄒᆞ고圖成共和ᄒᆞ야臣視君을如仇讐ᄒᆞ니自意其無傷於欺罔也ㅣ러라今我像想羅馬時局컨디彼等憤發之心이以是爲非ᄒᆞ고以善爲惡ᄒᆞ니雖欲無亡이나豈可得也ㅣ리오其中에有一正直者ᄒᆞ니名은ᄲᅮ루더쓰ㅣ라優於文詞ᄒᆞ야任意而筆削ᄒᆞ고職在律官ᄒᆞ야得自由而權衡ᄒᆞ니時爲其君之第一信任者ㅣ라自彼黨中으로無不欽慕ᄒᆞ야欲使之察其會ᄒᆞ니其文藻才華ᄂᆞᆫ不可以斗脊論及이오其稟性天質은實難以爵祿渝盟이로

디至如民主政治等事ᄒᆞ야ᄂᆞᆫ熱心做去ㅣ偏而不周ᄒᆞ야如醉如狂ᄒᆞ고其智界不瀾ᄒᆞ야恃其怪夢異兆ᄒᆞ야如坐雲霧中이라彼黨이欲與之同謀ᄒᆞ야使其媒夫개시어쓰로往設쑤루더쓰홀ᄉᆡ개시어쓰ㅣ稔知其注意如何ᄒᆞ고先激其心曰毋念爾祖아聿修厥德이어다昔於다귄入掠之日에救人民於塗炭ᄒᆞ고奠宗社於盤泰ᄒᆞ니村嫗街童이誦傳芳名ᄒᆞ야至于今日ᄒᆞ고<45>君亦有愛國之心ᄒᆞ야不惜身命者ㅣ니無乃有是祖有是孫乎아쑤루더쓰ㅣ然其言ᄒᆞ야一入其黨ᄒᆞ니自是之後로民視其會ᄅᆞᆯ如無瑕疵ㅣ라推玆二人ᄒᆞ야爲其黨首ᄒᆞ니政府諸官은盡趨下風ᄒᆞ고全國人民은莫不傾心이러라是歲三月十五日에시사ㅣ將欲遊覽바듸아하야先玆組織政府官制ᄒᆞ야使各莅任홀ᄉᆡ쑤루더쓰ᄂᆞᆫ特以馬其頓刺史로被擢ᄒᆞ고쑤루더쓰之親弟ᄂᆞᆫ且以北利大利城宰로塡窠ᄒᆞ니此眞惡黨乘機誤事之千載一時也ㅣ라是時에有一匿名書簡ᄒᆞ야墮於쑤루더쓰之硯床ᄒᆞ니其言曰勿寢警醒ᄒᆞ라ᄒᆞ고又書于쑤루더쓰之先祖石像曰望爾復生于今世라ᄒᆞ야ᄂᆞᆯ全國人心이水沸風動이라시사도亦所聞知오其所親愛者도每多力勸愼之로ᄃᆡ시사ᄂᆞᆫ有義之君이라不顧一身之私曰吾爲全國而立者오不爲一身而生者也ㅣ니勿復言此ᄒᆞ라ᄒᆞ고巫覡卜筮者流도亦宣言曰幾日後國君이必被害ㅣ라ᄒᆞ되시사ㅣ不信ᄒᆞ고將於十五日에欲開政府大會ᄒᆞ니是會ᄂᆞᆫ自宗敎中提議者ㅣ니欲尊시사爲皇帝也ㅣ러라

## 第二十三課程 羅馬之亡이由於弑其君시사二

| | | |
|---|---|---|
| 弑 시, 죽일 | 鞘 쵸, 칼집 | 愈 유, 나을 |
| 闔 합, 닷을 | 墜 츄, ᄶᅥ러질 | 祭 제, 졔ᄉᆞ<46> |

| | | |
|---|---|---|
| 祀 ᄉ, 졔ᄉ | 帖 텹, 톄 | 怕 패, 두려울 |
| 佯 양, 거즛 | 裾 거, 옷깃 | 揕 침, 찌를 |
| 簒 찬, 찬역 | 蘖 얼, 싹 | 亮 량, 붉을 |

噫彼惡黨이當其數夜前ᄒ야會食於개시어쓰家ᄒ고期欲來夜行弑ᄒ
야先約數條曰當日시사ㅣ必衣平服而來ᄒ리니吾儕도亦以平服으로各帶
紙鞘中尺劒而會ᄒ야獨弑시사一人이可乎並殺從者ㅣ可乎아終乃爰決以
但弑시사ᄒ고且募演戲塲年鬪漢幾人ᄒ야埋伏於來室ᄒ야以備不虞ㅣ러
라十四日夜에會于王族家ᄒ야就飯之時에或이問於시사曰人之於死에在
所難免이니死於病이可乎아死於事ㅣ可乎아시사ㅣ曰生者ᄂ死之本이라
不死則已어니와死則擧大名이니豈可與草木同腐乎ㅣ리오死於事者ㅣ爲
愈ㅣ니라其時에或이以所見所聞으로觧其兆曰所闔之殿門이自闢과所掛
之鐵甲이自墜者ㅣ甚不尋當이오王妃之夢에시사ㅣ昇天ᄒ야在帝左右ㅣ
亦爲不祥이오且於十五日早朝에所獻之祭祀ㅣ不見其吉이라ᄒ니시사도
亦溺於今日迃怪士之說而自失其前日大丈夫之心ᄒ고王妃도且勸今日에
勿叅政府會議러라是夜惡黨이齊會政府ᄒ야各抱霜刃ᄒ고苦待시사호ᄃᆡ
시사ㅣ不到ᄒ니自其中一人이欲移시사所坐之椅子어ᄂᆞᆯ其黨이特波쑤루
더쓰之弟ᄒ야馳送請帖ᄒ니시사ㅣ不忍拒絕ᄒ고行過空闕之下홀시前日
所造自己石像이自倒破碎러니而已오有人이來獻某某列名記ᄒ니其意雖
指政府謀事之如何ㅣ나시사ᄂ范視其錄名<47>ᄒ고不思其裏許而赴會ᄒ
니是君은素有感人之能力ᄒ야不禁人之近時ᄒ고有時相對면使人自怕라
厥黨이恐或他望風自潰ᄒ야曰事貴速成이라ᄒ고佯若有所稟所奏之事而
趨進ᄒ야請除베드니아城宰ᄒ니王이不許어ᄂᆞᆯ把主之裾ᄒ고露其後腦ᄒ
야使易受刺ᄒ고개사어쓰ㅣ揕其胸ᄒ니시사ㅣ四顧에會中이皆敵國이
라謂쑤루더쓰曰爾亦敵我乎아自度不得脫ᄒ고袖手被面而坐어ᄂᆞᆯ쑤루더
쓰ㅣ以劒刺之ᄒ고擧血刃而循視會中曰我國同胞ㅣ從玆得赦ㅣ라ᄒ고彼

黨이且喜且忿ᄒ야相前爭刺ᄒ고齊聲高呼曰羅馬ㅣ得自由ㅣ라ᄒ니全國
이從風而靡라시사之尸ㅣ獨臥於政府ㅣ러라嗚呼ㅣ라篡弑之變이何代不
有며共和之治ᄅ何人不欲이리오마ᄂ篡弑之藥이或藉於共和而起ᄒ고共
和之論이易歸於篡弑而亡ᄒ니可不愼哉며可不懼哉아立憲之政이或勝於
自由者ᄒ니賢明之君이在上致治之國也ㅣ오自由之治가或有不及於立憲
者ᄒ니愚昧之氓이在不致亂之國也則萬民感覺이實有難於一人元亮也夫
ㄴ뎌以시사元亮之資로不謀專制而欲圖立憲則不欲使其民自由언마ᄂ民
不自感覺ᄒ고反猜其君ᄒ야至有篡弑之名ᄒ니然而不亡者ㅣ未之有也온
況復專制之國이愚其民而使之不感覺者乎아

## 第二十四科程 으리쳣之假義行暴一<48>

| | | |
|---|---|---|
| 蝮 복, 독샤 | 儀 의, 거동 | 祚 조, 복 |
| 綃 쵸, 깁 | 矛 모, 창 | 盾 슌, 방패 |
| 揭 게, 들 | 螫 셕, 살 | 貝 패, 자기 |
| 鳶 연, 소리개 | 髓 슈, 쎄 | 挫 좌, 썩글 |
| 帑 탕, 늬탕고 | 鬻 육, 팔 | 鳩 구, 비듥이 |
| 誘 유, 꼬일 | 嫉 질, 투긔 | 妒 투, 투긔 |
| 孥 노, 쳐ᄌ식 | 鑰 약, 줌을쇠 | 倅 슈, 원 |
| 罷 피, 다홀 | 煽 션, 불붓흘 | 訣 결, 영결홀 |
| 孰 슉, 누구 | 薨 훙, 죽을 | 姪 질, 족하 |
| 誼 의, 정의 | 繫 계, 밀 | 梏 곡, 착고 |

一千一百八十九年에으리쳣시以獅心蝮性으로大設威儀ᄒ고卽祚受
冕之日에一品四大臣이羽翼於在右ᄒ야各持長戟ᄒ고戟掛紅綃ᄒ야如盖

張空ᄒᆞ고幸行웨스터민쓰드會堂ᄒᆞ니是時에猶太人族이無事得謗於英人ᄒᆞ야相爲矛盾이라早朝揭榜曰自今以往으로禁猶人之來會라ᄒᆞ야ᄂᆞᆯ猶人이畏其毒螫ᄒᆞ야自欲納贖圖免ᄒᆞ야抱貨貝而敢來ᄒᆞ니王이貪貨其時에不見其人이라自門外大呼曰猶人來此ㅣ라ᄒᆞ야始行殺戮之變ᄒᆞ니二十四時間에幾至於血流漂杵ᄒᆞ고烏鳶啄髓라王이鎭壓其民ᄒᆞ야殲厥巨魁三人而已러라으리쳣시<49>身長九尺이오常喜與人으로敎藝運動ᄒᆞ야絲毫不見挫折이러니謀取예루살넴ᄒᆞ야往討回回敎人홀시欲瓣軍費ᄒᆞ야放賣內帑庫物ᄒᆞ고賣官鬻爵ᄒᆞ며懲罰納贖ᄒᆞ야鳩聚多財ᄒᆞ고招致主敎二人ᄒᆞ야代理王事ᄒᆞ고且疑其弟約翰ᄒᆞ야誘之以貨ᄒᆞ야使悅其心호ᄃᆡ約翰이亦嫉妬其兄ᄒᆞ야兄若戰不旋踵이면自期代立이러라皷皷出行聖地之路에輒殺猶人ᄒᆞ야逢無子遺ᄒᆞ니在요옥之猶人이見其妻孥ㅣ被害ᄒᆞ고避入臺上ᄒᆞ야鎖鑰其門ᄒᆞ니該城本倅ㅣ欲使之開어ᄂᆞᆯ猶人曰若一開門이면吾儕必盡魚肉於惡人手中이라ᄒᆞ야罷力而守之ᄒᆞ니城倅ㅣ大怒ᄒᆞ야煽動其民ᄒᆞ야圍城三日이라猶太長老ㅣ相謂曰吾儕俱以聖地氏族으로寧爲自氷訣而潔已언뎡無爲敵所戮而辱已라ᄒᆞ야先以財産으로投諸火中ᄒᆞ고自相害命ᄒᆞ니惡人이入門에徒見灰燼이라으리쳣之所到行暴ᄅᆞᆯ孰能禦之리오卒軍則進ᄒᆞ야且與法王벌닙으로發行홀시大衆十萬이期會于地中海峽시실니러라先時에으리쳣之妹與시실니王으로成婚이러니王이薨ᄒᆞ고其叔父당크렛시擅權自恣ᄒᆞ야囚其姪婦어ᄂᆞᆯ으리쳣시自恨己妹之見困ᄒᆞ고以兵力으로挾制당크렛ᄒᆞ야釋其妹ᄒᆞ고多受罰金ᄒᆞ며且取金器ᄒᆞ야獨自肥己ᄒᆞ고不與法王分功ᄒᆞ니其親誼自此漸疎ㅣ러라携其妹ᄒᆞ고行軍至사이프레쓰ᄒᆞ니是島ᄂᆞᆫ昔日英船이被破見害ᄒᆞ야無人救我ᄒᆞ고反受其虐處也ㅣ라欲懲其習ᄒᆞ야繫其王於銀梏ᄒᆞ고取其王女ᄒᆞ야置諸陳中ᄒᆞ고且選一人ᄒᆞ야立爲君長ᄒᆞ다<50>

## 第二十五科程 으리첫之假義行暴二

| | | |
|---|---|---|
| 葛 갈, 츩 | 藤 등, 등 | 塚 툥, 무덤 |
| 樵 쵸, 나모뷜 | 蘇 소, 차죡이 | 爨 찬, 불찔 |
| 鉞 월, 독긔 | 戒 계, 경계 | 駑 노, 노둔홀 |
| 煩 번, 번거 | 劑 졔, 약졔 | 瘳 츄, 나흘 |
| 闃 격, 고요홀 | 捄 구, 흙손 | 隗 응, 셩홀 |
| 鞅 앙, 굴네 | 訂 뎡, 의론 | 隴 롱, 언덕 |
| 搆 구, 얽을 | 邸 뎌, 쥬막 | 訛 와, 거즛 |
| 訕 산, 쑤지즐 | 訟 숑, 숑ᄉ | 鴆 짐, 짐새 |
| 辜 고, 죄 | 違 위, 어긜 | 序 셔, 초례 |
| 鯁 경, 굿셀 | 涔 즘, 흐룰 | |

　　으리첫시轉至猶港에ᄏ흐니法王이先至是港흐야見困於回敎人흐
고兵卒이多罹於黑死ㅣ라英法兩卒이並不服習흐야自奮勇於私鬪흐고不
合力於公戰흐며二王도各自懷忌흐야相爲葛藤故로法王은還軍흐고英王
은獨戰홀시中夜에三吹畵角흐야勸之以保護聖塚흐니萬卒이齊呼아멘이
러라然而困於樵蘇後爨흐고不服水土흐며病於暑濕흐야兵卒이<51>減半
이라親持斧鉞흐고與士卒노同甘苦흐니사라센人이畏其威흐야至於數百
年後토록誦傳其名흐고且戒駑馬之驚曰으리첫시在此乎아何其驚之甚也
오흐더라當時回軍大將之名은살나뎬이니素以勇敢有智略者로見英王之
驍勇흐고稱善不已러니聞在大馬色흐야吟病煩惱흐야懃不退身흐고爲送
果冰二料흐야使之對症投劑러라英王이疾瘳後에自不勝聞之懷흐야前往
아스갈노흐야捄之隗隗築城之日에忤時奧王之赴役이不躬不親흐야蹶還
其國흐고統率各國兵흐야前進예루살넴이라가見其兵卒이不以王事鞅掌
흐야失其軍容흐고與사라센人으로訂約以三年三月三日三時之休戰흐니
살나뎬이許使英兵으로周覽聖塚所在山隴이어놀으리첫시只帶將卒幾名

ᄒ고將向本國홀시<u>至아드리아듹</u>海峽ᄒ야風急船破ᄒ야幾死僅生ᄒ야過
<u>奧</u>地ᄒ니曾與奧王으로構怨於築城之日이라雖欲變名潛跡而行이나身長
의過人ᄒ고兵多知面ᄒ니可謂莫顯乎隱이라被捉於奧京私邸ᄒ니<u>法德兩</u>
君이莫不喜悅而興訕做訕ᄒ야拿至訟庭ᄒ야聲言其罪曰在<u>猶</u>地會盟之日
에欲飮我以鴆毒ᄒ고且濫殺無辜之人이라ᄒᄃᆡ<u>으리쳣</u>시由其熱心所發ᄒ
야自訟己事曰<u>예루살넴</u>之行은志在聖塚之救ㅣ오<u>아스갈노</u>之役은期無軍
律之違러니不意復見王於此也ㅣ로라ᄒᄃᆡ傍聽者ㅣ見其言辭ㅣ有序ᄒ야
鯁直不屈ᄒ고或有潛然流涕러라<52>

## 第二十六科程 <u>으리쳣</u>之假義行暴三

| | | |
|---|---|---|
| 逮 톄, 밋츨 | 緒 셔, 실마리 | 匾 호, 통발 |
| 徨 황, 방황홀 | 閣 각, 집 | 賡 깅, 니을 |
| 侶 려, 짝 | 瓊 경, 구슬 | 賂 로, 뢰물 |
| 允 윤, 진실노 | 桎 질, 착고 | 軌 궤, 법 |
| 鬩 혁, 싸홀 | 壎 훈, 피리 | 篪 지, 피리 |
| 鶺 쳑, 새 | 鴒 령, 새 | 加 가, 더홀 |
| 篤 독, 도타올 | 帥 솔, 거느릴 | 缸 항, 항아리 |
| 朕 짐, 나 | 絞 교, 목미죽일 | 諺 언, 속담 |
| 繳 작, 주살 | 帷 유, 쟝막 | 幄 악, 쟝막 |
| 購 구, 살 | 股 고, 드리 | 刮 괄, 긁을 |
| 壇 단, 단 | 叵 파, 파측홀 | 怙 호, 밋을 |
| 蛾 아, 나뷔 | 螳 당, 물똥구리 | 蜋 랑, 물똥구리 |
| 貸 ᄃᆡ, 꾸일 | 哭 곡, 울 | 阿 아, 언덕 |
| 堤 데, 언덕 | 瞑 명, 감을 | 淪 륜, 짜질<53> |
| 豪 호, 호걸 | | |

英王이 逮繫獄中ㅎ야有時乎以音律노自慰其懷緒러라是時英人이失
王之處ㅎ고莫知扈從이러니有一律客이過其獄下ㅣ라가聞其樂而知其情
ㅎ고彷徨不忍去ㅎ야曰心是吾王被拘ㅣ라ㅎ야馳告英京政閣下ㅎ니是客
은曾被英王歟待ㅎ야賡載和音이라가自王未歸로恨儀鳳之離羣ㅎ고嘆廳
魚之失侶ㅎ야周行列邦ㅎ야憂夜寒於瓊樓高ㅎ고歌望美於天一方ㅎ야期
圖風雲再會者也ㅣ라王母얼너³ㅣ聞王在獄ㅎ고親往奧地ㅎ야遺略救王
할시德王은憐其母얼너而允許호디法王은囑其弟約翰而與書曰你兄魔王
이已脫桎梏ㅎ니愼之愼之ㅎ라으리쳣시歸國ㅎ야知其弟懷不軌之心ㅎ고
欲除後患이어놀王母ㅣ憂其兄弟閱于墙이면不調壎篪之應和ㅎ고反失鶺
鴒之急難ㅎ야外不能禦其侮ㅎ야撫之以仁ㅎ며摩之以義ㅎ고約翰도亦自
服其罪ㅎ니으리쳣시不忍加誅ㅎ고其所戒不過曰你於未幾日에必忘今日
恩赦어니와我自今以後로實是易知難忘者也ㅣ로라ㅎ니凡人之爲兄弟者
ㅣ當於으리쳣之於約翰間에可知骨肉之情이篤矣로다으리쳣시怒於法王
之遺書ㅎ야帥軍向法홀시至이모쳐ㅎ야聞其城宰ㅣ掘地得金銀缸ㅎ고不
奪不厭이라城宰ㅣ請予之半호디으리쳣시曰貨之多少룰無敢隱朕ㅎ라照
數捧上則已어니와不然則當絞ㅎ리라是時英之俗諺에曰吾王으리쳣시中
流矢ㅎ야死於이모쳐城下ㅣ라ㅎ더니法人버드란드ㅣ自彼城上으로抽箭
禱告ㅎ고彎弓繳而射之ㅎ야中으리쳣之左肩ㅎ니으리쳣시扶傷馳入帷幄
<54>之中ㅎ고令他將으로代理軍務ㅎ야乘夜破城ㅎ고逢人則絞호디至
於버드란드ㅎ야는購其生而置之陣中ㅎ야將欲別般嚴刑이러니是時에으
리쳣之傷處ㅣ中毒ㅎ야肩臂之大幾如股호디醫無刮骨之才ㅎ고藥無止痛
之効ㅣ라自知必死乃已ㅎ고捉致將壇下ㅎ야聲其罪曰以若叵測年少者流

---

3  원전에는 '얼너'와 같이 줄이 그어져 있으나 인명에는 한 줄을 긋는 것이 원칙이므로 이에
   따라서 수정하여 제시한다.

로如是怙終而犯此賊刑ㅎ야敢欲害我乎아飛蛾撲燈而蛾自先落ㅎ고螳蜋
拒轍而蜋自先傷ㅎᄂ니你敢望容貸爾命가<u>버드란드</u>ㅣ曰凡爲人子弟者ㅣ
爲父兄報仇ᄂ古今之通誼라老爺之含寃은哭霜刀於宿草ㅎ고阿兄之遺恨
은淚長戟於秋堤ㅎ니今日之血이終歸于誰오出乎爾者ㅣ反乎爾라天必厭
之ㅎ샤俾我射爾ㅎ시니爾雖殺我ㅣ나我目未瞑ㅎ고見爾淪喪然後에將無
遺恨이리라<u>으리쳣</u>시聞之ㅎ고曰勇敢哉라此人이여死且不避ㅎ니豈非英
豪乎아招其大臣ㅎ야解其所縛ㅎ고兼賜銀子百圓ㅎ야安然送歸ㅎ고而已
卒逝ㅎ니時年이四十二러라


## 第二十七科程 <u>헤루리</u>之深憂敎弊一

| | | |
|---|---|---|
| 璽 ᄉ, 옥시 | 綏 슈, 인끈 | 跨 과, 거러안줄 |
| 駿 쥰, 쥰마 | 驄 총, 물 | 卿 경, 벼슬 |
| 袞 곤, 룡포 | 匡 광, 바룰 | 蠹 두, 좀<55> |
| 痼 고, 병 | 朔 삭, 초ᄒ로 | 曁 긔, 밋츨 |
| 封 봉, 봉홀 | 酵 교, 긔쥬 | 淫 음, 음란 |
| 剽 표, 찌룰 | 靠 고, 의지홀 | 謙 겸, 겸손 |
| 遜 손, 겸손 | 蛇 샤, 비암 | 鴿 합, 비둙이 |
| 簸 파, 깝을 | 糠 강, 겨 | 粃 비, 겨 |
| 殯 빈, 빈소 | 㑃 듸, 견듸 | 塋 영, 무덤 |
| 伉 항, 짝 | 儷 려, 짝 | 婿 셔, 사회 |
| 媒 미, 즁미 | 逑 구, 짝 | 秉 병, 잡을 |
| 兎 토, 톳기 | 贈 증, 줄 | 踟 지, 머뭇거릴 |
| 躕 쥬, 머뭇거릴 | 褰 건, 것을 | 兌 태, 밧골 |
| 店 뎜, 쥬막 | 慆 쵸, 숨흘 | 繾 견, 얽힐 |
| 綣 권, 얽힐 | 蜀 쵹, 나라 | 鏡 경, 거울 |

琴 금, 거문고　　　　　　蠹 고, 좀　　　　　　乂 예, 지조
侔 모, 싹　　　　　　　　擬 의, 비길

　　第二世헤루리ㅣ臨寶位按璽綬ᄒ니時年이二十有一이라偕往妃跨駿
騘ᄒ고橫馳大道上홀시自公卿至庶民히山呼萬歲ᄒ고路舖花枝ᄒ니一團
春風에香襲袞裳이러라自王卽位<56>로每欲匡救蠹國害民之痼瘼ᄒ야日
新治蹟이東漸西被ᄒ고朔南에曁토록比屋皆封ᄒ야百廢俱興호ᄃ獨於宗
敎中에難防其酵ᄒ야姦淫沉湎之徒와剽人奪金之輩ㅣ莫不來靠于會中이
라思以正直謙遜ᄒ야智如蛇馴如鴿者로新差大主敎ᄒ야簸其糠粃ᄒ고收
穀入倉이러니方是之時에時任간터보라大主敎ㅣ殯于福地어ᄂ王自擇其
所親愛者도마쓰쌔씃ᄒ니라

　　昔者에론돈大賈길벗쌔씃시伴茶僮携手朶ᄒ고往省聖子之塋이라가
被執於回敎人ᄒ니回敎將官이因善遇之ᄒ고且有芳年少女ᄒ야不勝春情
ᄒ고流送秋波ᄒ야至於兩人心事兩人知라請爲伉儷어ᄂ길벗曰迎婿之禮
ᄂ地醜德齊然後에行媒納幣ᄒᄂ니君學모하멧ᄒ고我依예수ᄒ야道各不
同ᄒ니可奈若何오女ㅣ曰若許君子好逑則何患乎出此入彼리오길벗曰凡
人秉心이猶其不忍이라相彼投兎도尙或先之ᄒᄂ니願借間路ᄒ야與子同
歸ᄒ노라女子ㅣ依其所請ᄒ야贈約相送ᄒ야俟我於海隅ㅣ러니길벗시恐
回人之疾追ᄒ고恨女子之遲來ᄒ야只帶下人ᄒ고航海獨去어ᄂ女子ㅣ懷
而不見이라搔首踟躕라가換着賤人之服ᄒ고褰裳涉津ᄒ야轉到地中海濱
ᄒ니是女ㅣ會不習英語ᄒ고只鮮론돈길벗數話而已라向舟子語론돈ᄒ니
舟子ㅣ知其意ᄒ고指示英船이어ᄂ以寄貨로兌船票ᄒ야直向론동ᄒ니라
是時에길벗시在론돈商店ᄒ야逐物照數러니僕夫ㅣ來告曰回敎夫人來此
ㅣ라ᄒ야ᄂ責之曰狂童之狂也諸ㅣ로다復告曰夫人이在路上ᄒ야但誦길
벗쌔씃이러이<57>다ᄒ고從窓間指示ᄒ니一箇異服異言之女子ㅣ以怊悵
氣色으로立於大途上人海中이라길벗시回憶前日之恩情ᄒ고含淚山迎ᄒ

야慰其繾綣之情ᄒ고幾日後에行婚式於禮拜堂ᄒ니情合蜀鏡ᄒ고樂遂琴
瑟ᄒ야首生一子ᄒ니卽도마쓰쌔쯧시라其爲人也ㅣ幹父之蠱ᄒ야俊乂勇
畧으로極務奢侈ᄒ야宴居閒處ㅣ侔擬宮闕ᄒ야侍卒이一百四十餘ㅣ오曾
與佛人으로交戰ᄒ야打破其頭ᄒ고奪取其馬ㅣ러라


## 第二十八科程 헤루리之深憂敎弊二

| | | |
|---|---|---|
| 剖 차, 글월 | 輜 츼, 짐바리 | 鉧 미, 고리 |
| 盧 로, 개 | 輔 량, 박회 | 李 리, 오얏 |
| 猿 원, 잔나비 | 鬈 권, 구레나롯 | 偲 싀, 아롬다올 |
| 詼 회, 회히 | 乞 걸, 빌 | 鶉 슌, 모치라기 |
| 套 투, 투 | 嬖 폐, 고일 | 蘊 온, 싸힐 |
| 蚤 조, 벼록 | 虱 슬, 니 | 癉 구, 파리홀 |
| 瘠 쳑, 파리홀 | 儼 엄, 엄연홀 | 儉 검, 검소홀 |
| 庄 장, 뎐장 | 券 권, 문셔 | 頉 탈, 탈홀 <58> |
| 汰 티, 사티 | 錮 고, 좀을쇄 | 籲 유, 부로지질 |
| 甡 싱, 지앙 | | |

도마쓰ㅣ以駐剖專權으로前往佛國홀시車騎輜重이擬如王者ᄒ야
二百五十兒童이讚美前導ᄒ며重鉧韓盧ㅣ雙雙隨後ᄒ고大車八輛에每輔
五馬ㅣ니二車ᄂᆞᆫ載酒ᄒ야俾觧觀光者之渴喉ᄒ고四車ᄂᆞᆫ載金銀器皿과錦
繡衣服ᄒ고二車ᄂᆞᆫ載僕從行李ᄒ며有馬十二駿ᄒ야各載一猿ᄒ고後有擁
盾驅馬者ᄒ며令人臂鷹ᄒ야鱗次前進ᄒ고大臣與宣敎師ㅣ磨肩擁後而金
銀珠玉之飾이暎日射光ᄒ야美且鬈偲者ㅣ도마쓰쌔쯧이라人皆齊呼曰其
臣孔嘉ᄒ니其君如之何오英王이欣然ᄒ야亦以詼談으로稱其勝己ᄒ고且
於嚴冬에與王馳馬홀시王이見一老乞이懸鶉百結노戰不勝寒ᄒ고曰賜以

輕煖ㅎ야俾禦酷寒이不亦善乎對日然ㅎ니이다以君主好生之德으로兼敎
人慈愛之心ㅎ시니感謝感謝ㅣ라ㅎ디王曰惡ㅣ라是何言也오ㅎ고欲奪外
套而予之ㅎ니도마쓰ㅣ不欲被奪이라가幾至墮馬ㅣ라勒奪其衣ㅎ야以賜
乞人ㅎ디乞人이甚異之ㅎ고傍觀諸人이莫不喜悅이러라當是時ㅎ야方以
敎弊로爲隱憂ㅣ라도마쓰ㅣ賞在敎會ㅎ야專力矯弊러니王이自意其人이
有才好勇ㅎ고用權務奢則將爲我善治敎라ㅎ야不拘規則ㅎ고擢爲大主敎
ㅎ니도아쓰는本以自行自止로喜求名譽者ㅣ라旣以巨富로著名于世則窮
奢極侈도反不足爲貴라謀取他譽ㅎ야不遵王命ㅎ고力守其職ㅎ야玩好器
物과便嬖使令을一幷退斥ㅎ고飮水蔬食ㅎ야只免飢渴ㅎ고<59>衣弊蘊袍
ㅎ야不捫蚤虱ㅎ고以鞭打背ㅎ야自若其身ㅎ며全廢沐浴ㅎ고日招十三人
ㅎ야親洗其足ㅎ고自以瘯用瘠骨노儼然獨處ㅎ니何其侈於前而儉於後也
오若以前日之八車十二馬로變作八千馬ㅎ야載猿이라도反不足怪ㅣ오今
日之惡衣惡食이實有名於前後ㅎ니王이甚懷不平이러라頃之오查照敎中
田庄文劵ㅎ야請頤給於王ㅎ고幾日後에揭榜曰自今爲始ㅎ야王이不得復
於擇主敎之事ㅣ라ㅎ더니其時에겐트人이奉行王命ㅎ야擇一主敎ㅎ니大
主敎深責其人ㅎ야汰去其任ㅎ고除名敎案ㅎ니是時出敎規則은呪以身體
髮膚와動靜云爲로俱爲沉淪이라ㅎ야籍沒其家ㅎ고禁錮其身ㅎ야使不得
容於世ㅣ라其人이罔知所措ㅎ야見王呼籲어놀王이請見大主敎ㅎ고說明
其眚災ㅎ야欲圖以肆赦ㅎ니大主敎ㅣ不肯曰我已妥決이라ㅎ야釁隙之生
이自此始焉이러라

# 第二十九科程 헤루리之深憂敎弊三

| | | |
|---|---|---|
| 欠 흠, 흠 | 敕 칙, 신칙홀 | 戍 슈, 슈자리 |
| 捕 포, 잡을 | 牌 패, 패 | 黜 츌, 내칠 |
| 裂 렬, 쓰질 | 朁 근, 쵸례 | 項 항, 목 |
| 勃 불, 노홀 | 俸 봉, 월봉 | 詰 힐, 힐난<60> |
| 悛 전, 곳칠 | 闖 츰, 엿볼 | 猾 활, 어즈러올 |
| 副 부, 버금 | 睚 애, 눈가 | 眦 즈, 눈가 |
| 謾 만, 업수히녁일 | 旆 패, 긔 | 縣 현, 고을 |
| 戴 디, 닐 | 戩 젼, 다홀 | 磬 경, 다홀 |

時有西境所在神父一人이殺一不辜어눌王이欲以國法으로捉致處辦
ᄒ니大主敎ㅣ不許就捉ᄒ고囚於自己室이어눌王이親行웨스트밋쓰드會
堂ᄒ야開會取決曰從今以後로若有犯科之神父면待之不以神父ᄒ고捉之
擬以罪人ᄒ야目法庭審査ㅣ라ᄒᆫ디大主敎ㅣ終不肯從ᄒ니王이顧謂諸主
敎曰爾從我命乎아大主敎ㅣ流視諸主敎曰我命外云云ᄒᆫ디諸主敎ㅣ如出
一口曰大主敎所命之外에皆從王命ᄒ리이다王이聞其言ᄒ고甚怒ᄒ야欠
席而出ᄒ니諸主敎ㅣ恐生釁隙ᄒ야王請大主敎ㅣ與王和親ᄒ고如王復開
會ᄒ야事至妥決에大主敎ㅣ復云我命外ᄒ니王이大怒罷會ᄒ고訓敕名港
戍卒曰將捕不道ᄒ야照以賊刑ᄒ리니汝當知悉ᄒ고毋使漏網케ᄒ라當日
主敎齊會之席에童子擧十字牌ᄒ고隨大主敎ᄒ야置其座前ᄒ니王이避入
夾室이어눌諸主敎ㅣ欲講平和ᄒ야勸從王命호디大主敎ㅣ不肯曰所謂俗
世名史가何能審法乎아我當稟告于敎皇이라ᄒ고拂袂出門이어눌傍人이
忤視其行ᄒ고掬塵投座ᄒ니大主敎ㅣ忿然曰我若有前日所戰長劍이런덜
當斬ᄒ리라是夜에大主敎ㅣ知其危機ᄒ고變服登船ᄒ야潛向호올란드ᄒ
니王이大怒ᄒ야籍其家産<61>ᄒ고流其徒四百名ᄒᆫ디大主敎ㅣ專恃敎皇
與法王之所助ᄒ야轉向羅馬ᄒ야入一敎堂ᄒ야聲言英國君臣之罪ᄒ고一

並黜敎ㅎ니 英王이 方欲就寢이라가 聞此消息ㅎ고 驚愕且憤ㅎ야 自裂其衾
ㅎ고 忽墜牀下ㅣ러니 輒思一策ㅎ고 申飭各港ㅎ야 禁之勿納敎皇書札이러
라 幾年後에 英王之子ㅣ 與法王之女로 親迎筵席홀시 法王이 請도마쓰ㅎ야
與英王으로 講和ㅎ니 도마쓰ㅣ 來雖屈膝이나 尙爾强項이라 法王이 語英王
曰此人之驕昂自潔이 欲超於諸聖之上ㅎ고 又勝於聖彼得이라ㅎ니 大主敎
ㅣ 聞之勃然이어늘 法王이 僕僕謝過ㅎ야 如恐不及이러니 其後英王이 復會
於法地ㅎ야 許令도마쓰로 復其職食其俸ㅎ니 自此로 庶無相詰之弊나 然而
大主敎ㅣ 不悛其行ㅎ고 闖發英王密書러라 先是에 헤루리 恐被敎皇呪咀ㅎ
야 全國이 盡歸於亂猾ㅎ고 太子不得爲副極일가ㅎ야 欲爲之祝福홀시 간터
보리 大主敎는 怨結睢眦ㅎ야 謾不供職ㅎ고 只有 요옥 主敎ㅣ라 請爲子祝福
이러니 도마쓰ㅣ 修書先呪 요옥 主敎하고 還施英國ㅎ니 所過郡縣에 垂髮戴
白이 爭迎于道ㅎ야 思見俾人戢穀ㅎ고 罄無不宜러라

## 第三十科程 헤루리之深憂敎弊四

| | | |
|---|---|---|
| 悛 팍, 독홀 | 攸 유, 바 | 斁 두, 패홀 <62> |
| 勘 감, 마감홀 | 繩 승, 노 | 娶 취, 장가들 |
| 蝱 모, 버레 | 弁 변, 곡갈 | 詢 슌, 무룰 |
| 僉 쳠, 다 | 駱 락, 약디 | 駸 침, 샏룰 |
| 站 참, 참 | 箕 긔, 키 | 踞 거, 거러안줄 |
| 毁 훼, 헐 | 謗 방, 비방 | 惴 췌, 두려올 |
| 擐 환, 쎄일 | 鍵 건, 좀을쇠 | 鍼 쳑, 독긔 |
| 恬 념, 편안 | 倦 권, 게으롤 | 詣 예, 나아갈 |
| 攀 반, 밧들 | 憝 디, 원망홀 | 杜 두, 막을 |
| 輔 보, 도을 | 弼 필, 도을 | 錚 징, 쇠소리 |

曳 예, 쓰을　　　　几 궤, 궤　　　　暉 휘, 날빗
隩 오, 모퉁이　　　虁 획, 획실홀　　迄 흘, 밋츨
孼 얼, 죄　　　　　逭 환, 도망　　　摻 삼, 잡을
拳 권, 쥬먹　　　　敺 구, 칠　　　　沛 패, 잣바질
挲 사, 문질　　　　迭 질, 쩌룰　　　嚚 은, 완악홀
羈 긔, 구레　　　　瞋 진, 부르뜰　　玷 뎜, 틔
韜 도, 칼집　　　　躔 젼, 별자리　　鬢 빈, 귀밋 <63>
零 령, 쩌러질　　　濡 유, 져즐　　　屹 흘, 놉흘
腔 강, 챵ᄌ　　　　圇 륜, 둥굴　　　囷 균, 창고
倏 훌, 문득　　　　憎 증, 뮈울　　　窩 와, 집
釘 뎡, 못　　　　　霰 션, 쌀악눈　　殞 운, 쩌러질
墳 분, 무덤

　　도마쓰ㅣ與民會議於간터보리ᄒᆞ고要見王子ᄒᆞᆫ디王이恐或被呪ㄹᄉᆡᄒᆞ야不許容接이어ᄂᆞᆯ當聖誕節日ᄒᆞ야在會堂演說曰是國은人心이剛愎ᄒᆞ고彛倫이攸斁ᄒᆞ야雖殺大主教라도必無能勘繩其罪ᄒᆞ리라ᄒᆞ고又呪大臣三人이誰肯受此君不君臣不臣父不父子不子女不嫁男不娶之呪乎아王이大怒曰孰能爲我ᄒᆞ야除去蝱賊고時有武弁四人이流目相視ᄒᆞ야詢謀僉同ᄒᆞ니箇中三人은曾隨도마쓰之使行ᄒᆞ야駕彼四駱ᄒᆞ고載驄駬駮駁者也ㅣ러라聖誕後三日에四人이向간터보리ᄒᆞ야令十二力士로住站於近店ᄒᆞ고下午十二時에入大主教家ᄒᆞ야不禮箕踞ᄒᆞ니도마쓰ㅣ疾視良久에曰何所聞而來오一人이曰方有二件妥決事ᄒᆞ니一은還收前日所咀ᄒᆞ고不復輕施事ㅣ오一은爾來王前ᄒᆞ야自服己罪事ㅣ니라도마쓰ㅣ曰我所行止를王何敢毀謗이며亦何關於若輩오爾雖劍客이나吾不揣全國之劍이로라四人曰今我來此ㅣ非徒相議오將欲行事ㅣ라ᄒᆞᆫ디도마쓰ㅣ驅逐四人이어ᄂᆞᆯ四人이擐甲帶劍ᄒᆞ고還至其門ᄒᆞ니門隷業已封鍵이라欲以鍼揚攻門호ᄃᆡ堅不能<64>破ᄒᆞ고從夾門入ᄒᆞ니諸僕이自意武弁이不敢犯入聖殿이라ᄒᆞ야勸大主教入聖殿호ᄃᆡ恬然不動이러니聞讚美歌聲ᄒᆞ고倦步詣殿홀ᄉᆡ童子高攀十字牌ᄒᆞ고在前導行ᄒᆞ며諸僕이勸閉殿門ᄒᆞ니大主教ㅣ曰此乃天

父所居之殿이오不是大憝所戰之地라ᄒᆞ야終不杜門이러니一武入殿日王
之輔弼은齊心從我ᄒᆞ라選徒囂囂ᄒᆞ야佩刀錚錚ᄒᆞ며曳履几几ᄒᆞ야如踏平
地ᄒᆞ니是時에落暉沉沉ᄒᆞ고短燭隱隱ᄒᆞ야殿閣四隩에深不見人이라人皆
隱身호ᄃᆡ猶有一人이攀十字牌ᄒᆞ고侍立大主教前이러니武弁이大呼日大
逆不道安在오大主教ㅣ聽若不聞이라가後聞大主教安在之聲ᄒᆞ고乃自沉
陰中應聲日我在此矣로라武弁注意ᄂᆞᆫ本不嗜殺害其人이오只欲彈覈其罪
라謂大主教日迄今不避ᄒᆞ고終若抗衡인ᄃᆡ自作孼은不可逭이니請與偕去
ㅣ라ᄒᆞ고摻執其手ᄒᆞ니大主教ㅣ拳毆一武ᄒᆞ야顚沛于地라在傍武弁이摩
挲長劍ᄒᆞ고迭代其前ᄒᆞ야責其頑囂호ᄃᆡ大主教ㅣ心常不羈ᄒᆞ야瞋目視武
弁ᄒᆞ니所言之玷을眞不可磨ㅣ라龍韜長鳴ᄒᆞ야光射星躔ᄒᆞ니十字牌所攀
之人이以臂翼蔽ᄒᆞ야少傷大主教之鬢而血流零零이어ᄂᆞᆯ武弁이尙不忍自
手濡血ᄒᆞ야欲使之避호ᄃᆡ揮之不去ᄒᆞ고舉手祈禱ᄒᆞ야屹然特立이어ᄂᆞᆯ武
弁이不勝熟血이滿腔圖困ᄒᆞ야手一翻覆ᄒᆞ니倏忽劍頭에伊誰云憎고心窩
痛釘이如霰消瀜이라鞭馬歸京ᄒᆞ니時王은有智라前日誰能爲我除害之說
이苟不欲其傷命이오使之逐出境外러니聞其首殞ᄒᆞ고恐有敎人之變ᄒᆞ야
遣使于敎皇ᄒᆞ야歸咎於四武ᄒᆞ니該犯四人이遠走北鄙어ᄂᆞᆯ敎皇이呪咀四
人이不容<65>於英ᄒᆞ고行乞于市라가至예루살넴ᄒᆞ야寒風凄雨에自吊
其墳ᄒᆞ니라

## 第三十一科程 신신아다쓰之盡職讓功一

溪 계, 시내
柳 류, 버들
閫 곤, 문지방
宦 환, 벼슬
桂 계, 계슈나모
棠 당, 아가위
鵓 볼, 비둙이
裸 라, 버슬
縉 진, 씌
裹 과, 쌀
凱 개, 투구
笠 립, 갓
栗 률, 밤
菊 국, 국화

笛 뎍, 뎌
僚 료, 동관
聘 빙, 빙문
蟬 션, 미암이
梁 량, 기쟝
陶 도, 질그릇
袒 단, 메일
裎 졍, 버슬
紳 신, 씌
仗 쟝, 집흘
犒 호, 호군
簑 사, 도롱이
棗 조, 대초

楊 양, 버들
鼎 뎡, 솟
邵[卲] 소, 놉흘
讀 독, 닑을
梅 미, 미화
鶯 잉, 쇠고리
褐 셕, 버슬
疇 쥬, 밧두둑
亨 형, 형통
軛 익, 멍에
葯 약, 갈대
芋 우, 토란<66>
梨 리, 비

在昔羅馬中興之初에일귄人이侵掠이어놀민유시어쓰는率兵五千
ᄒ고犯其前ᄒ며노듸어쓰는率兵五千ᄒ고絶其後홀시일귄大將그락그
쓰ㅣ見羅馬軍兵ᄒ고佯敗而走ᄒ니羅兵이追至山峽中溪谷間이라가爲伏
兵之所挾擊ᄒ야左右受敵ᄒ니疑兵前之草木ᄒ고進退無路ᄒ야淚笛裏之
楊柳터니時有馬兵二人이夜逃禍網ᄒ야歸報羅廷ᄒ되滿廷百僚ㅣ風動鼎
沸ᄒ야深憂全國之危ᄒ고謀薦制閫之材ᄒ야禮聘신신아다쓰ᄒ니是人也
ㅣ曾以戰伐之功으로再被統領之選이러니年高德邵[卲]ᄒ야宦情薄於蟬
翼ᄒ고鄕夢切於狐首ㅣ라退歸田里ᄒ야勸兒耕讀ᄒ니南山桂花ᄂ對床書
而晚開ᄒ고西舍黃梁은催夜舂而時熟이라携妻看雪梅ᄒ고抱孫弄海棠ᄒ
야不如老至ᄒ고其樂陶陶ᄒ니前日富貴ᄂ鶯花何時오鵓鳩喚雨ᄒ고布穀
催春이라親自袒褐裸裎ᄒ고方有事於西疇라가望見縉紳來聘ᄒ고問其所
然ᄒ야知自議院總代ᄒ고丁寧叵語屋中妻曰今年田事ㅣ似難亨通이라ᄒ

고趣駕詣京ᄒ니京師之野에自公卿至庶人히莫不出迎이라聞先鋒之所敗
ᄒ고謀敵將之生擒ᄒ야訓飭全城ᄒ야商民은掇塵ᄒ며百工은休業ᄒ고募
其强壯ᄒ야俱編行伍ᄒ고招其老弱ᄒ야乃裹粮糧ᄒ야爰方啓行ᄒ니朝日
務農타가夕日仗義ᄒ야親率兵卒ᄒ고往救敗軍홀시使人人으로各持十二
杙ᄒ고夜至峽口ᄒ야園回敵陣ᄒ고四境押杙ᄒ니自敵陣이로聞打<67>
杙之聲ᄒ고自驚擾亂이어늘被圍將卒이知其援兵來到ᄒ고戮力赴戰ᄒ야
內應外援이出其不意ㅣ라敵將이自知兵疲力盡ᄒ고出陣乞降이어늘大將
이禁其殺害ᄒ고虜其渠魁ᄒ야竪戟設輗ᄒ고俾行降禮호디出自輗下로送
歸自家ᄒ고所奪物貨ᄂ分給援兵ᄒ야表其勳勞ᄒ고<u>그락그쓰</u>와及他二將
은縛以鐵索ᄒ고<u>신신아다쓰</u>ᄂ高座馬車而樂誦凱歌ᄒ고數萬軍卒은皆着
花冠而喜奏劍舞ᄒ야馳入羅京ᄒ니人民이歡樂ᄒ야珍羞盛饌으로犒饋其
軍ᄒ야任其就食ᄒ고全國이且以願戴之心으로推尊<u>신신아다쓰</u>[4]ᄒ야爲
六朔間大統領ᄒ니<u>신신아다쓰</u>ㅣ不忍拒絶ᄒ야只經十六日視務ᄒ고退歸
鄕里ᄒ야蒻笠綠簑로自修農業ᄒ야園收芋栗ᄒ고夜撲棗梨ᄒ며秋咏楓菊
ᄒ고春弄花鳥홀시自上下議院으로齎送金銀衣服ᄒ고割封菜色이어늘<u>신
신아다쓰</u>ㅣ讓不居功ᄒ니此事雖在於數千載之前이나名猶香於數千載之
後ㅣ러라<68>

---

4  원전에는 '<u>신신아다쓰</u>'로 되어 있으나 인명이므로 '<u>신신아다쓰</u>'로 표시함이 마땅하여
바로잡아 놓았다. 이하 마찬가지이다.

# 字典

아 牙 어금니　　아 阿 언덕　　아 蛾 나뷔　　아 娥 계집

애 靄 아즈랑이　　애 睚 눈가　　악 愕 놀날　　악 渥 져즐

악 幄 쟝막　　암 嵓 험홀　　앙 泱 흐롤　　앙 鞅 구레

알 頞 니마　　약 躍 뛸　　약 蒻 갈대　　약 鑰 즘을쇠

양 癢 가려올　　양 颺 놀닐　　양 恙 병　　양 佯 거짓

양 楊 버들　　익 額 니마　　익 腋 겨드랑이　　익 軶 멍에

잉 櫻 잉도　　잉 鶯 쇠고리　　어 齬 서어홀　　어 馭 어거홀

엄 掩 ᄀ리울　　엄 儼 엄연홀　　언 讞 죄안　　언 諺 속담

얼 蘖 싹　　얼 孽 죄　　여 歟 어조ᄉ　　여 予 나

여 畬 따븨밧　　예 睨 엿볼　　예 艾 버힐　　예 詣 나아갈

예 曳 ᄭ을　　예 乂 지조　　역 閾 슬흘　　염 炎 불꼿

염 焰[熖] 불꼿　　염 蒒 셩홀　　염 鹽 소곰　　연 燕 나라

연 硯 벼루　　연 鳶 소리개　　영 泳 무즘악질홀　　영 縈 얽힐

영 嬰 어릴　　영 塋 무덤　　열 咽 목메일　　의 蟻 개암이

의 矣 집의　　의 誼 졍의　　의 儀 거동　　의 擬 비길

음 淫 음란　　은 憖 숨흘　　은 嚚 완악홀　　응 凝 엉길

응 隑[陒] 셩홀　　읍 揖 읍홀　　읍 挹 당길　　이 貳 두

이 怡 깃거올　　이 迤 노닐　　이 飴 엿　　익 翼 놀기

익 翌 리일　　임 荏 씨　　임 稔 풍년<69>

인 茵 자리　　인 咽 목구녁　　일 逸 편안　　일 溢 넘칠

오 牾 씨롤　　오 於 숨흘　　오 嗷 짓거릴　　오 誤 그릇

오 忤 뮈울　　오 隩 모롱이　　와 訛 거짓　　와 窩 집

옥 獄 옥　　온 慍 노홀　　온 蘊 싸힐　　옹 翁 늙은이

옹 雍 화홀　　옹 甕 독　　요 邀 마즐　　요 褥 요[古音 욕]

요 夭 요ᄉ홀　　요 謠 노래　　요 曜 날빗　　요 耀 빗날

욕 辱 욕홀　　용 蓉 련꼿　　용 舂 방아　　용 庸 쩟쩟

우 于 어조ᄉ　　우 寓 붓칠　　우 紆 얽을　　우 竽 피리

우 優 광대　　우 羽 깃　　우 佑 도을　　우 耦 겨리

우 虞 근심　　우 芋 토란　　원 爰 이에　　원 猿 잔나비

월 鉞 독긔　　월 粵 건널　　위 偉 넉넉홀　　위 違 어긜

위 逶 노닐　　위 胃 비위　　운 殞 쩌러질　　운 紜 어즈러올

유 維 오직　유 悠 길　유 猶 오히려　유 嚅 머뭇거릴
유 蹂 밟을　유 油 기룸　유 猷 쇠　유 孺 어릴
유 宥 두남둘　유 莠 가라지　유 渝 변홀　유 愈 나흘
유 誘 쐬일　유 帷 쟝막　유 籲 부르지질　유 攸 바
유 濡 져즐　육 鬻 팔　윤 允 진실노　율 聿 드딜

## ㅎ

하 荷 련　하 霞 안기　하 瑕 틔　학 涸 ᄆᆞ롤
함 函 편지　함 頷 턱　함 涵 져즐　한 漢 놈
한 閒 한가　항 伉 짝　항 項 목<70>
항 巷 구렁　항 缸 항아리　합 盒 합　합 蛤 죠기
합 闔 닷을　합 鴿 비닭이　합 盍 하불　히 諧 화홀
히 咳 히소　힉 翮 힉실　힝 杏 살구　허 墟 터
헌 憲 법　헌 軒 마루　혜 鞋 신　혁 鬩 싸홀
혐 嫌 혐의　현 弦 시위　현 縣 고을　형 刑 형벌
형 衡 저울대　형 亨 형통　협 頰 쌤　협 脅 갈비
희 噫 슯흘　흠 欠 흠　흠 欽 공경　흔 釁 틈
흡 洽 화홀　흘 迄 거의　흘 汔 밋츨　흘 屹 놉흘
힐 詰 힐난　호 皓 흴　호 乎 언호　호 壺 병
호 浩 너룰　호 豪 호걸　호 扈 통발　호 怙 밋을
호 犒 호군　홰 翽 놀　확 臛 단청　확 攫 움킬
환 寰 둘닐　환 讙 즐길　환 擐 쒜일　환 逭 도망
환 宦 벼슬　황 徨 방황홀　활 猾 어지러올　회 詼 회히
획 獲 엇을　혼 婚 호인　홍 鴻 기럭이　효 囂 짓거릴
후 喉 목구녁　후 糇 량식　훼 燬 불붓흘　훼 喙 부리
훼 毁 헐　훤 萱 풀　휘 暉 날빗　훈 馴 길드릴
훈 勳 공　훈 壎 피리　훙 薨 죽을　훌 倏 문득
휼 恤 블샹이녁일 휼 鷸 황새

## ㄱ

가 苛 짜다로올　가 嘐 올흘　가 呵 우슬　가 駕 멍에

가 嫁 싀집갈 | 가 加 더홀 | 개 价 쇼개 | 개 愾 분홀
개 介 섚질<71>
개 凱 투구 | 각 閣 집 | 감 勘 마감홀 | 간 姦 간악
간 幹 간섭홀 | 간 刊 샥일 | 간 覵 엿볼 | 간 簡 대쪽
강 僵 업더질 | 강 岡 뫼쑤리 | 강 糠 겨 | 강 腔 챵ᄌ
갑 胛 엇기 | 갈 喝 공갈홀 | 갈 葛 츩 | 갈 曷 엇지
갈 褐 잠방이 | 징 贗 니을 | 거 渠 뎌 | 거 椐 집힝이
거 擱 걸닐 | 거 裾 옷깃 | 거 踞 거러안즐 | 게 揭 들
게 憩 쉬일 | 게 愒 쉬일 | 검 儉 검소홀 | 건 虔 정성
건 鍵 ᄌ물쇠 | 건 乾 하ᄂᆞᆯ | 건 褰 것을 | 겁 刦 겁박홀
걸 乞 빌 | 계 雞 ᄃᆞᆰ | 계 季 말재 | 계 階 뜰
계 繫 밀 | 계 戒 경계 | 계 溪 시내 | 계 桂 계슈나모
격 鷁 새 | 격 膈 가슴 | 격 覡 화랑이 | 격 闃 고요홀
겸 謙 겸손 | 견 畎 이랑 | 견 繾 얽힐 | 경 煢 외로올
경 逕 길 | 경 鯁 굿셀 | 경 瓊 구슬 | 경 卿 벼슬
경 鏡 거울 | 경 磬 다홀 | 결 闋 곡됴 | 결 訣 영결
긔 曁 밋츨 | 긔 箕 키 | 긔 羈 구레 | 극 克 이긜
금 衿 옷깃 | 금 黔 검을 | 금 擒 사로잡을 | 금 琴 거문고
근 僅 겨우 | 근 졸 쵸례 | 긍 矜 불상히녁일 | 긍 肯 즐길
급 笈 샹ᄌ | 고 叩 두드릴 | 고 翶 놀기 | 고 沽 살
고 孤 외로올 | 고 藁[艹$膏] 집 | 고 鹽 약홀 | 고 辜 죄
고 錮 ᄌ물쇠 | 고 股 ᄃᆞ리 | 고 痼 병 | 고 靠 의지홀<72>
고 蠱 좀 | 과 寡 적을 | 과 戈 창 | 과 裹 ᄡᆞᆯ
과 苽 외 | 과 窠 둥우리 | 과 跨 거러안즐 | 곽 槨 관
곽 郭 셩곽 | 관 棺 관 | 관 寬 너그러올 | 관 串 곳치
관 灌 썰기나모 | 광 筐 광쥬리 | 광 匡 바룰 | 괄 刮 긁을
괄 恝 괄시홀 | 괴 魁 괴슈 | 괴 愧 붓그러올 | 굉 轟 소리
곡 哭 울 | 곡 穀 쎨 | 곡 梏 착고 | 곤 捆 두드릴
곤 坤 ᄯᅡ | 곤 袞 곤룡포 | 곤 閫 문지방 | 공 攻 칠
공 拱 쏘줄 | 교 皎 흴 | 교 膠 부레 | 교 僑 이샤홀
교 巧 공교 | 교 絞 목ᄆᆡ죽일 | 교 酵 괴쥬 | 구 尻 엉덩이
구 句 글귀 | 구 咎 허물 | 구 衢 거리 | 구 寇 도적
구 溝 개천 | 구 傴 쑵흐릴 | 구 嘔 토홀 | 구 仇 원슈

구 拘 거리낄    구 狗 개      구 嫗 할미      구 鳩 비둘이
구 捄 흙손      구 搆 얽을      구 購 살       구 逑 짝
구 癯 파리홀    구 甌 칠       궤 櫃 궤       궤 几 궤
궤 潰 문허질    궤 軌 법       권 卷 문셔      권 綣 얽힐
권 鬈 구레나룻   권 倦 게으롤    권 拳 쥬먹      궐 闕 대궐
궐 厥 그       국 掬 움킬      국 菊 국화      궁 弓 활
궁 穹 하놀      궁 躬 몸       규 葵 히브라기    균 囷 창고
쾌 快 쾌홀

ㅁ

마 魔 마귀      막 寞 젹막홀    만 彎 뫼뿌리     만 蠻 오랑캐
만 彎 당길      만 謾 업수히녁일<73>
망 鋩 칼날      망 魍 돗갑이    미 梅 미화      미 媒 즁미
미 銇 고리      믹 陌 언덕      밍 盲 소경      밍 萌 움돗을
메 袂 옷깃      면 湎 취홀      면 眄 볼       면 俛 숙일
명 冥 어두올    명 酩 취홀      명 溟 바다      명 瞑 감을
믁 墨 먹       미 媚 아당홀    미 婗 고을      미 靡 아닐
미 彌 츨       미 湄 물가      민 愍 민망      모 冒 무룹쓸
모 畝 밧두득    모 矛 창       모 侔 짝       모 蟊 버레
모 眸 눈       몽 蒙 비       무 毋 업슬      무 膴 두터올
무 撫 어로문질   무 懋 힘쓸     무 巫 무당      문 捫 믄질
문 紋 문치

ㄴ

나 拿 잡을      나 那 엇지      내 乃 이에      난 赧 붉을
낭 囊 쥬머니    낭 娘 계집      념 恬 편안      녕 佞 지조
녕 獰 사오나올   니 尼 즁       니 泥 진흙      닉 匿 숨을
닐 昵 친압홀    노 惱 시달닐    노 孥 쳐조식     노 駑 노둔홀
농 儂 나       뉴 紐 미즐

## ㅂ

박 剝 긁을　　반 伴 짝　　　반 絆 얽을　　반 胖 살질
반 盤 셔릴　　반 攀 밧들　　방 厖 순후홀　　방 雱 비소리
방 訪 비방　　발 撥 칠　　　발 拔 쌜　　　비 盃 잔
비 湃 물소리　비 俳 광디　　비 杯 잔　　　빅 伯 맛
빅 魄 넉　　　붉 鵓 비돍이　불 勃 노홀　　번 翻 뒤칠
번 煩 번거　　벌 罰 벌줄　　벽 辟 물니칠<74>
벽 闢 열　　　벽 僻 치우칠　벽 懅[忄+辟] 성벽변 便 문득
변 弁 곳갈　　병 柄 자루　　병 並 아오롤　병 餠 쩍
병 秉 잡을　　별 鼈 자라　　비 沸 쓰롤　　비 肥 살질
비 睥 엿볼　　비 腓 덥흘　　비 俾 ᄒ여곰　비 鄙 더러올
비 誹 꾸지즐　비 粃 겨　　　비 稗 가라지　빈 賓 손
빈 嚬 씽길　　빈 擯 물니칠　빈 殯 빈소　　빈 鬢 귀밋
빙 騁 달닐　　빙 聘 빙문　　보 褓 보ᄌ　　보 譜 족보
보 輔 도을　　복 匐 길　　　복 蝮 독샤　　복 輻 수레박회
봉 蜂 벌　　　봉 蚌 죠기　　봉 蓬 쑥　　　봉 捧 밧을
봉 俸 월봉　　봉 封 봉홀　　부 芙 련쏫　　부 蔀 씌
부 掊 거둘　　부 訃 통부　　부 婦 며느리　부 斧 독긔
부 賦 글　　　부 副 버금　　분 忿 분홀　　분 奮 쏩낼
분 墳 무덤　　불 茀 졔홀

## ㅍ

파 罷 파홀　　파 頗 자못　　파 婆 계집　　패 怕 두려올
파 叵 파측　　파 簸 ᄭᅡᆸ을　패 珮 패물　　패 悖 어그러질
패 貝 자기　　패 旆 긔　　　패 牌 패　　　패 沛 잣바질
판 販 팔　　　팍 愎 독홀　　핑 澎 물소리　핑 烹 삶을
폐 閉 닷을　　폐 廢 폐홀　　폐 嬖 고일　　편 篇 칙
피 罷 다홀　　핍 逼 갓가을　필 觱 찰　　　필 弼 도을
포 匍 길　　　포 晡 느즐　　포 哺 먹일　　포 胞 포티
포 捕 잡을<75>
표 豹 표범　　표 剽 씨룰　　풍 渢 화홀　　풍 楓 단풍

## ㄹ

| | | | |
|---|---|---|---|
| 라 喇 라팔 | 라 裸 버슬 | 락 駱 약디 | 란 蘭 란초 |
| 란 瀾 물결 | 란 卵 알 | 랑 蜋 물똥구리 | 량 魎 둣갑이 |
| 량 亮 붉을 | 량 輛 수레박회 | 량 梁 기쟝 | 리 萊 쑥 |
| 려 厲 가다듬을 | 려 癘 병 | 려 미려혈 | 려 勵 힘쓸 |
| 려 膂 힘줄 | 려 儷 짝 | 려 侶 짝 | 례 栵 쎨기나모 |
| 력 瀝 쩌러질 | 련 戀 싱각 | 령 齡 히 | 령 鈴 방울 |
| 령 鴒 새 | 령 零 쩌러질 | 렵 獵 산양 | 렬 裂 쓰질 |
| 렬 劣 용렬홀 | 륵 勒 구레 | 릉 凌 업수히녁일 | 리 漓 져줄 |
| 리 糶 걸닐 | 리 釐 과부 | 리 苙 림홀 | 리 履 넓을 |
| 리 李 오얏 | 리 梨 비 | 림 淋 져줄 | 린 鄰 리웃 |
| 린 躪 넓을 | 린 鱗 비늘 | 립 笠 갓 | 로 艣 비 |
| 로 爐 화로 | 로 賂 뢰물 | 로 盧 개 | 로 櫓 로 |
| 뢰 耒 쟝기 | 뢰 瀨 여울 | 록 鹿 사슴 | 롱 籠 롱 |
| 롱 隴 언덕 | 롱 聾 귀먹을 | 료 燎 불살올 | 료 聊 애오리지 |
| 료 料 거리 | 료 僚 동관 | 루 縷 실마리 | 루 縲 밀 |
| 루 僂 굽흐릴 | 류 柳 버들 | 륜 圇 둥글 | 륜 淪 쌔질 |
| 률 崒 놉흘 | 률 栗 밤 | | |

## ㅅ

| | | | |
|---|---|---|---|
| 사 簑 도룡이 | 사 挲 문질 | 삭 朔 초흐로 | 삼 芟 버힐 |
| 삼 摻 잡을 | 산 訕 쑤지즐 | 상 床 상 | 상 爽 셔늘<76> |
| 샤 邪 샥특 | 샤 蛇 비암 | 샤 赦 노흘 | 샥 削 깍글 |
| 샹 甞 일직 | 샹 翔 놀기 | 샹 殤 요소홀 | 스 葹 갑졀 |
| 스 俟 기드릴 | 스 耜 보삽 | 스 司 맛흘 | 스 辭 스양 |
| 스 嗣 니을 | 스 詞 글 | 스 屣 신 | 스 涘 믈가 |
| 스 覗 엿볼 | 스 食 먹일 | 스 駟 스마 | 스 祀 졔스 |
| 스 璽 옥시 | 시 塞 변방 | 식 塞 막을 | 싱 眚 지앙 |
| 숨 滲 샐 | 습 澁[濇] 알숩홀 | 서 齟 서어홀 | 셔 鼠 쥐 |
| 셔 誓 밍셔 | 셔 恕 용셔 | 셔 醑 거를 | 셔 曙 새벽 |

셔 署 마을　셔 筮 시초　셔 序 추례　셔 緒 실마리
셔 婿 사회　셰 稅 구실　셰 貰 세낼　셰 說 달낼
셕 褐 벼솔　셕 晳 흴　셕 惜 앗길　셕 蜥 살
셕 窎 구덩이　셤 蟾 둔겁이　셤 殲 즉일　션 繕 꿈일
션 選 쌜　션 扇 붓치　션 宣 펼　션 煽 불붓흘
션 霰 살악눈　션 蟬 미암이　션 佺 힝홀　셩 腥 비릴
셩 樫 옴벼드나모　셥 爕 화홀　셥 囁 머뭇거릴　셜 齧 씹을
셜 蓺 살올　셜 緤 밀　싀 腮 쌤　싀 猜 싀긔
싀 偲 아롭다올　승 殑 죽을듯홀　승 繩 노　습 慴 두려올
슬 瑟 비파　슬 虱 니　시 恃 밋을　시 尸 죽엄
시 詩 글　시 啻 쑨　시 弑 죽일　식 湜 묽을
신 訊 무롤　신 紳 씌　소 溯 거스릴　소 蘇 차죡이<77>
소 梳 빗　소 搔 긁을　소 邵[卲] 놉흘　소 蔬 나물
소 粟 죠　속 觫 떨　손 孫 손주　손 遜 겸손
솔 帥 거느릴　쇼 紹 니을　쇼 韶 봄　쇼 燒 불살올
숑 訟 숑스　수 搜 더듬을　슈 竪 세울　슈 繡 슈노흘
슈 祟 빌미　슈 授 줄　슈 泅 뜰　슈 袖 소민
슈 髓 쎠　슈 倅 원　슈 綏 인끈　슈 戍 슈자리
슉 孰 누구　슉 菽 콩　슌 詢 무롤　슌 盾 방패
슌 鶉 모치라기

## ㄷ

다 茶 차　담 淡 묽을　단 摶 뭉칠　단 壇 단
단 袒 메일　단 單 홋　당 黨 무리　당 糖 셜당
당 螳 물똥구리　당 棠 아가위　달 撻 종아리칠　디 碓 확
디 擡 들　디 貸 쑤일　디 岱 젼디　디 戴 닐
디 懟 원망홀　뎌 牴 씨룰　뎌 觝 밧을　뎌 邸 쥬막
뎨 蹄 굽　뎨 堤 언덕　뎍 滴 써러질　뎍 笛 뎌
뎜 玷 틔　뎜 店 쥬막　뎐 塡 메일　뎐 顚 니마
뎐 奠 드릴　뎡 亭 뎡주　뎡 梃 몽동이　뎡 酊 취홀
뎡 廷 죠뎡　뎡 訂 의론　뎡 釘 못　뎡 鼎 솟

등 凳 등상 　 등 藤 등 　 딜 迭 샏롤 　 도 挑 도돌
도 塗 바롤 　 도 鼗 쇼고 　 도 韜 칼집 　 도 悼 슯흘
도 掉 흔들 　 도 陶 질그릇 　 독 篤 도타올 　 독 讀 닑을
돈 豚 도야지 　 동 幨 비 <78>
동 僮 종 　 돌 咄 탄식 　 됴 雕 아로샥일 　 됴 條 가지
됴 眺 볼 　 됴 吊 됴샹 　 됴 釣 낙시 　 두 斁 패홀
두 杜 막을 　 두 蠹 좀 　 둔 屯 둔칠 　 둔 窀 구덩이

## ㅌ

타 拖 쯔을 　 타 妥 편안홀 　 타 躲 버슬 　 탁 卓 놉흘
탁 濁 흐릴 　 탁 擢 쌜 　 탄 灘 여울 　 탕 蕩 방탕홀
탕 帑 니탕고 　 탈 頨 탈 　 틱 答 볼기 　 틱 苔 잇기
틱 兌 밧골 　 틱 汰 사틱 　 틱 宅 집 　 톄 替 딕신
톄 遞 갈닐 　 톄 逮 밋출 　 텸 添 더홀 　 텹 牒 글월
텹 帖 톄 　 토 吐 비앗흘 　 토 兎 톳기 　 퇴 推 밀
통 筒 통 　 통 洞 널을 　 툐 齠 니갈 　 투 鬭 싸홈
투 偷 도적 　 투 妒 투긔 　 투 套 투

## ㅈ

자 搾 체두리 　 작 繳 주살 　 장 葬 장수 　 장 贓 탐홀
장 庄 뎐장 　 잡 匝 둘닐 　 쟉 斫 짝글 　 쟉 爵 벼슬
쟝 章 글쟝 　 쟝 杖 집힝이 　 쟝 腸 챵주 　 쟝 獐 노로
쟝 掌 손바닥 　 쟝 墻 담 　 쟝 仗 집흘 　 쟝 瘴 쟝긔
즈 雌 암 　 즈 刺 명함 　 즈 趙[趙] 즈뎌홀 　 즈 疵 틔
즈 眥 눈가 　 지 齎 쌀 　 지 宰 맛흘 　 지 栽 심을
지 材 지목 　 징 錚 쇠소리 　 졈 潛 흐롤 　 져 諸 어조스
져 渚 믈가 　 져 趄 즈뎌홀 　 져 姐 누의 　 져 沮 져희홀
져 猪 도야지 　 져 貯 싸흘 　 져 咀 져주홀 <79>
제 濟 건널 　 제 祭 졔스 　 제 劑 약졔 　 젹 籍 호젹

젹 蹟 자최 　　전 專 오로지 　　젼 箭 살 　　전 悛 곳칠
전 戩 다홀 　　전 躔 별자리 　　정 旌 긔 　　정 呈 드릴
정 征 칠 　　정 穽 함졍 　　정 裎 버슬 　　졀 竊 도적
증 證 증거 　　증 拯 건질 　　증 贈 줄 　　증 憎 뮈을
즙 楫 도대 　　즙 汁 즙낼 　　즐 叱 쑤지즐 　　지 址 터
지 蜘 머뭇거릴 　　지 脂 기룸 　　지 趾 발뒤굼치 　　지 沚 물가
지 池 못 　　지 篪 피리 　　짐 鴆 새 　　짐 朕 나
진 振 떨칠 　　진 津 나루 　　진 瞋 부르뜰 　　진 縉 씌
징 懲 징계 　　질 帙 칙갑 　　질 嫉 투긔 　　질 姪 족하
질 桎 착고 　　조 租 구실 　　조 懆 근심 　　조 嘈 울
조 爪 손톱 　　조 藻 마롬 　　조 祚 복 　　조 蚤 벼록
조 棗 대조 　　좌 挫 색글 　　종 宗 마루 　　죠 肇 버로솔
죠 阻 막을 　　종 踵 발뒤금치 　　주 湊 물대일 　　주 呪 져주홀
쥬 籌 쥬노흘 　　쥬 朱 붉을 　　쥬 酒 술 　　쥬 儔 싹
쥬 躕 머뭇거릴 　　쥬 疇 밧두둑 　　쥰 准 쥰홀 　　쥰 駿 쥰마

## 大

차 叉 어긔여질 　　차 箚 글월 　　참 巉 놉흘 　　참 站 참
참 斬 버힐 　　찬 饌 반찬 　　찬 篡 찬역 　　찬 爨 불씰
창 倉 고집 　　챠 遮 ᄀ리울 　　챵 猖 챵궐홀 　　치 菜 나물
쳐 凄 셔늘홀 　　쳑 彳 자쳑거릴 　　쳑 鵲 새<80>
쳑 瘠 파리홀 　　쳑 鑶 독긔 　　쳠 霑 져 　　쳠 尖 쑈쪽
쳠 僉 다 　　쳠 瞻 볼 　　쳔 阡 언덕 　　쳔 擅 쳔단홀
쳔 倩 고을 　　쳔 遄 쌘룰 　　쳥 睛 눈동ᄌ 　　쳡 輒 문득
쳘 徹 통홀 　　쳘 歠 마실 　　칙 輜 짐바리 　　측 側 기우릴
측 惻 슯흘 　　츰 闖 엿볼 　　치 値 갑 　　치 菑 ᄯᅡᄇᆡᆺ밧
칙 敕 신칙홀 　　침 駸 달닐 　　침 揕 찌룰 　　촌 村 마을
총 驄 물 　　쵸 筲 되 　　쵸 鞘 칼집 　　쵸 怊 슯흘
쵸 樵 나모빌 　　쵸 炒 툴 　　쵸 哨 쑤지즐 　　쵸 礁 바회
쵸 綃 깁 　　쵸 梢 가지 　　쵹 鏃[正音 족] 살쵹 　　쵹 亍 자쳑거릴
쵹 蜀 나라 　　쵹 囑 쳥쵹홀 　　총 塚 무덤 　　총 寵 고일

추 蒭 꼴          추 趨 추창홀       췌 惴 두려올       체 萃 쩔기
췌 贅 사마귀      체 瘁 파리홀       츄 抽 쑵을         츄 墜 쩌러질
츄 瘳 나흘        취 娶 장가들       취 嘴 부리         축 蹙 씽긜
축 舳 비          축 蹴 찰           츙 冲 어릴         츙 衷 가온듸
츙 忡 근심        츌 黜 내칠         츌 秫 슈슈<81>

제4장

# 「유몽속편」(4권) 서문, 자전

## 일러두기: 『유몽속편(牖蒙續編)』에 대하여

『유몽천자』를 국한문체 독본이라 규정할 때, 문제가 되는 부분이 「유몽속편」이다. 이 책은 출간 일자나 편집 체제, 제목에서 전자와는 구별된다. 자전을 제시하는 체제는 동일하게 유지했지만, 번역이 아니고 한국 한문 전통의 명문들을 표점만 붙여 제시하였다. 그 서문을 살펴보면, 전자와 취지를 공유하는 바가 많다. 전반적으로 전자는 국한문체를 위한 독본이고, 후자는 한문 학습을 위한 것으로 공유하는 지점은 있으나 별도의 편성이라 보는 것이 적당하겠다. 「유몽속편」에 수록된 글 42편의 제명을 펼쳐보면, 아래와 같다.

『書經』「洪範」(箕子)

「戒酒論」(世宗)

「滄波扁舟圖識」(肅宗)

「花王戒」(薛聰)

「上大師侍中狀」(崔致遠)

「砥平縣彌智山潤筆菴記」「望海樓記」「雲錦樓記」(李穡 3편)

「金海山城記」(鄭夢周)

「圃隱先生詩集序」(河崙)

「圃隱先生詩集序」(卞季良)

「勤政殿序」(鄭道傳)

「息波亭記」(權近)

「望海誌」(李奎報)

「四友堂記」(徐居正)

「雲錦樓重記」(申叔舟)

「風水說上疏」(魚孝瞻)

「樂天亭序」「訓民正音序」(鄭麟趾 2편)

「環翠亭記」(金宗直)

「讀書堂記」(曹偉)

「時弊疏」「時弊疏」(李珥 2편)

「淸江賦」「夢鮑說」(朴弘美 2편)

「圃隱先生集重刊序」(宋時烈)

「安靜洞幽居記」(趙克善)

「菊圃記」(鄭經世)

「放鴈辭」「聽波樓記」「遼野日記」「泥窩記」「稽古堂記」「薊門烟樹賦」「贈洪上舍相喆歸南陽序」「小瀛居士洪相喆周甲序」「雙淸亭記」「映波樓重修記」「不知軒記」(洪良浩 11편)

「夕陽樓」「任實學記」(南公轍 2편)

「是憂堂記」(姜必孝)

『유몽천자』와 「유몽속편」이 공유하는 것은 "일용(日用)의 기사(記事)"와 자국적인 문자생활이다. 당대 언중의 관습 즉 시속에 맞는 문체를 강조하는 취지를 공유한 셈이다. 그런데, 전자와 달리 후자에서는 「홍범(洪範)」과 기자(箕子)의 연원 및 사문(斯文)의 소종래가 강조되어 전자와 맥락이 닿지 않는 부분도 있다. 전자가 배제한 한문 고전의 세계를 후자에서 수용한 셈인데, 선별의 기준이 있다. 음양오행과 『주역』의 세계를 지목하여 배제하였고 자국의 문화 전통을 우선시한 것이다. 『유몽천자』의 서구 지식과 「유몽속편」의 한문 산문들이 일용의 기사라는 한 기준으로 묶일 수 있는지는 의심스러운데, 「유몽속편」의 수록 문장에 대한 심도 있는 분석이 더 필요할 터이다.

계몽기의 정론들에서 교육과 언어의 개혁이 당면 과제로 요구되었지만, 한문 전통도 필수적으로 참조해야 할 대상으로 배제되지 않았다.[1] 「유몽속편」은 이러한 시대적 분위기에 맞추어 자국의 한문 문장을 한문 학습의 문범으로 내세웠다. 장지연의 『大東文粹』(1907)과 유사한 기획인데, 역시 이보다 시기적으로 더 앞서 있다. 그것이 형성된 당대에는 국적보다는 고전적 가치가 더 중요했던 한문 문헌들은 이제 국적의 기준을 맞추어 분류된 것이다. 「유몽속편」은 『유몽천자』에 배제된 자국적 전통을 보완하기 위한 기획으로 보인다.

자국적 전통과 실용적 교육을 내세운 것 외에는 이 서문에서 시대적 현안과 관계된 부분을 찾기는 힘들다. 『유몽천자』에서 서구 문물과 사적을 옮겨 오면서 간접적이고 단편적으로나마 근대적 지식을 전한 것과 달리 「유몽속편」 서문의 인식은 상투적인 "부자군신의 의리"

---

1  임형택, 「20세기 초 신·구학의 교체와 실학」, 『근대계몽기의 학술·문예 사상』, 소명, 2000, 420-421면 참조.

에 머물고 있다. 계몽기 국한문체 문장이 주로 내세우던 애국이나 자강 등이 등장하지 않은 것은 역시 선교사라는 게일의 입장과 밀접한 연관이 있다 하겠다. 이 「유몽속편」에 대해서는 『대동문수』 및 박은식의 『고등한문독본』(1910) 등과의 비교 연구를 통해 자국적 한문 고전의 형성 과정을 고찰해 볼 필요가 있다.

# 1. 『유몽속편(牖蒙續編)』 서문(영문)

This volume completes the set and contains specimens of the Best Korean writing, though not all of the best writers are represented. Of some, it was impossible to obtain any selections; of others, no suitable ones were found for insertion in the book. Many of the very best writers however are represented, and all the selections, if we except that of Ki-ja, are of an interesting character as well as of high literary type.

Jas. S. Gale
Jan. 6th, 1904

[최고의 작가들이 전부 포함되어 있지는 못하지만 한국 문장 가운데 최선의 전범을 담고 있는 「유몽속편」 한 권으로 전질이 완성되었다. 작가들 중 어떤 이들은 작품을 입수할 수 없었고 다른 경우는 책에 수록할 적절한 작품을 찾지 못했다. 그러나 최고의 작가들 중 다수가 제시되어있으며 기자(箕子)의 것을 제외한다면 선별된 모든 작품들은 고도의 문학 형식일 뿐 아니라 독창적이다.]

## 2. 『유몽속편(牖蒙續編)』 서문 2(漢文)

　　凡有本國所行之事, 則必有本國所著之文, 所以古人行文, 莫先乎記事通情, 不在乎索隱行怪, 自所見而及其所未見, 自所知而及其所未知, 方言俚語, 土俗物産, 莫不備記, 使後之人, 見其文而知其國之如何者, 天下之通情也, 嗟吾東方, 自箕子以後假借漢文, 以通其用, 故習於中國人所著章句, 或潛心於尋常摘句, 或事從於浮誇放浪, 唐虞世代之治, 洞瀟等地之景, 隨問隨答, 朝讀暮誦, 而至如本國之事, 無異於霧中看花, 夢裡償春, 問不能答, 思不能得, 何君何士之聖哲, 某水某山之佳麗, 寥乎無問, 可勝歎哉, 老士碩儒之稱爲有識者, 尚且如此, 新學少生之懵於趣向者, 何所效則乎, 編次聖君賢士之卓然可法者, 考古證今, 并著山水堂窩之超然可觀者, 顧名取義, 可以質前代治亂之要領, 且以破後人聞見之孤陋, 父子君臣之義, 風雲月露之情, 莫不該括, 簡而不煩, 精而且要, 故, 庶乎智者, 可以三四年而通, 愚者, 不過五六年而學, 記其事則可以得其要, 通其情則可以知其眞, 無所用而不備, 無所往而不達, 雖至精至微, 極高極遠, 皆可得而書矣, 則文雖取於中國, 功何讓於中國乎, 至於洪範九疇, 乃是我東化物成俗之聖君, 所作也, 取著編首, 以示斯文所來之原因, 若其五行陰陽卜筮之說, 雖曰古人精義, 多端蒙蔽, 使人易於浸惑, 則不足以爲訓斯世, 不必溯源探根, 消磨歲月也, 古人所云不得於言, 勿求於心者, 可謂識時務之至論, 何必泥乎古而不通乎今也哉, 不以文害辭不以辭害志, 惟適於日用事物者, 拳拳服膺, 至於迂遠無實處, 不苟甚觧, 而觀先聖之制度施爲, 取諸賢之諷詠勸懲, 分課就程, 比諸舍已從人之日, 事半功倍, 其於敎育之道, 未必無小補云爾.

대개 자기 나라에서 행한 일이 있으면 반드시 자기 나라에서 지은 글이 있기 마련이다. 따라서 옛 사람이 글을 짓는 이유는 기사(記事)와 통정(通情)이 최우선이요, 색은행괴(索隱行怪)에 있지 않았다. 본 것으로부터 아직 보지 못한 것에 이르고, 아는 것으로부터 아직 알지 못하는 것으로 나아갔다. 그래서 방언(方言)과 이어(俚語), 토속(土俗)과 산물(産物)을 모두 갖추어 기록하였다. 후인들은 글을 보고서 그 나라가 어떤 나라인지를 알게 되는 것이니, 이는 이 세상의 일반적인 사정이다.

아아! 우리나라는 기자(箕子)이래로 한문을 가차하여 통용하였다. 그런 까닭에 중국 사람이 지은 글에 익숙하여 혹 멋진 구절을 찾아 뽑아내는 것에 잠심하거나 혹 화려하고 과장되며 내용이 없는 글을 짓는데 종사하였다. 요순시대의 정치나 동정호·소상강 등지의 경치에 대해 물어보면, 곧바로 대답을 하고 아침저녁으로 읽고 암송을 하였다. 그런데 우리나라의 일에 대해서는 마치 안개 속에서 꽃을 보고 꿈속에서 봄놀이를 하는 것처럼, 물어도 대답하지 못하고 생각해 보아도 얻는 것이 없었다. 그리하여 우리나라에서 어떤 임금이 성군이고 어떤 선비가 철인(哲人)인지, 어느 곳의 산수가 빼어나고 아름다운지, 전혀 알려진 바가 없게 되었다. 참으로 탄식하지 않을 수 없도다!

노성한 선비나 명석한 유자(儒者) 중에 식견이 있다고 일컬어지는 사람들조차 이러한 지경이니, 신진 학자와 젊은 학생으로 갈 길을 알지 못하는 자들이 무엇을 본받아 배운단 말인가? 이에 탁월하여 본받을 만한 성군과 현사(賢士)를 편차하여 고금을 고증하고, 뛰어나 볼만한 산수의 당와(堂窩)를 아울러 적어서 그 이름을 보며 거기에 담긴 뜻을 취하였다. 이를 통해 전대에 있었던 치란(治亂)의 요체를 따져볼 수 있을 것이며, 또한 후인들이 지닌 고루한 식견을 타파할 수 있을 것이다.

부자군신의 의리와 풍운월로(風雲月露)의 정취를 모두 갖추어 놓았는데, 간요(簡要)하여 번다하지 않고 정밀하고도 긴요하다. 그러므로 지혜로운 자는 3~4년이면 통달할 수 있고, 우매한 자라 할지라도 불과 5~6년이면 배울 수 있으리라. 사건을 기록한 글을 보면 핵심을 얻을 수 있고, 정감을 말한 것을 보면 참됨을 알 수 있을 것이다. 이 책에는 쓸 만한 것이 모두 갖추어져 있고 어떤 경우에라도 통하지 않을 것이 없다. 비록 지극히 정미(精微)하고 고원(高遠)한 것이라 할지라도 모두 글로 적을 수 있는 것이다. 그러니 비록 문자를 중국에서 가져왔다 할지라도, 공능(功能)을 어찌 중국에 양보할 수 있겠는가?

「홍범구주(洪範九疇)」(『서경』「홍범」편을 말함)는 곧 우리나라의 풍속을 교화시킨 성군(箕子)이 지은 것이다. 따라서 이 글을 책의 첫머리에 놓아서 사문(斯文)이 유래한 근원을 보이는 바이다. 음양오행과 복서(卜筮)의 학설(『주역』을 말함)은 비록 옛사람들의 정미한 의리[精義]라 할지라도, 속임수가 많아서 사람들이 쉽게 현혹될 수 있다. 그러하니 지금 세상에서 가르침을 삼기에는 부족하며, 근원을 탐구하느라 세월을 허비할 필요가 없는 것이다.

옛 사람이 이르기를 "말에서 이해되지 않는 것을 마음에서 구하지 말라."²라고 하였으니, 이는 시무(時務)를 아는 지론(至論)이라 할만하다. 하필이면 옛것에 얽매여서 지금에 통용되지 못해서야 되겠는가? 문(文, 글자) 때문에 사(辭, 문장)를 해쳐서는 안 되고, 사(辭) 때문에 뜻[志, 전체의 의미]를 해쳐서는 안 된다.³ 오직 일용(日用)한 사물에 적합한 것을 마음에 새겨서 부지런히 힘쓸 뿐이며, 우활(迂闊)하여 실질적인 쓰임이 없는 것은 구차하게 알려고 하지 않아도 된다. 그리하여 선성(先聖)의 제도와 업적을 관찰하고 여러 현인들의 풍영(諷詠)과 권징(勸懲)을 취하는 데에 과정(課程)을 나누어서 성취를 함이라. 나의 부족한 것을 버리고 남의 좋은 점을 따르던 시대⁴에 견주어 보면, 하는 일은 반이지만 그 효과는 갑절이나 될 것이니, 이 책이 교육에 이바지하는 것이 적다고 할 수 없을 것이다.

---

2  말에서……말라:『맹자』「공손추 상(公孫丑上)」에서 맹자가 인용한 고자(告子)의 말에 "말에서 이해되지 않는 것을 마음에서 구하지 말고, 마음에서 터득하지 못하거든 기운에서 도움을 구하지 말라.〔不得於言 勿求於心 不得於心 勿求於氣〕"라고 하였다.

3  문 때문에……안 된다:『맹자』「만장 상(萬章上)」에 "시를 해설하는 사람은 하나의 글자 때문에 한 문장의 뜻을 해쳐서도 안 되고, 하나의 문장 때문에 전체의 의미를 해쳐서도 안 된다. 해설하는 사람의 입장에서 자신의 마음으로 전체적인 의미를 유추해야만 시의 뜻을 제대로 알 수 있게 되는 것이다.〔說詩者 不以文害辭 不以辭害志 以意逆志 是爲得之〕"라는 말이 나온다.

4  나의……시대: 순임금의 시대를 말한다. 『맹자』「공손추 상(公孫丑上)」에서 맹자는 "순 임금은 더욱 위대함이 있으니, 선을 남과 함께하여 자신의 생각을 버리고 남을 따르며 남에게서 취하여 선을 행함을 좋아하였다.〔大舜 有大焉 善與人同 舍己從人 樂取於人以爲善〕"라고 하였다.

# 3. 과별 자전

## 第一課

殷 은, 나라　　紂 주, 사노나올　範 범, 법　　　疇 주, 이랑
沂[沂] 소, 거스릴　匪 비, 아닐　　鷙 즐, 도을　　鯤 곤, 일홈
陻 인, 쌔질 막을　畀 비, 줄　　　殛 극, 죽을　　稽 계, 상고할
睿 예, 어질　　曆 력, 책력　　　斂[斂] 렴, 거둘　敷 부, 펼
陂 피, 언덕 〈2〉

## 第二課

彊 강, 강할　　弗 불, 아닐　　沈 침, 잠길　　僭 참, 참람할
忒 특, 간특할　霽 제, 개일　　驛 역, 역마　　貞 정, 곳을
衍 연, 넓을　　龜 구, 거북　　暘 양, 볏　　　燠 오, 더울
蕃 번, 번성　　廡 무, 행랑　　尹 윤, 맛 〈4〉

## 第三課

諱 휘, 은휘할　袑 도, 옷　　　遐 하, 멀　　　陵 룡, 언덕
戊 무, 개　　　褆 제, 옷　　　咸 함, 다　　　趣 촉, 재촉
醴 례, 감주　　睦 목, 화목　　醉 취, 취할〈6〉
腆 전, 두터울　瀆 독, 더러울　辛 신, 매울　　晉 진, 나라
鄭 정, 나라　　尉 위, 정위　　數 삭, 자조　　射 야, 복야
顗 의, 삼갈　　誡 계, 경계　　誥 고, 가라칠　筵 연, 자리
觴 상, 잔　　　酣 감, 취할　　槽 조, 나모통　臟 장, 오장
勅 칙, 신칙　　侃 간, 굿셀　　悽 처, 슯흘　　愴 창, 슯흘
貽 이, 줄　　　蹂 유, 넘을　　庾 유, 곳집　　鮑 포, 고기
恣 자, 방자　　底 저, 밋　　　조 비, 클　　　繼 계, 니을
述 술, 긔록　　叨 도, 외람할 탐할　夙 숙, 이를　祗 지, 공경

糾 규, 얽을　　殄 진, 죽을　　悶 민, 민망　　縱 종, 비록
咨 자, 무를　　臻 진, 니를〈7〉

# 第四課

焞 퇴, 성할　　普 보, 널을　　劘 마, 삭일　　孜 자, 부지런할
扁 편, 적을　　識 지, 긔록　　諫 간, 간할　　諒 량, 알
闇 암, 어두울　　耋 질, 늙은이　　膺 응, 가슴　　磋 차, 갈
倜 한, 굿셀　　淇 기, 물　　澳 욱, 물　　壬 임, 북방
祛 거, 버릴　　鬄 거, 대머리　　篨 저, 대머리　　卑 비, 나즐
幣 폐, 폐백　　域 역, 지경　　葦 위, 갈　　邇 이, 갓가올
惕 척, 슯흘　　繪 회, 그림　　粧 장, 단장　　纊 황, 쏨일
妖 요, 요망할　　疆 강, 지경　　癸 계, 북방〈9〉

# 第五課

薛 설, 성　　弘 홍, 클　　儒 유, 선배　　廟 묘, 사당
舒 서, 펼　　艶 염, 고을　　靚 정, 푸를　　伶 령, 광대
傠 빙, 헛흔거름　　綽 작, 넉넉할　　妾 첩, 첩　　汀 정, 물가
薔 장, 자미　　薇 미, 장미　　韋 위, 가족　　旁 방, 겻
蠲 견, 덜　　蕢 괴, 풀　　匱 궤, 다할　　孟 맹, 클
軻 가, 수레　　馮 풍, 성　　愀 추, 슯흘〈11〉

# 第六課

崔 최, 놉흘　　挈 설, 쓰을　　伽 가, 절　　符 부, 상서
巢 소, 깃드릴　　叛 반, 배반　　狀 장, 글월　　卞 변, 변정
吳 오, 나라　　撓 요, 흔들　　隋 수, 나라　　遼 료, 료동

廻 회, 도라올　蹕 필, 어로　緝 즙, 얽을　徙 사, 옴길
摠[摠] 총, 거나릴　勣 적, 공　渤 발, 물　謬 류, 그릇
披 피, 헷칠　廉 렴, 청렴　浙 절, 물　邐 리, 련할
迤 이, 도라올　台 태, 별 ⟨12⟩

## 第七課

榻 탑, 탑　陞 승, 오를　昂 앙, 우럴　砥 지, 숫돌
菴 암, 암자　普 보, 너를　趨 추, 추창할　伺 사, 삷힐
僧 승, 중　闥 달, 문지방　恐 공, 두려올　矧 신, 하믈며
黷 독, 더러일　裨 비, 도울　檀 단, 박달 ⟨14⟩

## 第八課

誅 주, 버힐　叟 수, 늙은이　侯 후, 제후　碁 긔, 돌
悉 실, 다　迺 내, 이에　娛 오, 즐거울　葑 봉, 배추
淤 어, 더러울　它 타, 다를　涸 학, 마를　矯 교, 들
蓊 옹, 줄기　嗟 차, 슳흘 ⟨15⟩

## 第九課

榭 사, 기동　蕪 무, 성할　吁 우, 슳흘　泯 민, 업서질
控 공, 다릴 ⟨16⟩

## 第十課

佐 좌, 도을　廈 하, 집　孝 효, 효도　捐 연, 버릴
軀 구, 몸　葳 위, 성할　謫 적, 귀향　倭 왜, 왜국
殆 태, 자못　呻 신, 신음할　謳 구, 노래　煨 외, 구을

奐 환, 빗날　緻 치, 쌕쌕할　慊 겸, 한할　訖 흘, 맛츨
仞 인, 길　裵 배, 성　邏 라, 순라　契 계, 글
砦 채, 진칠　隍 황, 언덕　勁 경, 굿셀　弩 노, 소뇌
拙 졸, 졸할　烽 봉, 봉화　燧 수, 봉화〈17〉

## 第十一課

崙 륜, 뫼　謚 시, 시호　刪 산, 싹을　郊 교, 들
諷 풍, 개유할　詠 영, 읇흘　薰 고, 글　鋟 침, 삭일
榟 자, 가나모　飄 표, 날닐〈19〉

## 第十二課

禑 우, 도을　兢 긍, 두려올　彰 창, 빗날　了 요, 맛츨
均 균, 고를　跋 발, 밟을　粹 수, 순접할　竢 사, 기다릴〈20〉

## 第十三課

閣 각, 집　模 모, 규모　儆 경, 경계　禹 우, 님군
仄 측, 기울　遑 황, 겨를　諂 첨, 아첨할　諛 유, 아첨할
猥 외, 외람할　畋 전, 산양　怠 태, 게으를〈22〉

## 第十四課

丞 승, 니을　僖 희, 즐거울　覲 근, 볼　贊[賛] 찬, 도을
唾 타, 침배앗흘　沒 몰, 짜질　漫 만, 길　弭 이, 부리울
崖 애, 언덕　榛 진, 개얌나모　剗 잔, 싹글　砂 사, 주사
哦 아, 읇흘　范 범, 성　娛 즐거울〈23〉

## 第十五課

奎 규, 별　　驪 려, 말　　豁 활, 넓을　　畦 규, 이랑
徑 경, 실　　鶩 무, 달닐　　汪 왕, 물결　　謫 적, 귀향
徼 요, 요행　　悒 읍, 슯흘　　郎 랑, 사나희　　舶 박, 배
鳧 부, 오리　　鴨 압, 오리　　蓆 석, 돗자리　　帽 모, 사모
峜 절, 놉흘　　峐 해, 야산　　跂 기, 적여드릴　　脊 척, 등성이
髻 계, 상토　　傘 산, 우산　　紫 자, 붉을　　鸞 란, 란새
鵠 곡, 새　　鎭 진, 진정　　觴 상, 잔　　敞 창, 밝을〈24〉
稍 초, 점점〈25〉

## 第十六課

獺 달, 수달　　滂 망, 아득할　　沄 운, 흐를　　砰 팽, 물소래
湃 배, 물소래　　磅 방, 돌　　礴 박, 돌　　巉 참, 놉흘
峻 준, 놉흘　　瑰 괴, 옥돌　　秔 갱, 벼　　稻 도, 벼
黍 서, 기장　　聳 송, 소슬　　濬 준, 팔　　墅 서, 농막
圭 규, 홀　　皐 고, 언덕　　廊 랑, 행랑　　厭 염, 시를
楸 추, 나모　　梧 오, 오동　　濠 호, 해자　　趣 취, 지취
韻[韵] 운, 운　　靖 정, 평할　　濂 렴, 물　　蓮 련, 련
馨 형, 향긔〈26〉

## 第十七課

癸 계, 북방　　頎 긔, 길　　館[舘] 관, 객사　　堙 인, 막힐
鬱[欝] 울, 답답할　　圯[圮] 이, 흙다리　　閔 민, 짜　　楹 영, 기동
棟 동, 기동　　卉 훼, 풀〈27〉
澹 담, 맑을　　增 증, 더할〈28〉

## 第十八課

| | | | |
|---|---|---|---|
| 疏 소, 글 | 瀕 빈, 물가 | 徧 편, 두루 | 蠢 준, 미련할 |
| 厝 조, 둘 | 吉 길, 길할 | 誣 무, 소길 | 域 역, 지경 |
| 擗 벽, 쪽일 | 踊 용, 쒸놀 | 唐 당, 나라 | 程 정, 길 |
| 胡 호, 오랑캐 | 考 고, 상고할 | 脩 수, 길 | 殃 앙, 앙화〈29〉 |

## 第十九課

| | | | |
|---|---|---|---|
| 魏 위, 나라 | 煬 양, 녹일 | 汴 면, 물 | 麓 록, 산발 |
| 瘡 창, 헌데 | 阜 부, 언덕 | 局 국, 판 | 艮 간, 간방 |
| 惓 권, 정성〈30〉 | | | |

## 第二十課

| | | | |
|---|---|---|---|
| 戾 려, 어그러즐 | 誆 광, 속일 | 坊 방, 막을 | 瞽 고, 판수 |
| 頒 반, 반포할 | 遵 준, 좃츨 | 寔 식, 이 | 嵒 암, 험할 |
| 熙 희, 밝을〈32〉 | | | |

## 第三十一課

| | | | |
|---|---|---|---|
| 睢 수, 눈가 | 齋 재, 서재 | 姻 인, 혼인 | 楮 저, 닥 |
| 攬 람, 당긜 | 驊 화, 말 | 禪 선, 터닥글 | 愉 유, 깃불 |
| 荻 적, 갈 | 懿 희, 아름다올 | 葺 즙, 기울 | 酬 수, 갑흘 |
| 素 소, 본래 | 雩 우, 긔우제 | 鄒 추, 짜 | 席 석, 돗 |
| 歡 환, 즐길 | 快 쾌, 쾌할 | 襄 양, 클 | 披 피, 헷칠 |
| 澄 징, 맑을 | 妃 비, 계집 | 拶 찰, 핍박할 | 騎 긔, 탈 |
| 鑣 표, 자갈 | 逞 령, 캐할 | 胥 서, 서로 | 膾 회, 회칠 |
| 炙 자, 구을 | 滕 등, 나라 | 輦 련, 련〈34〉 | |

## 第二十二課

莊 장, 엄장　　璧 벽, 구슬　　篆 전, 전자　　猗 의, 아름다울
崞 호, 힐　　　畫 획, 그을　　皇 황, 님금　　柄 예, 자로
鉏 서, 호미　　鋙 어, 섭섭할　礙 애, 걸닐　　俚 리, 속담
獄 옥, 옥　　　窒 질, 막힐　　卦 괘, 팔괘　　括 괄, 거둘
浹 협, 저즐　　唳 려, 울　　　解 해, 풀　　　釋 석, 노을
述 술, 긔록〈35〉

## 第二十三課

昷 온, 다살　　佔 점, 엿볼　　暅 헌, 다살　　苑 원, 동산
展 전, 펼　　　挺 정, 쌔날　　鴛 원, 원앙　　鏤 루, 삭일
莎 사, 쎄　　　甃 추, 우물돌　墉 용, 담　　　闤 환, 담
闠 궤, 저자문　郙 부, 서　　　岫 수, 뫼부리　抹 말, 가루
欄 란, 란간　　楯 순, 란간　　閎 굉, 너를〈36〉
邃 수, 깁흘　　廖 료, 고요할　塏 개, 싸　　　畜 축, 저축할
祉 지, 복　　　切 절, 간절　　屛 병, 병풍　　幘 적, 수건
癃 륭, 병　　　鰥 환, 홀아비　爍 삭, 빗날　　冱 호, 얼
裘 구, 갓옷　　輝 군, 터질　　癲 전, 병　　　宸 신, 대궐
弛 이, 풀닐　　碩 석, 클　　　趙 조, 나라　　佚 일, 편안
燁 엽, 빗날　　旴 우, 슯흘　　峙 치, 고개　　煥 환, 빗날〈37〉

## 第二十四課

磎 계, 돌　　　梗 편, 나모　　楠 남, 들미나모　杞 긔, 나모
梁 량, 들보　　騄 록, 말　　　駬 이, 말　　　鞍 안, 안장
轡 비, 곳비　　綜 종, 자세　　穰 양, 넓을　　廨 해, 공해
愷 개, 즐거울　悌 제, 공경　　庠 상, 학교　　翹 교, 들
瀛 영, 물　　　泮 반, 반물　　饎 희, 먹일　　黼 보, 룡포
黻 불, 룡포　　粉 분, 가루　　撮 촬, 쏩을　　覇 패, 웃듬

糟 조, 겨          粕 박, 겨          綺 긔, 비단          衒 현, 빗뵐〈38〉


## 第二十五課

珥 이, 구슬          蒙 몽, 어릴          顒 옹, 클          岌 급, 위태할
鈇 부, 독긔          澆 요, 흐를          率 솔, 거나릴          紐 뉴, 맬
鋪 포, 느즐          綴 철, 제물          罵 매, 꾸지즐          癡 치, 미련할
掣 철, 잇글          售 수, 팔〈40〉


## 第二十六課

歧 기, 갈내길          銛 삽, 삽          賁 분, 클          斛 곡, 휘
貢 공, 밧칠          鸇 전, 새매          倘 당, 만일          莒 거, 거풀
襁 강, 보자          誠 성, 정성          迂 오, 오활할          弋 익, 주살
寄 긔, 붓칠          鉗 겸, 자갈〈42〉


## 第二十七課

惡 오, 뮈울          醇 순, 술          綬 수, 인끈          躑 척, 찰
躅 축, 찰          墁 만, 흙손          礪 려, 숫돌〈44〉


## 第二十八課 前續

鞏 공, 굿을          銷 소, 사라질          廩 름, 곳집          陲 수, 역마을
潢 황, 진퍼리          度 도, 지날          亟 극, 쌔를          謨 모, 꾀
乙 을, 새          惕 척, 두려울          迓 아, 마즐          裔 예, 옷깃
熙 희, 밝을          恬 염, 편안          憙 희, 편안          蕍 이, 풀

諫 간, 간할　　摘 적, 딸　　沃 옥, 기름질　　挈 설, 끄을
夔 기, 즘승　　稷 직, 피　　契 설, 짜　　緘 함, 잠잠할〈45〉

## 第二十九課 前續

裕 유, 넉넉　　仄 측, 기울　　拓 척, 헤칠　　眇 묘, 외눈
袪 거, 버릴　　刁 조, 조두　　磴 등, 돌길　　貊 맥, 오랑캐
沿 연, 좃칠　　謝 사, 사례　　淹 엄, 머믈〈47〉

## 第三十課

彦 언, 클　　儐 빈, 갓출　　湏 패, 물　　莽 망, 풀
兮 혜, 어조사　　激 렴, 넘칠　　灩[灔] 염, 물결　　繚 료, 둘닐
邁 매, 갈　　劈 벽, 쪽일　　泂 회, 거스릴　　滸 허, 물
滉 황, 깁흘　　瀁 양, 물　　顥 호, 클　　蹁 편, 빗드딀
躔 선, 뒤칠　　扣 고, 두다릴　　枻 예, 돗대　　簫 소, 통소
溜 류, 맑을　　鮫 교, 도롱룡　　蟋 실, 귓드람이　　蟀 솔, 귓드람이
啁 주, 울　　啾 추, 울　　鴈 안, 기러기　　剔 척, 쩌러질
鹽 고, 약할　　修[脩] 수, 길　　艱 간, 어려울　　邈 막, 아득할
餉 향, 먹일　　閡 애, 막힐　　轢 력, 우그러질　　蟺 선, 서릴
壘 루, 진칠　　瞻 첨, 볼　　晞 희, 마를　　輟 철, 것을〈49〉

## 第三十一課

丙 병, 남녁　　竈 조, 부억　　埃 애, 틔끌　　籬 리, 울타리
雜 잡, 석길　　扉 비, 싸리문　　澗 간, 시내　　炊 취, 밥지울
騶 추, 말　　歆 흠, 흠향할　　羨 선, 부러울　　妾 첩, 첩
恒 항, 항상　　寠 루, 가난할　　餘 여, 남을　　甑 증, 시루
飣 정, 진설할　　飯 두, 만두　　嘻 희, 슯흘〈51〉

## 第三十二課

甫 보, 겨우　　尤 우, 더욱　　洛 락, 락수　　貿 무, 살
疵 자, 흠　　　祐 우, 복　　　沂 긔, 물　　　侄 질, 족하
闡 천, 밝을　　誣 무, 속일〈52〉

## 第三十三課

童 동, 아희　　稟 품, 픔수할　　嶂 상, 뫼부리　　衽 임, 옷깃
茅 모, 씌　　　汎 신, 뿌릴　　　喧 훤, 짓거릴　　褚 저, 자루
秩 질, 차례　　黙 믁, 잠잠〈54〉

## 第三十四課

冗 용, 번거할　　躁 조, 씰〈55〉

## 第三十五課

劬 구, 힘쓸　　臘 랍, 섯달　　桃 도, 복송아　　桀 걸, 사오나올
淮 회, 회수　　艾 애, 쑥　　　憀 료, 한할　　　凋 조, 마를
姸 연, 고을　　筇 공, 집팽이　　腴 유, 기름질　　笏 홀, 홀
讒 참, 참소　　鉅 거, 톱　　　枯 고, 마를　　　槁 고, 마를
芬 분, 꼿다올　　盎 앙, 동의〈57〉

## 第三十六課

樗 저, 가죽나모　　㐫 흉, 흉할　　慶 경, 경사　　翮 녁, 날개
饔 옹, 밥　　　　　膳 선, 반찬　　啄 탁, 조을　　羹 갱, 국
藩 번, 울타리　　扃 경, 닷을　　　竇 두, 구멍　　狸 리, 살기

升 승, 되 　霮 취, 담 　鬣 막, 갈기 　熊 웅, 곰
鍛 살, 창 　赭 자, 붉을 　潟 석, 쌀 　泇 여, 물
芒 망, 풀 　熁 심, 닉을 　濔 술, 물가 　汩 율, 흐를
漰 붕, 물소리 　吞 탄, 삼킬 　鮪 유, 고기 　噬 서, 씹을
霆 정, 우뢰 　焱 혁, 불꽃 　腰 요, 허리 　槊 삭, 창
翟 적, 꿩 　幢 동, 긔 　嶺 령, 놉흘 　溥 단, 이슬
麋 미, 삭기 　喚 환, 부를 　啣 함, 먹음을 　矰 증, 주살
罼 필, 그믈 　狐 공, 날 　巓 전, 산니마 　輝 휘, 빗날
嘐 교, 울 　唳 려, 울 　蜎 연, 버레 　滯 체, 걸닐〈59〉

## 第三十七課

廬 려, 집 　瀟 소, 물 　颯 삽, 회리바람 　汪 왕, 물
籟 뢰, 피리 　沆 항, 물 　瀣 해, 이슬 　滌 척, 씻슬
滓 재, 찟기 　惺 성, 깰〈60〉

## 第三十八課

潘 심, 물 　洩 설, 샐 　兌 태, 서방〈61〉

## 第三十九課

厓 애, 언덕 　隘 애, 좁을 　湫 초, 좁을 　淖 뇨, 진흙
窩 와, 집 　搏 박, 칠 　窯 요, 가마 　徼 요, 요행
贊 찬, 도을 　懿 희, 아름다울 　詰 힐, 힐문 　樽 준, 술준
俎 조, 도마 　圉 어, 곤할 　芥 개, 계자 　裳 상, 치마
麴 국, 누룩 　骸 해, 뼈 　沌 돈, 석길 　濆 분, 물가
蜿 완, 꿈즉일 　羼 천, 우숨 　拊 부, 붓칠 　缶 부, 장고
渾 혼, 다 　汶 문, 물〈62〉

## 第四十課

| | | | |
|---|---|---|---|
| 劉 류, 죽일 | 傅 부, 스승 | 雄 웅, 수 | 濬 준, 준칠 |
| 躡 섭, 밟을 | 蠡 려, 조개 | 汚 오, 더러울 | 啜 철, 마실〈63〉 |

## 第四十一課

| | | | |
|---|---|---|---|
| 薊 계, 싸 | 曦 희, 날빗 | 垠 은, 가 | 瑩 영, 구슬 |
| 嵽 체, 무지게 | 蝀 동, 무지게 | 瞠 당, 부릅뜰 | 幔 만, 장막 |
| 睇 체, 볼 | 悵 창, 슬흘 | 恍 황, 황홀 | 蜃 신, 조개 |
| 噓 허, 불 | 嵐 람, 산긔운 | 簧 황, 대 | 鞭 편, 채직 |
| 焇 소, 사라질 | 偢 추, 슯흘〈65〉 | | |

## 第四十二課

| | | | |
|---|---|---|---|
| 喆 철, 밝을 | 匿 익, 숨을 | 稷 직, 피 | 倕 수, 공교할 |
| 冉 염, 약할 | 獃 애, 미련할 | 巢 소, 깃드릴〈66〉 | |

## 第四十三課

| | | | |
|---|---|---|---|
| 菌 균, 버섯 | 戕 장, 해할 | 伐 벌, 칠 | 賁 분, 클 |
| 賭 도, 내기〈67〉 | | | |

## 第四十四課

| | | |
|---|---|---|
| 飭 칙, 신칙 | 凜 름, 찰 | 饕 도, 탐할〈68〉 |

## 第四十五課

轂 곡, 수레박퀴　菁 정, 무우　　蔚 위, 성할　　撓 뇨, 흔들〈69〉

## 第四十六課

彦 언, 클　　　傲 오, 오만〈70〉

## 第四十七課

忮 기, 모질　　銓 전, 저울눈　蜒 연, 버레　　坪 평, 들
閈 한, 동내　　宁 저, 조정　　鹵 로, 쌀　　　鉅 거, 톱
楠 남, 들미나무　檜 회, 전나무　翅 시, 날개　　蛺 협, 나뷔
蝶 접, 나뷔　　蜻 청, 잠자리　蜓 정, 잠자리　翡 비, 비취
鸂 계, 물새　　鶒 칙, 물새　　炫 현, 어지러울　笙 생, 피리
丐 개, 빌　　　豕 시, 도야지　薉 예, 더러울　刜 불, 싹글
尹 윤, 맛　　　鬟 환, 머리채　鈿 전, 비나　　紈 환, 비단
迭 질, 서로　　遞 체, 갈닐　　滄 창, 물　　　址 지, 터
歇 헐, 개일　　澹 담, 맑을　　疏 소, 성글　　昌 창, 창성〈71〉

## 第四十八課

磬 경, 경쇠〈72〉

## 第四十九課

姜 강, 성　　　翊 익, 도을　　梯 제, 사다리　幌 황, 장막
躋 제, 오를　　詮 전, 의론〈74〉

# 4. 권말 자전

## 字典

### ㅇ

아 哦 읊흘 　 아 迓 마즐 　 애 崖 언덕 　 애 埃 틔끌
애 埃 막힐 　 애 閡 쑥 　 애 厓 언덕 　 애 隘 좁을
애 獃 미련할 　 애 礙 걸닐 　 암 闇 어두울 　 암 菴 암자
안 鞍 안장 　 안 鴈 기럭이 　 앙 昂 밝을 　 앙 殃 재앙
압 鴨 오리 　 야 射 벼슬 　 야 倻 절 　 양 暘 밝을
양 煬 녹일 　 양 襄 도을 　 양 穰 풍년 　 양 瀼 물
양 敭 밝을 　 어 淤 더러올 　 어 鋙 섭섭할 　 어 圉 곤할
엄 淹 머므를 　 언 彦 클 　 여 餘 남을 　 여 洳 물
예 睿 어질 　 예 枻 돗대 　 예 薉 더러올 　 예 枘 자로
예 裔 옷깃 　 역 驛 역마 　 염 艶 고흘 　 염 厭 슬흘
염 恬 편안 　 염 灩 물결 　 염 冉 약할 　 연 衍 넓을
연 筵 자리 　 연 捐 버릴 　 연 沿 좃츨 　 연 蜎 버레
연 姸 고흘 　 영 詠 읊흘 　 영 嶸 놉흘 　 영 楹 기동
영 瑩 구슬 　 엽 燁 빗날 　 오 燠 더울 　 오 吳 나라
오 娛 즐길 　 오 梧 오동 　 오 惡 슬흘 　 오 汙 더러올
오 傲 거만할 　 외 煨 구을 　 외 猥 외람 　 옥 獄 옥
옥 沃 기름질 　 온 昷 다살 　 옹 蓊 줄기 　 옹 顒 클
옹 甕 독 　 요 妖 요망 　 요 了 맛츨 　 요 徼 마즐
요 澆 저즐 　 요 腰 허리 〈77〉
용 聳 소슬 　 용 踊 씔 　 용 墉 담 　 용 冗 번거
우 吁 슯흘 　 우 禱 도을 　 우 禹 님군 　 우 雩 긔우제
우 祐 도을 　 위 尉 벼슬 　 위 葦 갈 　 위 韋 가족
위 葳 성할 　 위 魏 나라 　 위 蔚 성할 　 욱 澳 물가
운 沄 흐를 　 운 韻 운 　 웅 熊 곰 　 웅 雄 수
울 鬱 답답 　 유 踰 넘을 　 유 庾 곳집 　 유 儒 선배
유 諛 아당 　 유 愉 화할 　 유 裕 넉넉 　 유 腴 고기

윤 尹 맛　　율 汨 흐를　　의 顗 삼갈　　의 猗 아름다올
의 懿 아름다올　　은 殷 나라　　응 膺 가슴　　을 乙 새
읍 悒 근심　　이 彝 쩟쩟　　이 貽 줄　　이 邇 갓가올
이 迤 도라올　　이 圯 흙다리　　이 弛 풀닐　　이 珥 귀에고리
이 繭 성할　　익 弋 주살　　익 翊 도을　　임 壬 북방
임 衽 옷깃　　인 陻 막을　　인 仞 길　　인 姻 혼인
일 佚 편안　　와 窩 집　　왜 倭 나라　　완 蜿 꿈작일
왕 汪 너를　　원 苑 동산　　원 鴛 원앙

# ㅎ

하 遐 멀　　하 廈 집　　해 峐 야산　　해 廨 관청
해 瀣 이슬　　해 骸 쎄　　학 涸 마를　　함 咸 다
함 唅 명함　　함 緘 봉할　　한 僩 굿셀　　한 閒 동리
항 恒 항상　　항 沆 물　　향 餉 먹일　　허 噓 불
헐 歇 쉬일　　혜 兮 어조사　　혁 焱 불꼿〈78〉
현 衒 빗뵐　　현 炫 밝을　　형 馨 꼿다올　　협 協 화할
협 浹 물　　협 蛺 나뷔　　후 侯 제후　　휘 諱 휘할
휘 輝 빗날　　호 濠 물　　호 胡 오랑캐　　호 皞 흴
호 沍 얼　　호 滸 물가　　회 繪 그림　　회 廻 도라올
회 淮 회수　　회 膾 회칠　　회 檜 전나무　　획 畫 그을
홍 弘 클　　홀 忽 홀　　효 孝 효도　　흉 兇 흉할
희 僖 즐거울　　희 熙 밝을　　희 憘 편안　　희 晞 마를
희 嘻 슯흘　　희 餼 먹일　　희 曦 날빗　　흘 訖 맛츨
힐 詰 힐난　　화 驊 말　　환 奐 빗날　　환 歡 즐거울
환 闌 담　　환 煥 빗날　　환 喚 부를　　환 鬟 머리채
황 纊 솜　　황 隍 언덕　　황 遑 겨를　　황 皇 님군
황 潢 은하수　　황 滉 깁흘　　황 篁 대　　황 怳 황홀
활 豁 넓을　　훤 暄 더울　　훤 喧 들넬

## ㄱ

가 伽 절 | 가 軻 수레 | 개 塏 싸 | 개 愷 즐거울
개 丐 빌 | 감 闇 취할 | 간 酣 굿셀 | 간 侃 간할
간 艮 간방 | 간 艱 어려울 | 간 澗 시내 | 강 彊 굿셀
강 疆 지경 | 강 襁 보자 | 강 姜 성할 | 갱 秔 벼
갱 羹 국 | 거 祛 소매 | 거 簾 대머리 | 거 鉅 톱
거 苣 풀 | 걸 桀 사오나올 | 계 稽 상고할 | 계 戒 경계
계 繼 니을 | 계 癸 븍방 | 계 契 싸〈79〉
계 髻 상토 | 계 磎 산길 | 계 薊 싸 | 계 鸂 물닭
격 闃 고요할 | 겸 慊 한할 | 겸 鉗 자갈 | 견 鵑 덜
경 勁 굿셀 | 경 儆 경동할 | 경 徑 길 | 경 慶 경사
경 局 닷을 | 경 磬 경쇠 | 고 誥 고할 | 고 藁 집
고 皐 언덕 | 고 膏 기름 | 고 扣 두다릴 | 고 鹽 약할
고 枯 마를 | 고 槁 마를 | 괴 蒯 풀 | 괴 瑰 옥돌
곡 鵠 싸욱이 | 곡 轂 수레 | 곡 斛 휘 | 곤 鯤 고기
공 恐 두려울 | 공 貢 밧칠 | 공 鞏 굿을 | 굉 閎 너를
공 筇 집행이 | 교 矯 꿈일 | 교 郊 들 | 교 翹 들
교 鮫 물사람 | 교 嘺 울 | 구 龜 거북 | 구 軀 몸
구 謳 노래 | 구 裘 갓옷 | 구 劬 힘쓸 | 국 局 판
국 麴 누룩 | 군 輝 터질 | 규 糾 얽을 | 규 奎 별
규 畦 이랑 | 규 圭 홀 | 균 均 고를 | 균 菌 버섯
기 跂 적여듸딜 | 기 歧 갈내길 | 기 夔 즘승 | 기 忮 모질
길 吉 길할 | 긔 朞 돌 | 긔 碩 길 | 긔 綺 비단
긔 寄 붓칠 | 긔 淇 물 | 긔 沂 물 | 극 殛 죽일
극 亟 급할 | 근 覲 볼 | 궁 兢 조심할 | 급 岌 위태할
관 舘 집 | 광 誆 속일 | 괄 括 거둘 | 괘 卦 팔괘
궤 匱 궤 | 궤 闠 저자문 | 권 惓 정성 | 쾌 快 쾌할

## ㅁ

마 劘 싹쓸 | 매 邁 갈 | 매 罵 꾸지슬〈80〉
막 鬃 갈기 | 막 邈 멀 | 만 漫 길 | 만 幔 장막

| | | | |
|---|---|---|---|
| 망 溁 아득할 | 망 莽 풀 | 망 芒 가싀 | 맹 孟 맛 |
| 말 抹 가루 | 모 帽 사모 | 모 謨 꾀 | 모 模 법 |
| 모 茅 씌 | 목 睦 화목 | 몽 蒙 무릅쓸 | 몰 沒 쎠질 |
| 묘 廟 사당 | 묘 眇 외눈 | 무 廡 행랑 | 무 戊 별 |
| 무 蕪 것칠 | 무 貿 살 | 무 誣 속일 | 무 騖 달닐 |
| 문 汶 불 | 믁 默 잠잠 | 미 弭 부리울 | 미 薇 고사리 |
| 민 泯 쎠질 | 민 悶 민망 | 민 閔 짜 | |

## ㄴ

| | | | |
|---|---|---|---|
| 내 迺 이에 | 남 楠 들미나무 | 녁 翮 날개 | 노 弩 소뇌 |
| 뇨 撓 흔들 | 뉴 紐 맬 | | |

## ㅂ

| | | | |
|---|---|---|---|
| 배 襄 성 | 배 湃 물소래 | 박 舶 배 | 박 礴 돌 |
| 박 粨 겨 | 박 搏 칠 | 반 叛 배반 | 반 頒 반포할 |
| 반 泮 물 | 방 旁 겻 | 방 磅 돌 | 방 坊 막을 |
| 발 渤 물 | 발 跋 밟을 | 범 範 법 | 범 范 성 |
| 번 蕃 성할 | 번 藩 울타리 | 벌 伐 칠 | 벽 擗 쪽일 |
| 벽 劈 구슬 | 변 卞 변정 | 변 汴 물 | 병 屛 병풍 |
| 병 丙 남녁 | 보 普 너를 | 보 黼 룡포 | 보 甫 겨우 |
| 봉 葑 배추 | 봉 烽 봉화 | 부 符 병부 | 부 鳧 오리 |
| 부 阜 언덕 | 부 郛 성 | 부 鈇 독긔 | 부 拊 칠 |
| 부 缶 장고 | 부 傅 스승 | 부 敷 펼 | 분 粉 가루 〈81〉 |
| 분 賁 클 | 분 芬 꼿다울 | 분 濆 물가 | 불 黻 룡포 |
| 불 剚 짝글 | 불 弗 아닐 | 붕 澎 물소래 | 비 丕 클 |
| 비 匪 아닐 | 비 卑 나즐 | 비 裨 도을 | 비 妃 계집 |
| 비 扉 싸리문 | 비 翡 비취 | 비 畁 줄 | 빈 瀕 물가 |
| 빈 儐 갓촐 | 빙 傌 헛흔거름 | | |

## ㅍ

| | | | |
|---|---|---|---|
| 패 覇 웃듬 | 패 湏 물 | 팽 砰 물소래 | 폐 幣 폐백 |
| 편 扁 적을 | 편 蹁 빗드딀 | 편 鞭 채직 | 평 坪 들 |
| 포 鮑 고기 | 포 舖 느즐 | 표 飄 날닐 | 표 鑛 자갈 |
| 풍 馮 성 | 풍 諷 개유할 | 피 陂 언덕 | 피 披 헷칠 |
| 필 蹕 긋칠 | 필 畢 그물 | | |

## ㄹ

| | | | |
|---|---|---|---|
| 라 邏 순라 | 락 洛 물 | 람 攬 당길 | 람 嵐 산긔운 |
| 란 鸞 란새 | 란 欄 란간 | 랑 郎 사나희 | 랑 廊 행랑 |
| 랍 臘 섯달 | 량 諒 알 | 량 樑 들보 | 려 驪 말 |
| 려 戾 어그러질 | 려 礪 숫돌 | 려 唳 울 | 려 廬 집 |
| 려 蠡 조개 | 례 醴 단술 | 력 曆 책력 | 렴 斂 거둘 |
| 렴 廉 청렴 | 렴 瀲 넘칠 | 렴 濂 물 | 련 蓮 련 |
| 련 輦 련 | 령 伶 광대 | 령 逞 쾌할 | 로 鹵 쌀 |
| 뢰 籟 피리 | 록 麓 산발 | 료 遼 멀 | 료 寥 고요 |
| 료 繚 얽힐 | 료 憭 한할 | 루 鏤 삭일 | 루 寠 가난할 |
| 루 壘 진 | 류 謬 그릇 | 류 騮 말 | 류 瀏 맑을 |
| 류 劉 죽일 | 룬 崙 뫼〈82〉 | | |
| 륭 癃 여윌 | 름 廩 곳집 | 름 懍 름름할 | 릉 陵 언덕 |
| 리 邐 련할 | 리 俚 속담 | 리 狸 삵 | 리 籬 울타리 |

## ㅅ

| | | | |
|---|---|---|---|
| 사 徙 옴길 | 사 伺 삷힐 | 사 榭 기동 | 사 竢 기다릴 |
| 사 砂 주사 | 사 莎 쩨 | 사 謝 사례 | 삭 數 자조 |
| 삭 槊 창 | 삭 爍 빗날 | 산 傘 일산 | 산 刪 싹글 |
| 상 觴 잔 | 상 庠 학교 | 상 裳 치마 | 살 鍛 창 |

생 笙 피리　　삽 颯 바람　　서 舒 펼　　서 墅 농막
서 胥 서로　　서 鉏 호믜　　서 黍 기장　　서 噬 씹을
석 蓆 풀　　석 釋 노흘　　석 席 자리　　석 碩 클
석 潟 싹　　섬 銛 삽　　선 禪 중　　선 躔 뒤칠
선 蟮 서릴　　선 羨 부러올　　선 膳 반찬　　성 誠 정성
성 惺 째다를　　설 薛 짜　　설 挈 끄을　　설 洩 샐
섭 躡 밟을　　소 泝 거스릴　　소 巢 깃드릴　　소 疏 글
소 素 흴　　소 銷 녹일　　소 簫 통소　　소 焇 불사를
소 蔬 섬길　　소 瀟 물　　솔 率 거나릴　　솔 蟀 귀쓰람이
수 隋 나라　　수 叟 늙은이　　수 燧 불꼿　　수 粹 순전할
수 睢 눈가　　수 峀 뫼부리　　수 邃 깁흘　　수 售 팔
수 綬 인씬　　수 陲 역마을　　수 脩 길　　수 倕 공교
숙 夙 이를　　순 楯 란간　　순 醇 술　　술 述 긔록
술 潏 물가　　승 陞 오를　　승 僧 중〈83〉
승 承 니을　　승 升 오를　　시 翅 날개　　시 豕 도야지
시 諡 시호　　심 燖 닉을　　심 瀋 잠길　　신 辛 매울
신 矧 하믈며　　신 呻 읇흘　　신 宸 대궐　　신 汛 쓸릴
신 蜃 조개　　실 悉 다　　실 蟋 귀쓰람이

ㄷ

담 澹 맑을　　단 檀 박달　　당 倘 만일　　당 瞠 부릅뜰
달 闥 문지방　　달 獺 수달　　도 裯 삭기　　도 叨 탐할
도 稻 벼　　도 度 지날　　도 桃 복송아　　도 賭 내기
도 饕 탐할　　독 瀆 더러올　　독 黷 더러힐　　돈 沌 흐릴
동 棟 기동　　동 童 아희　　동 幢 긔　　두 餖 만두
두 竇 구멍　　등 滕 나라　　등 磴 돌길

ㅌ

| | | | |
|---|---|---|---|
| 타 它 다를 | 타 唾 침 | 태 台 별 | 태 殆 자못 |
| 태 怠 게으를 | 태 兌 서방 | 탁 啄 쪼을 | 탑 榻 탑 |
| 퇴 焞 성할 | 특 忒 간특할 | | |

ㅈ

| | | | |
|---|---|---|---|
| 자 恣 방자 | 자 曶 무를 | 자 孜 부즈런할 | 자 紫 붉을 |
| 자 梓 가나무 | 자 炙 구을 | 자 赭 붉을 | 자 疵 흠 |
| 재 齋 재계 | 재 滓 찟기 | 재 宰 재상 | 잔 剗 싹글 |
| 작 綽 넉넉할 | 장 粧 단장 | 장 臟 오장 | 장 薔 장미 |
| 장 狀 글장 | 장 莊 엄장 | 장 嶂 뫼부리 | 장 戕 해할 |
| 잡 雜 석길 | 저 藸 대머리 | 저 楮 닥나모 | 저 樗 가죽시무 |
| 저 苧 모시 | 제 霽 개일 | 제 褆 핫옷 | 제 悌 공경 |
| 제 梯 사다리〈84〉 | | | |
| 제 躋 오를 | 적 勣 공 | 적 謫 귀향 | 적 荻 갈 |
| 적 幘 수건 | 적 摘 딸 | 적 翟 꿩 | 적 靮 굴레 |
| 점 佔 엿볼 | 전 腆 두터울 | 전 畋 산양 | 전 篆 전자 |
| 전 展 펼 | 선 癜 병들 | 전 鸇 새매 | 전 巓 니마 |
| 전 鈿 비녀 | 전 銓 저울눈 | 전 詮 의론 | 정 貞 곳을 |
| 정 鄭 나라 | 정 靚 태도 | 정 汀 물가 | 정 靖 평할 |
| 정 程 길 | 정 挺 쌔닐 | 정 酊 진설할 | 정 菁 무우 |
| 정 霆 우뢰 | 정 蜓 잠자리 | 절 浙 물 | 절 切 간절 |
| 절 峇 놉흘 | 접 蝶 나뷔 | 조 槽 귀유 | 조 厝 둘 |
| 조 趙 나라 | 조 糟 겨 | 조 竈 부억 | 조 躁 뛸 |
| 조 凋 쩌러질 | 조 嘈 울 | 조 俎 도마 | 조 刁 조두 |
| 종 縱 노흘 | 종 綜 자세 | 졸 拙 졸할 | 주 紂 사오나올 |
| 주 疇 이랑 | 주 誅 버힐 | 준 峻 놉흘 | 준 濬 칠 |
| 준 惷 미욱할 | 준 樽 술준 | 증 增 더할 | 증 甑 시루 |
| 증 熷 주살 | 즙 緝 얽을 | 즙 葺 기울 | 즐 騭 도을 |
| 지 底 니를 | 지 祗 공경 | 지 識 긔록 | 지 砥 숫돌 |
| 지 祉 복 | 지 址 터 | 진 晉 나라 | 진 殄 다할 |

진 珍 보배　　진 瑧 가얌　　진 臻 니를　　진 鎭 전정
질 耋 늙을　　질 窒 막을　　질 侄 족하　　질 秩 차례
징 澄 맑을　　좌 佐 도을

## 大

차 磋 갈〈85〉
차 嗟 슯흘　　채 砦 진칠　　참 僭 참람할　　참 巉 놉흘
참 讒 참소　　찬 贊 도을　　창 愴 슯흘　　창 彰 빗날
창 惝 슯흘　　창 瘡 헌대　　창 滄 바다　　창 敞 너를
찰 扎 핍박할　　처 悽 슯흘　　체 滯 걸닐　　체 蝃 무지게
체 睇 볼　　체 遞 갈　　척 惕 두려울　　척 脊 등마루
척 躑 쮈　　척 拓 열　　척 剔 열　　척 滌 씻슬
첨 諂 아첨할　　첨 瞻 볼　　천 闡 밝을　　천 囅 우슴
청 蜻 잠자리　　철 餮 제물　　철 掣 쓰을　　철 啜 마실
철 喆 밝을　　초 稍 점점　　초 湫 좁을　　초 愀 슯흘
최 崔 놉흘　　촉 趣 재촉　　촉 躅 자최　　총 揔 다
추 趨 추장　　추 楸 가레나모　　추 鄒 짜　　추 甃 우물돌
추 啾 울　　추 騶 말　　추 惆 섭섭할　　취 醉 취할
취 趣 지취　　취 炊 밥지을　　취 毳 담　　축 蓄 저축할
측 昃 기울　　측 仄 기울　　치 峙 고개　　치 緻 쌕쌕할
치 癡 어리석을　　칙 勅[勑] 신칙할　　칙 鶒 물새　　칙 飭 신칙할
침 鐕 삭일　　찰 撮 쏩을〈86〉

# 참고 문헌

## 1. 자료

「牖蒙千字 卷之一」(재판), 大韓聖敎書會, 1903(성균관대학교 중앙학술정보관 소장본).
「牖蒙千字 卷之二」, 大韓聖敎書會, 1904(성균관대학교 중앙학술정보관 소장본).
「牖蒙千字 卷之三」, 大韓聖敎書會, 1901(성균관대학교 중앙학술정보관 소장본).
「牖蒙續編」, 大韓聖敎書會, 1904(성균관대학교 중앙학술정보관 소장본).
「牖蒙千字 卷之一」, 大韓聖敎書會, 불명(국립중앙도서관 소장본).
「牖蒙千字 卷之二」, 大韓聖敎書會, 1904(국립중앙도서관 소장본).
「牖蒙續編」(재판), 大韓聖敎書會, 1907(국립중앙도서관 소장본).
「牖蒙千字 卷之一」(재판), 廣學書鋪, 1903(국립중앙도서관 소장본).
「牖蒙千字 卷之二」, 廣學書鋪, 1904(국립중앙도서관 소장본).
「牖蒙千字 卷之三」, 廣學書鋪, 1905(국립중앙도서관 소장본).
「牖蒙續編」(삼판), 廣學書鋪, 1909(국립중앙도서관 소장본).
「牖蒙千字 卷之二」(삼판), 廣學書鋪, 1908(홍윤표 교수 소장본).
「牖蒙千字 卷之一」(삼판), 廣學書鋪, 1909(서울대학교 중앙도서관 소장본).
「牖蒙千字 卷之二」, 廣學書鋪, 1909(서울대학교 중앙도서관 소장본).
「牖蒙千字 卷之三」, 廣學書鋪, 1901(서울대학교 중앙도서관 소장본).

교육인적자원부, 『한문 교육용 기초 한자 1,800자 조정 백서』, 교육인적자원부, 2000.
민족문학사연구소 편, 『근대계몽기의 학술·문예사상』, 소명출판, 2000.
성백효 역주, 『현토완역 시경집주』, 전통문화연구회, 2014[1993].
황호덕·이상현 편역, 『개념과 역사, 근대 한국의 이중어사전』 2, 박문사, 2012.
황호덕·이상현 편, 『근대 한국의 이중어사전』 Ⅰ~Ⅺ, 박문사, 2012.
H. G. Underwood, 이만열·옥성득 옮김, 『언더우드 자료집』 Ⅲ, 연세대 국학연구원, 2007.
J. S. Gale, 유영식 편역, 『착훈 목쟈 : 게일의 삶과 선교』 2, 도서출판진흥, 2013.
J. S. Gale, 신복룡 옮김, 『전환기의 조선』, 집문당, 1999(*Korea in Transition*, 1909).
J. S. Gale, 장문평 옮김, 『코리언 스케치』, 현암사, 1970.(*Korean Sketches*, 1898).

M. Courant, 이희재 옮김, 『한국서지』, 일조각, 1994(*Bibliographie Coréenne*, Paris, 1894~1896, 1901),

R. Kipling, 하창수 역, 『킴』, 문학동네, 2009.


*The Ontario Readers* 1~4, Toronto : Canada Publishing Co., 1884.

*The Canadian Series of Reading Books* 1~5, Toronto : W. Warwick, 1867.

C. Dickens, *Dombey and Son*, Boston : Bradbury and Evans, 1848.

D. Defoe, Robinson Crusoe, London, Macmillian and Co., 1868.

J. S. Gale, "A Few Words on Literature", *The Korean Repository* 1895.11.

_____, "Church, Prison, and School", *The Korea Field*, 1904.11.

_____, "Korean Literature (1) : How to approach it", *The Korea Magazine* 1917. 7.

_____, "The Influence of China upon Korea", *Transactions of the Korea Branch of Royal Asiatic Society* 1, 1900.

_____, "The Intermediate School for Boys", *The Korea Field*, 1902. 2.

_____, "The Korean Language", *The Korea Magazine* 1918. 2.

R. Kipling, *Life's Handicap : Being Stories of Mine Own People*, London : Macmillian and Co., 1892.

奇一, 「「歐美人の見たる朝鮮の將來─余は前途を樂觀する 1~4」, 『朝鮮思想通信』, 1928.


## 2. 참고 논저

1) 단행본

고춘섭 편, 『경신사』, 경신사편찬위원회, 1991.

고춘섭 편, 『연동교회100년사』, 금영문화사, 1995.

교육부, 『한문 교육용 기초 한자 1,800자 조정 백서』, 교육인적자원부, 2000.

김병철, 『한국근대번역문학사연구』, 을유문화사, 1974.

백낙준, 『한국개신교사』, 연세대 출판부, 2010[1973].

부산대 인문학연구소 편, 『한불자전 연구』, 소명출판, 2013.

류대영·옥성득·이만열, 『대한성서공회사 Ⅱ : 번역·반포와 권서 사업』, 대한성서공회, 1994.

민족문학사연구소 엮음, 『근대계몽기의 학술·문예 사상』, 소명, 2000.

유영식, 『챡훈 목쟈 : 게일의 삶과 선교』 1, 도서출판진흥, 2014.

이상현, 『한국 고전 번역가의 초상, 게일의 고전학 담론과 고소설 번역의 지평』, 소명출판, 2013.

이성전, 서정민 역, 『미국선교사와 한국 근대교육』, 한국기독교역사연구소, 2007.

李應百, 『國語 敎育史 硏究』, 新丘文化社, 1975.

임상석, 『20세기 국한문체의 형성과정』, 지식산업사, 2008.

황호덕·이상현, 『개념과 역사, 근대 한국의 이중어사전 : 외국인들의 사전 편찬 사업으로 본 한국어의 근대』 1, 박문사, 2012.

W. D. Mignolo, 김은중 역, 『라틴아메리카, 만들어진 대륙 : 식민적 상처와 탈식민적 전환』, 그린비, 2010.

R. Rutt, *James Scarth Gale and his History of the Korean People*, Seoul : Taewon Publishing Company, 1972.

E. T. White, *Public School Textbooks in Ontario*, London, Canada : The Chass. Chapman, Co., 1922.

E. Said, *Orientalism*, Vintage Books, 1979.

M. Shinagel, *Robinson Crusoe: Daniel Defoe*, Norton, 1975.

P. Davis, *Critical Companion to Charles Dickens: A Literary Reference to His Life and Work*, Facts On File, 2007.

2) 논문

강진호, 「국어 교과서와 근대 서사의 수용」, 『일본학』 39, 동국대 일본학연구소, 2014.

_____, 「국어 교과서와 근대적 주체의 형성」, 『국제어문』 58, 국제어문학회, 2013.

_____, 「국어 교과서의 탄생과 근대 민족주의」, 『상허학보』 36, 상허학회, 2012.

_____, 「전통교육과 국어 교과서의 형성」, 『상허학보』 41, 상허학회, 2014.

구자황, 「교과서의 발견과 국민·민족의 배치」, 『어문연구』 70, 어문연구학회, 2011

_____, 「근대 계몽기 교과서의 생산과 흐름」, 『한민족어문학』 65, 한민족어문학회,

2013.

김남이·하상복, 「최남선의 신대한 기획과 '로빈슨 크루소'」, 『동아연구』 57, 서강대 동아연구소, 2009.

김동욱, 「『牖蒙千字』研究-한국어 독본으로서의 성격을 중심으로-」, 부산대 교육대학원 한문교육전공 석사 학위 논문, 2013.

김성건, 「영제국의 기독교 선교에 나타난 앵글로색슨의 선민의식과 오리엔탈리즘」, 『담론 201』 6(2), 한국사회역사학회, 2004.

김은중, 「유럽중심주의 비판과 주변의 재인식」, 『한국학논집』 42, 계명대 한국학연구소, 2011.

김주필, 「19세기 말 국한문의 성격과 의미」, 『진단학보』 103, 진단학회, 2007.

_____, 「대한제국 시기 국한문의 형성과 기원-언해와 관련하여」, 『반교어문연구』 38, 반교어문학회, 2014.

김흥수, 「이른바 개화기의 표기체 유형과 양상」, 『국어문학』 39, 국어문학회, 2004.

남궁원, 「선교사 기일[James Scarth Gale]의 한문 교과서 집필 배경과 교과서의 특징」, 『동양한문학연구』 25, 동양한문학회, 2007.

_____, 「한국 개화기 한문과 교육의 발전 과정과 교과서 연구」, 성신여대 박사 학위 논문, 2006.

박미화, 「J. S. Gale의 『牖蒙千字』 연구」, 경북대 교육대학원 한문교육전공 석사 학위 논문, 2007.

朴尙均, 「朝鮮朝後期 辭典編纂에 關한 研究 1」, 『국회도서관보』 256, 국회도서관, 1997.

_____, 「朝鮮朝後期 辭典編纂에 關한 研究 2」, 『국회도서관보』 257, 국회도서관, 1998.

배경진, 「노예와 식인종 : 『로빈슨 크루소』에 나타난 감정과 식민주의적 욕망」, 『18세기 영문학』 11(2), 한국 18세기 영문학회, 2014.

민현식, 「개화기 국어 문체에 대한 종합적 연구(1)」, 『국어교육』 83, 국어교육학회, 1994.

_____, 「개화기 국어 문체 연구」, 『국어국문학』 111, 국어국문학회, 1994.

손성준, 「한국 근대소설사의 전개와 번역 - 1920년대까지의 양상을 중심으로」, 『민족문학사연구』 56, 민족문학사연구소, 2014.

신상필, 「파리외방전교회가 남긴 동서양 문명교류의 흔적: Grammaire Coréénne(1881)

소재 단형고전서사의 존재양상과 그 의미」, 『고소설연구』 37, 한국고소설학회, 2014.

안예리, 「20세기 전반기 국어의 문장 구성에 대한 연구: 대중 종합지 『삼천리(1929-1942)』의 말뭉치 언어학적 분석」, 연세대 박사 학위 논문, 2013.

유경민, 「개화기 및 현대국어 형성기 국어의 고찰-국한혼용문과 현대 한국어 문체의 상관성」, 『반교어문연구』 38, 반교어문학회, 2014.

오현숙, 「개화계몽기 『로빈슨 크루소』의 번안과 아동텍스트로의 이행」, 『비평문학』 46, 한국비평문학회, 2012.

이상현, 「게일의 한국고소설 번역과 그 통국가적 맥락 —『게일 유고』(Gale, James Scarth Papers) 소재 고소설관련 자료의 존재양상과 그 의미에 관하여」, 『비교한국학』 22(1), 국제비교한국학회, 2014.

_____, 「『유몽천자』 소재 영미문학과 그 의미」, "제29회 한국근대문학회 전국학술대회 자료집", 2013.

이상현·윤설희, 「19세기 말 在外 외국인의 한국시가론과 그 의미」, 『동아시아문화연구』 56, 한양대 동아시아문화연구소, 2014.

이상현·이진숙, 「『朝鮮筆景』(Pen-picture of Old Korea(1912)) 소재 게일 영역시조의 창작 연원과 '내지인의 관점'」, 『우리문학연구』 44, 우리문학회, 2014.

이선주. 「디킨즈의 『돔비부자』-근대경제와 성(Sexuality)」. 『19세기 영어권 문학』 2-2, 19세기영어권문학회, 2008.

이용민, 「게일과 헐버트의 한국사 이해 - 서로의 상반된 사관을 중심으로」, 『교회사학』 6(1), 한국기독교사학회, 2007.

이인규, 「『돔비 부자』와 돔비 부녀」, 『어문학논총』 58, 국민대 어문학연구소, 2006.

이준환, 「池錫永 ≪言文≫의 표기, 음운, 어휘의 양상」, 『국어학』 65, 국어학회, 2012.

임상석, 「서유견문의 국한문체와 서양사정의 혼용문 비교연구」, 『한국 고전번역학의 구성과 모색』 2, 점필재, 2015.

_____, 「유길준의 국한문체 기획과 문화의 전환」, 『우리어문』 43, 우리어문학회, 2012.

_____, 「1920년대 작문교본, 『실지응용작문대방』의 국한문체 글쓰기와 한문전통」, 『우리어문』 39, 우리어문학회, 2011.

_____, 「조선총독부 중등교육용 조선어급한문독본의 조선어 인식」, 『한국어문학연구』 57, 한국어문학연구학회, 2011.

_____, 「국한문체 작문법과 계몽기의 문화 의식- 최재학의 『실지응용작문법』」, 『한국언어문화』 33, 한국언어문화학회, 2007.

장남수, 「『돔비 부자』와 근대성 문제」, 『현대영미어문학』 15(1), 현대영미어문학회, 1997.

_____, 「돔비의 프라이드가 지닌 아이러니」, 『영어영문학연구』 32(2), 대한영어영문학회, 2006.

한영균, 「현대 국한 혼용 문체의 정착과 어휘의 변화-'단음절 한자+하(ᄒ)-'형 용언의 경우」, 『국어학』 51, 국어학회, 2008.

_____, 「근대계몽기 국한혼용문의 유형·문체 특성·사용 양상」, 『구결연구』 30, 구결학회, 2013.

_____, 「『서유견문』 용언류 연구」, 『구결연구』 33, 구결학회, 2014.

_____, 「현대 한국어 태동기의 다중 번역 서사물에 대한 기초적 연구」, 『국어사연구』 19, 국어사학회, 2014.

홍종선, 「개화기 시대의 문장의 문체 연구」, 『국어국문학』 117, 국어국문학회, 1996.

황호덕·이상현, 「번역과 정통성, 제국의 언어들과 근대 한국어」, 『아세아연구』 54(3), 고려대 아세아문제연구소, 2011.

A. Schmid, 「오리엔탈 식민주의의 도전: Anglo-American 비판의 한계」, 『역사문제』 12, 역사문제연구소, 2004.

A. Quijano, "Questioning "Race"", *Socialism and Democracy* 21(1), 2007.

H. Swanson, "Said's Orientalism and the Study of Christian Missions", *International Bulletin of Missionary Research* 28(3), 2004.

R. King, "James Scarth Gale and the Christian Literature Society(1922-1927) : Salvific Translation and Korean Literary Modernity (Ⅰ)," In : Won-jung Min (ed.), *Una aproximacion humanista a los estudios coreanos*. Ebook distributed by Patagonia, Santiago, Chile, 2014.

# 3. 초출 문헌

임상석, 「한문과 고전의 분리, 번역과 국한문체 : 게일의 『유몽천자(牖蒙千字)』 연구」, 『고전과 해석』 16, 고전문학한문학연구학회, 2014.

이준환, 「『牖蒙千字』에 수록된 한자와 관련 정보에 대하여」, 『구결연구』 34, 구결학회, 2015.

이상현, 「『유몽천자』 소재 영미문학작품과 게일(J. S. Gale)의 국한문체 번역실천 : 개신교 선교사의 근대문체를 향한 기획과 그 노정(1)」, 『서강인문논총』 42, 서강대 인문과학연구소, 2015.

이준환, 「『牖蒙千字』 국한문의 유형별 특성 고찰」, 『반교어문연구』 44, 반교어문학회, 2016.

이상현·하상복, 「한 개신교 선교사의 독서 체험과 문화 번역 - 『유몽천자』 소재 영미문학 번역물의 존재 방식에 대하여」, 『민족문학사연구』 58, 민족문학사학회, 민족문학사연구소, 2015.

저자 약력

이상현(李祥賢, Lee, Sang-hyun)

현재 부산대 인문학연구소의 HK교수로 있다. 한국 고소설을 비롯한 고전문학 전반에 있어서의 번역의 문제, 외국인들의 한국학 연구, 한문 전통과 근대성의 관계, 한국문학사론 등에 관심을 갖고 공부하고 있다. 주요저서로 『개념과 역사, 근대 한국의 이중어사전 : 외국인들의 사전편찬사업으로 본 한국어의 근대』(2012), 『한국고전번역가의 초상, 게일의 고전학 담론과 고소설 번역의 지평』(2013) 등이 있다.

임상석(林相錫, Lim, Sang-Seok)

현재 부산대 점필재연구소 HK교수로 있다. 한국을 중심으로 동아시아 한자권의 어문(語文) 전환 과정과 번역을 연구하고 있다. 주요 논저로 『20세기 국한문체의 형성 과정』(2008), "A Study of the Common Literary Language and Translation in Colonial Korea: Focusing on Textbooks Published by Government-General of Korea"(2015), 「1910년대 『열하일기』 번역의 한일 비교연구」(2015) 등이 있다.

이준환(李準煥, Yi, Jun-hwan)

현재 창원대학교 국어국문학과 교수로 있다. 한자음을 중심으로 한 국어사 연구에 매진하고 있으며, 근래에는 현대 국어 형성기의 국어의 모습, 사전 및 자전 편찬, 국어 연구사 등에 관심을 가지고서 공부하고 있다. 주요 논문으로는 「「隨喜功德歌」(普賢十願歌 제5) 解讀」(2014), 「《訓蒙字會》註釋에서 볼 수 있는 중세국어 한자음의 모습」(2015), 「현대 한국어 형성기의 자전 편찬과 현대 한국어 문학」(2016) 등이 있다.

주변부 고전의 번역과 횡단 2

『유몽천자』연구 - 국한문체 기획의 역사와 그 현장

초 판 1쇄 인쇄 2017년 8월 21일
초 판 1쇄 발행 2017년 8월 28일

저      자   이상현·임상석·이준환
펴 낸 이   이대현
편      집   권분옥
디 자 인   홍성권

펴 낸 곳   도서출판 역락 | 등록 제303-2002-000014호(등록일 1999년 4월 19일)
주      소   서울시 서초구 반포4동 577-25 문창빌딩 2층
전      화   02-3409-2058(영업부), 2060(편집부)
팩시밀리   02-3409-2059
전자우편   youkrack@hanmail.net

ISBN 979-11-5686-968-9 93700

이 도서의 국립중앙도서관 출판예정도서목록(CIP)은 서지정보유통지원시스템 홈페이지(http://seoji.nl.go.kr)와 국가
자료공동목록시스템(http://www.nl.go.kr/kolisnet)에서 이용하실 수 있습니다.(CIP제어번호: CIP2017022475)